A NATUREZA JURÍDICA DO PROCESSO ADMINISTRATIVO FISCAL

CIP-BRASIL. CATALOGAÇÃO NA PUBLICAÇÃO
SINDICATO NACIONAL DOS EDITORES DE LIVROS, RJ

F184n

Fallet, Allan
A natureza jurídica do processo administrativo fiscal 2019 / Allan George de Abreu Fallet. - 1. ed. - São Paulo : Noeses, 2019.

400 p.
ISBN 978-85-8310-128-4

1. Direito tributário - Brasil. I. Título.

19-58907 CDU: 34:351.713(81)

Meri Gleice Rodrigues de Souza - Bibliotecária CRB-7/6439

Allan Fallet

Mestre em Direito Tributário pela PUC/SP. LL.M em Direito Tributário pela FGV. Especialista em Direito Constitucional pelo IDP e em Processo Administrativo Fiscal pela ABDF. Juiz do Tribunal de Impostos e Taxas do Estado de SP. Professor na pós-graduação da PUC/SP. Advogado.

A NATUREZA JURÍDICA DO PROCESSO ADMINISTRATIVO FISCAL

2019

editora e livraria
NOESES

Copyright © Editora Noeses 2019
Fundador e Editor-chefe: Paulo de Barros Carvalho
Gerente de Produção Editorial: Rosangela Santos
Arte e Diagramação: Renato Castro
Revisão: Ariene Cristina Almeida do Nascimento
Designer de Capa: Aliá3 - Marcos Duarte

2019

editora e livraria
NOESES

Editora Noeses Ltda.
Tel/fax: 55 11 3666 6055
www.editoranoeses.com.br

AGRADECIMENTOS

Agradeço inicialmente a Deus, por iluminar meus passos no caminho acadêmico percorrido desde a graduação, permitindo-me ultrapassar os desafios e outorgando-me a dádiva do convívio com tão extraordinários professores e colegas que tanto colaboraram para a minha vida pessoal e acadêmica.

À minha família, tenho eterna gratidão e amor pelos meus pais, Jorge e Leuza, e minha avó Dona Carmelita, pelos princípios e exemplos constantes de integridade, benevolência, dedicação e afeto pelos estudos e pelas pessoas. À minha aguerrida esposa, Carla Calzini, pelo amor, fé e pelo apoio que somente pode ofertar quem também passa pelas angústias e percalços da nossa carreira.

Além disso, registro especial reconhecimento à Professora Julcira Maria de Mello Vianna Lisboa, que me recebeu de forma magnífica na PUC-SP e exerce com profundo conhecimento a arte de lecionar e orientar. Esses reconhecimentos se estendem aos altivos mestres, a quem devo o estímulo e a inspiração de percorrer grandes desafios para cursar o mestrado: Professores Roque Antonio Carrazza, Elizabeth Nazar Carrazza, Paulo de Barros Carvalho e Fabiana Del Padre Tomé.

Não poderia deixar de agradecer aos professores que também me incentivaram ao longo desse caminho Robson Maia Lins, Maria Helena Diniz, Lucas Galvão de Britto, Charles William McNaughton, Thais Helena Morando, Isabela Bonfá de

Jesus, Sandra Ferreira, Clarice Von Oertzen, Jonathan Barros Vita, Jerson Carneiro Gonçalves Jr. e Claudio de Abreu.

Agradeço em especial ao amigo e professor Tácio Lacerda Gama, pelo apoio incondicional, pelos conselhos de extrema relevância, pela amizade e por aceitar fazer parte desse sonho que é estudar e escrever ao lado dos melhores tributaristas deste país.

Agradeço aos meus colegas e alunos da Coordenadoria Geral de Especialização, Aperfeiçoamento e Extensão da PUC-SP, na pessoa da insigne professora Daniela Braghetta, e do Tribunal de Impostos e Taxas, bem como aos amigos Fernando Bregano, Leandro Artioli, Fabio Lemos Cury, Carlos Daniel e Paulo Pimentel pelas sublimes contribuições, amparo e certeza em minha dedicação.

Por fim, destaco trecho importante da história do nosso país que muito tem a ver com a minha história e os estudos que acompanham essa obra: "a liberdade é o direito que o homem possue de agir como quizer, comtanto que não viole seus deveres para comsigo mesmo, para com seus similhantes, e para com Deus. A Sociedade civil, pois não poderia deixar desamparado tão importante direito sem que attentasse contra a própria justiça eterna" (MILTON, Aristides A. A Constituição do Brazil: noticia histórica, texto e commentario. 2. ed. Rio de Janeiro: Imprensa Nacional, 1898).

PREFÁCIO

Sob o título "A natureza jurídica do processo administrativo fiscal", o leitor encontrará texto instigante e oportuno, fruto de trabalho sério e aprovado com a nota máxima por banca examinadora da Pontifícia Universidade Católica de São Paulo. Com este trabalho, o já reconhecido Professor Allan Fallet tornou-se, de fato e de direito, Mestre. Abre, com isso, nova etapa na sua já bem-sucedida carreira, oferecendo à comunidade jurídica oportunidade de contato com seu pensamento.

Cabe perguntar por que este é um trabalho instigante e oportuno? Vamos ao primeiro adjetivo. O trabalho é instigante porque ressalta o papel essencial do processo nos atos de concretização do direito material. É, portanto, uma forma de leitura que põe ênfase na positivação de ideias abstratas, dando vida, cor e realidade ao direito tributário material.

Vejamos, por exemplo, argumentações sobre justiça, segurança, igualdade e certeza. Estes são conceitos fáceis de se manejar abstratamente, por isso são tão recorrentes no discurso político e ideológico. Conceitualmente, o princípio da igualdade no direito tributário pode ser enunciado como dever de que a tributação seja uniforme para os iguais e variável para os diferentes, na medida da respectiva diferença. Aceita a validade deste princípio, variar a tributação é forma de concretizar a isonomia e com ela a justiça tributária. Enunciando a mesma regra de forma inversa: tributar igualmente os desiguais, pouco importando o quanto eles se desigualem, é a fórmula da injustiça tributária.

Do ponto de vista concreto, por outro lado, é em nome de valores como justiça, igualdade e, até, capacidade contributiva, que são instituídas isenções, regimes diferenciados de incidência, regras para evitar dupla tributação do mesmo fato econômico, tributos com finalidades específicas, além de numerosas possibilidades de deduções e acréscimos da base de cálculo de impostos e contribuições. Todos esses expedientes concorrem para moldar a tributação ao contribuinte e às necessidades do Estado, levando sujeitos em posição diferente a pagar tributo de modo, igualmente, distinto.

Numa sociedade complexa como a brasileira, o que não falta é critério de distinção entre pessoas. Por isso mesmo, um sistema tributário que permita reiteradas diferenciações em nome da igualdade, da justiça ou da capacidade contributiva, abre espaço para um outro tipo indesejado de injustiça: a incerteza. A incerteza deriva da complexidade que, numa definição singela, é a existência de mais possibilidades do que se pode ocorrer num caso real.

É na concretude do processo que as muitas interpretações de uma norma abrem espaço para que pessoas com interesses contrapostos vejam num mesmo trecho de lei fundamento para o seu pedido. É fácil, então, perceber que é a complexidade que gera incerteza e, com ela, uma série de outras injustiças que projetam prejuízos para o Estado e para os contribuintes. Para estes, o excesso de possibilidades interpretativas do direito tributário aumenta o custo de conformidade, o risco de tomar decisões equivocadas e, assim, as contingências. Com efeito, dados oficiais apontam que, hoje, o contencioso tributário do Estado Brasileiro equivale a quase metade do produto interno bruto nacional. Todos esses fatos aumentam exponencialmente o risco de empreender no nosso país. É lugar comum que ninguém deixa de empreender por ter mais ou menos tributo, mas, isso sim, por ter maiores ou menores possibilidades de lucro. Custos ocultos, incertezas jurisprudenciais, elevado custo de conformidades não são males em si, mas riscos efetivos de redução futura do lucro estimado. Sob essa perspectiva, um sistema tributário complexo é causa real de inibição de investimentos e desenvolvimento econômico do país.

A Administração Pública, por seu turno, sofre de problemas reflexos aos que acabo de enunciar para os contribuintes. O custo de fiscalização é elevado; a carga tributária precisa ser fixada em patamar superior ao desejável para compensar derrotas processuais e a demora de ter um tema definitivamente resolvido pelos tribunais superiores enseja grande contingência para o Estado. E isso ocorre de forma tão frequente e variada que já se tornou máxima conhecida: no Brasil, até o passado é imprevisível.

Pois bem, no direito tributário, a Segurança Jurídica é a forma mais eloquente de concretização da Justiça e, como dito acima, ela desempenha duas funções no ordenamento: a função igualdade e a função certeza. A busca incessante pela igualdade enseja a injustiça da incerteza. Já o estabelecimento de regras simples, que tributem a todos pouco importando quem ou como estejam, projeta a injustiça da desigualdade. Essa realidade só pode ser assim compreendida, e concretizada, na típica dialética formada por teses e antíteses, provas e contraprovas, que observamos num processo.

Feita esta digressão, podemos ir ao segundo adjetivo que usei e responder: por que se trata de uma obra oportuna?

É tempo de amadurecer a discussão sobre mudança do sistema tributário brasileiro. É necessário que se relembre que a tão comentada "complexidade do sistema" não decorre da Constituição da República, mas sim dos atos de aplicação que são vistos e revistos por meio do processo. É neste que se materializam as injustiças e, também, nele que ocorrem as violações à segurança jurídica, seja na função igualdade, seja na função certeza. E, ainda, é no processo que está a principal razão de se argumentar a favor de uma ampla reforma: as cifras do nosso inacreditável contencioso tributário. Se o problema do nosso Sistema está no contencioso, é dele que devem sair diretrizes relevantes a ser implementadas pelos nossos legisladores.

Sendo instigante e oportuno, escrito por um professor sério e com ampla vivência no processo tributário, fica fácil para mim recomendar efusivamente a leitura deste trabalho.

Está de parabéns a Editora Noeses, por permitir esta ampla conversação com o texto de Allan Fallet e está de parabéns a PUC-SP por sua incomparável contribuição na escolha e formação do pensamento jurídico nacional.

São Paulo, 09 de agosto de 2019.

Tácio Lacerda Gama

Professor de Direito da PUC-SP
Presidente do Instituto de Aplicação do Tributo – IAT
Advogado

SUMÁRIO

INTRODUÇÃO

A divisão dos poderes (clássica concepção) encaminha, de forma geral, a identificação dos atos dos Poderes Legislativo (criação da norma jurídica), Executivo (aplicação concreta) e Judiciário (solução de litígios)[1], sendo certo que devemos adotar a concepção de que o Estado é um objeto de cultura, pois seria uma criação do espírito humano[2].

Historicamente, a consolidação disciplinar do Direito Tributário Brasileiro abarca necessariamente a consideração da autonomia em face dos outros ramos do conhecimento, sendo eles jurídicos ou não.

Com as contribuições de Ruy Barbosa Nogueira, Aliomar Baleeiro e Amilcar de Araújo Falcão, dentre outros, após a década de 1960 passou-se a elevar a ideia de autonomia do Direito Tributário Brasileiro em face de todos os outros ramos de conhecimento da doutrina brasileira, sendo certo que, para boa parte da doutrina, essa ideia de autonomia estaria vinculada a uma estruturação sistemática conectada à edificação de institutos e princípios adequados a essa mesma especialidade, os quais não poderiam ser encontrados em nenhuma outra[3].

---

1. BOTTALLO, Eduardo Domingos. Processo Administrativo Tributário: princípios, amplitude, natureza e alcance das funções nele exercidas. *Revista de Direito Tributário*, São Paulo: RT, n. 71, 1996, p. 97.

2. DA SILVA, José Afonso. *Teoria do conhecimento constitucional*. São Paulo: Malheiros Editores, 2014. p. 50.

3. TEODORIVICZ, Jeferson. *História disciplinar do direito tributário brasileiro*. São Paulo: Dialética, 2017. p. 268.

No entanto, um dos maiores problemas das definições no Direito, de uma forma geral, é justamente saber se estas possuem ou não força vinculante, ou seja, deve-se identificar "se" e "quando" determinado contribuinte está obrigado a aplicar determinado regime jurídico exclusivamente (ou não) às hipóteses abarcadas pela definição[4].

Vale esclarecer que os efeitos dessa variação sobre a função jurisdicional são notados porquanto as leis mais velhas estabeleciam certas normas de conduta e agora indicam finalidade e princípios.

Contudo, não basta a estruturação teórica em princípios e institutos conectados ao Direito Tributário, devendo-se identificar os instrumentos ou veículos pelos quais esses princípios e institutos serão construídos[5], pois os valores e sobrevalores proclamados pela Carta Magna devem ser partilhados entre os contribuintes como algo pragmaticamente realizável e apto para cumprir o papel demarcatório[6].

Obviamente, o Direito Tributário guarda peculiaridades que não são identificáveis em outros ramos do Direito, como bem observamos nos estudos dos métodos interpretativos, pois a hermenêutica jurídica recebe diferente apelo no âmbito do Direito Tributário, especialmente pelo advento do interesse econômico ("consideração econômica") utilizado em determinados contextos históricos[7].

No Brasil, o sistema harmônico e racional de normas vinculadas ao Direito Tributário agrega o chamado Sistema Constitucional Tributário, sendo este um subsistema que agrupa

---

4. GRECO, Marco Aurélio. *Norma jurídica tributária*. São Paulo: Saraiva, 1974. p. 29.

5. TEODORIVICZ, Jeferson. *História disciplinar do direito tributário brasileiro*. São Paulo: Dialética, 2017. p. 268-269.

6. CARVALHO, Paulo de Barros. *Segurança jurídica no novo CARF*. Disponível em: <http://www.ibet.com.br/download/Paulo%20de%20Barros%20Carvalho.pdf>. Acesso em: 19 out. 2015.

7. TEODORIVICZ, Jeferson. *História disciplinar do direito tributário brasileiro*. São Paulo: Dialética, 2017. p. 269.

as proposições normativas com intensidade global. Nesse ponto, concordamos com Betina Treiger Grupenmacher, pois a Carta Magna, ao ser tão rígida como analítica quando trata de matéria tributária, disciplina em seus dezessete artigos (a) as competências para as pessoas de direito público instituírem tributos, (b) as espécies tributárias, bem como (c) os princípios e as imunidades, ambos com grande esforço para a limitação do exercício da respectiva competência[8].

Conforme explicita Celso Antônio Bandeira de Mello, a Constituição Federal atribui aos órgãos da Administração Pública deveres e encargos com o fim de protegerem a integridade e liberdade de outras propriedades dos contribuintes[9].

No entanto, tendo em vista que o elemento político possui aspecto capital para a consolidação disciplinar do Direito Tributário, temos que levar em consideração que com a crescente voracidade arrecadatória do Estado, provocada em sua maioria pela resistência do Governo Federal (quando deveria ser para a prestação de serviços públicos) no corte de desperdícios públicos, no enxugamento da máquina administrativa e na concentração da atuação estatal efetivamente nas atividades que lhe são inerentes, tal fato leva a um forte incremento da legislação tributária, o que ocorre na maioria das vezes em completo desrespeito aos ditames constitucionais pátrios[10].

Dessa forma, sob o prisma tributário, a crescente e complexa gama de atribuições estabelecidas ao Estado demonstra que nos distanciamos daquela ideia inicial de competências atribuídas a cada um dos três Poderes, sendo estas absolutas,

8. GRUPENMACHER, Betina Treiger. Sistema e princípios constitucionais tributários. In: CARVALHO, Paulo de Barros (Coord.). *50 Anos do Código Tributário Nacional*. São Paulo: Noeses, 2016. p. 141-142.

9. SEIXAS FILHO, Aurélio Pitanga. *Princípios fundamentais do direito administrativo tributário*: a função fiscal. 2. ed. Rio de Janeiro: Forense, 2003. p. 4.

10. MARTINS, Ives Gandra da Silva; GARCIA, Fátima Fernandes de Souza. O direito à reparação do dano produzido pelo ato legislativo inconstitucional. In: ROCHA, Valdir de Oliveira (Coord.). *Problemas de processo judicial tributário*. São Paulo: Dialética, 1996. p. 133.

impenetráveis e com o fim de se resguardar as liberdades políticas e civis dos contribuintes[11].

O que vem acontecendo é que cada um deles executa, de forma concomitante, as funções consideradas legislativas, jurisdicionais ou executivas.

Assim, nas palavras de Paulo de Barros Carvalho[12], o processo (como instrumento de litígio) é o termo empregado para que se designe a discussão que se desdobra perante o Poder Judiciário e as controvérsias deduzidas no âmbito da Administração Pública, o que envolve temas tributários, bem como meramente administrativos.

O propósito deste trabalho que ora se esboça está em lançar novas luzes sobre a natureza jurídica do processo administrativo fiscal e, consequentemente, sobre os princípios constitucionais tributários aplicáveis, a natureza da atividade exercida pelo Estado no interior do processo, as questões relacionadas ao controle de constitucionalidade, bem como os efeitos dessas decisões proferidas no âmbito do referido processo.

O tema proposto é pivô de controvérsia, pois alguns autores, como Paulo de Barros Carvalho[13], entendem que existe uma imperiosa distinção entre as expressões "processo administrativo tributário" e "procedimento administrativo tributário", enquanto outros, como o Professor Eduardo Domingos Bottallo, entendem que o lançamento não seria a culminância do processo administrativo tributário, mas sim o pressuposto para sua instauração e, ademais, existiria uma equiparação entre o processo administrativo e o judicial, conforme disposto na Constituição Federal de 1988[14].

---

11. BOTTALLO, Eduardo Domingos. Processo administrativo tributário: princípios, amplitude, natureza e alcance das funções nele exercidas. *Revista de Direito Tributário*. São Paulo: RT, n. 71, 1996, p. 97.

12. CARVALHO, Paulo de Barros. Processo administrativo tributário. *Revista de Direito Tributário*. São Paulo: RT, n. 9/10, 1979, p. 276.

13. Ibidem, p. 277.

14. BOTTALLO, Eduardo Domingos. *Curso de processo administrativo tributário*. São Paulo: Malheiros Editores, 2006. p. 65-66.

Com efeito, o processo administrativo fiscal, como um dos institutos do Estado Democrático de Direito, tem como finalidade principal a realização da justiça, contudo não podemos esquecer-nos das outras também importantes, como (i) finalidade de garantia, (ii) melhor conteúdo das decisões, (iii) legitimação do poder, (iv) correto desempenho da função (controle interno), (v) aproximação entre administração e cidadãos, (vi) sistematização de atuações administrativas, (vii) facilidade no controle (externo) da Administração, e (viii) aplicação dos princípios e das regras comuns da atividade administrativa[15].

Assim, restam claros a dificuldade e o confronto entre os doutrinadores, pois alguns autores, ao se filiarem ao entendimento de que ainda não se poderia verificar a verdadeira natureza processual nas normas que disciplinam o contencioso administrativo tributário, buscaram a confirmação em autores como Roque Antonio Carrazza e Aurelio Pitanga Seixas Filho, no sentido de que, mesmo a Constituição Federal tendo equiparado o processo administrativo ao judicial, tal feito em nada alterou a identificação de realidades que continuam a ser diferentes, pois o termo "processo" teria sido utilizado em acepção vulgar na Carta Magna[16].

Além disso, não se deve ignorar o impacto na sociedade decorrente da problemática tratada neste trabalho em suas dimensões econômicas e até mesmo sociológicas, em virtude de dados oficiais emitidos por meio do Plano Anual da Fiscalização da Secretaria da Receita Federal do Brasil para o ano-calendário de 2018, indicando que o crédito tributário constituído pela Receita Federal do Brasil em 2017 foi de R$ 204,99 bilhões, representando o terceiro maior resultado da Fiscalização, superando em 65% o montante lançado em 2016 (R$ 121,66 bilhões).

---

15. MEDAUAR, Odete. *A processualidade no direito administrativo*. São Paulo: Revista dos Tribunais, 1993. p. 61-69.

16. BOTTALLO, Eduardo Domingos. *Curso de processo administrativo tributário*. São Paulo: Malheiros Editores, 2006. p. 64-65.

De todo modo, deve-se atentar para a análise e as consequências jurídicas do tema, que serão a tônica deste trabalho, conforme muito bem destacado por autores como Alexandre Barros Castro, Eduardo Domingos Bottallo, Gustavo Emílio Contrucci, Luís Eduardo Schoueri, Paulo de Barros Carvalho, entre outros.

Destarte, o estudo a respeito desse tema também se apresenta com justificável relevância, porque ainda é incólume na jurisprudência, carecendo a doutrina de desenhos mais profundos vinculados ao Código de Processo Civil de 2015 a respeito das questões apontadas neste esboço e de outras mais que surgirão no decorrer das pesquisas e discussões.

1. HISTÓRICO CONSTITUCIONAL TRIBUTÁRIO

1.1 O Estado brasileiro e a Constituição de 1988

Com a proclamação da independência no Brasil, a unidade nacional se estabeleceu como o primeiro ponto a ser resolvido, sendo certo que a consecução desse objetivo dependia da construção de um poder centralizador, sem deixar de atender a alguns princípios básicos. O princípio[17] fundamental dessa teoria era o constitucionalismo, que seria assegurado por meio de uma constituição[18] escrita, com a declaração

---

17. "Etimologicamente, o termo "princípio" (do latim *principium, principii*) encerra a ideia de começo, origem, base. Em linguagem leiga é, de fato, o ponto de partida e o fundamento (causa) de um processo qualquer" (CARRAZZA, Roque Antonio. *Curso de direito constitucional tributário*. 30. ed. São Paulo: Malheiros Editores, 2015. p. 47). Para Geraldo Ataliba, são as linhas mestras, ou seja, as diretrizes magnas do sistema jurídico, que apontam os rumos a serem seguidos por toda a sociedade e obrigatoriamente perseguido pelos órgãos públicos (*República e Constituição*. 2. ed. São Paulo: Malheiros Editores, 1998. p. 34), e, para Renato Lopes Becho, são imprescindíveis para a compreensão de uma ordem, de uma sistematização, e, dessa forma, negá-los seria uma tarefa impossível (*Filosofia do direito tributário*. São Paulo: Saraiva, 2010. p. 130).

18. "A ordenação normativa propõe uma série de finalidades a serem alcançadas, as quais se apresentam para quaisquer agentes estatais como obrigatórias. A busca destas finalidades tem o caráter de dever (antes do que 'poder"'), caracterizando uma função, em sentido jurídico.
Em direito, esta voz função quer designar um tipo de situação jurídica em que existe, previamente assinalada por um comando normativo, uma finalidade a cumprir e que deve ser obrigatoriamente atendida por alguém, mas no interesse de outrem,

constitucional dos direitos do homem e um mecanismo de divisão dos Poderes[19].

Esses comandos normativos tecem uma rede complexa de dados axiomáticos que se sobrepõe, dando razão a verdadeiros sobreprincípios, ou seja, existem princípios (normas jurídicas que portam valores importantes) e sobreprincípios[20], que aparecem pela conjunção dos primeiros, sendo a certeza jurídica um grande exemplo de sobreprincípio, contudo dotado de aspectos lógicos peculiares, que lhe atribuem preeminência sintática com relação a todos os demais[21]:

> A esse valor, que se manifesta em todos os enunciados e que mostra a preferência em favor da objetividade, uniformidade e efetividade da transmissão das prescrições jurídicas, tenho chamado de sobreprincípio da certeza do direito[22].

---

sendo que, este sujeito – o obrigado – para desincumbir-se de tal dever, necessita manejar poderes indispensáveis à satisfação do interesse alheio que está a seu cargo prover. Daí, uma distinção clara entre a função e a faculdade ou o direito que alguém exercita em seu prol. Na função o sujeito exercita um poder, porém o faz em proveito alheio, e o exercita não porque acaso queira ou não queira. Exercita-o porque é um dever... Função existe em Direito, tanto na esfera do Direito Privado, quanto na província do Direito Público, só que domina totalmente a seara do Direito Público, e aparece eventualmente no campo do Direito Privado" (MELLO, Celso Antônio Bandeira de. *Discricionariedade e controle jurisdicional.* São Paulo: Malheiros Editores, 1992. p. 13-14).

19. DA SILVA, José Afonso. *Teoria do conhecimento constitucional.* São Paulo: Malheiros Editores, 2014. p. 643-644.

20. "Os princípios são normas qualificadas, exibindo excepcional valor aglutinante: indicam como devem aplicar-se as normas jurídicas, isto é, que alcance lhes dar, como combiná-las e quando outorgar precedência a alguma delas. [...] Salientamos que os princípios constitucionais formam um conjunto cogente de comandos normativos, devendo, por isso, ser fielmente observados não só pelos Poderes do Estado, como por todas as pessoas que se encontram sob a égide do nosso ordenamento jurídico" (CARRAZZA, Roque Antonio. *Curso de direito constitucional tributário.* 30. ed. São Paulo: Malheiros Editores, 2015. p. 58).

21. CARVALHO, Paulo de Barros. *Princípios e sobreprincípios na interpretação do direito.* Disponível em: <http://http://www.ibet.com.br/download/Princ%C3%83%C2%ADpios%20PBC.pdf>. Acesso em: 19 jan. 2018.

22. CARVALHO, Paulo de Barros. *Derivação e positivação no direito tributário.* 2. ed. São Paulo: Noeses, 2016. v. 3, p. 209.

O poder, na visão de Paulo Bonavides, representaria "sumariamente aquela energia básica que anima a existência de uma comunidade humana num determinado território, conservando-a unida, coesa e solidária"[23].

Vale esclarecer que, antes mesmo da promulgação da Constituição de 1988, a doutrina nacional alertava sobre a aplicação de diversas garantias ao processo administrativo, como, por exemplo, o direito[24] à defesa:

> O princípio da garantia da defesa, entre nós, decorre do mandamento constitucional do devido processo legal (Const. Rep. Art. 153, §§ 15 e 16), que teve a sua origem no *due process of law* do direito anglo-norte-americano. [...] Processo Administrativo sem oportunidade de defesa ou com defesa cerceada é nulo[25].

Inclusive, à época, foi publicado um artigo de Agustín A. Gordillo, com o título "La Garantía de Defensa como Princípio

---

23. BONAVIDES, Paulo. *Ciência política*. 2. ed. Rio de Janeiro: Fundação Getulio Vargas, 1974. p. 107.

24. Para Paulo de Barros Carvalho, o "direito se apresenta como plexo de estruturas normativas, existentes aqui e agora, que se projetam sobre a realidade social para ordená-las nas suas relações de intersubjetividade, canalizando o fluxo das condutas em direção a certos valores que a sociedade anela e quer ver implantados" (CARVALHO, Paulo de Barros. *Derivação e positivação no direito tributário*. 2. ed. São Paulo: Noeses, 2014. v. 1, p. 36), sendo que o intérprete não poderá "imitir-se no conhecimento da ordem jurídico-positiva sem travar contato com o suporte físico (plano de expressão) do produto legislado" (CARVALHO, Paulo de Barros. *Direito tributário, linguagem e método*. 5. ed. São Paulo: Noeses, 2013. p. 204). Dessa forma, do ponto de vista subjetivo, o intérprete deve possuir a habilitação, ou seja, é requisito intrínseco para a interpretação e a aplicação das leis tributárias o conhecimento da ciência e da técnica do Direito Tributário (NOGUEIRA, Ruy Barbosa. *Curso de direito tributário*. 5. ed. São Paulo: Saraiva, 1999. p. 97): "Como é sabido, na interpretação da lei tributária importa considerar não só a fórmula léxica de sua dição, mas também o seu elemento lógico, o intento concreto que o legislador pretendeu realizar no mundo jurídico com a emissão da norma. A conclusão do intérprete, pois, há de ser uma resultante do confronto ou do cotejo desses dois aspectos do dispositivo em cogitação" (FALCÃO, Amilcar de Araújo. *Direito tributário brasileiro*: aspectos concretos. Rio de Janeiro: Edições Financeiras, 1960. p. 138).

25. MEIRELLES, Hely Lopes. *Direito administrativo brasileiro*. 13. ed. São Paulo: Revista dos Tribunais, 1987. p. 97.

de Eficácia en el Procedimiento Administrativo"[26], o qual influenciou a jurisprudência nacional[27] quanto à aplicação da ampla defesa também aos processos administrativos.

A Constituição de 1988, apesar de muitas facetas, possui viés de uma Constituição do Estado[28] Social, ou seja, os problemas constitucionais pertinentes à relação de poderes e ao exercício de direitos subjetivos devem ser solucionados à luz dos conceitos derivados daquela modalidade de ordenamento[29], o que não acontece, por exemplo, quando analisamos uma Constituição do Estado Liberal, que é uma Constituição antigoverno e antiestado.

Ou seja, o Estado social brasileiro, em face dos aperfeiçoamentos advindos da Constituição de 1988, tornou-se um Estado que não apenas concede os direitos sociais básicos para seus cidadãos[30], mas os garante de forma clara e determinada:

> Para compreender a realidade jurídica existente em certo momento é indispensável conhecer o espírito da época, que se revela em um complexo de elementos: nos textos normativos que vão surgindo, na literatura jurídica, nas polêmicas que concretamente chamam a atenção das pessoas, nos medos escondidos em suas opiniões, nos problemas enfrentados, nas decisões judiciais, nos eventos marcantes, nos lugares-comuns, e assim por diante[31].

---

26. GORDILLO, Agustín A. La Garantía de Defensa como Princípio de Eficácia en el Procedimiento Administrativo. *Revista de Direito Público*. São Paulo, n. 10, p. 16-24, 1969.

27. BACELLAR FILHO, Romeu Filipe. *Processo administrativo disciplinar*. São Paulo: Max Limonad, 2003. p. 301.

28. Segundo Kant: "O Estado ele o definiu como 'a união de uma multidão de homens sob as leis do direito'" (BONAVIDES, Paulo. *Do estado liberal ao estado social*. 5. ed. Belo Horizonte: Del Rey, 1993. p. 99).

29. BONAVIDES, Paulo. *Curso de direito constitucional*. 14. ed. São Paulo: Malheiros Editores, 2004. p. 371.

30. Ibidem. p. 373.

31. SUNDFELD, Carlos Ari. Processo e procedimento administrativo no Brasil. In: SUNDFELD, Carlos Ari; MUÑOZ, Guilhermo Andrés (Coords.). *As leis de processo administrativo Lei Federal 9.784/99 e Lei Paulista 10.177/98*. São Paulo: Malheiros Editores, 2000. p. 20.

Nesse sentido, o Estado brasileiro encontra-se apto para produzir as condições e os pressupostos reais e fáticos indispensáveis ao exercício dos direitos fundamentais, pois o cidadão é dependente das prestações do Estado, devendo cumprir a sua tarefa igualitária, na medida em que o contrário ocasionaria a extinção da democracia e da liberdade[32].

Quando lamentamos o enfraquecimento do Estado[33] brasileiro e vislumbramos a necessidade do aprofundamento da matéria constitucional pátria, lembramos dos ensinamentos sempre atuais do Professor Paulo Bonavides:

> É, portanto, a crise constituinte que açoita o Brasil, desfigurando-lhe a fisionomia política e social. Crise das estruturas e das instituições, em transcurso tanto na esfera do Estado como da Sociedade; crise que abala os fundamentos do nosso Estado social em gestação, e, caso não seja logo debelada, nos fará perder a identidade nacional debaixo das pressões de um neoliberalismo sem rumos e de uma globalização sem limites[34].

A Constituição de 1988 preocupou-se com os princípios[35], exprimindo essa intenção em diversas oportunidades, como podemos observar quando empregamos essa palavra na acepção de começo, fonte e fundamento de alguma coisa[36].

---

32. BONAVIDES, Paulo. *Curso de direito constitucional*. 14. ed. São Paulo: Malheiros Editores, 2004. p. 378-379.

33. "Se existe unidade de poder sobre o território, pessoas e bens, tem-se Estado unitário. Se, ao contrário, o poder se reparte, se divide, no espaço territorial (divisão espacial de poderes), gerando uma multiplicidade de organizações governamentais, distribuídas regionalmente, encontramo-nos diante de uma forma de Estado composto, denominado Estado Federal ou Federação dos Estados" (DA SILVA, José Afonso. *Curso de direito constitucional positivo*. 9. ed. São Paulo: Malheiros Editores, 1994. p. 92).

34. BONAVIDES, Paulo. *Curso de direito constitucional*. 14. ed. São Paulo: Malheiros Editores, 2004. p. 30.

35. São normas jurídicas entranhadas de forte conotação axiológica: "É o nome que se dá a regras do direito positivo que introduzem valores relevantes para o sistema, influindo vigorosamente sobre a orientação de setores da ordem jurídica" (CARVALHO, Paulo de Barros. *Direito tributário, linguagem e método*. 5. ed. São Paulo: Noeses, 2013. p. 261).

36. DA SILVA, José Afonso. *Teoria do conhecimento constitucional*. São Paulo: Malheiros Editores, 2014. p. 650.

A Carta Magna trouxe, em seu art. 5º, inciso LV ("LV – aos litigantes, em processo judicial ou administrativo, e aos acusados em geral são assegurados o contraditório e ampla defesa, com os meios e recursos a ela inerentes"), a ampliação do direito[37] à defesa para todos os litigantes, bem como acusados em processo administrativo, e, ainda, estabeleceu ser desnecessário que os meios e recursos sejam somente aqueles definidos em lei, conforme designação anterior:

> Entendido o direito à defesa como direito fundamental a ser garantido pelo processo, resulta que o exercício da defesa haveria de manifestar-se, idealmente, no bojo do processo, segundo normas previamente editadas; contudo, se faltam tais normas, nem por isso poderá o administrado ser privado pelo Poder Público do direito à defesa[38].

A essa inteligência somou-se o entendimento quanto ao contraditório, o que elevou a possibilidade de significados normativos extraídos da Constituição Federal.

Em face dessa mudança (ampliação dos direitos decorrentes) e a partir desse novo marco constitucional, a doutrina e a jurisprudência passaram a analisar de forma específica e detalhada as discussões sobre a aplicação dos princípios do contraditório e da ampla defesa no Direito Administrativo.

---

37. O processo de produção do direito consiste na sua enunciação: "o primeiro sentido de enunciação é o de ato produtor do enunciado", sendo que enunciação seria "como instância de mediação, que assegura a discursivização da língua, que permite a passagem da competência à performance, das estruturas semióticas virtuais às estruturas realizadas sob a forma de discurso" (FIORIN, José Luiz. *As astúcias da enunciação*. São Paulo: Ática, 1996. p. 31-36) e "A atividade de enunciação – entendida aqui como exclusiva atividade produtora de normas, portanto fonte do direito – exaure-se em si mesma projetando no produto (documento normativo) as seguintes categorias: agente competente, tempo, espaço em que foi produzido o documento além do procedimento utilizado para a sua confecção" (MOUSSALLEM, Tárek Moysés. *Fontes do direito tributário*. 2. ed. São Paulo: Noeses, 2006. p. 137).

38. PEREIRA JR., Jessé Torres. *O direito à defesa na Constituição de 1988*: processo administrativo e os acusados em geral. Rio de Janeiro: Renovar, 1991. p. 27.

1.2 Sistema constitucional

Para adentrarmos no tema, antes devemos fazer uma breve análise sobre o sistema jurídico no qual estão imersas as normas constitucionais[39] em conjunto com os princípios que lhes são atinentes.

Inicialmente, nas palavras de Geraldo Ataliba, a

> compreensão de toda e qualquer instituição de direito público, positivamente adotada por um povo, depende de prévia percepção dos princípios fundamentais postos na sua base por esse mesmo povo, na sua manifestação política plena: A Constituição. Sendo o Direito um sistema, torna-se mais fácil apreender o conteúdo, sentido e alcance de seus institutos e normas em função das exigências postuladas por esses princípios[40].

Além disso, como muito bem nos ensinou Roque Antonio Carrazza, a Ciência Jurídica teria por objeto de estudo o Direito Positivo, ou seja, os conceitos consternados nesse campo deveriam resultar da interpretação[41] das normas jurídicas em vigor. Assim, seria irrelevante para a dogmática do direito o sentido que outras ciências atribuem às palavras[42].

---

39. Seguindo entendimento de Roque Antonio Carrazza, as normas constitucionais devem receber a interpretação que maior efetividade lhe confere, não cabendo ao aplicador usar de suas próprias idiossincrasias para supostamente retificar, o que no seu entendimento estaria colocado de maneira inadequada na Constituição (*Curso de direito constitucional tributário*. 30. ed. São Paulo: Malheiros Editores, 2015. p. 40).

40. ATALIBA, Geraldo. *República e Constituição*. 2. ed. São Paulo: Malheiros Editores, 1998. p. 15.

41. Logo, a interpretação das normas tributárias e dos princípios (como normas) depende de uma análise sistemática capaz de considerar o universo das regras jurídicas, enquanto organização sintática (hierarquia sintática) e axiológica (hierarquia dos valores jurídicos), tendo em vista que como uma proposição prescritiva do direito não pode ser apreciada independentemente do sistema a que pertence, o mesmo acontece com os valores jurídicos incluídos nas estruturas normativas (CARVALHO, Paulo de Barros. *Princípios e sobreprincípios na interpretação do direito*. Disponível em: <http:// http://www.ibet.com.br/download/Princ%C3%83%C2%ADpios%20PBC.pdf>. Acesso em: 19 jan. 2018).

42. CARRAZZA, Roque Antonio; CARRAZZA, Elizabeth Nazar. Da não incidência de ICMS sobre os serviços de licença de uso de programa de computador de PABX

Seguindo os ensinamentos de Paulo de Barros Carvalho, interpretar[43] seria "atribuir valores aos símbolos, isto é, adjudicar-lhes significações e, por meio dessas, referências a objetos"[44]:

> Realmente a partir dos enunciados do direito positivo, o exegeta, valorando-os, constrói as normas jurídicas. Não se nega que estas tomam como ponto de partida os textos do direito positivo, porém seu conteúdo vem discernido pelo intérprete, que se vale, para tanto, de sua própria ideologia, isto é, de sua pauta de valores. As normas jurídicas são, pois, construções intelectuais do intérprete, efetuadas a partir da análise da legislação *lato sensu*. São elas que permitem que as realidades do universo venham, como observa Hans Kelsen, "apreendidas juridicamente"[45].

Ou seja, o direito não seria senão um conjunto de normas[46], as quais se convencionou designar como sistema

---

Virtual e de hospedagem de áudio e vídeo pela internet (*Streaming*). In: MARQUES, Cláudia Villagra da Silva (Coord.). *Direito tributário*: olhar crítico na estrutura tributária brasileira. São Paulo: Claris, 2016. p. 192-193.

43. Para Eros Roberto Grau, a interpretação apresentaria um soslaio criativo, o que impossibilitaria que uma única norma jurídica fosse extraída de um determinado dispositivo legal: "As disposições, os enunciados, os textos, nada dizem; somente passam a dizer algo quando efetivamente convertidos em normas (isto é, quando – através e mediante a interpretação – são transformados em normas). Por isso as normas resultam da interpretação, e podemos dizer que elas, enquanto disposições, nada dizem – elas dizem o que os intérpretes dizem que elas dizem. Isso, contudo – note-se bem –, não significa que o intérprete, literalmente, crie a norma. Dizendo-o de modo diverso: o intérprete não é um criador *ex nihilo*, ele produz a norma – não, porém, no sentido de fabricá-la, mas no sentido de reproduzi-la. O produto da interpretação é a norma expressada como tal. Mas ela (a norma) parcialmente preexiste, potencialmente, no invólucro do texto, invólucro do enunciado" (*Ensaio sobre a interpretação/aplicação do direito*. São Paulo: Malheiros Editores, 2002. p. 72-73).

44. CARVALHO, Paulo de Barros. *Direito tributário, linguagem e método*. 5. ed. São Paulo: Noeses, 2013. p. 181-182.

45. CARRAZZA, Roque Antonio. *Reflexões sobre a obrigação tributária*. São Paulo: Noeses, 2010. p. 15-16.

46. Nas palavras de Humberto Ávila "normas não são textos nem o conjunto deles, mas os sentidos construídos a partir da interpretação sistemática de textos normativos. Daí se afirmar que os dispositivos se constituem no objeto da interpretação; e as normas, no seu resultado. O importante é que não existe correspondência entre norma e dispositivo, no sentido de que sempre que houver um dispositivo haverá uma norma, ou sempre que houver uma norma deverá haver um dispositivo que lhe sirva de suporte" (ÁVILA, Humberto. *Teoria dos princípios*: da definição à apli-

jurídico (ordenação jurídica), como muito bem nos ensinou Geraldo Ataliba[47].

Informada por diversos vetores, a história das revoluções demonstra que estas possuem como fundamento e como objetivo o reconhecimento de um princípio constitucional, o que demonstra a sua importância e, ainda, que o seu nascituro ocorre do seio do povo, como um sentimento jurídico que ultrapassa barreiras e se transforma em uma "ideia-força" que cresce da comunidade e realiza-se na prática[48].

Como é sabido e muito bem preceitua o Wagner Balera, "as funções estão configuradas, pelo direito positivo de cada País, como estruturas operacionais aptas a instrumentalizarem o Estado a fim de que este cumpra o seu destino: promover o bem de todos"[49].

Assim, na medida em que os princípios organizam plexos caóticos permitindo a sistematização do Direito[50] e apontam os objetivos da sociedade, os quais estão dispostos no ordenamento jurídico, bem como trazem unidade ao sistema jurídico, quando agregam as normas que estão ao seu redor, resta clara a sua importância como peça-chave de todo o sistema normativo.

Dessa forma, concluímos que sem o devido aprofundamento da investigação acerca da função dos referidos princípios no ordenamento jurídico brasileiro jamais será possível compreender a natureza, a essência e os rumos do constitucionalismo contemporâneo[51].

---

cação dos princípios jurídicos. 17 ed. São Paulo: Malheiros, 2016. p. 50).

47. ATALIBA, Geraldo. *Hipótese de incidência tributária*. 6. ed. São Paulo: Malheiros Editores, 2014. p. 25.

48. DA SILVA, José Afonso. *Teoria do conhecimento constitucional*. São Paulo: Malheiros Editores, 2014. p. 659-660.

49. BALERA, Wagner. *Processo administrativo previdenciário*: benefícios. São Paulo: LTr, 1999. p. 19.

50. BECHO, Renato Lopes. *Lições de direito tributário*. 3. ed. São Paulo: Saraiva, 2015. p. 335-336.

51. BONAVIDES, Paulo. *Curso de direito constitucional*. 14. ed. São Paulo: Malheiros Editores, 2004. p. 231.

1.3 Sistema constitucional tributário

Como muito bem lembra Ives Gandra, não é por acaso que a Constituição vigente dedica capítulo correspondente à Organização Nacional ao Sistema Tributário, "sobre povoar o seu texto de inúmeras outras informações de natureza impositiva"[52]. Nesse sentido, cabe o entendimento do autor italiano Victor Uckmar sobre o sistema tributário:

> El orden tributario es uno de los elementos de los cuales se puede deducir mejor si un Estado responde a los requisitos propios del "Estado de Derecho" en las relaciones con los ciudadanos y constituye – especialmente hoy en una economía mundial – un elemento fundamental de confrontación de los Países en el escenario internacional[53].

Paulo de Barros Carvalho esclarece que a ordem jurídica brasileira deve ser analisada como

> um sistema de normas, algumas de comportamento, outras de estrutura, concebido pelo homem para motivar e alterar a conduta no seio da sociedade. É composto por subsistemas que se entrecruzam em múltiplas direções, mas que se afunilam na busca de seu fundamento último de validade semântica que é a Constituição do Brasil. E esta, por sua vez, constitui também um subsistema, o mais importante que paira, sobranceiro, sobre todos os demais, em virtude de sua privilegiada posição hierárquica, ocupando o tópico superior do ordenamento e hospedando as diretrizes substanciais que regem a totalidade do sistema jurídico nacional[54].

---

52. MARTINS, Ives Gandra. *Sistema tributário* na Constituição de 1988. 2. ed. São Paulo: Saraiva, 1990. p. 45.

53. UCKMAR, Victor. El Sistema Tributario: las instituciones, las administraciones fiscales, los contribuyentes. In: MELLO, Celso Antônio Bandeira de (Coord.). *Direito tributário*: estudos em homenagem a Geraldo Ataliba. São Paulo: Malheiros Editores, 1997. p. 105.

54. CARVALHO, Paulo de Barros. *Curso de direito tributário*. 26. ed. São Paulo: Saraiva, 2014. p. 154. Não podemos esquecer que a Constituição "dispõe sobre os poderes capitais do Estado, no campo da tributação, ao lado de medidas que asseguram as garantias imprescindíveis à liberdade das pessoas diante daqueles poderes" (CARVALHO, Paulo de Barros. *Curso de direito tributário*. 26. ed. São Paulo: Saraiva, 2014. p. 155).

Convém lembrar as lições do Professor Canotilho, que muito acrescentam à análise da atuação dos princípios:

> Princípios são normas que exigem a realização de algo, da melhor forma possível, de acordo com as possibilidades fácticas e jurídicas. Os princípios não proíbem, permitem ou exigem algo em termos de "tudo ou nada"; impõem a optimização de um direito ou de um bem jurídico, tendo em conta a "reserva do possível", fáctica ou jurídica[55].

Nas palavras de Eduardo García de Enterría,

> la técnica de los principios generales del Derecho, aparte de su valor propio en todo ámbito jurídico como técnica de superación del positivismo legalista, que pretendía reducir todo el Derecho a la simple exegesis de las Leyes escritas, ha tenido un desenvolvimiento espectacular precisamente en el Derecho Público[56].

Dentro desse sistema jurídico podemos encontrar os subsistemas, que são construídos por meio de conceitos próprios (aglutinantes[57]), como o próprio sistema constitucional tributário[58], conforme adverte de forma emblemática o Professor James Marins:

---

55. CANOTILHO, J. J. Gomes. *Direito constitucional*. Coimbra: Almedina, 1991. p. 545.

56. "No parece preciso insistir en la actualidad general que la técnica de los principios generales del Derecho tiene hoy en todos los sistemas positivos como esencial en el proceso aplicativo del Derecho. Pero acaso no resulte ocioso subrayar que esta técnica viene a enlazar en su efectos con uno de los valores centrales del ideario democrático, el consenso" (ENTERRÍA, Eduardo García de. *Democracia, jueces y control de la administración*. 3. ed. Madrid: Civitas, 1997. p. 146-153).

57. "[Sistema é] um conjunto harmônico, ordenado e unitário de elementos reunidos em torno de um conceito fundamental ou aglutinante. Esse conceito aglutinante serve de critério unificador, na linguagem de Geraldo Ataliba, atraindo e harmonizando, em um só sistema, os vários elementos de que compõem" (GONÇALVES, José Artur Lima. *Imposto sobre a Renda*: pressupostos constitucionais. São Paulo: Malheiros Editores, 2002. p. 40).

58. "Dado o perfil do Subsistema Constitucional Tributário, Geraldo Ataliba afirmava que "Direito Tributário no Brasil é Direito Constitucional" (GRUPENMACHER, Betina Treiger. Sistema e Princípios Constitucionais Tributários. *50 anos do Código Tributário Nacional*. São Paulo: Editora Noeses, 2016. p. 141).

> No Brasil, único país do mundo a contar com um Sistema Constitucional Tributário, o problema das antinomias adota muitíssimas vezes a forma de inconstitucionalidade, o que conduz a importantes desdobramentos e problemas na geração e aplicação das normas jurídicas tributárias. Diante da generosidade do legislador constitucional brasileiro na inserção de regras tributárias na Constituição Federal de 1988, criando um sistema que se identifica pela hermeticidade, as normas infraconstitucionais tributárias, complementares ou ordinárias, sofrem vigorosas limitações materiais e formais e submetem-se amplamente ao teste da constitucionalidade[59].

O direito constitucional tributário seria, então, um conjunto de normas e princípios reguladores do poder tributário estatal, o qual disciplinaria também a manifestação das competências tributárias, exigências e formas de arrecadação em conjunto com as garantias defendidas pelo devido processo legal (legislativo, administrativo e jurisdicional) tanto do Fisco como do contribuinte[60].

Nas palavras de Teresa Arruda Alvim, resta clara a importância dos princípios insculpidos na Constituição Federal para a concepção de Sistema Constitucional Tributário:

> Tal é o grau de relevância desta atividade, que o estudo do Direito Tributário positivo brasileiro tem como principal baliza os princípios insculpidos na Constituição. Isto porque o sistema tributário brasileiro tem como característica o fato de estar meticulosamente delineado na CF/88, o que nos leva a concebê-lo como um verdadeiro Sistema Constitucional Tributário. Assim, qualquer exame normativo tem necessariamente como nascedouro a própria Carta Magna. Nesse particular há que se estar atento aos princípios máximos que nela encontramos. Esta característica faz com que os órgãos normativos (sejam federais, estaduais ou municipais) estejam milimetricamente atados às regras constitucionais (quer aos princípios implícitos ou explícitos como às normas específicas destinadas a tributação)[61].

---

59. MARINS, James. *Direito processual tributário brasileiro (administrativo e judicial)*: atualizado com o CPC/15, comparativamente como o CPC/73. 8. ed. São Paulo: Dialética, 2015. p. 18.

60. NOGUEIRA, Ruy Barbosa. *Curso de direito tributário*. 5 ed. São Paulo: Saraiva, 1999. p. 117-118.

61. ALVIM, Teresa Arruda; MARINS, James. Processo tributário. In: ALVIM, Teresa

Inclusive, o princípio da segurança jurídica encontra-se intimamente conectado ao Direito Tributário, garantindo a prevalência da ordem jurídica em conjunto com os interesses individuais:

> De esta manera, el tributo se entiende como una institución que se inmiscuye en el mercado alterando su normal desarrollo, y desde la perspectiva dogmático-liberal, es un mal menor. La visión peyorativa del tributo parte precisamente de esa idea radicalmente liberal de protección de la sociedad frente al Estado, y, por tanto, de la exacerbación del interés individual de los componentes del cuerpo social frente al orden jurídico, cuya única finalidad sería, precisamente, garantizar esos intereses individuales[62].

Logo, a não utilização da chamada "pedra de fecho" do sistema a qual pertence, sendo este o sistema constitucional tributário, poderá acarretar o completo "esboroamento da construção intelectual", como muito bem lembrou Geraldo Ataliba ao citar o que ocorreu na "Abóbada" de Alexandre Herculano[63].

Arruda (Coord.). *Repertório de jurisprudência e doutrina sobre processo tributário.* São Paulo: Revista dos Tribunais, 1994. p. 12.

62. NOVOA, César García. Seguridad jurídica y derecho tributario. In: MELLO, Celso Antônio Bandeira de (Coord.). *Direito tributário*: estudos em homenagem a Geraldo Ataliba. São Paulo: Malheiros Editores, 1997. p. 65.

63. CARRAZZA, Roque Antonio. *Curso de direito constitucional tributário.* 30. ed. São Paulo: Malheiros Editores, 2015. p. 48.

2. TEORIA GERAL DO PROCESSO ADMINISTRATIVO FISCAL

2.1 Processo ou procedimento

Quando falamos de atividade administrativa, devemos primeiramente estabelecer que essa atividade – ulteriormente qualificada de "administrativa" – é de uma forma geral desenvolvida por um aparato burocrático integrado numa organização determinada Estado[64].

De uma forma bem didática, Luiza Nagib em artigo escrito em conjunto com Caroline Aguiar, traz o entendimento de que a Administração Pública é responsável por algumas vertentes que são essenciais ao correto desenvolvimento da sociedade, mas nem sempre a atuação do Estado como agente propulsor dessas medidas se dá de modo eficiente e supre por completo a necessidade de todos[65]:

---

64. GRECO, Marco Aurélio. *Dinâmica da tributação e procedimento*. São Paulo: Revista dos Tribunais, 1979. p. 77.

65. NAGIB, Luiza; AGUIAR, Caroline Pires de. Imunidade tributária e as instituições de assistência social. In: MARQUES, Cláudia Villagra da Silva (Coord.). *Direito tributário*: olhar crítico na estrutura tributária brasileira. São Paulo: Claris, 2016. p. 160-161.

> Esse ato de cooperação cumpre com os mandamentos da própria CF/88, tendo em vista que seu artigo 1º caracteriza expressamente a República Federativa do Brasil como um Estado Democrático de Direito.
>
> O artigo 3º, inciso I, da CF/88 aponta como objetivo fundamental da República a "construção de uma sociedade livre, justa e solidária!", colaborando com o fortalecimento dos três pilares que sustentam um Estado Democrático de Direito, quais sejam a liberdade, igualdade e a fraternidade, conforme indicado no próprio Preâmbulo Constitucional [...].

Superada essa parte introdutória, o processo seria então o próprio campo de batalha do Direito, sendo certo que sua organização deve ser formada por princípios e normas que assegurem, numa relação de equidade, aos contribuintes (litigantes) as condições de utilizarem todas as possibilidades que o ordenamento jurídico possa disponibilizar com o fim de demonstrar, reconhecer e proteger os seus direitos[66].

A opção terminológica deve estar atenta ao fato de que o conceito de processo contempla a ideia de uma diretriz e a factualidade de diversos atos, lógica e juridicamente encadeados, conforme dispõem Sérgio Ferraz e Adilson Abreu Dallari, sendo certo que no plano conceitual duas realidades estariam abarcadas por esse conceito, quais sejam[67]:

(i) realidade panoramicamente identificada num conjunto, que parte de uma provocação ou um requerimento, e que por consequência caminha mediante a prática de atos instrumentais para a produção do resultado; e

(ii) realidade atomizada, que se concretiza no caminho que vai do início ao fim do processo (onde, como e quando).

Seguindo o entendimento dos autores em referência, constatamos que o processo administrativo congloba uma

66. BOTTALLO, Eduardo Domingos. Princípios gerais do processo administrativo tributário. *Revista de Direito Tributário*. São Paulo: RT, n. 1, 1977, p. 47.

67. FERRAZ, Sérgio; DALLARI, Adilson Abreu. Processo *administrativo*. 3. ed. São Paulo: Malheiros Editores, 2012. p. 49-50.

relação interpessoal (administração/administrados), a qual, em face da incidência da regra jurídica[68] sobre a sua estrutura, torna-se jurídica[69].

Ou seja, nessa contraposição entre processo e procedimento[70] não há uma relação continente/conteúdo, pois nenhum dos dois termos abrange inteiramente o outro, na medida em que se trata de realidades distintas, ou seja, todo processo administrativo abarca um procedimento, mas nem todo procedimento administrativo "se desenvolve no bojo de um processo administrativo"[71].

No entendimento de Paulo de Barros Carvalho[72], o termo "processo" estaria adstrito "à composição dos litígios que se opera no plano da atividade jurisdicional do Estado, para

68. "A regra jurídica é o instrumento criado pelo Estado para dominar e reger os fatos do ambiente social: forças econômicas, ideais, interesses, necessidades etc., sempre em movimento e frequentemente antagônicas. Toda a regra jurídica supõe uma tensão ou possibilidade de tensão entre a conduta que ela impõe e a realidade social. A regra jurídica transforma o determinismo natural (espontâneo ou ao arbítrio do indivíduo) dos fatos sociais, em um determinismo artificial, porque impõe aqueles fatos sociais uma distorção específica e um comportamento prefixado cuja estrutura e direção se apresentaram ao legislador como necessárias ao bem comum autêntico ou falso" (BECKER, Alfredo Augusto. *Teoria geral do direito tributário*. 6. ed. São Paulo: Noeses, 2013. p. 61).

69. FERRAZ, Sérgio; DALLARI, Adilson Abreu. *Processo administrativo*. 3. ed. São Paulo: Malheiros Editores, 2012. p. 53.

70. "Procedimento administrativo é uma sucessão itinerária e encadeada de atos administrativos que tendem, todos, a um resultado final e conclusivo. Isto significa que para existir o procedimento cumpre que haja uma sequência de atos conectados entre si, isto é, armados em uma ordenada sucessão visando a um ato derradeiro, em vista do qual se compôs esta cadeia, sem prejuízo, entretanto, de que cada um dos atos neste todo conserve sua identidade funcional própria, que autoriza a neles reconhecer o que os autores qualificam como 'autonomia relativa'. Por conseguinte, cada ato cumpre uma função especificamente sua, em despeito de que todos co-participam do rumo tendencial que os encadeia: destinarem-se a compor desenlace, em um ato final, pois estão ordenados a propiciar uma expressão decisiva a respeito de dado assunto, em torno do qual todos se polarizam" (MELLO, Celso Antônio Bandeira. *Curso de direito administrativo*. 10. ed. São Paulo: Malheiros Editores, 1998. p. 308-309).

71. FERRAZ, Sérgio; DALLARI, Adilson Abreu. *Processo administrativo*. 3. ed. São Paulo: Malheiros Editores, 2012. p. 55.

72. CARVALHO, Paulo de Barros. Processo administrativo tributário. *Revista de Direito Tributário*. São Paulo: RT, n. 9/10, 1979, p. 277.

que signifique a controvérsia desenvolvida perante os órgãos do Poder Judiciário", enquanto o termo "procedimento" deveria ser o "étimo apropriado para referir a discussão que tem no curso da esfera administrativa". Nesse sentido, no entendimento do autor, a locução correta a ser utilizada quanto à impugnação dos atos administrativos[73] no que tange à matéria tributária deveria ser "procedimento administrativo tributário", sendo esse ato administrativo composto por (i) atos propulsivos, (ii) atos introdutórios ou ordinários, (iii) atos decisórios, (iv) atos controladores e (v) atos de comunicação, segundo as lições do Professor Celso Antônio Bandeira de Mello[74] em seu livro *Elementos de Direito Administrativo.*

No entendimento de Eduardo Domingos Bottallo, para a correta qualificação do contencioso administrativo tributário deveria ser utilizada a expressão "procedimento administrativo", pois a expressão "processo administrativo" implicaria a usurpação de signo fortemente conectado ao desempenho da função característica do Poder Judiciário[75].

O referido autor, ao evoluir o seu raciocínio, estabelece que a Constituição Federal, visando transformar o contencioso administrativo em um efetivo instrumento de realização do material controvertido, presenteou-lhe com a irrestrita aptidão para estruturar-se de forma capaz para solucionar exatamente os litígios em sua área de atuação determinada[76]. Esse entendimento ocasionou a conclusão de que a expressão "processo administrativo" contaria com um sólido fundamento

73. Nas palavras de Paulo de Barros Carvalho "os atos administrativos, primordialmente os vinculados, devem hospedar o motivo ou causa de sua celebração. Caso contrário, será impossível a verificação de sua legalidade e, isso, sabemos, não pode ocorrer com os atos de competência vinculada" (CARVALHO, Paulo de Barros. *Direito tributário, linguagem e método*. 5. ed. São Paulo: Noeses, 2013. p. 945).

74. MELLO, Celso Antônio Bandeira de. *Elementos de direito administrativo*. São Paulo: Revista dos Tribunais, 1980. p. 71.

75. BOTTALLO, Eduardo Domingos. *Curso de processo administrativo tributário*. São Paulo: Malheiros Editores, 2006. p. 64.

76. Ibidem. p. 66.

constitucional, o qual justificaria a "sua adequação para bem identificar o campo no qual o Estado desempenha a função administrativa judicante"[77].

Nas palavras de Teresa Arruda Alvim, a abrangência da expressão "processo tributário" deveria ser limitada exclusivamente ao processo judicial, pois a noção de contencioso administrativo estaria mais adstrita ao conceito de procedimento:

> Uma necessária advertência diz respeito a abrangência da denominação "Processo Tributário". Parece-nos mais correto entender que se deva limitar exclusivamente ao processo judicial, pois o contencioso administrativo está mais próximo da noção de "procedimento" do que de "processo" propriamente dito.
>
> É de se notar que a CF/88 não estabelece tal distinção em seu texto, ao garantir, no art. 5º, LV, que [...] Todavia, apesar do texto constitucional, obviamente menos científico que político, tal referência não tem o condão de atribuir ao procedimento administrativo o caráter e a natureza jurídica do processo judicial. O Direito Processual Civil envolve um conjunto de garantias e princípios muitas vezes incompatíveis com a natureza da atividade administrativa, de um modo geral, especialmente em face da celeridade que se espera desta atividade.
>
> Basta lembrar, como um dos mais expressivos elementos diferenciadores entre processo civil e procedimento administrativo, que não existe processo em um juiz investido (jurisdição), e indo-se mais além, mesmo o processo instaurado perante juiz investido não terá validade, sem o pressuposto basilar da imparcialidade. Por outro lado, esta imparcialidade não pode ser pressuposto de validade de um procedimento administrativo, pois o órgão administrativo julgador, imbuído de plenos poderes decisórios, não é, senão o próprio órgão parte do litígio (assim, p. ex. os recursos administrativos tributários, que são decididos pelo próprio órgão de arrecadação, muitas vezes inclusive sendo julgados pelo próprio fiscal responsável, *v.g.*, pela autuação fiscal que o contribuinte em defesa administrativa aponta como viciada)[78].

---

77. BOTTALLO, Eduardo Domingos. *Curso de processo administrativo tributário*. São Paulo: Malheiros Editores, 2006. p. 67.

78. ALVIM, Teresa Arruda; MARINS, James. Processo tributário. In: ALVIM, Teresa Arruda (Coord.). *Repertório de jurisprudência e doutrina sobre processo tributário*. São Paulo: Revista dos Tribunais, 1994. p. 10-11.

Diante do exposto e com a processualização do contencioso administrativo tributário, a expressão "processo administrativo" deixou de ser imprópria na medida em que passou a expor sólido fundamento, o qual justifica de forma clara e aviltante a adequação para a identificação do campo em que o Poder Estatal desempenha a função administrativa judicante[79].

Nesse aspecto, teríamos[80] (i) o procedimento como caminho para a consecução do ato de lançamento (fiscalização tributária e imposição de penalidades, (ii) o processo como elemento de solução administrativa de conflitos fiscais e (iii) o processo como elemento de solução judicial dos conflitos fiscais.

Em nosso entender, a distinção proposta encontra resposta na simples definição de que a etapa do processo administrativo fiscal caracteriza-se pela formação do conflito de interesses (resistência administrativa), ou seja, transformar-se o procedimento administrativo fiscal em processo administrativo fiscal, quando o contribuinte manifesta o seu inconformismo em face do ato administrativo praticado pela Administração Tributária, pode este estar relacionado ao lançamento de tributo ou a qualquer outro ato administrativo que em seu entender lhe cause um dano.[81]

---

79. BOTTALLO, Eduardo Domingos. *Curso de processo administrativo tributário*. São Paulo: Malheiros Editores, 2006. p. 67.

80. MARINS, James. *Direito processual tributário brasileiro (administrativo e judicial)*: atualizado com o CPC/15, comparativamente como o CPC/73. 8. ed. São Paulo: Dialética, 2015. p. 139.

81. "A mera bilateralidade do procedimento não é suficiente para caracterizá-lo como processo. Pode haver participação do contribuinte na atividade formalizadora do tributo e isso se dá, por exemplo, quando este junta documentos contábeis que lhe foram solicitados ou quando comparece ao procedimento para esclarecer esta ou aquela conduta ou procedimento fiscal que tenha adotado na sua atividade privada. Até esse ponto não se fala em litigiosidade ou em conflito de interesses, até porque o Estado ainda não formalizou a sua pretensão tributária. Há mero procedimento que apenas se encaminha para a formalização de determinada obrigação tributária (autolançamento)" (MARINS, James. *Direito processual tributário brasileiro (administrativo e judicial)*: atualizado com o CPC/15, comparativamente como o CPC/73. 8. ed. São Paulo: Dialética, 2015. p. 142).

Logo, é a insurgência do contribuinte perante a Administração Tributária que instaura o processo administrativo fiscal (alomorfia procedimento-processo) e modifica a natureza jurídica do agir administrativo fiscal.

Além disso, tal controvérsia encontra-se superada na medida em que não existe tal distinção nas redações das legislações constitucionais e infraconstitucionais que regem a matéria, pois os dispositivos legais tratam esse fenômeno apenas como "processo administrativo".

Dessa forma, o procedimento, adimplido como objeto do processo administrativo fiscal, seria apenas o modo de constituição do crédito tributário na perspectiva da execução forçada.

2.2 Processo tributário

De início, como o subsistema constitucional tributário encontra-se inserido no sistema constitucional brasileiro, o primeiro deve ser compreendido por meio das normas dispostas no sistema jurídico pelo seu aspecto processual.

Vale esclarecer que, nas palavras de Marcelo Harger,

> o processo passa a ser considerado como aspecto dinâmico de um fenômeno que se concretiza no decorrer do tempo e que reflete a transformação do poder estatal latente em atos e decisões. É por isso que, atualmente não se nega a existência do processo no exercício da função jurisdicional, mas se afirma que o exercício das funções legislativa e executiva também é caracterizado pela processualidade[82].

A processualização no Direito Tributário, sendo esta entendida como a cobrança de tributos por meio de tribunais administrativos e judiciais (abarcada pelas garantias constitucionais e processuais), assenta-se ao lado da chamada conquista da processualização criminal, tendo em vista que antes da

---

82. HARGER, Marcelo. *Princípios constitucionais do processo administrativo*. 2. ed. Rio de Janeiro: Forense, 2008. p. 40-41.

Revolução Francesa e, consequentemente, do Estado de Direito, a punição penal era franqueada aos possuidores de domínio (poder) sobre a sociedade, que puniam indiscriminadamente o povo, assim como era utilizado (com arbitrariedade) o "poder tributário" como instrumento de opressão política[83].

Teresa Arruda Alvim estabelece a diferença entre a denominação da expressão "processo tributário" no Brasil, porque não existiriam em nosso ordenamento de forma sistemática as diversas facetas processuais que afloram da discussão judicial dos problemas tributários:

> A denominação "Processo Tributário", no Brasil, infelizmente não pode pretender ter o mesmo alcance que encontra em outros países, onde recebe extensão precisa em virtude da codificação da matéria, como p. ex., o recente Código de Processo Tributário português (Dec.-lei 154/91), criado em sintonia com a reforma tributária ocorrida naquele país, a evidenciar a importância crescente que vêm assumindo as questões processuais no contexto do Direito Tributário, ou, pioneiramente na Alemanha, a Ordenação dos Tribunais Financeiros.
>
> Refere-se, então, o Processo Tributário, predominantemente a uma amálgama de regras extraídas da experiência dos Tribunais, férteis em discussões processuais nascidas nas lides tributárias, e não considerações feitas em face de imposições legislativas, ante a ausência de normas legais amplamente sistematizadas, ou doutrinárias, pela escassez de obras pátrias que tratem genérica e diretamente o assunto.
>
> Isto porque não existe, entre nós, diploma legal que abranja sistematicamente as diversas facetas processuais que afloram da discussão judicial dos problemas tributários, ou na precisa delimitação conceitual de Arruda Alvim, nas ações com referibilidade ao direito tributário. Entretanto, o processo tributário consiste exatamente na sistematização das questões processuais nascidas de discussões judiciais que versem obrigação tributária, ou seja, é a análise técnica dos problemas de Direito Processual Civil, irrompidos nas causas em que sejam partes o Poder Público – enquanto ente arrecadador de tributos – e o cidadão – enquanto

83. PREVITALLI, Cleide. *O processo tributário*. 3. ed. São Paulo: Revista dos Tribunais, 2001. p. 214.

> contribuinte –, podendo, ambas, figurar em qualquer dos polos, ativo ou passivo, da relação jurídica processual[84].

Normalmente, esses conflitos de interesse relacionados a temas tributários ocorrem pelo descumprimento do contribuinte em face da exigência tributária, sendo esta impositiva, e pelo fato de a relação jurídico-tributária não admitir a participação da vontade do obrigado (contribuinte) pela norma[85].

No entanto, o processo tributário[86] no Brasil pouco evoluiu nas últimas décadas, conforme destaca o Professor James Marins, e por isso escolhemos analisá-lo por meio do panorama proporcionado pelos processos tributários em seus âmbitos administrativo e judicial:

> Mas infelizmente no Brasil o Processo Tributário caminha vagarosamente. De fato, à exceção, talvez, da renovada criação da Justiça Federal, em 1946, com seu Tribunal Federal de Recursos, recentemente transformado em Superior Tribunal de Justiça e virtualmente substituído pelos Tribunais Regionais Federais instalados em cinco regiões do País por expressa previsão da Constituição de 1988, pouco evoluiu no nosso sistema em termos

84. ALVIM, Teresa Arruda; MARINS, James. Processo Tributário. In: ALVIM, Teresa Arruda (Coord.). *Repertório de jurisprudência e doutrina sobre processo tributário*. São Paulo: Revista dos Tribunais, 1994. p. 8-9.

85. "Esse conflito motiva o nascimento da relação jurídico-processual tributária, formulada e desenvolvida perante o Estado julgador, caracterizando-se duas situações absolutamente distintas: há uma relação jurídico-tributária e uma relação jurídico-processual dotadas de características tributárias. Na primeira existem vontades com interesses opostos; o interesse do Fisco impondo a satisfação de uma obrigação de um lado e de outro lado o interesse de quem deve satisfazer a exigência. Porém, nesse momento, tais interesses não estão necessariamente em conflito, porque o particular pode, voluntariamente, cumprir a obrigação tributária. Ao contrário, quando instaurada a relação jurídico-processual tributária, as vontades entram em choque" (PREVITALLI, Cleide. *O processo tributário*. 3. ed. São Paulo: Revista dos Tribunais, 2001. p. 214-215).

86. "O processo tributário, assim compreendida toda a forma de discussão, seja da obrigação principal, seja da obrigação acessória, pode desenvolver-se em duas ou uma só esfera. Na instância administrativa e em seguida na judiciária ou apenas em uma delas, pois se a solução administrativa dada pela Fazenda é favorável ao contribuinte, ou este se conforma com a solução, o caso termina só com a atividade administrativa" (NOGUEIRA, Ruy Barbosa. *Curso de direito tributário*. 5. ed. São Paulo: Saraiva, 1999. p. 244).

> orgânicos e fundamentais, especialmente em face da notável falta de apetite legislativo para esses assuntos processuais, marca comum de quase todos os governos, sempre mais dedicados a realizar modificações de ordem material[87].

Importante salientar que as normas do processo tributário guardam composta relação com o Direito Público e devem ser eminentemente analisadas pelo prisma constitucional:

> As normas do processo integram o direito público e incidem sobre a atividade do Estado, pela qual se desenvolve a função judicante. Estabelece-se no processo uma relação não de coordenação, mas de poder e sujeição, em que o interesse público na resolução dos conflitos prevalece sobre os interesses divergentes dos litigantes. O caráter técnico da norma processual constitui-se em meio idôneo para pacificar e fazer justiça [...][88].

Como muito bem nos ensina Alberto Xavier,

> processo é, pois, o procedimento que tem por objeto a solução de um litígio, caracterizado, na clássica visão de Carnelutti, pelo conflito de interesse (elemento material) e pelo binômio de pretensão-resistência (elemento formal). Processo Administrativo é aquele cujo julgamento compete à própria administração[89].

Ou seja, as normas que têm por direção o equilíbrio da relação entre fisco e contribuinte são integrantes do processo tributário e, além disso, possuem grande valia para a análise do panorama processual tributário.

Nas palavras de Isabela Bonfá, o Direito Processual Tributário seria especificamente um ramo jurídico autônomo

---

87. MARINS, James. *Direito processual tributário brasileiro (administrativo e judicial)*: atualizado com o CPC/15, comparativamente como o CPC/73. 8. ed. São Paulo: Dialética, 2015. p. 34-35.

88. RIBAS, Lídia Maria Rodrigues Lopes. *Processo administrativo tributário*. São Paulo: Malheiros Editores, 2000. p. 44.

89. XAVIER, Alberto. *Princípios do processo administrativo e judicial tributário*. Rio de Janeiro: Forense, 2005. p. 5.

que diria respeito às relações jurídico-processual-civis que tivessem por objeto lides de natureza tributária[90].

Dessa forma, o processo tributário não poderia ser aceito e desenvolvido em face das regras de processo comum, na medida em que possui princípios constitucionais próprios e características que o afastam dos postulados eminentemente civilistas.

Em síntese, o Professor James Marins estabeleceu sete fatores de grande influência na construção do Direito Processual Tributário, são eles[91]:

(i) fraca percepção da importância da lide e do fenômeno processual na doutrina tradicional ou fundacional do Direito Tributário;

(ii) tal doutrina se desenvolveu mais no campo material que no formal e processual;

(iii) aperfeiçoamento e desenvolvimento do processo administrativo em todo o mundo;

(iv) evolução doutrinária no bojo do Processo Civil no sentido da construção do Direito Processual Público;

(v) a nova disciplina constitucional brasileira para o processo administrativo torna imperativa a necessidade de adaptação das leis e doutrina;

(vi) obrigação de disciplina harmônica entre a justiça civil e administrativa para evitar conflitos ou sobreposição entre elas; e

(vii) necessidade de esforço jurídico coerente em face das ameaças recorrentes ao Estado Democrático de Direito sob a ótica do procedimento e do Processo Tributário.

90. DE JESUS, Isabela Bonfá; DE JESUS, Fernando Bonfá; DE JESUS, Ricardo Bonfá. *Manual de direito e processo tributário*. 3. ed. São Paulo: Revista dos Tribunais, 2016. p. 381.

91. MARINS, James. Direito *processual tributário brasileiro (administrativo e judicial):* atualizado com o CPC/15, comparativamente como o CPC/73. 8. ed. São Paulo: Dialética, 2015. p. 41.

Não podemos esquecer que a interpretação[92] dos textos legais, apesar de estar em constante evolução, encontra-se vinculada (mediada) pelos princípios constitucionais, sendo certo que na modernidade da hermenêutica jurídica resta clara a importância do cálculo dos princípios de naturezas distintas (criação de um poliedro interpretativo), quando se reposiciona o referido texto em face dos princípios e chega-se à conclusão de qual interpretação se compatibiliza melhor com tais vetores interpretativos[93].

Portanto, para que seja cumprido o almejado equilíbrio entre o Fisco e o contribuinte, com a correta preservação de direitos e deveres, devemos entender que essas normas são os meios para a correta conjectura da relação jurídico-processual-tributária[94].

2.3 Processo administrativo fiscal federal

2.3.1 Base constitucional do processo administrativo

Antes de adentrar nas especificidades do processo administrativo, convém analisar a base do Direito Administrativo

---

92. "[...] atividade complexa, técnica, em que o operador extrai, dos textos legais, o conteúdo das normas jurídicas" (BECHO, Renato Lopes. *Lições de direito tributário*. 3. ed. São Paulo: Saraiva, 2015. p. 151).

93. VITA, Jonathan Barros. Tributação, direito concorrencial e processo: as mudanças das circunstâncias de fato e de direito no campo da ação revisional do art. 505 do CPC/2015. In: CONRADO, Paulo Cesar (Coord.). *Processo tributário analítico*. 2. ed. São Paulo: Noeses, 2016. v. II, p. 131.

94. Lembrando que existe uma diferença entre uma relação simplesmente de poder e uma relação jurídica: "A relação simplesmente de poder nasce, desenvolve-se e se extingue sem qualquer ligação com as normas, enquanto a relação jurídica nasce, desenvolve-se e se extingue nos termos das previsões normativas. Quem atua numa relação simplesmente de poder não se submete a nenhuma norma. Submete-se somente às limitações não normativas, tais como as de ordem física, psicológica, moral, religiosa, mas não se submete a nenhum limite decorrente de norma jurídica. Quem atua numa relação jurídica, diversamente, está submetido a normas. Submete-se a todas as limitações normativas" (MACHADO, Hugo de Brito. *Os princípios jurídicos da tributação na Constituição de 1988*. 5. ed. São Paulo: Dialética, 2004. p. 22).

pátrio, na medida em que o progresso dele encontra-se intrinsecamente conectado com todos os princípios subordinados e subprincípios, os quais descansam nas noções categoriais que presidem em sua organicidade[95].

Nesse sentido, constata-se o Direito Administrativo como um sistema coerente e lógico, pelo qual devem ser seguidos os ensinamentos de Geraldo Ataliba:

> O caráter orgânico das realidades componentes do mundo que nos cerca e o caráter lógico do pensamento humano conduzem o homem a abordar as realidades que pretende estudar, sob critérios unitários, de alta utilidade científica e conveniência pedagógica, em tentativa de reconhecimento coerente e harmônico da composição de diversos elementos em um todo unitário, integrado em uma realidade maior A esta composição de elementos, sob perspectiva unitária, se denomina sistema. Os elementos de um sistema não constituem o todo, com sua soma, como suas simples partes, mas desempenham cada um sua função coordenada com a função dos outros[96].

Vale esclarecer que a Constituição Federal de 1988, no que se refere ao processo administrativo, manteve a exclusão estabelecida na Constituição de 1967, que ocasionou a ausência de previsão expressa sobre o contencioso administrativo, o que não veda e muito menos nega a existência de tal instituto.

Em seu art. 5º, inciso XXXV, a Carta Magna expressou como garantia fundamental o acesso de nacionais e estrangeiros ao Poder Judiciário, deixando de mencionar a obrigatoriedade de se esgotar o contencioso administrativo nesses casos:

> Art. 5º Todos são iguais perante a lei, sem distinção de qualquer natureza, garantindo-se aos brasileiros e aos estrangeiros residentes no País a inviolabilidade do direito à vida, à liberdade, à igualdade, à segurança e à propriedade, nos termos seguintes:

---

95. MELLO, Celso Antônio Bandeira de. *Elementos de direito administrativo*. São Paulo: Revista dos Tribunais, 1980. p. 4.

96. ATALIBA, Geraldo. *Sistema constitucional tributário brasileiro*. São Paulo: Revista dos Tribunais, 1968. p. 4.

> [...]
>
> XXXV – a lei não excluirá da apreciação do Poder Judiciário lesão ou ameaça a direito;

Contudo, como muito bem se posiciona Regina Helena Costa, no

> processo administrativo, o Estado também aplica a lei para dirimir conflito, mas, diversamente do que ocorre no processo judicial, o aplicador da lei é, ao mesmo tempo, parte e juiz. Em outras palavras, no processo administrativo o juiz é parcial, vale dizer, o julgador é, simultaneamente, parte no processo[97].

Assim, com claro intuito de estabelecer uma imprescindibilidade constitucional ao tema, a Carta Magna assim preceituou em seu dispositivo:

> Art. 5º Todos são iguais perante a lei, sem distinção de qualquer natureza, garantindo-se aos brasileiros e aos estrangeiros residentes no País a inviolabilidade do direito à vida, à liberdade, à igualdade, à segurança e à propriedade, nos termos seguintes:
>
> [...]
>
> LIV – ninguém será privado da liberdade ou de seus bens sem o devido processo legal;
>
> *LV – aos litigantes, em processo judicial ou administrativo, e aos acusados em geral são assegurados o contraditório e ampla defesa, com os meios e recursos a ela inerentes;*

Ou seja, o legislador constituinte promoveu indubitável garantia constitucional de que o contribuinte possa percorrer o âmbito administrativo tributário, restando clara a garantia do seu exercício à ampla defesa de forma irrestrita e incondicional, em face do princípio do devido processo legal.

Além desse dispositivo, o disposto no inciso LIV, lido em conjunto com a alínea *a* do inciso XXXIV, ambos da Constituição

---

97. COSTA, Regina Helena. *Curso de direito tributário*: Constituição e Código Tributário Nacional. São Paulo: Saraiva, 2009. p. 412.

Federal de 1988, também estabelece a correlação do processo administrativo fiscal[98] com os ditames constitucionais:

> XXXIV – são a todos assegurados, independentemente do pagamento de taxas:
>
> *a*) o direito de petição aos Poderes Públicos em defesa de direitos ou contra ilegalidade ou abuso de poder;

No entanto, todos sabemos que no Brasil existe um claro favorecimento do modelo à Administração Tributária[99], tanto pelo fato de o julgador administrativo atuar como parte e julgador ao mesmo tempo, o que por si só já descaracterizaria o contencioso, quanto por diversos privilégios dados às autoridades administrativas no arrojo do processo administrativo fiscal:

> A rigor, só se pode dizer que haja contencioso nos sistemas jurídicos que atribuem a tal organismo parcelas de poder (competência) quase judicial, que se caracteriza pela definitividade de suas decisões. É requisito essencial, nesse caso – segundo os padrões constitucionais próprios do Estado de Direito –, que os julgadores gozem de condições objetivas e subjetivas de atuação imparcial. Que os seus cargos sejam dotados das características de uma magistratura. Isto decorre do princípio segundo o qual ninguém poderá ser juiz e parte concomitantemente[100].

---

98. "O processo administrativo tributário destina-se a regular a prática dos atos da administração e do contribuinte no que se pode chamar de acertamento da relação jurídico-tributária" (DE JESUS, Isabela Bonfá; DE JESUS, Fernando Bonfá; DE JESUS, Ricardo Bonfá. *Manual de direito e processo tributário*. 3. ed. São Paulo: Revista dos Tribunais, 2016. p. 371).

99. "Pode-se designar 'Administração Tributária' como a gestão estatal das funções ordenadas e estruturadas, de normatização instrumental, fiscalização, cobrança e solução de litígios administrativos, voltadas para a arrecadação dos tributos previstos nas normas materiais, editadas sob a égide da competência constitucional atribuída à União, Estados e Municípios" (VALERO, Luiz Martins. Fiscalização tributária: poderes do Fisco e direitos dos contribuintes. In: TÔRRES, Heleno Taveira; QUEIROZ, Mary Elbe; FEITOSA, Raymundo Juliano (Coords.). *Direito tributário e administrativo aplicados*. São Paulo: Quartier Latin, 2005. p. 213).

100. ATALIBA, Geraldo. Recurso em matéria tributária. *Revista de Informação Legislativa*. Brasília: Editora do Senado Federal, v. 97, n. 25, jan./mar. 1988. p. 122.

Apesar de elencarmos que o contencioso administrativo apresenta regulação e formatações próprias para o sistema jurídico nos âmbitos municipal, estadual e federal, a seguir trataremos individualmente apenas deste último, o qual é de suma importância para o objeto deste estudo.

2.3.2 Objeto do processo administrativo fiscal federal

Inicialmente, esclarecemos que o direito processual administrativo fiscal pode ser dividido em duas funções básicas, a primeira, de regular o procedimento de lançamento (formalização do crédito tributário) por meio do disposto na legislação pátria, e a segunda, de salvaguardar o direito subjetivo pela restauração da ordem jurídica.

Nas palavras de Ricardo Lobo Torres, o processo administrativo seria aquele no qual "participa da atividade de autotutela da legalidade exercida pela própria Administração, isto é, tem por finalidade o controle da legalidade e da legitimidade do lançamento levado a efeito pelas autoridades administrativas"[101].

Sobre o princípio da legalidade, a Professora Julcira Maria de Mello Vianna Lisboa se manifestou de forma primorosa, conforme podemos notar a seguir:

> The principle of legality irradiates its effects through all Juridical Ordering. Even so, in tributary matter, the constitutional legislator was rigid and exhaustive. This way, it presents a more rigorous feature when predicts Strict Legality, (article 150, I, Brazilian Federal Constitution) much for the institution as to surcharge of taxes, exception made only on cases where the Constitution demands Complementary Law to compulsory lending, residual taxes and residual social contributions[102].

---

101. TORRES, Ricardo Lobo. *Curso de direito financeiro e tributário*. 12. ed. Rio de Janeiro: Renovar, 2005. p. 339.

102. LISBOA, Julcira Maria de Mello Vianna. *Brazilian Tax Law and The Principle of Legality*. São Paulo: Claris, 2016. p. 57-58.

Segundo entendimento de Odete Medauar, no processo administrativo estariam presentes todos os elementos comuns do núcleo da processualidade:

> E todos os elementos do núcleo comum da processualidade podem ser detectados no processo administrativo, assim: a) os elementos *in fieri* e pertinência ao exercício do poder estão presentes, pois o processo administrativo representa a transformação de poderes administrativos em ato; b) o processo administrativo implica sucessão encadeada e necessária de atos; c) é figura jurídica diversa do ato; quer dizer, o estudo do processo administrativo não se confunde com o estudo do ato administrativo; d) o processo administrativo mantém correlação com o ato final em que se desemboca; e) há um resultado unitário a que se direcionam as autuações interligadas dos sujeitos em simetria de poderes, faculdades, deveres e ônus, portanto em esquema de contraditório[103].

Vale esclarecer que o processo administrativo fiscal federal encontra-se disciplinado pelo Decreto 70.235, de 6 de março de 1972[104], o qual decorreu de delegação de competência[105] legislativa ao Poder Executivo por meio do art. 2º do

---

103. MEDAUAR, Odete. *A processualidade no direito administrativo*. São Paulo: Revista dos Tribunais, 1996. p. 41-42.

104. "É bom lembrar que o Decreto 70.235/72, ato administrativo como lei ordinária cuida apenas dos processos relativos à exigência de crédito tributário e de consulta, não tratando de outros processos também de competência da Fazenda Nacional (*v.g.*, de restituição, ressarcimento, compensação, exclusão do SIMPLES, aplicação de penalidades). Com isso, as lacunas existentes nessa norma especial são, muitas vezes, supridas pela edição de atos normativos (Decretos, Portarias), que, embora traduzam a orientação da Administração, a quem os subordinados devem obediência, não afastam a possibilidade de arbítrio das autoridades administrativas na condução desses processos" (NEDER, Marcos Vinicius. A Lei Geral n. 9.784/99: a norma geral que informa o sistema processual administrativo tributário. In: TÔRRES, Heleno Taveira; QUEIROZ, Mary Elbe; FEITOSA, Raymundo Juliano (Coords.). *Direito tributário e administrativo aplicados*. São Paulo: Quartier Latin, 2005. p. 42).

105. Vale esclarecer que a estrutura da norma de competência em matéria tributária deve ser analisada com especificidade, como muito bem nos ensina o Professor Tácio Lacerda Gama: "[...] a estrutura da norma de competência tributária, na forma que propomos, evidencia o tipo de conexão que se estabelece entre os mais diversos enunciados prescritivos na regulação de como o direito deve ser produzido. Hipóteses normativas, relações jurídicas, princípios, imunidades, fato jurídico, enunciados complementares entre muitos outros conceitos acabariam por ser reconduzidos à norma de competência. Por isso mesmo, sob essa perspectiva, a norma de

Decreto-Lei 822/69 ("o Poder Executivo regulará o processo administrativo de determinação e exigência de créditos tributários federais, penalidades, empréstimos compulsórios e o de consulta"), o qual, em face do exaurimento de tal delegação e já sob a égide da Carta Magna, regula o processo administrativo fiscal no âmbito da Administração Pública[106] Federal e dispõe sobre diversos princípios, por exemplo, ampla defesa, contraditório, devido processo legal e segurança jurídica.

Consideramos em nossa premissa que o direito tributário não é um ramo autônomo do Direito, ao contrário do que alguns evidenciam, mas sim um capítulo do direito administrativo, na medida em que devem ser analisadas as relações entre Fisco[107], contribuintes e demais terceiros envolvidos nas relações jurídicas estabelecidas entre eles.

O direito tributário substantivo não seria um direito fundado no contrato ou no delito, mas exatamente na vontade objetiva da Lei, ou seja, a obrigação não deve nascer do consenso entre as partes, mas com base no disposto na legislação, a qual preceitua os casos nos quais a obrigação deve passar a existir. No entanto, não tem o processo administrativo fiscal a função de atuar no interesse de uma ou outra parte, mas por meio do interesse de ambas[108], culminando no objetivo de salvaguardar a ordem pública.

---

competência tributária pode ser entendida como mínimo denominador comum de conceitos filosóficos, fundamentais e dogmáticos que se mostram soltos e dispersos, sem nenhum vínculo aparente" (Competência tributária e a sua estrutura normativa. In: ROBLES, Gregorio; CARVALHO, Paulo de Barros (Coords.). *Teoria comunicacional do direito*: diálogo entre Brasil e Espanha. São Paulo: Noeses, 2017. v. II, p. 605).

106. "Não se conquista a paz social sem a existência de uma boa administração pública. Dinamizada na legalidade e na moralidade" (SOBRINHO, Manuel de Oliveira Franco. *O princípio constitucional da moralidade administrativa*. Curitiba: Genesis, 1993. p. 7).

107. "Fisco é a forma convencional de se designar a administração pública, enquanto organismo preocupado com a arrecadação tributária" (ATALIBA, Geraldo. Princípios de Procedimento Tributário. In: PRADE, Péricles Luiz; CARVALHO, Célio B. (Coords.). *Novo processo tributário*. São Paulo: Resenha Tributária, 1975. p. 18).

108. CABRAL, Antonio da Silva. *Processo administrativo fiscal*. São Paulo: Saraiva, 1993. p. 22-24.

Dessa forma, filiamo-nos aos ensinamentos de Edvaldo Britto[109] quando utilizamos a expressão "processo administrativo fiscal", por entendermos que esta é um *modus procedendi* específico da Administração Tributária:

> Para Edvaldo Brito (1982): "Direito tributário é parte especialíssima do Direito Financeiro, exatamente aquela que regra as relações jurídicas pertinentes aos tributos, as quais são espécie de receita derivada, e, consequentemente, um tema específico, bem restrito no amplo campo do Direito Financeiro. Aqui engasta a relação jurídica tributária, determinada a partir do momento em que um fato se jurisdiciza realizando a hipótese de incidência da regra jurídica debuxada em uma norma de Direito Positivo. [...] Já o Direito Fiscal regula as relações jurídicas travadas entre o sujeito ativo da obrigação tributária, já nascida, e o seu sujeito passivo, no que se refere à exigência e à execução do crédito tributário existente, isto é, nascido com a obrigação tributária. Aqui se encaixa a relação jurídico-fiscal instaurada com o procedimento de lançamento, que é *conditio iuris* para a exigibilidade e execução do crédito tributário".

Posteriormente, entrou em vigor o Decreto 7.574/2011, sem revogar o anterior, o qual regulamentou o processo de determinação e de exigência de créditos tributários da União, o processo de consulta relativo à interpretação da legislação tributária e aduaneira, à classificação fiscal de mercadorias, à classificação de serviços, intangíveis e de outras operações que produzissem variações no patrimônio e de outros processos que especifica, sobre matérias administradas pela Secretaria da Receita Federal do Brasil.

Diante do exposto, resta claro que o objeto do processo administrativo fiscal está intrinsecamente conectado a sua formação, seu desenvolvimento e sua extinção[110].

---

109. VEIGA, Lintney Nazareno da. Processo administrativo fiscal. *Revista de Direito Tributário*, São Paulo: Dialética, n. 73, 1996. p. 164.

110. "Essa discussão do contribuinte inconformado com o lançamento pode versar sobre a existência da obrigação tributária (o contribuinte pode negar a própria obrigação sustentando que o fato gerador não ocorreu, ou que, se ocorrido, não tem identificação com o tipificado pela lei); sobre as características da obrigação (o

No âmbito administrativo, deve-se tomar cuidado para que não se confunda o procedimento de fiscalização, sendo este empreendido pelas autoridades fazendárias e regido apenas pelos princípios gerais do denominado processo administrativo fiscal, o qual se inicia no momento em que sujeito passivo apresenta às autoridades administrativas a sua defesa (impugnação) contra a legalidade do ato administrativo de exigência fiscal editado[111], como muito bem nos ensina Marcos Vinicius Neder e Maria Teresa Martínez López:

> O processo administrativo fiscal é composto de dois momentos distintos: o primeiro caracteriza-se por procedimento em que são prolatados os atos inerentes ao poder fiscalizatório da autoridade administrativa cuja finalidade é verificar o correto cumprimento dos deveres tributários por parte do contribuinte, examinando registros contábeis, pagamentos, retenções na fonte, culminando com o lançamento. Este é, portanto, o ato final que reconhece a existência da obrigação tributária e constitui o respectivo crédito, vale dizer, cria o direito à pretensão estatal. Nesta fase, a atividade administrativa pode ser inquisitória e destinada tão somente à formalização da exigência fiscal. O segundo inicia-se com o inconformismo do contribuinte em face da exigência fiscal ou, nos casos de iniciativa do contribuinte, com a decisão denegatória do direito pleiteado. A partir daí está formalizado o conflito de interesses, momento em que se considera existente um verdadeiro processo, impondo-se a aplicação dos princípios inerentes ao devido processo legal, entre eles o da ampla defesa e o do contraditório. Na verdade, a participação daqueles que serão afetados pelas decisões implica a qualificação do procedimento como processo. A atividade procedimental, via de regra, precede a etapa contenciosa[112].

---

contribuinte, sem negar a existência da obrigação, entende que a verificação do fato gerador não foi corretamente feita pelo Fisco, por força do que a obrigação não tem as características que lhe foram atribuídas pelo lançamento) e sobre o montante da obrigação (quando entende que o montante deva ser menor do que o exigido)" (PREVITALLI, Cleide. *O processo tributário*. 3. ed. São Paulo: Revista dos Tribunais, 2001. p. 216).

111. ROCHA, Sergio André. *Processo administrativo fiscal*: controle administrativo do lançamento tributário. 4. ed. Rio de Janeiro: Lumen Juris, 2010. p. 330-331.

112. NEDER, Marcos Vinicius; LÓPEZ, Maria Teresa Martínez. *Processo administrativo fiscal comentado (de acordo com a Lei nº 11.941, de 2009, e o Regimento Interno do CARF)*. 3. ed. São Paulo: Dialética, 2010. p. 104.

Vale esclarecer que o processo administrativo se mostra cada vez mais importante na medida em que o Brasil, segundo estudos da Professora Thais Helena Morando, encontra-se ranqueado em último lugar quando se trata de tempo gasto para pagar tributos (2.600 horas), enquanto Camarões, com todo o seu subdesenvolvimento, possui um número muito menor (1.400 horas)[113].

Por fim, tendo em vista que os ditames previstos em tais decretos não podem ser alterados por diplomas normativos de sua mesma hierarquia[114] formal, passamos a analisar alguns dos princípios constitucionais tributários aplicados ao processo administrativo fiscal.

2.3.3 Princípios constitucionais tributários aplicados ao processo administrativo fiscal

Os princípios constitucionais tributários são as vigas que sustentam o ordenamento jurídico tributário pátrio, pois constituem a base de todo o corpo jurídico tributário, apresentando-lhe as características basilares com as quais todo o sistema

---

113. MORANDO, Thais Helena. *A natureza jurídica da obrigação tributária acessória e os princípios constitucionais informadores*. 2010. 172 p. Tese (Doutorado) – Programa de Pós-Graduação em Direito, Pontifícia Universidade Católica de São Paulo, São Paulo.

114. Na visão de Charles Mcnaughton, “a hierarquia se dá quando uma determinada autoridade jurídica criadora de norma N esteja, segundo as regras pragmáticas daquele sistema jurídico, compelida a falar em nome de certo conjunto C de normas para que sua decisão jurídica seja acatada. Entre as normas pertencentes a C e N, haverá justamente, aquela relação hierárquica”. Ainda continua o referido autor: “Quando digo que há hierarquia no direito estou enunciando que em uma decisão, como um acórdão, o aplicador ‘fala em nome de normas de maior hierarquia’ para fundamentar a adequação de sua decisão. Não importa, nesse sentido, qual o conteúdo dessas normas. Não importa, nem mesmo se essas normas existem previamente, ao ato de decisão, ou se são criadas pelo intérprete. O que importa é que seus pares – os demais desembargadores – sejam convencidos de que esse conteúdo foi atendido no voto vencedor do acórdão” (MCNAUGHTON, Charles William. Hierarquia e sistema jurídico. In: CARVALHO, Paulo de Barros (Coord.). *Construtivismo lógico-semântico*. São Paulo: Noeses, 2018. v. II. p. 418).

normativo deve se sustentar, bem como se estabelecem como verdadeiros alicerces da estrutura jurídica tributária[115].

Não podemos nos esquecer dos ensinamentos de Geraldo Ataliba no sentindo de que os princípios são as linhas mestras, as diretrizes magnas do sistema jurídico, que apontam os rumos a serem seguidos por toda a sociedade e obrigatoriamente perseguidos pelos órgãos do governo[116]; inclusive, esse também é o entendimento quando analisamos o direito comparado:

> Por tanto, los principios tributarios serán realización de valores superiores de base constitucional; si la justicia es uno de esos valores, finalidad esencial de Estado de Derecho, los principios tributarios materiales encarnarán los criterios de justicia que deben regir las relaciones sociales que son objeto del Derecho Tributario. Así, los principios tributarios tradicionales llamados "substantivos" – especialmente la capacidad económica, pero también la igualdad, progresividad, generalidad y no confiscatoriedad – son básicamente, principios de ordenación de lo que se entiende como un "impuesto justo"[117].

Cabe lembrar que os Decretos 70.235/72 (dispõe sobre o processo administrativo fiscal, entre outros) e 7.574/2011 (dispõe, entre outros, sobre diversas matérias administradas pela Secretaria da Receita Federal do Brasil) não estabelecem de forma transparente e coativa a aplicação dos princípios constitucionais tributários, atuando apenas de forma implícita.

Vale esclarecer que, concordando com o pensamento de Renato Lopes Becho, os princípios são imprescindíveis para a compreensão de uma ordem, de uma sistematização e, por isso, negá-los seria uma tarefa deveras impossível[118].

---

115. CASTRO, Alexandre Barros. *Teoria e prática do direito processual tributário*. São Paulo: Saraiva, 2000. p. 22.

116. ATALIBA, Geraldo. *República e Constituição*. 2. ed. São Paulo: Malheiros Editores, 1998. p. 34.

117. NOVOA, César García. Seguridad Jurídica y Derecho Tributario. In: MELLO, Celso Antônio Bandeira de (Coord.). *Direito tributário*: estudos em homenagem a Geraldo Ataliba. São Paulo: Malheiros Editores, 1997. p. 69.

118. BECHO, Renato Lopes. *Filosofia do direito tributário*. São Paulo: Saraiva, 2010.

Não nos esqueçamos, todavia, de que foi indeferido o pedido liminar da Ação Direta de Inconstitucionalidade 712-2/DF, a qual tinha por base a violação de alguns princípios, como isonomia, irretroatividade e anterioridade, sob o fundamento de que os princípios constitucionais tributários existem, na verdade, para impor limitações ao poder estatal, sendo oponíveis tão somente em face do Estado e jamais por este em face dos contribuintes[119]:

> Os princípios constitucionais tributários, assim, sobre representarem importante conquista político-jurídica dos contribuintes, constituem expressão fundamental dos direitos individuais outorgados aos particulares pelo ordenamento estatal. Desde que existem para impor limitações ao poder de tributar do Estado, esses postulados têm por destinatário exclusivo o poder estatal, que se submete à imperatividade de suas restrições.
>
> [...]
>
> Trata-se na realidade, à semelhança dos demais postulados inscritos no art. 150 da carta política, de princípio que – por traduzir limitação ao poder de tributar – é tão somente oponível pelo contribuinte à ação do Estado.

Ou seja, uma análise dos princípios constitucionais aplicáveis ao processo administrativo fiscal só pode ser realizada com clareza após a publicação da Lei 9.784/99, a qual evidenciou quais seriam os princípios que caracterizariam o sistema, bem como definiu sua forma:

> Os objetivos almejados pela Lei 9.784/99 foram bem explicitados pelo Professor Caio Tácito por ocasião da apresentação de seu Projeto de Lei ao Congresso Nacional, a saber: *"A Comissão firmou como parâmetros básicos da proposição os ditames da atual Constituição que asseguram a aplicação, nos processos administrativos, dos princípios do contraditório e da ampla defesa, bem como reconhecem a todos os direitos de receber informações dos órgãos públicos em matéria de interesse particular ou coletivo e*

---

p. 130.

119. TROIANELLI, Gabriel Lacerda. Repetição de Indébito e Compensação: prazos para o seu exercício. In: ROCHA, Valdir de Oliveira (Coord.). *Problemas de processo judicial tributário*. São Paulo: Dialética, 2000. v. 4, p. 113.

> *garantem o direito de petição e a obtenção de certidões em repartição pública* (artigo 5º, nos XXXIII, XXXIV e LV). [...] Atento ao comando do artigo 37 da Constituição Federal, destacou os princípios essenciais da legalidade, impessoalidade, moralidade e publicidade. A eles foram, porém, acrescidos outros igualmente estruturais, acolhidos em lei, como na doutrina e na jurisprudência. A conduta da Administração deve pautar-se necessariamente pela finalidade da competência e conduzir sua atuação pelos postulados correlatos de proporcionalidade e razoabilidade. O diagnóstico da presença de tais elementos repousa na motivação dos atos administrativos, moldados pelo interesse público e visando a segurança jurídica na prestação de serviços públicos. *O projeto visa enunciar critérios básicos a que se devem submeter os processos administrativos, em função dos indicados princípios, cuidando de definir direitos e deveres dos administrados, assim como o dever da Administração de decidir sobre as pretensões dos interessados*"[120]. (grifos nossos)

Diante da complexidade do tema disposto, o qual necessita de uma análise dos conceitos do Direito Constitucional, Administrativo e Processual Tributário, debruçar-nos-emos a seguir no exame dos principais princípios que afetam o processo administrativo fiscal, em seus desdobramentos teóricos e práticos, com a finalidade de delimitar com clareza as bases dos regimes jurídicos que devem ser aplicadas ao tema em análise.

2.3.3.1 Devido processo legal

O princípio do devido processo legal teve a sua origem na Magna Carta de 1215, na qual constava que nenhuma pessoa poderia ser privada da vida, propriedade, liberdade, a não ser mediante julgamento (conforme afirmou Cooely[121] em seu livro *A Treatise on the Law of Taxation*, p. 47). Com o passar do tempo, desenvolveu-se e ampliou-se a importância desse

120. NEDER, Marcos Vinicius; LÓPEZ, Maria Teresa Martínez. *Processo administrativo fiscal comentado (de acordo com a Lei nº 11.941, de 2009, e o Regimento Interno do CARF)*. 3. ed. São Paulo: Dialética, 2010. p. 39.

121. CABRAL, Antonio da Silva. *Processo administrativo fiscal*. São Paulo: Saraiva, 1993. p. 62.

princípio, em conjunto com o conhecimento do Estado Democrático de Direito[122].

Pela sua importância, trazemos à baila o entendimento de Victor Uckmar, o qual entende a importância da cláusula do *due process of law* quando da análise das garantias dos indivíduos e dos grupos sociais ante as controvérsias fiscais:

> Pero la buena legislación y la administración eficiente no son suficientes para un "Estado de Derecho" en materia tributaria si no se asegura al contribuyente la garantía jurisdiccional, a través de un *due process of law*, se constata amargamente que la justicia en las controversias tributarias generalmente es considerada de "segundo nivel" tanto que usualmente en gran parte se sustrae al juez ordinario, sea porque no se lo considera competente en una materia tan técnica o bien porque las controversias en algunos Países son tan numerosas (en Italia están pendientes alrededor de 4 millones de controversias) que sofocarían a la magistratura. Se subsigue así la creación de órganos específicos, constituidos por miembros frecuentemente sin una adecuada preparación profesional y llamados a un servicio *part-time*. ¡Con frecuencia hay más garantía en las controversias por accidentes automovilísticos que en las controversias fiscales![123]

Quando tratamos de Brasil, a Constituição Federal não só se reportou à expressão americana (devido processo legal), como os princípios constitucionais claramente transparecem tal entendimento, deixando claro que a Lei Maior assegurou a todos os acusados a mais ampla defesa[124]:

> No Brasil, a Constituição Federal *reporta-se ao princípio do devido processo legal no Capítulo em que elenca direitos e garantias fundamentais do cidadão*. É o caso do artigo 5º, inciso LIV, que prescreve

122. VEIGA, Lintney Nazareno da. Processo Administrativo Fiscal. *Revista Dialética de Direito Tributário*. São Paulo: Dialética, n. 73, 1996, p. 166.

123. UCKMAR, Victor. El Sistema Tributario: las instituciones, las administraciones fiscales, los contribuyentes. In: MELLO, Celso Antônio Bandeira de (Coord.). *Direito tributário*: estudos em homenagem a Geraldo Ataliba. São Paulo: Malheiros, 1997. p. 116-117.

124. CABRAL, Antonio da Silva. *Processo administrativo fiscal*. São Paulo: Saraiva, 1993. p. 62.

> "ninguém será privado da liberdade ou de seus bens sem o devido processo legal". *No inciso seguinte (LV), o legislador constituinte trata, mais especificamente, da obediência a esse princípio no âmbito do processo administrativo, prevendo que: "aos litigantes, em processo judicial ou administrativo, e aos acusados em geral são assegurados o contraditório e a ampla defesa"*[125]. (grifos nossos)

Tendo em vista que se trata de direito que mereceu referência em nossa Constituição Federal, sendo também derivado do próprio entendimento sobre legalidade, deve ser analisado em conjunto com os costumes administrativos e a tradição (jurídica), não esquecendo do ordenamento jurídico brasileiro, como muito bem nos ensinou Sergio André Rocha:

> É de se asseverar, entretanto, que não basta a existência de um procedimento legalmente estabelecido para que se atenda à exigência do devido processo legal, *sendo necessária e imperiosa a existência de verdadeiro processo, para o que se exige estejam presentes os direitos à ampla defesa, ao contraditório e ao duplo grau de cognição.*
>
> Nessa assentada, tem-se que sob o prisma processual o princípio do devido processo legal encerra um aspecto formal, consistente na exigência de que o procedimento que exterioriza o processo esteja previsto em lei, bem como um aspecto material, referente às características de tal procedimento, que deve observar os princípios mencionados no parágrafo anterior[126]. (grifos nossos)

Para abrilhantar este tópico, passamos a transcrever as lições de Paulo de Barros Carvalho[127] sobre o tema:

> O direito ao devido processo, o *due processo of law*, antessupõe a verificação de uma série de desdobramentos que podem assim ser enumerados:
>
> 1º – Direito a ser ouvido, que abrange, por sua vez:

---

125. NEDER, Marcos Vinicius; LÓPEZ, Maria Teresa Martínez. *Processo administrativo fiscal comentado* (de acordo com a Lei nº 11.941, de 2009, e o Regimento Interno do CARF). 3. ed. São Paulo: Dialética, 2010. p. 44.

126. ROCHA, Sergio André. *Processo administrativo fiscal*: controle administrativo do lançamento tributário. 4. ed. Rio de Janeiro: Lumen Juris, 2010. p. 119.

127. CARVALHO, Paulo de Barros. Processo Administrativo Tributário. *Revista de Direito Tributário*. São Paulo: RT, n. 9/10, 1979. p. 286-287.

a) ampla publicidade de todos os atos do procedimento, máxime aqueles privativos da Administração, firmando-se, nesse plano, o direito de vista do particular, que não pode se tolhido sob qualquer pretexto. Admoesta Gordillo que o ato "secreto del procedimiento sólo se justifica en casos excepcionales y por decisión expresa de autoridad competente";

b) oportunidade de expressar suas razões em momentos que antecedam a expedição do ato administrativo, e também, por desdobramento lógico, em instantes subsequentes à celebração e publicidade do ato;

c) manifestação expressa da autoridade que está incumbida de apreciar o feito, com relação a cada um dos argumentos e das questões pressupostas, ressalvando-se naturalmente, aquelas que refugirem do segmento circunscrito na lide;

d) dever da Administração de decidir explicitamente os pedidos, impugnações e recursos, fundamentando as soluções alvitradas e analisando, topicamente, os pontos levantados pelas partes;

e) direito de fazer-se representar por profissional especializado, o que se explica nas adnumeráveis situações em que o sujeito passivo não tem o desejado conhecimento da sistemática que preside a exigência fazendária. Essa faculdade, todavia, não elide a defesa do próprio interessado, muitas vezes, impossibilitado de contratar alguém para representá-lo;

2º – Direito a oferecer e produzir a prova adequada à defesa de suas pretensões. Essa prerrogativa traz também, como pressupostos:

a) direito a que toda prova, razoavelmente proposta, seja produzida, ainda que tenha que fazê-lo a própria Administração, como atestados, certidões, informações, esclarecimentos etc.;

b) direito a que a produção da prova seja efetivada antes que o Poder Público adote alguma posição definitória sobre o conteúdo da questão;

c) direito a participar na produção da prova feita pela Administração, seja ela pericial ou testemunhal, como outra manifestação do princípio da publicidade.

Portanto, deve ser respeitado o referido princípio no trâmite do processo administrativo fiscal de deliberação e exigência do crédito tributário, na medida em que a Constituição Federal garante aos contribuintes o direito de apresentar suas defesas e se manifestar quanto ao lançamento tributário de forma ampla e acessível.

Dessa forma, resta também assegurado aos contribuintes o abrigo em face dos abusos cometidos pelo Poder Legislativo, quando este se utiliza de meios escusos para coagir o contribuinte ao recolhimento de tributos, e pelas autoridades fiscais, em situações de restrições à liberdade do contribuinte, por meio da realização de procedimentos fiscais com claro objetivo de compeli-lo ao cumprimento dos deveres tributários.

Outro ponto importante que não poderia passar despercebido é o direito à sustentação oral ou o chamado "direito de ser ouvido" (na esfera administrativa ou judicial), que é um dos pilares do contencioso administrativo fiscal e encontra-se intrinsecamente conectado ao princípio do devido processo legal, sendo afastado qualquer impedimento à sua utilização, ainda que não haja previsão legal específica sobre o tema, conforme dispõe o art. 7º, inciso X, da Lei 8.906/94:

> Art. 7º São direitos do advogado:
>
> [...]
>
> X – usar da palavra, pela ordem, em qualquer juízo ou tribunal, mediante intervenção sumária, para esclarecer equívoco ou dúvida surgida em relação a fatos, documentos ou afirmações que influam no julgamento, bem como para replicar acusação ou censura que lhe forem feitas;

Diante do exposto, o princípio do devido processo legal se configura como essencial e inafastável, na estrutura e na dinâmica operacional do processo administrativo fiscal[128], ainda mais quando entendemos que tal princípio norteará os demais, que também devem ser observados em nossa análise.

---

128. BOTTALLO, Eduardo Domingos. *Curso de processo administrativo tributário*. São Paulo: Malheiros Editores, 2006. p. 43.

2.3.3.2 Ampla defesa e contraditório

Inicialmente, tendo em vista que o processo administrativo fiscal passa a integrar o ambiente do processo em geral (objeto da teoria geral do processo), deve-se entender que foram adjudicados a este os mesmos princípios e normas que eram reconhecidos como categorias do processo judicial (civil)[129]:

> Quando Carnelutti exigia que, para além do conhecimento dos institutos específicos do processo civil e do processo penal, deveriam os estudiosos buscar novas reflexões mais voltadas para as categorias gerais o que, no fundo, pretendia era dizer que assentaria em tais categorias o objeto principal da dogmática. Se já existisse bem alicerçada teoria geral do processo, cujos estudos tivessem por base os conceitos fundamentais, ninguém ignoraria que o processo administrativo, desde sempre, esteve baseado naqueles mesmos axiomas.
>
> [...]
>
> O versículo em foco admite a existência, assim no âmbito judiciário como na órbita administrativa, de litígios. E, nas duas esferas, a *res* litigiosa será solucionada por intermédio do processo.

Analisando esse ponto sob o prisma do direito comparado, verificamos que o contraditório nos processos administrativos também é obrigatório segundo os ditames da União Europeia, sendo certo que a obrigatoriedade do contraditório derivaria exatamente dos princípios da imparcialidade e do bom andamento da administração pública, conforme, inclusive, consta da Constituição italiana (art. 97)[130].

Dessa forma, no entendimento do autor italiano Francesco Tesauro, seria obrigatório um procedimento de lançamento tributário personalizado e baseado em parâmetros e

129. BALERA, Wagner. *Processo administrativo previdenciário*: benefícios. São Paulo: LTr, 1999. p. 122-123.

130. TESAURO, Francesco. *Instituições de direito tributário*. Trad. Fernando Aurelio Zilveti e Laura Fiore Ferreira. São Paulo: IBDT, 2017. p. 177.

estudos do setor, bem como nos procedimentos alfandegários, conforme as normas específicas a seguir estabelecidas[131]:

> – o órgão deve comunicar ao contribuinte o sucesso da verificação, para permitir que ele forneça os esclarecimentos necessários quando, pelas verificações automáticas e pela verificação formal da declaração, surgir um resultado diverso daquele declarado;
>
> – antes de proceder às inscrições no cadastro de devedores decorrentes da liquidação de tributos resultantes de declarações, no caso de existirem incertezas sobre aspectos relevantes da declaração, a Administração Financeira deve convidar o contribuinte a fornecer os esclarecimentos necessários ou a apresentar os documentos que faltam;
>
> – quando retificar a renda de modo sintético, o órgão tem a obrigação de convidar o contribuinte a fornecer dados e notícias relevantes para fins de lançamento e, em seguida, de iniciar o procedimento de lançamento com adesão;
>
> – quando considera evasiva uma operação, o órgão, antes de emitir o lançamento, deve solicitar esclarecimento ao contribuinte;
>
> – antes de emitir um aviso de lançamento que nega a dedutibilidade de custos decorrentes de operações existentes com "empresas estrangeiras coligadas", o órgão deve enviar ao contribuinte um aviso para permitir que ele forneça a prova das circunstâncias que tornam dedutíveis aqueles custos;
>
> – ao final das verificações fiscais, o contribuinte tem 60 dias para fazer chegar suas observações e solicitações ao órgão; o aviso é nulo se enviado antes do prazo dilatório de 60 dias.

Além do direito a se manifestar, também deve ser observado o direito das partes a um tratamento equilibrado e isonômico, mantendo um ambiente de rigoroso equilíbrio e igualdade:

> Dessa forma, para que se tenha um devido processo legal, é necessário que o processo seja externado por intermédio de um procedimento que possibilite às partes envolvidas a demonstração da procedência de suas razões. Como destaca Marçal Justen Filho, "pouca utilidade teria um procedimento em que não fosse prevista

131. TESAURO, Francesco. *Instituições de direito tributário*. Trad. Fernando Aurelio Zilveti e Laura Fiore Ferreira. São Paulo: IBDT, 2017. p. 177-178.

> a livre manifestação de todos os interessados, com direito à participação ativa e vedação da atuação unilateral de uma das partes. *Enfim, o procedimento não consiste na observância formalística de um ritual. Não se compadece com o Estado Democrático a instituição de procedimento com perfil arbitrário ou prepotente*"[132]. (grifos nossos)

Ou seja, no procedimento administrativo fiscal deve restar evidenciada a existência do contraditório ao tratarmos de uma situação de equilíbrio, em que o contribuinte deva conhecer todos os elementos integrantes do processo para que possa se utilizar dos meios disponíveis para a confecção do material probante, conforme dispôs José Eduardo Soares de Melo:

> *A participação pessoal do contribuinte deve ser a mais abrangente possível*, oferecendo Defesas, Recursos (ou contrarrazões), com a apresentação de Sustentação Oral, sendo imprescindível sua intimação para manifestar-se sobre os documentos/elementos que sejam apresentados pelo fisco.
>
> [...]
>
> *As provas orais* (depoimento pessoal, oitiva de testemunhas) *também não poderiam ser rechaçadas, sob a assertiva de que não existe regramento específico para possibilitar a sua realização, em que pese a possibilidade de serem aplicadas as regras subsidiárias da legislação processual civil*[133]. (grifos nossos)

O termo "defesa" só pode ser considerado amplo quando o contribuinte possa se utilizar de todos os meios probantes disponíveis, ou seja, o princípio da ampla defesa garante ao contribuinte o conhecimento de todos os elementos disponíveis no âmbito do processo administrativo fiscal, o qual tem seu início com a ciência do lançamento em conjunto com os documentos e argumentos que embasam a exigência tributária.

---

132. ROCHA, Sergio André. *Processo administrativo fiscal*: controle administrativo do lançamento tributário. 4. ed. Rio de Janeiro: Lumen Juris, 2010. p. 121.

133. MELO, José Eduardo Soares de. *Processo tributário administrativo federal, estadual e municipal*. São Paulo: Quartier Latin, 2006. p. 77-78.

Este tema foi objeto de reflexão do autor argentino Agustín Gordillo[134], o qual entendeu que em cada um dos aspectos dessa garantia, desde o acesso às autuações, apresentação de recursos e produção de provas, eles devem ser respeitados antes da tomada de decisão que pode afetar os direitos do contribuinte (indivíduo), na medida em que tem uma importância significativa para uma defesa eficaz do interessado e, em final, como um modo de se dar maior segurança e destaque aos controles preventivos do que aos repressivos.

O princípio da ampla[135] defesa deve ser analisado como corolário do princípio do devido processo legal, sendo certo que tal fato só ocorrerá mediante o contraditório, pois os princípios constitucionais tributários estão intimamente conectados à instrumentalidade do processo administrativo e são os mecanismos de acesso à ordem jurídica justa em seu âmbito de atuação[136].

Como podemos observar, o princípio do contraditório encontra-se plenamente conectado ao princípio da ampla defesa, tendo em vista que não teria eficácia caso o contribuinte ou ambas as partes não tenham o devido conhecimento dos atos relevantes perpetrados no âmbito do processo administrativo fiscal.

O referido princípio, além de erigir um direito fundamental do contribuinte, qual seja ter ciência de todos os atos praticados no âmbito do processo administrativo fiscal, também

---

134. GORDILLO, Agustín. *Procedimento y recursos administrativos*. 2. ed. Buenos Aires: Marchi, 1971.

135. "Ampla significa lata, extensa, aberta, irrestrita. É causa de nulidade dos procedimentos qualquer tipo de constrangimento ou restrição que reduza, de qualquer forma, a possibilidade que têm os acusados de deduzirem as suas razões em juízo, assim como produzirem todas as provas testemunhais, documentais, periciais e outras, em seu benefício, em defesa dos seus direitos [...] Fazendo a Constituição referências aos 'recursos' inerentes à ampla defesa, deve-se entender que há necessidade não só da previsão de possibilidade de recurso, como da existência de mais de um recurso" (ATALIBA, Geraldo. Recurso em Matéria Tributária. *Revista de Informação Legislativa*. Brasília: Editora do Senado Federal, v. 97, n. 25, jan./mar. 1988, p. 131).

136. VEIGA, Lintney Nazareno da. Processo administrativo fiscal. *Revista Dialética de Direito Tributário*. São Paulo: Dialética, n. 73, 1996, p. 167.

se coloca como instrumento de realização do princípio da verdade material, pois em face de seu intermédio é que o contribuinte participa das decisões a serem proferidas pelas autoridades julgadoras.

2.3.3.3 Publicidade

O princípio da publicidade traduz as pretensões do contribuinte para que este tenha ciência de todos os atos praticados no âmbito do processo administrativo fiscal, conforme dispôs o professor Wagner Balera:

> Ao erigir a publicidade em princípio expresso da atividade administrativa, o constituinte impôs exigência que não pode ser reduzida em seu significado. Para dar efetivo cumprimento ao princípio, a Administração deve adotar, como *modus operandi*, a transparência das ações.
>
> [...]
>
> O ideal democrático é mais exigente. Na democracia, como argutamente observou Cândido Dinamarco, o processo é projeção minúscula do Estado Democrático[137].

A Lei 9.784/99, a qual regula o processo administrativo no âmbito da Administração Pública Federal, estabelece que constitui direito do administrado (contribuinte), além da ciência da tramitação de atos (processos) em que seja interessado, também a vista dos autos e seus documentos (bem como obter cópia destes), em conjunto com a formulação de alegações e apresentação de novos documentos[138]:

---

137. BALERA, Wagner. *Processo administrativo previdenciário*: benefícios. São Paulo: LTr, 1999. p. 158-160.

138. Como muito bem nos ensina Eurico, "as consequências do abuso do segredo fiscal são: difusão de insegurança jurídica sistêmica, fomento exponencial da indústria do contencioso fiscal e bloqueio e não submissão da administração pública ao controle social de seus atos" (SANTI, Eurico Marcos Diniz de. *Kafka, alienação e deformidades da legalidade*: em defesa da ação da OAB contra julgamentos públicos secretos. Disponível em: <http://s.conjur.com.br/dl/parecer-professor-eurico-marcos-diniz.pdf>. Acesso em: 19 abr. 2015).

> Art. 3º O administrado tem os seguintes direitos perante a Administração, sem prejuízo de outros que lhe sejam assegurados:
>
> I – ser tratado com respeito pelas autoridades e servidores, que deverão facilitar o exercício de seus direitos e o cumprimento de suas obrigações;
>
> II – ter ciência da tramitação dos processos administrativos em que tenha a condição de interessado, ter vista dos autos, obter cópias de documentos neles contidos e conhecer as decisões proferidas;
>
> III – formular alegações e apresentar documentos antes da decisão, os quais serão objeto de consideração pelo órgão competente;
>
> IV – fazer-se assistir, facultativamente, por advogado, salvo quando obrigatória a representação, por força de lei.

Nesse caso, seguindo os ensinamentos elencados por Norberto Bobbio[139], no sentido de que a democracia é o governo do Poder Público em público e que nada pode permanecer confinado no espaço do mistério, o princípio da publicidade deve ser enxergado como um alicerce da garantia da democracia, pois determina que aos contribuintes deve ser dado conhecimento de quaisquer atos que venham a interferir em sua esfera jurídica tributária[140].

Além disso, conforme nos ensina Sergio André Rocha, o princípio da publicidade preconiza a garantia da eficácia dos atos administrativos, ou seja, aparece como uma garantia da democracia e da própria sociedade:

> O princípio da publicidade é tributário ao fato, já enfatizado no presente estudo, de as autoridades administrativas exercerem uma função pública, de forma que, como salienta Carlos Ari Sundfeld:

139. BOBBIO, Norberto. *El Futuro de la Democracia*. México: Fondo de Cultura Económica, 1986. p. 65.

140. ROCHA, Sergio André. *Processo administrativo fiscal*: controle administrativo do lançamento tributário. 4. ed. Rio de Janeiro: Lumen Juris, 2010. p. 75.

> A razão de ser do Estado é toda externa. Tudo que nele se passa, tudo que faz, tudo que possui, tem uma direção exterior. A finalidade de sua ação não reside jamais em algum benefício íntimo: está sempre voltado ao interesse público. E o que é o interesse público? O que o ordenamento entende de valioso para a coletividade (não para a pessoa estatal) e, que, por isso protege e prestigia. Assim, os beneficiários de sua atividade são sempre os particulares. Os recursos que manipula não são seus: vêm dos particulares individualmente considerados e passam a pertencer à coletividade deles. Os atos que produz estão sempre voltados aos particulares: mesmo os atos internos são mero estágio intermediário para que, ao final, algo se produza em relação a eles. Em uma figura: falta ao Estado vida interior, faltam-lhe interesses pessoais íntimos[141].

Com base nessas premissas, a publicidade[142] se torna importante não só para as partes envolvidas, que devem ser informadas com antecedência para que possam comparecer às sessões de julgamento, apresentar sustentação oral ou assistir aos debates, mas também para eventuais interessados que podem ter conhecimentos de atos/fatos que estejam ocorrendo nos limites daquele processo administrativo:

> Revela-se a necessidade de serem publicadas as pautas das sessões de julgamento – especialmente pelos órgãos administrativos –, com razoável prazo de antecedência, para que os autuados

---

141. ROCHA, Sergio André. *Processo administrativo fiscal*: controle administrativo do lançamento tributário. 4. ed. Rio de Janeiro: Lumen Juris, 2010. p. 75.

142. "Citando Susy Hoffmann, faz-se interessante distinção dos tipos de publicidade de dados no processo administrativo. O primeiro grupo refere-se à publicidade dos atos ocorridos no processo, tais como decisões, votos, pedidos de diligências e o segundo, do processo administrativo em si, facultando-se a qualquer cidadão o acesso a ele, podendo compulsar os autos e verificar todos os documentos juntados. Para a autora, o acesso às informações do primeiro grupo não fere a garantia constitucional ao sigilo de dados. A Administração tem o dever de publicar os atos e decisões concernentes aos processos administrativos para possibilitar a transparência e o controle de sua atuação. Na segunda situação, entretanto, deve haver limites à consulta. Permitir o acesso irrestrito de pessoas aos autos poderá expor dados sigilosos do contribuinte, como, por exemplo, a declaração de bens e rendimentos" (NEDER, Marcos Vinicius. A Lei Geral nº 9.784/99: a norma geral que informa o sistema processual administrativo tributário. In: TÔRRES, Heleno Taveira; QUEIROZ, Mary Elbe; FEITOSA, Raymundo Juliano (Coords.). *Direito tributário e administrativo aplicados*. São Paulo: Quartier Latin, 2005. p. 50).

> possam comparecer às referidas sessões, assistir aos debates e acompanhar a votação. A simples notícia do julgamento veiculada pela Internet, para ser realizado no dia seguinte, não caracteriza a ampla e indispensável necessidade de publicação.
>
> Portanto, questionável a juridicidade das sessões de julgamento (Conselhos de Contribuinte, ou Câmara Superior de Recursos Fiscais, ambas do Ministério da Fazenda), em conferência (caráter reservado), com a exclusiva presença de seus membros (Regimentos Internos). Nesta situação, não deveria o contribuinte (ou seu representante) ser instado a deixar a sala das sessões, uma vez que não há sentido neste comportamento sigiloso[143].

A importância do princípio da publicidade se traduz no entendimento de que o ato administrativo só pode ser considerado eficaz quando o contribuinte tem acesso ao seu integral conhecimento, não apenas para a execução dos interesses da coletividade, mas principalmente para corroborar com a transparência absoluta, tão defendida pelo princípio da moralidade administrativa.

Dessa forma, o referido princípio, ao garantir a possibilidade de controle dos atos administrativos, além de franquear a todos os contribuintes o acesso às informações fiscais (antes sigilosas) constantes dos procedimentos fiscais, também permite o controle social da atuação dos agentes fazendários, conforme destacam de forma clara e objetiva os Professores Marcos Vinicius Neder e Maria Tereza Martínez:

> Por outro lado, impedir de modo absoluto o acesso do cidadão aos atos administrativos praticados no curso do processo administrativo irá frustrar a tão desejada transparência da Administração Pública.
>
> [...]
>
> Portanto, na ausência de norma que regule, expressamente a matéria, a Administração deverá graduar as restrições à publicidade de atos processuais como, aliás, já vem ocorrendo com as decisões proferidas pelo CARF. Na mesma linha de raciocínio,

143. MELO, José Eduardo Soares. *Processo tributário administrativo federal, estadual e municipal*. São Paulo: Quartier Latin, 2006. p. 73-74.

> também as decisões administrativas de primeira instância poderiam ser divulgadas, possibilitando o conhecimento geral do seu conteúdo e evitando o tratamento desigual no julgamento de processos por órgãos distintos da Administração.
>
> Aliás, tem sido contestado o procedimento adotado pelas Delegacias de Julgamento de não fornecer a impugnante a data e horário dos julgamentos bem como não permitir a presença do advogado ou interessado no recinto fechado onde é realizada a sessão. A Revista *Consultor Jurídico*, de 2 de fevereiro de 2004, noticiou a autorização judicial dada a contribuinte nos autos do processo MS 2004.61.00, pela juíza da 4ª Vara Cível, para que o interessado pudesse assistir ao julgamento na Delegacia da Receita Federal de Julgamento em São Paulo. A Juíza permitiu, ainda, que "o advogado da impetrante, aplique o exercício de ampla defesa, assim entendido, a entrega de memoriais, sustentação oral, requisição de provas, participação em debates e todos os demais atos necessários ao exercício de tal direito"[144].

A Administração Tributária tem o dever de tornar público, tanto para permitir a eficiência na defesa dos direitos individuais previstos na Carta Magna, quanto para a sociedade (povo), sendo esta a titular do poder e maior beneficiária dele, para que seja controlado o passo a passo de seu exercício regulamentar.

Fica evidenciada, portanto, a importância do princípio da publicidade e dos seus desdobramentos no âmbito do processo administrativo fiscal, a qual deve imperar em todo o ordenamento jurídico brasileiro.

2.3.3.4 Segurança jurídica

A figura do princípio da segurança jurídica limita a discricionariedade da Administração Tributária à aderência aos termos execrados na lei, pois o seu dever é cumprir, em qualquer de seus atos, com a necessária e total observância

144. NEDER, Marcos Vinicius; LÓPEZ, Maria Teresa Martínez. *Processo administrativo fiscal comentado (de acordo com a Lei nº 11.941, de 2009, e o Regimento Interno do CARF)*. 3. ed. São Paulo: Dialética, 2010. p. 62-63.

da Constituição Federal, não podendo abrir brecha para quaisquer subjetividades próprias da sua competência discricionária:

> No se trata de que la obligación tributaria esté fijada en una ley formal, sino en la "previsibilidad" objetiva de las situaciones jurídicas de los particulares – *Vorhersehbarkeit* –, elemento nuclear en la definición de un derecho seguro en un conjunto normativo de fijación de obligaciones de dar una cantidad de dinero, como es el ordenamiento tributario. En éste, la base de la posición jurídica del ciudadano será la posibilidad de prever esas obligaciones, o, como han insistido en Alemania, entre otros, *Bühler-Strickrodt*, Jaenke ó Klein, la determinabilidad – *Bestimmbarkeit* – de la suma a pagar. La seguridad no requiere sólo que la ley permita generar certeza sobre la cuantía de la obligación, sino que cuando la certeza dependa de un acto administrativo de aplicación legal, ésta sea pronta y definitiva, tal y como se deduce de los principios que inspiran la Ordenanza Tributaria alemana[145].

Vale esclarecer que, no entendimento de Hugo de Brito Machado, o princípio da legalidade "é a forma de preservação da segurança", pois, "ainda que a lei não represente a vontade do povo, e por isto não se possa afirmar que o tributo é consentido por ter sido instituído em lei, ainda assim, tem-se que o ser instituído em lei garante maior grau de segurança nas relações jurídicas"[146].

No entanto, nas palavras do Professor Alberto Xavier, a ideia de segurança jurídica seria bem mais abrangente do que a de legalidade, contudo, ao entrarem em contato, não se pode deixar de modelá-la, de lhe imprimir um conteúdo, sendo este o revelador do grau de segurança jurídica ou certeza do imposto[147]:

---

145. NOVOA, César García. Seguridad Jurídica y Derecho Tributario. In: MELLO, Celso Antônio Bandeira de (Coord.). *Direito tributário: estudos em homenagem a Geraldo Ataliba*. São Paulo: Malheiros Editores, 1997. p. 71.

146. MACHADO, Hugo de Brito. *Os princípios jurídicos da tributação na Constituição de 1988*. 5. ed. São Paulo: Dialética, 2004. p. 22.

147. XAVIER, Alberto. *Os princípios da legalidade e da tipicidade da tributação*. São Paulo: Revista dos Tribunais, 1978. p. 43-54.

> Ora, o Direito Tributário é de todos os ramos do Direito aquele em que a segurança jurídica assume a sua maior intensidade possível e é por isso que nele o princípio da legalidade se configura como uma reserva absoluta de lei formal.
>
> [...]
>
> O relevo da segurança jurídica no Direito Tributário não decorre apenas do atribuído à segurança jurídica, em geral, que – já o vimos – é suscetível de várias graduações, consoante a natureza dos interesses a que respeita. Reside ainda na sua necessária conexão com o tipo de sistema econômico em que vigora.
>
> [...]
>
> De outra parte, a concorrência pressupõe a igualdade em face da lei, e esta não pode obviamente ser garantida se a Administração fiscal dispuser nas suas mãos de poderes de decisão que lhe permitam uma aplicação "individualizadora" da lei de imposto. Por esta forma ainda se aliam, em estreita relação, os princípios da segurança jurídica, da legalidade e da igualdade.

Tal princípio encontra-se insculpido e com previsão expressa no Preâmbulo da Constituição Federal, além de sua clara conexão com o valor de justiça, a qual advém de uma vitória perseguida de forma incessante pelos povos ao longo dos séculos: "A grande segurança do administrado consiste na observância dos valores positivados pelos comandos constitucionais, bem como dos princípios que se espraiam por todo ordenamento jurídico"[148].

Assim é que o princípio da certeza do direito estabelece as pretensões do princípio da segurança jurídica, tendo em vista que, de um lado, "exige do enunciado normativo a especificação do fato e da conduta regrada", e de outro, "requer previsibilidade do conteúdo da coatividade normativa"[149].

---

148. NEDER, Marcos Vinicius; LÓPEZ, Maria Teresa Martínez. *Processo administrativo fiscal comentado (de acordo com a Lei nº 11.941, de 2009, e o Regimento Interno do CARF)*. 3. ed. São Paulo: Dialética, 2010. p. 75.

149. CARVALHO, Paulo de Barros. *Segurança jurídica no novo CARF*. Disponível em: <http://www.ibet.com.br/download/Paulo%20de%20Barros%20Carvalho.pdf>. Acesso em: 19 out. 2015.

> A segurança jurídica deve ser considerada no processo fiscal, desde que sejam respeitados o direito à defesa, ampla produção de provas, decisões imparciais e interposição de recursos[150].

Tal princípio foi elencado pela Lei 9.784/99 como critério a ser obedecido pela administração tributária, conforme redação dada ao art. 2º, parágrafo único, inciso XIII, da referida Lei:

> Art. 2º A Administração Pública obedecerá, dentre outros, aos princípios da legalidade, finalidade, motivação, razoabilidade, proporcionalidade, moralidade, ampla defesa, contraditório, segurança jurídica, interesse público e eficiência.
>
> Parágrafo único. Nos processos administrativos serão observados, entre outros, os critérios de:
>
> [...]
>
> XIII – interpretação da norma administrativa da forma que melhor garanta o atendimento do fim público a que se dirige, vedada aplicação retroativa de nova interpretação.

Ensina Maria Sylvia Zanella Di Pietro que,

> como fiz parte do grupo, sei, por conhecimento próprio, que o principal objetivo da inclusão do princípio da segurança jurídica foi vedar a aplicação retroativa de nova interpretação, interpretação da esfera administrativa; [...] porque é muito comum, no âmbito da administração pública, órgão jurídico dar um parecer, aquele parecer é aprovado em caráter normativo e passa a valer como interpretação uniforme em toda a administração pública; com base naquela interpretação asseguram-se os direitos dos administrados; de repente, muda-se a interpretação, adota-se uma outra interpretação em caráter normativo e começa-se a querer tirar aquilo que tinha sido dado às pessoas. Isso cria uma insegurança muito grande. Então o que se quis é vedar a aplicação retroativa de nova interpretação[151].

---

150. MELO, José Eduardo Soares. *Processo tributário administrativo federal, estadual e municipal*. São Paulo: Quartier Latin, 2006. p. 88.

151. DI PIETRO, Maria Sylvia Zannella; FERREIRA, Sérgio de Andrés; ZANCANER, Weida. Tema em destaque: atos administrativos. Elementos. Poder discricionário face ao princípio da legalidade. Anulação, revogação e a consolidação. O processo administrativo codificado pela Lei nº 9.784/99. *Boletim de Direito Administrativo*. Ed. NDJ LTDA., v. 16, n. 9, set. 2000.

O desrespeito ao princípio da segurança jurídica ocorre quando a legislação ordinária estabelece um novo ônus tributário aos contribuintes sem que sejam respeitadas as diretrizes jurisprudenciais, sendo certo que a certeza tributária será concretizada quando os órgãos julgadores administrativos se posicionarem de forma rápida e com a independência esperada, em face das controvérsias tributárias decorrentes da aplicação das legislações ordinárias, quando estas violarem os princípios e as diretrizes constitucionais tributárias[152].

A importância desse princípio para o processo administrativo fiscal se consolida quando resta configurada a consideração ao direito à defesa do contribuinte com base na ampla produção de provas, em conjunto com a realização de julgamentos imparciais, em face da criteriosa análise dos recursos interpostos.

Diante do exposto, resta claro que o ideal maior do direito é a segurança jurídica, a qual se irradia por todo o ordenamento jurídico e se concretiza por meio de outros princípios[153], limitando a Administração Tributária a aderir aos termos execrados na legislação sem a possibilidade de se atingir quaisquer subjetividades próprias da competência discricionária das autoridades.

2.3.3.5 Verdade material

O poder-dever do Estado de investigar e provar (busca da verdade material), suplantado na capacidade legislativa plena disposta no Código Tributário Nacional[154], deve ser exercido

152. MELO, José Eduardo Soares. *Processo tributário administrativo federal, estadual e municipal*. São Paulo: Quartier Latin, 2006. p. 87

153. CARVALHO, Paulo de Barros. *Segurança jurídica no novo CARF*. Disponível em: <http://www.ibet.com.br/download/Paulo%20de%20Barros%20Carvalho.pdf>. Acesso em: 19 out. 2015.

154. "Art. 6º A atribuição constitucional de competência tributária compreende a competência legislativa plena, ressalvadas as limitações contidas na Constituição Federal, nas Constituições dos Estados e nas Leis Orgânicas do Distrito Federal e dos

Municípios, e observado o disposto nesta Lei." O Código Tributário Nacional também estabeleceu diversas normas de interpretação ("Tenho considerado o direito como corpo linguístico que se manifesta sob a forma de textos, vertidos sobre a região material das condutas intersubjetivas, em função prescritiva e cujo produto interpretativo é denominado norma jurídica. Dessa singela definição já se pode entrever dois importantes traços impressos no âmbito de todo e qualquer ordenamento: (1) tem o direito finalidade de prescrever condutas aos sujeitos, atuando no propósito de estabilizar as relações interpessoais; e (2) cabe ao intérprete o papel de protagonista na construção do sentido das regras que compõem dado ordenamento, pois é ele que adjudica conteúdo à mensagem legislada, para compreender o comando jurídico e dirigir as condutas intersubjetivas" (CARVALHO, Paulo de Barros. *Derivação e positivação no direito tributário*. 2. ed. São Paulo: Noeses, 2016. v. 3, p. 208), como as dispostas nos arts. 99, 118 e, ainda, as dos arts. 107 a 112 sob o título de "Interpretação e Integração da Legislação Tributária": "Art. 99. O conteúdo e o alcance dos decretos restringem-se aos das leis em função das quais sejam expedidos, determinados com observância das regras de interpretação estabelecidas nesta Lei. [...] Art. 107. A legislação tributária será interpretada conforme o disposto neste Capítulo. Art. 108. Na ausência de disposição expressa, a autoridade competente para aplicar a legislação tributária utilizará sucessivamente, na ordem indicada: I – a analogia; II – os princípios gerais de direito tributário; III – os princípios gerais de direito público; IV – a equidade. § 1º O emprego da analogia não poderá resultar na exigência de tributo não previsto em lei. § 2º O emprego da equidade não poderá resultar na dispensa do pagamento de tributo devido. Art. 109. Os princípios gerais de direito privado utilizam-se para pesquisa da definição, do conteúdo e do alcance de seus institutos, conceitos e formas, mas não para definição dos respectivos efeitos tributários. Art. 110. A lei tributária não pode alterar a definição, o conteúdo e o alcance de institutos, conceitos e formas de direito privado, utilizados, expressa ou implicitamente, pela Constituição Federal, pelas Constituições dos Estados, ou pelas Leis Orgânicas do Distrito Federal ou dos Municípios, para definir ou limitar competências tributárias. Art. 111. Interpreta-se literalmente a legislação tributária que disponha sobre: I – suspensão ou exclusão do crédito tributário; II – outorga de isenção; III – dispensa do cumprimento de obrigações tributárias acessórias. Art. 112. A lei tributária que define infrações, ou lhe comina penalidades, interpreta-se da maneira mais favorável ao acusado, em caso de dúvida quanto: I – à capitulação legal do fato; II – à natureza ou às circunstâncias materiais do fato, ou à natureza ou extensão dos seus efeitos; III – à autoria, imputabilidade, ou punibilidade; IV – à natureza da penalidade aplicável, ou à sua graduação. [...] Art. 118. A definição legal do fato gerador é interpretada abstraindo-se: I – da validade jurídica dos atos efetivamente praticados pelos contribuintes, responsáveis, ou terceiros, bem como da natureza do seu objeto ou dos seus efeitos; II – dos efeitos dos fatos efetivamente ocorridos". Ou seja, para a solução no campo tributário o Código Tributário Nacional estabelece o recurso da analogia, aos princípios gerais de Direito Tributário bem como à equidade, sendo certo que, estaríamos enxergando o princípio sendo o "enunciado portador de núcleos significativos de grande magnitude, influenciando sensivelmente a orientação de cadeias normativas, às quais outorga caráter de unidade relativa, servindo de fator de agregação para outras regras do sistema do direito positivo, como, aliás, já foi ressaltado" (CARVALHO, Paulo de Barros. *Derivação e positivação no direito tributário*. 2. ed. São Paulo: Noeses, 2014. v. 1, p. 37).

"A regra geral sobre o ônus da prova decorre de uma incontestável imposição da em sua plenitude, ou seja, com o intuito de dar ao lançamento a imperativa presunção de liquidez e certeza.

A verdade material, ou, melhor dizendo, a busca pela verdade material, deve ser entendida como inseparável ao poder conferido pela legislação à Administração Tributária. A importância advinda de tal princípio, em nosso entendimento, deve-se ao fato de que o procedimento fiscal, quando realizado de maneira incorreta, pode culminar em exigência tributária descabida e, em consequência, afrontar os direitos à propriedade e liberdade, direitos esses fundamentais do contribuinte, previstos na Constituição Federal.

Com muito esforço foi afastado pela doutrina e jurisprudência o entendimento de que haveria a inversão do ônus da prova[155] por gozar a Administração Tributária (ato administrativo) de presunção de legitimidade, tendo hoje, de forma clara e precisa, a autoridade fiscal o dever de provar as suas alegações.

Não podemos nos esquecer de que, quando analisamos matérias de direito punitivo, devemos levar em consideração que o princípio da verdade material deve prevalecer sobre o

---

lógica jurídica, universal e que, por isto mesmo, prevalece na teoria da prova. O ônus da prova compete a quem alega o fato e não a quem o nega. E não podia mesmo deixar de ser assim porque é absolutamente impossível provar-se a não ocorrência de um fato. Pode-se provar, é certo, um outro fato que seja de tal modo incompatível com o fato alegado que, comprovado este, se tem como provada a inexistência daquele" (MACHADO, Hugo de Brito. O ônus da prova no procedimento administrativo tributário. As alterações mais importantes do processo civil em matéria tributária e o Novo CPC. In: ROCHA, Valdir de Oliveira (Coord.). *Grandes questões tributárias*. São Paulo: Dialética, 2015. v. 19, p. 156).

155. "A regra geral sobre o ônus da prova decorre de uma incontestável imposição da lógica jurídica, universal e que, por isto mesmo prevalece na teoria da prova. O ônus da prova compete a quem alega o fato e não a quem o nega. E não podia mesmo deixar de ser assim porque é absolutamente impossível provar-se a não ocorrência de um fato. Pode-se provar, é certo, um outro fato que seja de tal modo incompatível com o fato alegado que, comprovado este, se tem como provada a inexistência daquele" (MACHADO, Hugo de Brito. O ônus da prova no procedimento administrativo tributário. As alterações mais importantes do processo civil em matéria tributária e o Novo CPC. In: ROCHA, Valdir de Oliveira (Coord.). *Grandes questões tributárias*. São Paulo: Dialética, 2015. v. 19, p. 156).

princípio da verdade formal, pois essa análise difere daquelas relacionadas a matérias patrimoniais.

Vale esclarecer que, conforme disposto nos arts. 194, 195 e 197, todos do Código Tributário Nacional, o contribuinte não pode se eximir de suportar as atividades fiscais e demais diligências, bem como de colaborar com a Administração Tributária quando solicitado:

> Art. 194. A legislação tributária, observado o disposto nesta Lei, regulará, em caráter geral, ou especificamente em função da natureza do tributo de que se tratar, a competência e os poderes das autoridades administrativas em matéria de fiscalização da sua aplicação.
>
> Parágrafo único. A legislação a que se refere este artigo aplica-se às pessoas naturais ou jurídicas, contribuintes ou não, inclusive às que gozem de imunidade tributária ou de isenção de caráter pessoal.
>
> Art. 195. Para os efeitos da legislação tributária, não têm aplicação quaisquer disposições legais excludentes ou limitativas do direito de examinar mercadorias, livros, arquivos, documentos, papéis e efeitos comerciais ou fiscais, dos comerciantes industriais ou produtores, ou da obrigação destes de exibi-los.
>
> Parágrafo único. Os livros obrigatórios de escrituração comercial e fiscal e os comprovantes dos lançamentos neles efetuados serão conservados até que ocorra a prescrição dos créditos tributários decorrentes das operações a que se refiram.
>
> [...]
>
> Art. 197. Mediante intimação escrita, são obrigados a prestar à autoridade administrativa todas as informações de que disponham com relação aos bens, negócios ou atividades de terceiros:
>
> I – os tabeliães, escrivães e demais serventuários de ofício;
>
> II – os bancos, casas bancárias, Caixas Econômicas e demais instituições financeiras;
>
> III – as empresas de administração de bens;
>
> IV – os corretores, leiloeiros e despachantes oficiais;
>
> V – os inventariantes;
>
> VI – os síndicos, comissários e liquidatários;

> VII – quaisquer outras entidades ou pessoas que a lei designe, em razão de seu cargo, ofício, função, ministério, atividade ou profissão.
>
> Parágrafo único. A obrigação prevista neste artigo não abrange a prestação de informações quanto a fatos sobre os quais o informante esteja legalmente obrigado a observar segredo em razão de cargo, ofício, função, ministério, atividade ou profissão.

Nas palavras de Paulo de Barros Carvalho[156],

> facultou-se à Administração Tributária, especialmente para conferir efetividade a esses objetivos, identificar, respeitados os direitos individuais e nos termos da lei, o patrimônio, os rendimentos e as atividades econômicas do contribuinte. A referência expressa a tal faculdade, tão velha quanto o poder jurídico de exigir tributos, não constava das constituições anteriores, justamente por configurar um aspecto de essencial imanência ao desempenho da Administração Tributária[157].

Ou seja, cabe à Administração Tributária a oficialidade de requerer o que lhe seja de direito, sendo este o ente incumbido de providenciar o que for necessário, cabendo o informalismo ao contribuinte (acusado). Nesse caso, deveriam ser relevadas todas as solenidades como inobservância de prazos, bem como das formas processuais toda vez que afetem a observância das formalidades tendentes a garantir o direito ao contribuinte de defender-se de forma ampla e irrestrita, na busca incessante pela plena verdade.

---

156. CARVALHO, Paulo de Barros. *Curso de direito tributário*. 26. ed. São Paulo: Saraiva, 2014. p. 529.

157. "A experiência brasileira é testemunho eloquente do uso da novel faculdade, mas antes disso o depoimento histórico aponta para o abuso dessa permissão, muitas vezes desenvolvida em termos de violação aos direitos da cidadania. Estamos em que, se alguma providência houvesse de ocupar o importante tópico, no quadro dos princípios gerais do Sistema Tributário Nacional, certamente hospedaria conteúdo oposto, qual seja o de firmar critérios mais seguros para a delimitação daquela vetusta faculdade, fortalecendo os direitos individuais e impedindo grosseiros atentados à ordem jurídica nacional" (CARVALHO, Paulo de Barros. *Curso de direito tributário*. 26. ed. São Paulo: Saraiva, 2014. p. 529-530).

Além disso, não se deve esquecer das repercussões desse tema no processo judicial, porque, comprovada a análise superficial da autoridade fiscal ou a negativa do pedido de produção de provas realizado pelo contribuinte, o Poder Judiciário poderá se manifestar de forma favorável ao contribuinte em um caso no qual o crédito tributário em exigência era realmente devido.

O princípio da verdade material caracteriza-se como um dos traços mais marcantes de distinção entre a jurisdição administrativa e a judicial, na medida em que as condições para o processamento das informações do mundo fenomênico para o sistema jurídico implicam a aplicação de regras distintas entre o processo judicial e o processo administrativo fiscal.

Ou seja, como o processo administrativo fiscal opera com categorias e regime jurídico próprios, o julgador administrativo estabelece um contorno mais ativo quando do julgamento e da formação de seu convencimento, com a finalidade de imprimir uma melhor solução para o conflito de interesse em análise:

> a forma de introdução de enunciados linguísticos no processo administrativo fiscal digno de referência, é quanto a preclusão temporal, que notadamente nesse ambiente processual sofre temperamentos, pois, enquanto no processo judicial é dado objetivo, atrelado aos prazos prescritos pelo direito positivo, no processo administrativo fiscal, acresce-se a outro dado, de natureza subjetiva, intimamente conectado ao princípio da oficialidade[158].

Dessa forma e para que essas atividades sejam controladas, a atividade fiscal deve ser documentada, com a lavratura de termos que atestem as diligências da autoridade fiscal, como início e término da fiscalização e demais providências que forem tomadas no decorrer da fiscalização (como apreensão de livros e mercadorias).

---

158. ARAÚJO, Ana Clarissa Masuko dos Santos. Princípio da verdade material e processo administrativo fiscal de compensação. In: CONRADO, Paulo Cesar (Coord.). *Processo tributário analítico*. 2. ed. São Paulo: Noeses, 2016. v. 2, p. 8.

2.3.3.6 Princípio do *in dubio pro* contribuinte

Nas palavras de Marcos de Aguiar Villas-Boas, o princípio do *in dubio pro* contribuinte funcionaria para o Direito Tributário como o devido processo legal funciona para o Direito Processual ou mesmo o *in dubio pro reo* para o Direito Penal. Nesse sentido, esta seria uma norma de máxima amplitude dentro do sistema tributário, sendo eficaz sobre todas as demais, e com o condão de conferir efetividade aos direitos das partes no tocante aos aspectos processuais, na medida em que protege o contribuinte no que toca aos tributos[159].

Assim, resta claro que tal princípio rege as relações jurídico-tributárias (entre a Fazenda Pública/Administração Fazendária e o contribuinte), em que a Autoridade Administrativa Tributária encontra-se em posição privilegiada, detendo inúmeros poderes para fiscalizar as empresas e para cobrar a prestação devida, sendo que a sua atuação limita ordinariamente os direitos fundamentais dos contribuintes.

O Poder Judiciário, ao ser um intérprete autêntico dos textos normativos e dos fatos jurídicos, e a Administração Tributária devem reconhecer a existência de tal princípio, pois não estamos tratando de uma busca cega pela proteção do contribuinte, nem de um aplauso à sonegação fiscal, mas da representação da Constituição Federal de conferir efetividade às normas do sistema constitucional tributário, que, ao mesmo tempo em que confere o poder à Administração Fazendária, já apara as arestas desse poder, tentando evitar seus excessos, como muitas vezes ocorre, impondo limitações que precisam ser efetivadas na prática em face dos valores que acarretam a proteção dos direitos fundamentais do contribuinte[160].

A aplicação do princípio constitucional do *in dubio pro contribuinte* atinge todas as normas do sistema constitucional

159. VILLAS-BÔAS, Marcos de Aguiar. *In dubio pro contribuinte*: visão constitucional em busca da proteção dos direitos fundamentais. São Paulo: MP Editora, 2012. p. 226.

160. Ibidem. p. 227-228.

tributário, impedindo interpretações e construções de normas contrárias ao contribuinte, o que leva a crer que a Administração Tributária precisa demonstrar uma maior preocupação com a proteção dos direitos fundamentais do contribuinte, restando diminuído o espaço para medidas puramente arrecadatórias (quando, por exemplo, deixa-se de restituir o que o contribuinte tem de direito), as quais normalmente são tomadas nos autos dos processos administrativos fiscais sem levar em consideração o disposto na Constituição Federal e afrontando diversos princípios constitucionais tributários[161].

161. VILLAS-BÔAS, Marcos de Aguiar. *In dubio pro contribuinte*: visão constitucional em busca da proteção dos direitos fundamentais. São Paulo: MP Editora, 2012. p. 235-262.

3. PROCESSO ADMINISTRATIVO FISCAL

3.1 Relação entre o processo administrativo fiscal e o judicial

O título deste capítulo menciona as palavras "processo" e "administrativo", para que se possa justamente efetivar a distinção ao tratarmos de processo judicial, que é aquele processo tributário desenvolvido no Poder Judiciário:

> As ações tributárias supõem em regra uma estrutura peculiar, especial, em maior ou menor medida, que consiste no processo tributário, que tem como objetivo a produção de uma norma individual que estabeleça "no caso concreto o exato alcance das obrigações determinadas pelas normas gerais de Direito Tributário substantivo".
>
> Nestas ações, teremos, compondo a redação jurídica processual, como partes, de um lado a Fazenda Pública e de outro o cidadão contribuinte, podendo figurar, qualquer deles, no polo ativo ou passivo. Algumas ações especiais, que também possam ter referibilidade ao Direito Tributário, como a ação direta de inconstitucionalidade, a ação declaratória de constitucionalidade ou até mesmo a ação popular, não terão esta estrutura característica, mas nem por isso, contudo, deixam de integrar o conjunto de ações que compõem o processo tributário, como veremos abaixo[162].

Nas palavras de Eduardo Bottallo, no Direito Positivo brasileiro não existiria possibilidade de se afirmar qualquer

162. ALVIM, Teresa Arruda; MARINS, James. Processo tributário. In: ALVIM, Teresa Arruda (Coord.). *Repertório de jurisprudência e doutrina sobre processo tributário*. São Paulo: Revista dos Tribunais, 1994. p. 15.

possibilidade de existir jurisdição fora do Poder Judiciário ou ser o processo judicial mero desdobramento do processo administrativo, pois ambos comporiam um único sistema orgânico[163].

Seguindo esse entendimento, o conceito de acesso à justiça poderia ser entendido como aquele acesso ao órgão judicial para a obtenção da tutela jurisdicional (acesso ao Poder Judiciário – como gênero) ou, em um sentido mais amplo, como uma ordem determinada de valores e direitos fundamentais para o ser humano (visão axiológica e teleológica – como espécie)[164].

Ou seja, o processo visto como um instrumento a serviço da sociedade teve a sua base de abrangência ampliada quando se constatou que todos os órgãos do Estado desempenham, mesmo que de forma secundária, uma função jurisdicional.

Diante dessa amplitude, vale observar as sábias palavras de Odete Medauar[165]:

> Assim, pode-se notar que a concepção publicista do processo levou à ideia de ação como direito independente e direito subjetivo material; levou ao deslocamento da preocupação científica para o tema da jurisdição e possibilitou a ideia desta como poder estatal; por sua vez, a teoria do processo como relação jurídica permitiu visualizá-lo como um conjunto de posições jurídicas ativas e passivas, de cada um dos seus sujeitos [...] e não somente como simples sucessão de atos.
>
> [...]
>
> Tais enfoques, aqui ventilados de modo sucinto, desembocaram na concepção metodológica de uma Teoria Geral do Processo, que vê o "Direito Processual como um conjunto de princípios, institutos e normas estruturados para o exercício do poder segundo determinados objetivos". Por conseguinte, emerge perfeitamente clara a ideia de uma processualidade atinente, também, ao Poder Executivo e ao Poder Legislativo.

163. BOTTALLO, Eduardo Domingos. Princípios gerais do processo administrativo tributário. *Revista de Direito Tributário*. São Paulo: RT, n. 1, 1977, p. 48.

164. RODRIGUES, Horácio Wanderley. *Acesso à justiça no direito processual brasileiro*. São Paulo: Acadêmica, 1994. p. 28.

165. MEDAUAR, Odete. *A processualidade no direito administrativo*. São Paulo: Revista dos Tribunais, 1993. p. 15.

O processo judicial distingue-se do processo administrativo na medida em que tramita em um órgão do Poder Judiciário no qual se estabelece a relação jurídica processual entre autor e réu. O denominado processo judicial tributário constitui exatamente a soma de princípios que "vivificam o sentido e a função desempenhada pelos institutos jurídicos em nosso sistema jurídico"[166], em especial quando analisamos a relação entre Fisco e contribuinte.

Dessa forma, não podemos confundir o processo judicial tributário com o processo administrativo fiscal, sendo o primeiro estabelecido perante os órgãos do Poder Judiciário, resguardado pelas garantias da magistratura com o finco de assegurar que as decisões sejam proferidas de acordo com a legislação e a Constituição Federal, visando à realização da justiça social, o qual é inerente à correta aplicação da legislação no âmbito do direito tributário[167].

Portanto, deve-se falar em processo administrativo fiscal como espécie do processo administrativo, tendo em vista as suas peculiaridades, pois o processo judicial é inteiramente submetido à lei, enquanto o outro se encontra disciplinado por decretos do Poder Executivo, sendo certo que a eficácia do processo judicial é claramente mais acentuada, por meio da coisa julgada, enquanto no processo administrativo fiscal o contribuinte obtém em seu último fim a decisão definitiva[168].

3.1.1 Direito de petição

Inicialmente, devemos esclarecer que a impugnação administrativa (de competência do ente tributante) fiscal (atos

---

166. Cleide Previtalli ao citar Arruda Alvim em suas conclusões (CAIS, Cleide Previtalli. *O processo tributário*. 3. ed. São Paulo: Revista dos Tribunais, 2001. p. 223).

167. CAIS, Cleide Previtalli. *O processo tributário*. 3. ed. São Paulo: Revista dos Tribunais, 2001. p. 223-224.

168. CABRAL, Antonio da Silva. *Processo administrativo fiscal*. São Paulo: Saraiva, 1993. p. 23.

tributários – lançamento) e a impugnação judicial (de competência da União Federal) são garantias encrustadas na Constituição Federal, sendo a primeira com base no art. 5º, inciso XXXIV, e a segunda com fundamento no inciso XXXV, ambos assegurados pelo inciso LV do referido artigo:

> XXXIV – são a todos assegurados, independentemente do pagamento de taxas:
>
> *a*) o direito de petição aos Poderes Públicos em defesa de direitos ou contra ilegalidade ou abuso de poder;
>
> *b*) a obtenção de certidões em repartições públicas, para defesa de direitos e esclarecimento de situações de interesse pessoal;
>
> XXXV – a lei não excluirá da apreciação do Poder Judiciário lesão ou ameaça a direito;
>
> [...]
>
> LV – aos litigantes, em processo judicial ou administrativo, e aos acusados em geral são assegurados o contraditório e ampla defesa, com os meios e recursos a ela inerentes;

As linhas mestras acima delineadas podem ser observadas de forma clara pelos conceitos abarcados pelo Professor Marco Aurélio Greco em sua obra *Dinâmica da Tributação e Procedimento*:

> Em se tratando do Direito Tributário a aplicação dessas constatações nos leva às conclusões de que:
>
> 1. qualquer ato da Administração praticado em aplicação das normas tributárias e que o particular julgue lesivo aos seus direitos pode ensejar o exercício do direito de petição. Por seu turno, este direito garante: I) o poder de pedir a reapreciação do ato que se inquina de violador do direito do particular, e II) o direito de obter uma resposta que resulte do reexame do ato impugnado.
>
> 2. Sempre que alguém for acusado da prática de uma infração – penal ou administrativa, pois a Constituição não as distingue – é assegurada a ampla defesa. Note-se que no dispositivo específico a Constituição se preocupa em qualificar essa defesa de "ampla" quando em outras passagens se limitara a mencioná-la sem qualquer adjetivação (§§ 35 e 30 do art. 153). Daí pode-se concluir

> que o § 15 do art. 153 deve ser entendido no seu maior alcance como prerrogativa assecuratória da posição do particular perante a autoridade[169].

Assim, a impugnação administrativa (processo constitutivo de anulação), em face de uma violação ou abuso de direito, seria uma petição e não uma ação, tendo em vista que a tutela do direito se faz valer no âmbito do mesmo Poder no qual praticou o (ato administrativo de) lançamento e jamais em um Poder diferente e independente, como o Poder Judiciário[170].

Em livro específico sobre o processo administrativo previdenciário, Wagner Balera traz as lições de José Antônio Pimento Bueno no sentido de que o direito de petição seria intuitivo, sem a exigência de um direito perfeito, bastando apenas a existência de um simples interesse, desde que lícito, o que acarretou as seguintes conclusões[171]:

> Decerto, para que tenha instrumentação e consequências práticas, o direito de petição exige que o sistema jurídico comine à autoridade pública o dever de apreciação, ainda que sumária, do pleito a ela dirigido.
>
> [...]
>
> Assim compreendida a garantia constitucional, decorrente do regime e dos princípios adotados pela Superlei, é de todo inadmissível que norma de hierarquia inferior venha a propor regra que se choca com toda a tradição do direito público brasileiro.
>
> [...]
>
> As prestações expressam um bem social. Toda a sociedade (*vide* art. 194, *caput*, da Constituição Federal) responde pelo singular

169. GRECO, Marco Aurélio. *Dinâmica da tributação e procedimento*. São Paulo: Revista dos Tribunais, 1979. p. 139-140.

170. XAVIER, Alberto. *Princípios do processo administrativo e judicial tributário*. Rio de Janeiro: Forense, 2005. p. 20.

171. BALERA, Wagner. *Processo administrativo previdenciário*: benefícios. São Paulo: LTr, 1999. p. 29-33.

> bem comum a que cada beneficiário faz jus. É, pois, do interesse social que as prestações sejam concedidas a quem delas necessitar.

Vale esclarecer que o Código Tributário Nacional não disciplinou a impugnação administrativa, tratando de forma genérica sobre "reclamações e recursos" quando aborda as causas de suspensão da exigibilidade do crédito tributário, apesar de regular a revisão do lançamento por iniciativa das autoridades fiscais.

Esse direito de petição possui determinado conteúdo que exige ao menos que a Administração Pública se manifeste sobre o que lhe foi demandado, cabendo ao contribuinte, quando do recebimento de resposta negativa, recorrer ao Poder Judiciário, na forma prevista na legislação pátria.

Em face do conteúdo desse direito, exige-se que a Administração Tributária ao menos se pronuncie sobre o que lhe foi postulado pelo contribuinte, e, quando a resposta for negativa, ainda lhe resta a possibilidade de recorrer ao Poder Judiciário.

Além disso, como muito bem nos ensina o Professor Alberto Xavier, ao contrário da impugnação administrativa, a "disciplina jurídica da impugnação judicial é de competência privativa da União"[172].

Logo, o direito de petição constitui-se como um mecanismo constitucional de acesso à justiça no âmbito da administração tributária e deve ser objeto de maior atenção e interesse da doutrina, bem como dos legisladores[173].

---

172. XAVIER, Alberto. *Princípios do processo administrativo e judicial tributário*. Rio de Janeiro: Forense, 2005. p. 20.

173. VEIGA, Lintney Nazareno da. Processo administrativo fiscal. *Revista Dialética de Direito Tributário*. São Paulo: Dialética, n. 73, 1996, p. 167.

3.2 Fases do processo administrativo fiscal

3.2.1 Constituição do crédito tributário

Inicialmente, nas palavras do Professor Tercio Sampaio Ferraz Jr., "a ciência jurídica como teoria da decisão capta, assim, o problema da decidibilidade dos conflitos sociais como uma intervenção contínua do Direito na convivência humana, vista como um sistema de conflitos intermitentes"[174].

Dessa forma, o cientista do Direito Tributário deve acompanhar a evolução dos instrumentos e mecanismos jurídicos[175], pois a referida ciência será sempre provisória,

---

174. FERRAZ JR., Tercio Sampaio. *Ciência do direito*. São Paulo: Atlas, 1977. p. 98.

175. Vale esclarecer que a mudança de hábitos da população mundial ocasionou significativas alterações nos ordenamentos jurídicos, bem como um processo de evolução tecnológica da Administração Fazendária. Ou seja, grande parte dos países vem buscando ao longo dos últimos anos estudar modelos de informatização para que os sistemas judiciais e administrativos possam não só transformar os documentos do papel em arquivos digitais, mas também reduzir custos e auxiliar nos procedimentos com o intuito de imprimir maior segurança e agilidade aos procedimentos. Nesse sentido, essa tendência mundial foi seguida pelo Brasil, que se tornou um dos pioneiros na implementação de procedimentos e obrigações tributárias em formato eletrônico, por exemplo, a Nota Fiscal Eletrônica (NF-e) e a Escrituração Fiscal Digital (EFD). Como muito bem ensina a doutrina, "a tecnologia está ligada ao desenvolvimento da civilização, dependente cada vez mais dos processos de industrialização, da agricultura racional, da produção em massa, de tal modo que não é difícil compreender-se a enorme importância dessa ciência, para conservação, divulgação e aprimoramento dos métodos da atividade humana em quase todos os setores da vida" (SALLES, Ivanhoe Nóbrega de. A tecnologia e o direito tributário. In: NOGUEIRA, Ruy Barbosa (Coord.). *Direito tributário*. São Paulo: José Bushatsky, 1969. p. 224). O conceito de informatização fiscal consiste exatamente na adoção de mecanismos e sistemas tecnológicos para a entrega das obrigações tributárias, auxílio na fiscalização e lavratura dos autos de infração, bem como de todos os demais instrumentos jurídicos tributários nos quais a tecnologia possa ser utilizada como meio para atingir o seu fim (PINTO, Fabiana Lopes. *Informatização fiscal*: o uso da tecnologia no Sistema Tributário Nacional, 2012. Tese (Doutorado em Direito) – Programa de Pós-Graduação em Direito, Pontifícia Universidade Católica de São Paulo, São Paulo. p. 158). Essa informatização fiscal leva à restruturação e à clara necessidade da revisão teórica de diversos procedimentos da Administração Tributária, em especial os julgamentos proferidos em primeira instância. No ordenamento jurídico pátrio, essa informatização vem sendo inserida desde a década passada por meio de inúmeras alterações nas normas jurídicas que regulam os deveres instrumentais, acomodando as normas de forma a adequá-las à nova realidade tecnológica, conforme muito bem

evitando assim o descompasso entre ele e a realidade fática, sociológica e econômica.

Quanto aos procedimentos administrativos e a Constituição Federal, muito nos auxilia o entendimento do Professor Marco Aurélio Greco:

> A primeira disciplina dos procedimentos administrativos a serem obedecidos é fornecida pela Constituição Federal. Sua disciplina pode ser vista de dois ângulos, um positivo correspondente

---

colocado no artigo do Professor Guilherme Lopes de Moraes, "O avanço da informatização fiscal observado na maioria dos países é algo irreversível. A utilização da informática atingiu os mais diversos setores e vem agregando valores aos processos, além de diminuir consideravelmente os custos. No âmbito jurídico, tem sido inovado muito rapidamente e nele orbita toda uma gama de produção de atos jurídicos virtuais. Convivendo com o ordenamento jurídico, esse novo âmbito necessita ser analisado em profundidade para a boa compreensão das normas tributárias, principalmente quando estas resultam de um processo de enunciação virtual [...]. Nesse novo cenário, entendemos que a Teoria Comunicacional do Direito pode auxiliar na análise dos processos de informatização fiscal, uma realidade em nosso cotidiano jurídico-tributário. Como reflexo dessa evolução tecnológica, o estudioso do direito positivo deve ter sua preocupação voltada para a questão probatória, uma vez que os processos informatizados (como é o caso da NF-e) reclamam novas abordagens para a melhor compreensão do processo virtual de enunciação das normas jurídicas e os seus efeitos sobre as relações tributárias" (MORAES, Guilherme Lopes. Teoria comunicacional do direito e informatização fiscal. In: ROBLES, Gregorio; CARVALHO, Paulo de Barros (Coords.). *Teoria comunicacional do direito*: diálogo entre Brasil e Espanha. São Paulo: Noeses, 2017. v. II, p. 459-460). Assim, se as autoridades administrativas vêm empregando diversos mecanismos tecnológicos quando da formatação legal dos deveres instrumentais com o intuito de fiscalizar os contribuintes, porque esse mesmo empenho não deve ser dirigido aos julgamentos administrativos de primeira e segunda instância? O Conselho Administrativo de Recursos Fiscais, órgão máximo do contencioso administrativo fiscal, já implantou a realização de julgamentos em ambiente virtual e com o suporte de videoconferência, através do mesmo padrão de segurança utilizado pelos conselheiros nos trabalhos à distância prévios às sessões presenciais (Disponível em: <http://idg.carf.fazenda.gov.br/noticias/2017/carf-comeca-a-julgar-casos-de-menor-valor-em-sessoes-virtuais>. Acesso em: 27 set. 2017). Essas Turmas Extraordinárias, instituídas pela Portaria CARF 47/17, foram criadas com o dever de imprimir maior celeridade à tramitação de recursos não prioritários. Portanto, resta claro que, com o avanço tecnológico da própria Administração Fazendária, não poderiam existir mais empecilhos para que os julgamentos de primeira instância continuem a ser realizados de forma "oculta" e sem a participação dos contribuintes e seus advogados, o que ocorre também em alguns julgamentos de segunda instância, tendo vista a ausência de recursos de alguns contribuintes. Todos os temas que compõem o direito tributário podem ser trabalhados tendo os pressupostos filosóficos como referência, tais como as fontes do direito tributário, sua finalidade e sua classificação, por exemplo (BECHO, Renato Lopes. *Filosofia do direito Tributário*. São Paulo: Saraiva, 2010. p. 327).

> a exigências mínimas impostas a todos os procedimentos, e outro negativo, consistente não em deveres diretamente impostos aos Poderes Públicos, mas em situações asseguradas aos indivíduos cujo exercício condicionará a atuação da autoridade[176].

De forma didática, podemos desdobrar o processo formativo da obrigação tributária em três fases distintas[177]:

(i) Pura Soberania ou Poder de Império: decorrente da existência (simples) da lei instituidora do tributo mercê da descrição abstrata e genérica contida em sua hipótese de incidência. Nesse primeiro estágio o Estado seria detentor de uma mera expectativa de direito oponível (em princípio) em face de todos aqueles pertencentes ao ordenamento jurídico positivo;

(ii) Ocorrência do Fato Imponível: verificação material e concreta da descrição prevista na hipótese de incidência (ocorrência do fato imponível); e

(iii) Processo Fiscal: "conceito, que, para Rubens Gomes de Sousa, é compreensivo tanto da afirmação unilateral da vontade do Estado através da emissão de um ato administrativo (etapa oficiosa do processo fiscal correspondente ao lançamento) como do 'pronunciamento jurisdicional em sede contenciosa' (etapa contenciosa do processo fiscal correspondente à sentença, aqui entendida em sentido amplo)".

Vale esclarecer que, no entendimento do Professor Paulo de Barros Carvalho, tratando-se de matéria tributária, "o ilícito pode advir da não prestação do tributo (da importância pecuniária), ou do não cumprimento de deveres instrumentais ou formais"[178].

---

176. GRECO, Marco Aurélio. *Dinâmica da tributação e procedimento*. São Paulo: Revista dos Tribunais, 1979. p. 139.

177. BOTTALLO, Eduardo Domingos. Princípios gerais do processo administrativo tributário. *Revista de Direito Tributário*. São Paulo: RT, n. 1, 1977, p. 47-48.

178. CARVALHO, Paulo de Barros. *Direito tributário, linguagem e método*. 5. ed. São Paulo: Noeses, 2013. p. 855.

Conforme disposto no Decreto 70.235/72, a exigência do crédito tributário, bem como a aplicação de determinadas multas (exemplo da isolada), serão formalizas por meio de autos de infração (ou notificações de lançamento), os quais devem ser instruídos com todos os documentos pertinentes para o deslinde da questão, como laudos, depoimentos, e-mails, planilhas e demais elementos de prova indispensáveis à comprovação do ato ilícito[179]:

> Art. 9º A exigência do crédito tributário e a aplicação de penalidade isolada serão formalizados em autos de infração ou notificações de lançamento, distintos para cada tributo ou penalidade, os quais deverão estar instruídos com todos os termos, depoimentos, laudos e demais elementos de prova indispensáveis à comprovação do ilícito.
>
> § 1º Os autos de infração e as notificações de lançamento de que trata o *caput* deste artigo, formalizados em relação ao mesmo sujeito passivo, podem ser objeto de um único processo, quando a comprovação dos ilícitos depender dos mesmos elementos de prova.
>
> § 2º Os procedimentos de que tratam este artigo e o art. 7º, serão válidos, mesmo que formalizados por servidor competente de jurisdição diversa da do domicílio tributário do sujeito passivo.
>
> § 3º A formalização da exigência, nos termos do parágrafo anterior, previne a jurisdição e prorroga a competência da autoridade que dela primeiro conhecer.
>
> § 4º O disposto no *caput* deste artigo aplica-se também nas hipóteses em que, constatada infração à legislação tributária, dela não resulte exigência de crédito tributário.
>
> § 5º Os autos de infração e as notificações de lançamento de que trata o *caput* deste artigo, formalizados em decorrência de fiscalização relacionada a regime especial unificado de arrecadação de tributos, poderão conter lançamento único para todos os tributos por eles abrangidos.
>
> § 6º O disposto no *caput* deste artigo não se aplica às contribuições de que trata o art. 3º da Lei 11.457, de 16 de março de 2007.

A natureza jurídica de tais ilícitos tributários[180] foi frontalmente analisada por Celso Antonio Ribeiro Bastos quan-

---

179. MELO, José Eduardo Soares. REFIS E PAES – hipóteses e requisitos legais para exclusão dos programas de parcelamento. In: III CONGRESSO NACIONAL DE ESTUDOS TRIBUTÁRIOS. São Paulo: Noeses, 2006. p. 374.

180. Na visão do Professor Argentino Augustin Gordillo, trazida por Geraldo Ataliba,

do esclareceu que "as violações à lei tributária tanto podem acarretar sanções de caráter administrativo como também de caráter penal, ou ambas"[181]:

> [...] os denominados ilícitos fiscais são infrações à legislação tributária e produzem sanções administrativas; são ilícitos administrativos. E por outro lado, os ilícitos penais tributários constituem crimes e regem-se pelo Direito Penal.

Assim, em face do disposto na Constituição Federal, assegura-se ao contribuinte o prévio conhecimento de todos os elementos integrantes e inerentes ao procedimento fiscal, sendo iniciado pela ciência do lançamento pelo contribuinte.

Logo, conforme destacaremos no próximo item, é fundamental a participação do contribuinte no processo fiscal instaurado para que se examine a possibilidade e legitimidade de tais atos, uma vez que pode possuir documentos ou conhecer elementos impeditivos dessa medida[182].

3.2.2 Auto de infração

O auto de infração deverá conter impreterivelmente aqueles dados relacionados à obrigação tributária, dispostos no art. 10 do Decreto 70.235/72, sendo eles a qualificação do

---

"[...] as sanções nem sempre são penas (privação de liberdade, vida ou propriedade, a título não de reparação mas de castigo), posto que podem consistir no estabelecimento de uma relação jurídica nova, a extinção de uma relação jurídica preexistente, ou a execução coativa do dever jurídico violado. Querendo-se, em todos os casos há um aliquid de castigo, mas deve-se notar que salvo no caso de direito penal, o mais importante na sanção – ou 'específica reação do direito ante a violação de um dever jurídico' – não é o castigo, mas a aplicação forçada do objeto do direito, vale dizer, o cumprimento ou execução coativa do dever não cumprido" (ATALIBA, Geraldo. *Hipótese de incidência tributária*. 6. ed. São Paulo: Malheiros Editores, 2014. p. 44).

181. BASTOS, Celso Ribeiro. Sanções em Matéria Tributária. In: MARTINS, Ives Gandra da Silva. *Curso de direito tributário*. 8. ed. São Paulo: Saraiva, 2001. p. 360.

182. MELO, José Eduardo Soares. REFIS E PAES – hipóteses e requisitos legais para exclusão dos programas de parcelamento. In: III CONGRESSO NACIONAL DE ESTUDOS TRIBUTÁRIOS. São Paulo: Noeses, 2006. p. 375.

contribuinte, a descrição do fato e a disposição legal infringida, bem como a penalidade aplicável:

> Art. 10. O auto de infração será lavrado por servidor competente, no local da verificação da falta, e conterá obrigatoriamente:
>
> I – a qualificação do autuado;
>
> II – o local, a data e a hora da lavratura;
>
> III – a descrição do fato;
>
> IV – a disposição legal infringida e a penalidade aplicável;
>
> V – a determinação da exigência e a intimação para cumpri-la ou impugná-la no prazo de trinta dias;
>
> VI – a assinatura do autuante e a indicação de seu cargo ou função e o número de matrícula.

Vale esclarecer que o auto de infração, embora ungido de identidade própria, guarda perfeita correlação com o lançamento (sendo comum que esses atos figurem em um mesmo documento), pois este pressupõe a ocorrência do fato imponível, enquanto o primeiro indica a suposta prática do ilícito, à qual o regramento jurídico confere sanção pecuniária.

Ao discorrer sobre o lançamento ser um procedimento regrado e a discricionariedade na investigação e no levantamento de dados, bem como de informações do contribuinte, Geraldo Ataliba de forma clara estabeleceu que nada valeriam os direitos individuais assegurados aos contribuintes na Constituição Federal (art. 150) e as diretrizes do Estado de Direito, se o caráter vinculado do lançamento não fosse sancionado com o rigorismo que caracteriza a nossa legislação e a de todos os povos civilizados[183]:

> Certamente porque todos os meios da forma mais ampla, devem ser dados ao fisco para desempenhar sua atividade de fiscalização. O controle das atividades dos contribuintes, o conhecimento dos fatos que se ligam direta ou indiretamente à ocorrência dos

---

183. ATALIBA, Geraldo. Lançamento – procedimento regrado. *Estudos e pareceres de direito tributário*. São Paulo: RT, 1978. v. 2, p. 330-331.

> fatos imponíveis, o acompanhamento de todos os fatos que dão ensejo a qualquer das revelações de capacidade contributiva, assim qualificados pela lei, tudo isto requer quase plena liberdade para o fisco, agilidade e presteza de movimentos, possibilidade de ampla liberdade de indagação e investigação.
>
> A tal liberdade corresponde o dever de examinar locais, livros e mercadorias, de contrastar toda e qualquer atividade econômica do contribuinte.
>
> E a estas atribuições, faculdades e deveres correspondem as chamadas obrigações acessórias do contribuinte, deveres gerais de "sujeitar-se à fiscalização" (ZANOBINI, *Corso di Diritto Amministrativo*, vol. IV).
>
> É amplo o círculo da discrição do fisco, no uso de seus "poderes de contorno", como os designa Renato Alessi.
>
> Em contraste com esta liberdade – como visto – é inteiramente vinculada a atividade de lançamento. É que este é a culminância do procedimento, que se iniciou com os atos preparatórios, que começaram por um vago tatear a partir de indícios e simples alegações.
>
> Ao chegar o procedimento a seu termo produzidas as provas, feitas as estimações e avaliações, examinados e sopesados os elementos de convicção, "concretiza-se o débito numa pessoa determinada, com características individuais" (GOMES DE SOUSA, *Compêndio de Legislação Tributária*, pág. 63).
>
> Neste momento, o Estado vai consumar o supremo ato de soberania, retirando coativamente parcela da riqueza de certa pessoa. E a pedra fundamental da imposição é o lançamento, "momento lógico e tecnicamente indispensável e insuprimível" (GIANINNI, *I Concetti Fondamentali del Diritto Tributario*, pág. 273).

A Administração Tributária deve indicar, quando da lavratura do auto de infração, os fundamentos e termos em que se assenta a responsabilidade fiscal do contribuinte em questão, prevalecendo os direitos e as garantias constitucionalmente previstos.

Dessa forma, é normal e saudável que os contribuintes possam apresentar informações e documentos às autoridades fazendárias no curso do processo administrativo, pois estes podem comprovar, por exemplo, a própria liquidação dos tributos, bem como a satisfação de deveres acessórios, evitando a lavratura de auto de infração (atos anteriores) ou mesmo a insubsistência do feito fazendário[184].

3.2.3 Defesa administrativa

A defesa administrativa inicia-se pela impugnação ao lançamento, sendo encaminhada à Delegacia da Receita Federal de Julgamento (DRJ) a que o contribuinte em apreço esteja subordinado.

Vale esclarecer que a Lei 9.784/99 trouxe uma série de modificações relevantes no direito de defesa, bem como em seus meios para que não fossem olvidados os direitos dos contribuintes na esfera administrativa.

Essas alterações foram muito bem delineadas por Marcos Vinicius Neder em artigo sobre o tema[185]:

> O artigo 6º, parágrafo único, veio atender a antiga reivindicação dos contribuintes. A vedação expressa à recusa imotivada de recebimento de documentos, põe fim à prática arbitrária de algumas repartições públicas de vincular o recebimento de documentos a pagamentos de débitos ou de multas administrativas. A entrega de declaração de tributos (DCTF) após o vencimento, por exemplo, não pode estar condicionada ao pagamento da multa administrativa correspondente.

---

184. MELO, José Eduardo Soares. REFIS E PAES – hipóteses e requisitos legais para exclusão dos programas de parcelamento. In: III CONGRESSO NACIONAL DE ESTUDOS TRIBUTÁRIOS. São Paulo: Noeses, 2006. p. 375.

185. Continuando, o autor ainda explicita que, "na fase de defesa, o artigo 27 da Lei 9.784/99 estabelece que 'o desatendimento de intimação não importa o reconhecimento da verdade dos fatos, nem a renúncia a direito do administrado. No prosseguimento do processo, será garantido direito de ampla defesa ao interessado'. Este dispositivo veio para coibir a prática da Administração de impedir a apresentação de provas pelo sujeito passivo na fase impugnatória quando não forem atendidas intimações no curso do procedimento fiscal" (NEDER, Marcos Vinicius. A Lei Geral nº 9.784/99: a norma geral que informa o sistema processual administrativo tributário. In: TÔRRES, Heleno Taveira; QUEIROZ, Mary Elbe; FEITOSA, Raymundo Juliano (Coords.). *Direito tributário e administrativo aplicados*. São Paulo: Quartier Latin, 2005. p. 54-55).

> Com relação às pessoas legitimadas a atuar no processo administrativo fiscal, o inciso II, artigo 9º, ampliou as pessoas interessadas para incluir também "aqueles que, sem terem iniciado o processo, têm direito ou interesses que possam ser afetados pela decisão a ser adotada". Não havia previsão de terceiros autuarem no processo administrativo na legislação anterior e, sem dúvida, essa é uma alteração significativa. A legitimação do terceiro se configura quando a solução que se dará a lide deve influir em outra relação jurídica de direito substancial em que ele faz parte, como ocorre, por exemplo, nos casos de responsabilidade tributária. Diante da ausência de dispositivo específico disciplinando a matéria no Decreto 70.235/72, conclui-se que esta nova regra é também válida para o contencioso fiscal.

Após a apresentação de impugnação pelo contribuinte, fase na qual é instaurado o processo administrativo fiscal (instrução do processo), encaminha-se para o momento destinado à complementação das provas apresentadas quando da impugnação (fase da defesa) e produção de novas provas técnicas, como diligências e perícias.

Além disso, o contribuinte deve-se atentar ao disposto nos arts. 17 do Decreto 70.235/72 e 58 do Decreto 7.574/2011, os quais estabelecem que se considerarão não impugnadas as matérias que não tenham sido taxativamente contestadas:

> Decreto 70.235/72:
>
> Art. 17. Considerar-se-á não impugnada a matéria que não tenha sido expressamente contestada pelo impugnante.
>
> Decreto 7.574/2011:
>
> Art. 58. Considera-se não impugnada a matéria que não tenha sido expressamente contestada pelo impugnante (Decreto 70.235, de 1972, art. 17, com a redação dada pela Lei 9.532, de 1997, art. 67).

Outro ponto que merece destaque foi estabelecido pelo Conselho Administrativo de Recursos Fiscais, por meio da Súmula 71, a qual estabelece que "todos os arrolados como responsáveis tributários na autuação são parte legítima para impugnar e recorrer acerca da exigência do crédito tributário e do respectivo vínculo de responsabilidade" (Vinculante, conforme Portaria MF 277, de 07.06.2018, *DOU* de 08.06.2018).

Encerrada essa fase inicial (instrutória do processo), o processo é encaminhado para a fase de julgamento, é realizada em primeira instância pelas Delegacias da Receita Federal de Julgamento e, em segunda instância, pelo Conselho Administrativo de Recursos Fiscais.

3.2.4 O ato de julgar como decisão administrativa

O aplicador não saberia, *a priori*, qual seria o ato que iria realizar, pois isso depende da identificação dos pressupostos de fato em concreto ocorridos, e, conforme o caso, poderá ser necessária a utilização de ponderação quanto às circunstâncias fáticas. Assim, o ato principal se apresentaria como uma decisão proferida pelo órgão competente, consistente em manifestação vinculada à existência ou não do débito tributário, investido nas diversas modalidades de conexão existentes[186].

Vale esclarecer que na Itália, junto a cada *Direzione Regionale dell'Agenzia delle Entrate*, foi instituído o Garante do contribuinte, que é basicamente um órgão colegiado, formado por três membros, escolhidos e nomeados pelo Presidente da *Commissione Tributaria* regional, em algumas categorias particulares escolhidas, como magistrados, professores universitários e profissionais designados pelas respectivas ordens profissionais, entre outros[187]. Ou seja, o Garante é justamente um órgão autônomo com relação à Administração Tributária com a tarefa de proteger o contribuinte que "reclama de disfunções, irregularidades, condutas impróprias, práticas administrativas anormais ou não razoáveis, ou qualquer outro

186. GRECO, Marco Aurélio. *Dinâmica da tributação e procedimento*. São Paulo: Revista dos Tribunais, 1979. p. 131.

187. TESAURO, Francesco. *Instituições de direito tributário*. Trad. Fernando Aurelio Zilveti e Laura Fiore Ferreira. São Paulo: IBDT, 2017. p. 186.

comportamento suscetível de deteriorar a relação de confiança entre cidadãos e a Administração Financeira[188]".

Partindo do pressuposto de que uma decisão pode eliminar, gerar ou resolver um conflito, é interessante notar o expressionismo trazido por Tercio Sampaio Ferraz Jr.:

> Conflitos são questões em que a relação entre as partes é predominantemente não simétrica, constituída de alternativas incompatíveis. Alternativas incompatíveis se distinguem das contraditórias. Estas são mutuamente excludentes e a sua afirmação conjunta não tem sentido. Alternativas incompatíveis se distinguem das contraditórias. Estas são mutuamente excludentes e a sua afirmação conjunta não tem sentido. Alternativas incompatíveis, porém, não são de imediato mutuamente excludentes, pois elas não indicam, fora de qualquer contexto, que a adoção de uma exclua a outra. Assim, por exemplo, num sistema de regras de conduta, uma regra que recomende cautela nos negócios e outra que peça a coragem de assumir riscos aparecem como incompatíveis se alguém, na realização de um negócio, tem que optar. A incompatibilidade só surge, então, da oposição entre duas proposições, analíticas (agir com cautela e assumir riscos) e de uma proposição empírica (fazer tal negócio). Além disso, conflitos são alternativas incompatíveis que pedem uma decisão[189].

Ou seja, a impugnação apresentada pelo contribuinte tem por finalidade o descobrimento da verdade material, conduzido pela Administração Tributária, referente aos fatos tributários analisados no âmbito do processo administrativo fiscal, sendo o ato administrativo em que se traduz o julgamento (decisão administrativa) um ato de conteúdo vinculado, formado por um procedimento conduzido pelo princípio do contraditório[190].

---

188. TESAURO, Francesco. *Instituições de direito tributário*. Trad. Fernando Aurelio Zilveti e Laura Fiore Ferreira. São Paulo: IBDT, 2017. p. 186.

189. FERRAZ JR., Tercio Sampaio. *Teoria da norma jurídica*. Rio de Janeiro: Forense, 1978. p. 28.

190. XAVIER, Alberto. *Princípios do processo administrativo e judicial tributário*. Rio de Janeiro: Forense, 2005. p. 57-58.

É importante dizer que nas instâncias administrativas fiscais tem-se reconhecido a importância dos conceitos técnicos na interpretação dos textos legais, e que a própria lei reconhece a relevância desse aspecto, não dispensando muitas vezes os esclarecimentos trazidos por institutos especializados ou contribuintes[191].

3.2.5 Julgamento em primeira instância

Inicialmente, devemos destacar os ensinamentos do Professor Alberto Xavier, pois, no entendimento do autor, os órgãos internos da Administração Tributária que realizam o controle de seus atos não podem ser chamados de Tribunais Administrativos, mas sim de órgãos judicantes:

> Tribunais são órgãos de soberania independentes, integrados no Poder Judiciário, cujas decisões, proferidas na sequência de um processo contraditório, são obrigatórias para todas as entidades de Direito Público e Privado e dotadas de força e autoridade de caso julgado. Os órgãos administrativos de julgamento não são, pois, "tribunais"[192].

Vale esclarecer que os julgamentos em primeira instância de processos sobre a aplicação da legislação referente a tributos administrados pela Receita Federal do Brasil competem às Delegacias da Receita Federal do Brasil de Julgamento, as quais foram criadas pela Lei 8.748/93, em conjunto com a Portaria MF 341/2011, sendo certo que nesse momento são analisadas as questões preliminares e de mérito:

> Os órgãos de julgamento integrantes do contencioso administrativo tributário exercem, no desempenho de suas funções, atividade jurisdicional, e não propriamente administrativa; longe de construírem (ou reconstruírem) o crédito tributário administrativamente

---

191. SALLES, Ivanhoe Nóbrega de. A Tecnologia e o Direito Tributário. In: NOGUEIRA, Ruy Barbosa (Coord.). *Direito tributário*. São Paulo: José Bushatsky, 1969. p. 236.

192. XAVIER, Alberto. *Princípios do processo administrativo e judicial tributário*. Rio de Janeiro: Forense, 2005. p. 49.

> debatido, eles examinam a pretensão deduzida no instrumento de provocação que os impulsiona a agir (no mais das vezes, produzido pelo contribuinte). Sua atividade, antes de veiculada à arrecadação (nada tendo, portanto, com a noção de "cobrança"), é marcada pela premissa da antiexacionalidade, vocábulo forjado na intenção de definir os instrumentos processuais destinados a avaliar se a exigibilidade de dado crédito tributário deve ou não subsistir[193].

A competência das Delegacias inclui, principalmente, o julgamento de (i) impugnação a auto de infração e notificação de lançamento, (ii) manifestação de inconformidade do contribuinte em processos administrativos de restituição/compensação e ressarcimento de tributos e (iii) impugnação a ato declaratório de suspensão de imunidade/isenção[194].

Ou seja, as autoridades julgadoras buscam a correção do ato administrativo que ensejou a exigência, com base nos princípios constitucionais norteadores do processo administrativo fiscal em conjunto com a legislação constitucional e infraconstitucional aplicável a cada caso em análise:

> A reconstrução de um fato ocorrido no passado sempre vem influenciada por aspectos subjetivos das pessoas que assistiram ao mesmo, ou ainda daquele que (como o juiz) há de receber e valorar a existência concreta. Sempre, o sujeito que percebe uma informação (seja presenciando diretamente o fato, ou conhecendo-o de outro meio) altera o seu real conteúdo, absorve-o a sua maneira, acrescentando-lhe um toque pessoal que distorce (se é esta a palavra que pode ser utilizada) a realidade. Mais que isso, o julgador (ou o historiador), ou, enfim, quem quer que deva tentar reconstruir fatos do passado) jamais poderá excluir, terminantemente, a possibilidade de que as coisas tenham se passado de forma diversa àquela a que suas conclusões o levaram[195].

---

193. CONRADO, Paulo Cesar; PRIA, Rodrigo Dalla. Aplicação do Código de Processo Civil ao processo administrativo tributário. In: CONRADO, Paulo Cesar; ARAUJO, Juliana Furtado Costa (Coords.). O Novo CPC e o seu impacto no direito tributário. São Paulo: Fiscosoft, 2016. p. 255.

194. MELO, José Eduardo Soares. *Processo tributário administrativo federal, estadual e municipal*. São Paulo: Quartier Latin, 2006. p. 186.

195. MARINONI, Luiz Guilherme; ARENHART, Sérgio Cruz. *Manual do processo de conhecimento*: a tutela jurisdicional através do processo de conhecimento. São

Além disso, caso o julgador entenda (o que também pode ocorrer em segunda instância) que não esteja satisfatória a instrução probatória para a realização do julgamento, tendo em vista as peculiaridades do caso, divergências de laudos ou novas questões trazidas pelo contribuinte, deve esse órgão solicitar as provas inerentes ao caso, em face do disposto nos arts. 5º, inciso LV, e 37 da Constituição Federal e na defesa do interesse público[196].

Diante do exposto, a decisão proferida nos autos do processo administrativo fiscal federal deve ser efetivada de forma motivada, com a elaboração de um relatório em conjunto com o resumo dos autos, por meio de clara fundamentação legal e a partir da conclusão dos julgadores.

3.2.6 Julgamento em segunda instância

O Conselho Administrativo de Recursos Fiscais é o órgão de jurisdição administrativa federal encarregado do julgamento dos autos dos processos administrativos em segundo grau de jurisdição administrativa, sendo dividido em três Seções (especializadas por matéria) e pela Câmara Superior de Recursos Fiscais (instância especial).

Vale esclarecer que as decisões, conforme disposto na legislação específica do processo administrativo fiscal federal, devem ser conferidas por meio de motivação, cuja carência importará diretamente na desconsideração dos princípios do contraditório e da ampla defesa.

Apesar disso, o referido órgão paritário (composto por representantes da Fazenda Nacional e dos contribuintes) e colegiado federal, que tem competência para julgar os recursos interpostos no âmbito desses processos (recursos voluntários,

---

Paulo: Revista dos Tribunais, 2001. p. 281.

196. HOFFMANN, Susy Gomes. Breves considerações sobre as provas no processo administrativo tributário. In: III CONGRESSO NACIONAL DE ESTUDOS TRIBUTÁRIOS. São Paulo: Noeses, 2006. p. 827.

de ofício e especial, embargos de declaração e agravo[197]) quando tenham por objeto tributos federais, encontra-se subordinado ao Ministério da Fazenda:

> O primeiro Conselho de Contribuintes foi criado no ano de 1924, pelo Decreto 15.680, segundo o qual cada Estado e o Distrito Federal instalariam um Conselho para o julgamento de recursos referentes ao Imposto sobre a Renda. Somente o Conselho do Distrito Federal foi criado, iniciando suas atividades no ano de 1925. Este conselho de contribuintes seria composto por membros indicados pelos contribuintes e membros indicados pelo Ministério da Fazenda. Nota-se, então, que já em sua formatação inicial a Corte Administrativa já se configurava como um órgão de julgamento formado por membros apontados pelos contribuintes e outros selecionados pela Fazenda.
>
> Todavia, a composição paritária, da forma como existente atualmente, só veio a ser implementada com a edição do Decreto 5.157/27, o qual cuidou do julgamento de recursos relacionados ao Imposto sobre consumo, atribuído ao Conselho de Contribuintes da Capital. Este órgão não tinha competência para julgamentos referentes ao Imposto de Renda[198].

Dessa forma e partindo da análise histórica de Sergio André Rocha acima citada, o Conselho Administrativo de Recursos Fiscais é fruto da reorganização dos próprios Conselhos estabelecidos desde 1924, os quais foram reformados ao longo do tempo por diversas normas infraconstitucionais.

O Conselho Administrativo de Recursos Fiscais, além dos recursos interpostos nos processos administrativos fiscais relativos a autos de infração, também é competente para o julgamento dos casos que envolvam a compensação ou o ressarcimento/restituição de tributos e contribuições, bem como

197. A recente alteração do Regimento Interno do Conselho Administrativo de Recursos Fiscais, a partir da publicação da Portaria MF 152/2016, reintroduziu o Agravo como recurso processual à disposição das partes (Contribuintes e Fazenda Nacional), que poderão utilizá-lo na hipótese de negativa de seguimento do recurso especial de divergência.

198. ROCHA, Sergio André. *Processo administrativo fiscal*: controle administrativo do lançamento tributário. 4. ed. Rio de Janeiro: Lumen Juris, 2010. p. 366-367.

dos casos que envolvam o cancelamento ou a suspensão dos atos de isenção ou de imunidade tributária.

O princípio da publicidade, o qual deve orientar a Administração Tributária, vem sendo seguido de forma positiva pelo Conselho Administrativo de Recursos Fiscais, com ampla divulgação de informações sobre os julgamentos, disponibilização das decisões e normas internas, o que nos parece encaminhar essa Corte para uma aproximação maior dos princípios constitucionais tributários com equilíbrio, segurança jurídica e isonomia.

Diante do exposto, entendemos que diversas reformas foram introduzidas no âmbito do processo administrativo fiscal e principalmente no Conselho Administrativo de Recursos Fiscais com o finco aproximá-lo dos anseios encrustados na Constituição Federal, no sentido de aprimorar a relação entre Estado e Contribuinte no âmbito tributário.

3.2.7 A prova no contencioso administrativo tributário

Com base nos ensinamentos de Fabiana Del Padre Tomé[199], para que se possa provar algo, é necessário observar as respectivas regras de ordenação, ou seja, para que se pretenda enxergar um fato jurídico em sentido estrito, é necessário afirmar esse fato para depois prová-lo, o que, consequentemente, divide a dinâmica das provas em dois âmbitos, sendo o primeiro da afirmação dos fatos e o segundo da correspondente produção probatória.

Vale esclarecer que, de forma geral, o tributo é exigido pela Administração Tributária quando o contribuinte declara e registra a sua conduta ou nos casos em que as autoridades fiscais consigam demonstrar os equívocos ou as alegações falsas existentes nos registros ou nas declarações entregues pelos contribuintes, efetivamente com base em suas descobertas ou revelações.

---

199. TOMÉ, Fabiana Del Padre. *A prova no direito tributário*: de Acordo com o Código de Processo Civil de 2015. 4. ed. São Paulo: Noeses, 2016. p. 9.

Assim, nas palavras de Maria Rita Ferragut[200],

> para que o fato jurídico tributário seja considerado verdadeiro para o direito, não se requer a certeza de que o relato corresponda fielmente ao evento, mas a certeza de que o enunciado descritivo foi elaborado de acordo com as regras do sistema, submeteu-se a provas e resistiu à refutação.

Dessa forma, resta claro o entendimento de que a Administração Tributária não pode exigir o pagamento do tributo se tal exigência não estiver formalizada em um auto de infração dotado de liquidez e certeza.

Como muito bem nos ensina Susy Gomes Hoffmann sobre o processo administrativo fiscal, as autoridades fiscais não devem buscar a procedência do lançamento a qualquer custo, devendo buscar o tributo de acordo com o disposto na legislação, em consequência da premissa de que o seu interesse em provar de forma correta seja um interesse público[201]:

> Então o compromisso da Fazenda Pública na constituição da prova é muito relevante e o julgador deve considerar tal fato, pois a Fazenda Pública além do ônus processual tem o dever legal de constituir a prova; e, ademais a constituição do crédito tributário pelo lançamento tributário deve ser feita de acordo com a lei. E esse entendimento nos leva a outro segundo o qual o contribuinte tem o dever legal de colaboração na constituição da prova, bem como em muitos casos reconhece-se, por meio de lei, a presunção legal em favor da Fazenda Pública.

Ou seja, resta claro que é em face da análise das provas que se busca a verdade lógica:

> [...] seja no processo, seja em outros campos científicos, jamais se poderá afirmar, com segurança absoluta, que o produto

---

200. FERRAGUT, Maria Rita. *Presunções no direito tributário*. São Paulo: Dialética, 2001. p. 43.

201. HOFFMANN, Susy Gomes. Breves Considerações sobre as Provas no Processo Administrativo Tributário. In: III CONGRESSO NACIONAL DE ESTUDOS TRIBUTÁRIOS. São Paulo: Noeses, 2006. p. 822.

> encontrado corresponde à verdade. Realmente, a essência da verdade é inatingível (ou ao menos o é a certeza da aquisição desta)[202].
>
> A realidade (realidade da qual tomamos consciência) é o que aparenta ser (se apresenta = "presenta") para cada consciência. Diante de um objeto qualquer, minha consciência recebe o impacto do que ele representa (como ele se apresenta), para mim. Posso dizer, então, que minha consciência vê os objetos exteriores como eles são, visto que eles são (para nós), nas suas manifestações (aparições), absolutamente indicativos de si mesmos. Como, porém, os objetos e a realidade; descrevo apenas o modo sob o qual eles se manifestam (= o que representam para mim)[203].

Assim, com base no princípio da verdade material e da garantia constitucional, não se pode admitir que a autoridade fiscal deixe de aceitar a produção de provas e/ou a realização de diligências sob quaisquer pretextos, excluindo-se apenas as situações em que sejam comprovados o intuito protelatório ou a sua absoluta desnecessidade.

Também não se deve suplantar o entendimento insculpido na Constituição Federal, de forma rígida e clara, de que "são inadmissíveis, no processo, as provas obtidas por meios ilícitos" (art. 5º, inciso LVI). Nesse sentido, resta evidente que tal proibição obsta a introdução de provas obtidas ilicitamente no processo administrativo fiscal (princípio da proibição da prova obtida ilicitamente).

Dessa forma, a prova se afigura como um instrumento que auxilia na demonstração da verdade acerca de determinado fato, condizendo para que o julgador tenha convicção quanto à sua ocorrência, conforme muito bem explicitado pelo Piero Calamandrei:

---

202. MARINONI, Luiz Guilherme; ARENHART, Sérgio Cruz. *Manual do processo de conhecimento*: a tutela jurisdicional através do processo de conhecimento. São Paulo: Revista dos Tribunais, 2001. p. 279.

203. GRAU, Eros Roberto. *O DIREITO POSTO E O DIREITO PRESSUPOSTO*. 3. ed. São Paulo: Malheiros Editores, 2000. p. 15.

> [...] todas as provas, se bem examinadas, não são mais que provas de verossimilhança. Esta afirmação de relativismo processual, feita em relação ao processo civil por um grande jurista [Wach], pode valer igualmente não só para o processo penal, mas também fora do campo mais diretamente processual, para todo juízo histórico acerca de fatos que se dizem ocorridos: quando se diz que um fato é verídico, em substância se quer dizer que atingiu, na consciência de quem como tal julga, aquele grau máximo de verossimilhança que, em relação aos limitados meios de conhecimento de que o julgador dispõe, basta para dar-lhe a certeza subjetiva de que aquele fato aconteceu.
>
> Falo, entendamos, não das verdades lógicas ou morais, e sim das verdades dos fatos ocorridos, das verdades chamadas históricas, a respeito das quais já observa Voltaire que "lês vérités historiques ne sont que desprobalités" (as verdades históricas nada mais são que improbabilidades).
>
> Todo o sistema probatório civil está preordenado não só a consentir, mas diretamente a impor ao juiz que se satisfaça, ao julgar acerca dos fatos, com o sub-rogado da verdade que é a verossimilhança. Ao juiz não é permitido, como se dá com o historiador, que se mantenha em dúvida acerca dos fatos que tem de decidir; deve a todo custo (essa é a sua função) resolver a controvérsia em uma certeza jurídica. Para consegui-lo, vê-se forçado com extrema *ratio* a contentar-se com aquela que alguns continuam denominando "verdade formal", alcançada mediante o artifício das provas legais e o mecanismo autônomo da distribuição do ônus da prova, mas, mesmo que no sistema das provas "livres" possa parecer que a liberdade de avaliação seja o instrumento mais apropriado para a consecução da chamada "verdade substancial", a avaliação, embora livre, leva sempre a um juízo de probabilidade e de verossimilhança, não de verdade absoluta. Ainda que todas as testemunhas estejam concordes em testemunhar um fato, o juiz, quando conclui que aquele fato é verdadeiro, em essência quer dizer, talvez sem que ele próprio perceba, que como todas aquelas testemunhas estão de acordo em relatar o fato daquele modo, é verossímil que o fato tenha ocorrido precisamente assim [...]. Até nos casos, muito raros, em que o juiz pode "conhecer os fatos da causa" mediante inspeção (art. 118, CPC), a percepção direta do fato, que lhe dá o máximo grau de certeza subjetiva, não basta para excluir que a verdade seja distinta do que, por erro dos sentidos, pode ter-lhe parecido. Mesmo para o juiz mais escrupuloso e atento vale o limite fatal de relatividade, próprio da natureza humana: o que vemos é apenas o que nos parece ver.

> Na verdade, não verossimilhança: ou seja, aparência (que pode ser também ilusão) de verdade[204].

Analisando esse tema sob o prisma do Direito italiano, preconiza-se o entendimento de que o fato não provado é considerado não ocorrido, e, dessa forma, a decisão resulta desfavorável à parte interessada em verificar o fato não provado, que teria o ônus da prova[205]: "A regra do ônus da prova, por isso, é uma projeção, no processo, da disciplina substancial do fato gerador a ser julgado; ela depende do direito substantivo, não da posição em juízo dos litigantes".

A questão do ônus da prova[206] em matéria tributária possui importância transcendental no contencioso administrativo fiscal, conforme se observa no *caput* do art. 142 do Código Tributário Nacional:

> Art. 142. Compete privativamente à autoridade administrativa constituir o crédito tributário pelo lançamento, assim entendido o procedimento administrativo tendente a verificar a ocorrência do fato gerador da obrigação correspondente, determinar a matéria tributável, calcular o montante do tributo devido, identificar o sujeito passivo e, sendo caso, propor a aplicação da penalidade cabível.
>
> Parágrafo único. A atividade administrativa de lançamento é vinculada e obrigatória, sob pena de responsabilidade funcional.

Deve-se levar em consideração que o processo administrativo fiscal também é regido pelo princípio do inquisitório[207], tendo

---

204. CALAMANDREI, Piero. *Instituições de direito processual civil*. 2. ed. Trad. Douglas Dias Ferreira. Campinas: Bookseller, 2003. v. III, p. 275-277.

205. TESAURO, Francesco. *Instituições de direito tributário*. Trad. Fernando Aurelio Zilveti e Laura Fiore Ferreira. São Paulo: IBDT, 2017. p. 375.

206. "Por ônus compreende-se a espécie de encargo jurídico a que se veem submetidas as partes do processo, com vistas a obter o resultado que o sistema outorga a quem realiza os atos na forma e no tempo por ele estabelecidos. A figura do ônus da prova decorre da necessidade de possibilitar a decisão em situações em que o conjunto probatório é insuficiente para convencer o julgador. Funciona, assim, como regra para auxiliar na formação do convencimento do sujeito incumbido de compor conflitos" (TOMÉ, Fabiana del Padre. *A prova no direito tributário*: de acordo com o Código de Processo Civil de 2015. 4. ed. São Paulo: Noeses, 2016. p. 408).

207. "PAF – PRINCÍPIO INQUISITÓRIO – O dever de investigação decorre da

em vista que a autoridade fiscal possui o dever legal de agir (de ofício) com o intuito de encontrar a verdade material dos fatos de forma imparcial, em face do entendimento de que nenhum interesse deve lhe assistir no exercício de sua competência legal.

Como elencado por Paulo de Barros Carvalho[208],

> a administração pode ter fortes indícios de procedimento doloso do contribuinte, contudo, não deve, munida desse poder fiscalizatório, prejudicá-lo ou ainda inviabilizar suas atividades empresariais em face de meras desconfianças de ilicitude. Lembremos que os indícios descobertos pelo Fisco não devem ser suficientes para caracterizar a realização efetiva do ilícito atribuído ao sujeito autuado, assinalando apenas o marco inicial de um processo de investigação mais profunda, que pode ou não culminar com comprovação inequívoca da existência do elemento volitivo, atrelando o resultado à conduta da empresa.

Ou seja, não devem ser aplicados quaisquer tipos de punições com base em presunções, bem como também não deve ser reconhecida a existência ou culpa de qualquer fato ilícito sem uma ampla comprovação que seja efetivamente convincente aos olhos do julgador administrativo.

A Administração Tributária não pode punir o contribuinte com base na presunção de que sua conduta teria sido irregular, pois a aplicação das sanções tributárias exige a prova de maneira a convencer diretamente o julgador (excluindo as provas indiciárias) quanto à procedência dos fatos narrados. Esta é uma proteção estabelecida com vistas a preservar a liberdade e o patrimônio do contribuinte.

---

necessidade que tem o fisco de provar a ocorrência do fato constitutivo do seu direito de lançar. Sendo seu o encargo de provar a ocorrência do fato imponível, para exercício do direito de realizar o lançamento, a este corresponderá o dever de investigação com o qual deverá produzir as provas ou indícios segundo determine a regra aplicável ao caso. Havendo divergência entre os valores reais do faturamento e o efetivamente oferecido à tributação, sem qualquer explicação que justifique tais resultados, se comprova a hipótese de incidência do artigo 841 do RIR/1999" (CARF, Acórdão 108-08.971, Oitava Câmara do Primeiro Conselho de Contribuintes, Rel. Cons. Ivete Malaquias Pessoa Monteiro, *DJ* 17.08.2006 – grifos nossos).

208. CARVALHO, Paulo de Barros. *Curso de direito tributário*. 26. ed. São Paulo: Saraiva, 2014. p. 530-531.

Ao adicionarmos o princípio da presunção da inocência, verificamos que quem acusa é o formulador de uma hipótese (a ser provada), sendo seu todo o ônus de submeter uma dada conjectura ao teste da experiência, em que a inocência é percebida como um dado e a culpa como um novo integrante que deve ser comprovado[209].

Até porque o processo administrativo fiscal, por ser um procedimento prévio, acaba simplificando e auxiliando na produção de provas ante o Poder Judiciário. Nesse caso, mesmo quando não se finalize de forma favorável ao contribuinte, toda a análise realizada durante o processo administrativo fiscal poderá instruir o juízo competente a resolver o litígio.

Inclusive, vale mencionar a decisão do Supremo Tribunal Federal, a qual deixou claro o seu posicionamento sobre o tema em questão:

> À luz da plena vinculação da atividade administrativa de constituição do crédito tributário (art. 3º do Código Tributário Nacional e arts. 5º, *caput* - propriedade - 37, *caput* - moralidade e interesse público -, primeiro par. un. e 150, I - legalidade e representação democrática do poder de tributar), eventuais e hipotéticos desvios da aplicação dos bens, patrimônio ou serviços não podem ser pura e simplesmente presumidos, competindo à autoridade fiscal indicar o modo pelo qual o bem não atende à finalidade essencial de entidade tradicionalmente dedicada ao ensino assistencial (Art. 150, par. 4º da Constituição). De fato, a presunção de validade do lançamento tributário será tão forte quanto for a consistência de sua motivação, revelada pelo processo administrativo de constituição do crédito tributário. O dever de prova da correção do processo administrativo incumbe à Fazenda interessada, pois ela é a entidade que reúne as informações necessárias para o desate da dúvida. O sujeito ativo não se exonera de seu dever com a singela alegação de que o sujeito passivo deixou de provar o atendimento aos critérios legais, especialmente nas hipóteses em que houver o lançamento ou que for-lhe negada oportunidade para a produção de prova imprescindível sobre o tema, no âmbito administrativo ou judicial[210].

---

209. MCNAUGHTON, Charles William. *Hierarquia e sistema jurídico*. São Paulo: Quartier Latin, 2011. p. 219.

210. STF, Ag. Reg. no AI 718.963/RJ, Rel. Min. Joaquim Barbosa, *DJ* 26.10.2010.

Portanto, a falta de prova quando do lançamento tributário acarreta a anulabilidade do ato (lançamento), tendo em vista que precisa ser corrigido para que se adeque à linguagem do direito, pois a "motivação por meio de provas é o que impede que a comunicação polifônica do ato de enunciação da lei não seja autoritariamente interrompida pelo arbítrio de uma decisão administrativa"[211].

Dessa forma, podemos compreender que o estudo da prova encontra-se estritamente vinculado à formação do entendimento do julgador quando da análise da existência bem como da validade dos fatos levados para sua apreciação, pois resta clara a necessidade da existência da prova para que seja verificado o correto enquadramento dos fatos à hipótese prevista da incidência tributária.

211. MCNAUGHTON, Charles William. *Hierarquia e sistema jurídico*. São Paulo: Quartier Latin, 2011. p. 222.

4. EFEITOS DAS DECISÕES PROFERIDAS NO ÂMBITO DO PROCESSO ADMINISTRATIVO

4.1 Decisões favoráveis

Nesse caso, não se deve negar o efeito definitivo da decisão final contrária à Fazenda Pública, pois confrontar esse entendimento seria o mesmo que negar validade à jurisdição prévia representada pelo contencioso administrativo fiscal, na medida em que, se as duas partes (Fisco e contribuintes) pudessem contestar as decisões proferidas no âmbito administrativo, então todo o caminho percorrido poderia ser entendido como tempo perdido.

Dessa forma, para que o processo administrativo fiscal tenha efetividade, deve ser único entre as partes quando a decisão final proferida em seu âmbito favoreça o contribuinte:

> Como corretamente observou Alberto Xavier, na esteira das lições de Rubens Gomes de Sousa, a inafastabilidade do controle judicial é garantia individual, ao passo que se apresenta, para o Estado, com fisionomia antagônica, ou seja, como disposição "limitativa e não permissiva, de modo que nela a Administração não poderia invocar o seu favor a atuação do Poder Judiciário, qualquer que fosse a natureza do assunto".

> Assim, não se justifica venha a Administração rebelar-se contra os pronunciamentos regulares dos órgãos judicantes que atuam em seu interior, ou seja, "*venire contra factum proprium*"[212].

O processo administrativo fiscal, previsto nos Decretos 70.235/72 e 7.574/2011, regula as diversas fases de julgamento e recursos que podem ocorrer em razão do litígio tributário, concluindo-se sempre com um julgamento final.

O Código Tributário Nacional, em seus arts. 146 e 156, inciso IX, também consagra de forma clara a imutabilidade e imperatividade para a Administração Tributária dessas decisões finais proferidas em favor do contribuinte, pois o primeiro estabelece que a autoridade administrativa não pode valer-se de forma retroativa de novos critérios jurídicos para o lançamento tributário (medida judicial visa revogar a decisão administrativa que exonerou a pretensão da autoridade fiscal), e o segundo trata da decisão administrativa irreformável, sendo esta apenas a que exonera o contribuinte das imposições tributárias:

> Art. 146. A modificação introduzida, de ofício ou em consequência de decisão administrativa ou judicial, nos critérios jurídicos adotados pela autoridade administrativa no exercício do lançamento somente pode ser efetivada, em relação a um mesmo sujeito passivo, quanto a fato gerador ocorrido posteriormente à sua introdução.
>
> [...]
>
> Art. 156. Extinguem o crédito tributário:
>
> [...] IX – a decisão administrativa irreformável, assim entendida a definitiva na órbita administrativa, que não mais possa ser objeto de ação anulatória;

Nas palavras de José Eduardo Soares de Melo,

> a decisão definitiva favorável ao sujeito passivo desconstituirá o lançamento e operará a extinção do crédito tributário, sendo plenamente discutível o ajuizamento de ação pela própria Fazenda,

---

212. BOTTALLO, Eduardo Domingos. *Aspectos concretos do direito constitucional tributário*. São Paulo: Quartier Latin, 2016. p. 88-89.

> com o intuito de proceder à sua anulação, porque desprestigiaria completamente seus órgãos julgadores, sendo questionável a aplicação das Súmulas n°s 346 e 473 do STF, em se tratando de julgado envolvendo a consideração subjetiva dos elementos constantes do feito administrativo[213].

Vale esclarecer que a relevância das decisões proferidas no âmbito administrativo encontra relevo justamente quando se cogita o questionamento destas perante o Judiciário.

Logo, o contribuinte possui o direito de questionar judicialmente o decidido em última instância administrativa em seu desfavor, mas não cabe à Fazenda Nacional ingressar em juízo com o único fim de pleitear a revisão das decisões proferidas de forma terminante em âmbito administrativo, as quais são definitivas quando lhes sejam desfavoráveis.

Diante do exposto, arranhar a imagem da irrevogabilidade das decisões administrativas favoráveis aos contribuintes, também denominada "coisa decidida administrativa"[214], "coisa julgada administrativa"[215] ou "preclusão administrativa"[216],

---

213. MELO, José Eduardo Soares. *Curso de direito tributário*. 3. ed. São Paulo: Dialética, 2002. p. 271.

214. "O reconhecimento da coisa decidida administrativa, como impossibilidade de a administração rever judicialmente suas decisões administrativas, apoia-se em que estas são tiradas em processo administrativo que o é do próprio Poder Executivo, derivado da competência atribuída a órgão que exerce parcela do mesmo poder. A inobservância da coisa decidida administrativa pela Administração constituiria um sem sentido esfacelador do próprio Poder que a exerceu" (ROCHA, Valdir de Oliveira. *O novo processo administrativo tributário*. São Paulo: IOB, 1996. p. 36).

215. "O princípio do efeito vinculante das decisões definitivas da administração judicante é claro corolário do princípio da jurisdicionalização do processo administrativo tributário, pois atribui a essas decisões, como às decisões dos tribunais, um efeito similar à da coisa julgada formal" (XAVIER, Alberto. *Do lançamento* – teoria geral do ato do procedimento e do processo tributário. Rio de Janeiro: Forense, 1997. p. 322).

216. "A jurisprudência vem reconhecendo a existência de uma 'coisa julgada administrativa' (*rectius*: preclusão administrativa). 'No sentido de exaurir as instâncias administrativas não sendo mais suscetível de revisão naquele âmbito. Nem se diga que o princípio da revisão, pela Administração, dos próprios atos, por conveniência e oportunidade, autorizaria a Administração a rever as decisões já cobertas pela preclusão, fora dos casos expressamente previstos. Não pode o órgão da Administração, após a preclusão administrativa, rever suas decisões. Isso vulneraria o próprio processo administrativo, que fixa um procedimento a ser rigorosamente

só apequenaria o contencioso administrativo fiscal, sob pena de desconstruir toda a consolidação de seus procedimentos perante os contribuintes, construída ao longo de décadas.

4.2 O controle de constitucionalidade pelos tribunais administrativos

Inicialmente, entendemos que o julgador sempre deverá ter em mente que o contencioso administrativo fiscal deve também ser entendido como uma maneira de procedermos à seleção dos litígios antes que eles alcancem o Poder Judiciário, abarrotando de forma desastrosa as pautas deste, apesar de concordarmos que essa é uma garantia constitucional, a qual pode ser adotada antes, durante ou depois do término da esfera administrativa de julgamento relacionada às questões tributárias.

Assim, é comum, no âmbito dos julgamentos administrativos, que sejam fixadas as premissas tanto do Fisco como do contribuinte, e a solução só não seria efetivamente alcançada se os julgadores se baseassem em normas complementares de legislação tributária, apesar da possibilidade de existirem conflitos com base no disposto nas normas legais.

Ou seja, os julgadores administrativos, ao analisarem essa possibilidade, de forma geral, entendem que a matéria relacionada à inconstitucionalidade de ato normativo (aplicado pelo Poder Executivo) não poderia ser objeto de apreciação, tendo em vista a sua condição de órgão julgador vinculado à Administração Tributária ("ente lançador")[217].

---

observado, e desmoralizaria as decisões finais da própria Administração" (GRINOVER, Ada Pelegrini. A atividade administrativa em face do sistema constitucional. In: MORAES, Alexandre de (Coord.). *Os 20 anos da Constituição da República Federativa do Brasil*. São Paulo: Atlas, 2009. p. 53).

217. "O engano consiste em supor que desse ato (decisão administrativa) decorrem os efeitos que a Constituição reserva para o pronunciamento dos Tribunais Judiciais pela maioria absoluta de totalidade de seus membros. [...] O argumento é o de que o funcionário é subordinado ao Poder Executivo ... (devendo, portanto) obediência ao seu Ministro ou ao Presidente da República" (CANTO, Gilberto de Ulhôa. *Do processo tributário administrativo* – teoria do direito tributário. São Paulo: Secretaria da Fazenda do Estado de São Paulo. p. 103).

Portanto, não seria vedado aos órgãos julgadores administrativos o exame da aplicação de normas ordinárias ou inferiores em face de sua suposta invalidade em relação à Constituição Federal, pois, sendo analisada de forma cautelosa e com atenção devida, estaríamos a cumprir o disposto no ordenamento jurídico em obediência à Carta Magna:

> Vittorio Emanuele Orlando tem resposta convincente, no seu antigo "Principii di Diritto Amministrativo" editado em 1892: o Estado, em geral, para manifestar sua vontade, da mesma forma que para alcançar os fins para os quais foi criado, necessita de órgãos, no sentido de organização da administração da coisa pública, que é uma das formas pelas quais o Estado alcança seus fins e, portanto, a administração não é mais do que uma das formas especiais da organização do Estado. Ora, esclarece Orlando, para cumprimento dos múltiplos fins que lhe competem, é necessário que a administração dite normas abstratas e organize os serviços públicos. Neste simples fato, a liberdade dos particulares não corre nenhum perigo e verdadeiramente esta é uma esfera em que o poder executivo tem plena independência e autonomia. Porém, quando essas normas abstratas encontram execução e cumprimento, pode acontecer que prejudiquem ao particular, lesando-lhe um direito ou interesse. Supondo-se que o lesado pretenda queixar-se deste dano e pedir sua reparação, em relação a este fato origina-se, primeiramente, a ideia de uma jurisdição administrativa[218].

Logo, o órgão julgador administrativo federal pode e deve conhecer das alegações de inconstitucionalidade apresentadas pelo contribuinte, e, posteriormente delas decidir, na medida em que cabe a esse órgão o exercício do controle de legalidade[219] dos atos administrativos de natureza tributária.

---

218. BRITO, Edvaldo. Ampla defesa e competência dos órgãos julgadores administrativos para conhecer de argumentos de inconstitucionalidade e/ou ilegalidade de atos em que se fundamentem autuações. In: ROCHA, Valdir de Oliveira (Coord.). *Processo administrativo fiscal*. São Paulo: Dialética, 1997. p. 53-54.

219. "O que o princípio da legalidade impede é que sejam criados deveres por agentes enunciadores não legislativos que deixam de ouvir a lei, ou seja, que instituem uma norma que não corresponda a uma competência explícita, ou implicitamente instituída por Lei" (MCNAUGHTON, Charles William. *Hierarquia e sistema jurídico*. São Paulo: Quartier Latin, 2011. p. 186).

De forma clara se manifestou Alberto Xavier sobre o tema[220]:

> Tomada posição quanto ao problema atrás exposto, importa agora pronunciar-nos sobre o "dilema" do argumento segundo o qual o sistema vigente seria incompatível com a competência dos órgãos judicantes da Administração para apreciarem a constitucionalidade das leis, tendo em vista a inadmissibilidade de decisões definitivas que declarem, ainda que *incidenter tantum*, a inconstitucionalidade de leis sem que dessas decisões caiba reexame para o Poder Judiciário.
>
> O caráter artificioso do "dilema" não passou despercebido a Djalma Bittar, juiz do Tribunal de Impostos e Taxas do Estado de São Paulo, quando, no seu voto em separado no célebre Acórdão SF 2.713/95, denunciou a falta de nexo lógico entre a questão da "definitividade" das decisões proferidas contra a Fazenda por órgãos judicantes, integrados na Administração, e a questão da apreciação da constitucionalidade ou da legalidade de ato normativo por aquele órgão judicante.
>
> Com efeito, o argumento só seria verdadeiro se os órgãos judicantes da Administração tivessem uma "competência de rejeição", isto é, fossem dotados do poder de declarar a inconstitucionalidade das leis com efeitos constitutivos e *erga omnes*. Não é, porém, assim. A mera desaplicação da lei ordinária como fundamento da declaração de nulidade do ato administrativo tributário, por vício de inconstitucionalidade indireta, deixa tal lei vigente, incólume e intocada.
>
> Acresce que o argumento prova demais, pois os riscos da definitividade das decisões proferidas em processo administrativo desfavoráveis à Administração ativa não são privativos da apreciação de inconstitucionalidade das leis, mas atingem por igual os casos de errada interpretação e aplicação de lei ordinária.

Diante da verificação de que existem atos administrativos em desconformidade com as disposições constitucionais e legais que regem o direito tributário, o julgador deve anulá-los, não por uma declaração de inconstitucionalidade, mas com base em seu exercício regular do direito concedido pelo Supremo Tribunal Federal ao reconhecer que cabe à

---

220. XAVIER, Alberto. *Princípios do processo administrativo e judicial tributário*. Rio de Janeiro: Forense, 2005. p. 83-84.

Administração Pública (em geral) anular ou revogar seus atos quando eivados de vícios ou defeitos.

De outro lado, Hugo de Brito Machado entende que a autoridade administrativa não poderia deixar de aplicar uma lei por considerá-la inconstitucional, ou seja, a autoridade administrativa julgadora não teria competência para decidir se uma lei seria ou não inconstitucional[221].

Ou seja, as próprias características embalsadas nos julgadores pelo processo administrativo fiscal, por si sós, já revelam um alto poder de independência perante os outros entes da Administração, e mais, a Constituição Federal jamais pode ser substituída por outras legislações tributárias, como regulamentos, portarias e outros atos administrativos tributários.

Em face do exposto, a Carta Magna não impediria aos órgãos administrativos o conhecimento dos argumentos elencados pelos contribuintes, quando baseados na demonstração de que certos atos administrativos seriam ilegais e/ou inconstitucionais, pois a sua decisão seria terminativa apenas no âmbito do contencioso administrativo fiscal. A decisão definitiva em matéria de constitucionalidade de normas legais ou administrativas é de exclusividade do Supremo Tribunal Federal, conforme disposto no art. 102[222].

---

221. MACHADO, Hugo de Brito. O devido processo legal administrativo tributário e o mandado de segurança. In: ROCHA, Valdir de Oliveira (Coord.). *Processo administrativo fiscal*. São Paulo: Dialética, 1997. p. 80.

222. "Art. 102. Compete ao Supremo Tribunal Federal, precipuamente, a guarda da Constituição, cabendo-lhe: I – processar e julgar, originariamente: a) a ação direta de inconstitucionalidade de lei ou ato normativo federal ou estadual e a ação declaratória de constitucionalidade de lei ou ato normativo federal; (Alínea com redação dada pela Emenda Constitucional 3, de 1993) b) nas infrações penais comuns, o Presidente da República, o Vice-Presidente, os membros do Congresso Nacional, seus próprios Ministros e o Procurador-Geral da República; c) nas infrações penais comuns e nos crimes de responsabilidade, os Ministros de Estado e os Comandantes da Marinha, do Exército e da Aeronáutica, ressalvado o disposto no art. 52, I, os membros dos Tribunais Superiores, os do Tribunal de Contas da União e os chefes de missão diplomática de caráter permanente; (Alínea com redação *dada pela Emenda Constitucional* 23, de 1999) d) o *habeas corpus*, sendo paciente qualquer das pessoas referidas nas alíneas anteriores; o mandado de segurança e o *habeas data* contra atos do Presidente da República, das Mesas da Câmara dos Deputados e do Senado Federal, do Tribunal de Contas da União, do Procurador-Geral da

República e do próprio Supremo Tribunal Federal; e) o litígio entre Estado estrangeiro ou organismo internacional e a União, o Estado, o Distrito Federal ou o Território; f) as causas e os conflitos entre a União e os Estados, a União e o Distrito Federal, ou entre uns e outros, inclusive as respectivas entidades da administração indireta; g) a extradição solicitada por Estado estrangeiro; h) (Revogada pela Emenda Constitucional 45, de 2004) i) o *habeas corpus*, quando o coator for Tribunal Superior ou quando o coator ou o paciente for autoridade ou funcionário cujos atos estejam sujeitos diretamente à jurisdição do Supremo Tribunal Federal, ou se trate de crime sujeito à mesma jurisdição em uma única instância; (Alínea com redação dada pela Emenda Constitucional 22, de 1999) j) a revisão criminal e a ação rescisória de seus julgados; l) a reclamação para a preservação de sua competência e garantia da autoridade de suas decisões; m) a execução de sentença nas causas de sua competência originária, facultada a delegação de atribuições para a prática de atos processuais; n) a ação em que todos os membros da magistratura sejam direta ou indiretamente interessados, e aquela em que mais da metade dos membros do tribunal de origem estejam impedidos ou sejam direta ou indiretamente interessados; o) os conflitos de competência entre o Superior Tribunal de Justiça e quaisquer tribunais, entre Tribunais Superiores, ou entre estes e qualquer outro tribunal; p) o pedido de medida cautelar das ações diretas de inconstitucionalidade; q) o mandado de injunção, quando a elaboração da norma regulamentadora for atribuição do Presidente da República, do Congresso Nacional, da Câmara dos Deputados, do Senado Federal, das Mesas de uma dessas Casas Legislativas, do Tribunal de Contas da União, de um dos Tribunais Superiores, ou do próprio Supremo Tribunal Federal; r) as ações contra o Conselho Nacional de Justiça e contra o Conselho Nacional do Ministério Público. (Alínea acrescida pela Emenda Constitucional 45, de 2004) II – julgar, em recurso ordinário: a) o *habeas corpus*, o mandado de segurança, o *habeas data* e o mandado de injunção decididos em única instância pelos Tribunais Superiores, se denegatória a decisão; b) o crime político; III – julgar, mediante recurso extraordinário, as causas decididas em única ou última instância, quando a decisão recorrida: a) contrariar dispositivo desta Constituição; b) declarar a inconstitucionalidade de tratado ou lei federal; c) julgar válida lei ou ato de governo local contestado em face desta Constituição; d) julgar válida lei local contestada em face de lei federal. (Alínea acrescida pela Emenda Constitucional 45, de 2004)
§ 1º A arguição de descumprimento de preceito fundamental, decorrente desta Constituição, será apreciada pelo Supremo Tribunal Federal, na forma da lei. (Parágrafo único transformado em § 1º pela Emenda Constitucional 3, de 1993) § 2º As decisões definitivas de mérito, proferidas pelo Supremo Tribunal Federal, nas ações diretas de inconstitucionalidade e nas ações declaratórias de constitucionalidade, produzirão eficácia contra todos e efeito vinculante, relativamente aos demais órgãos do Poder Judiciário e à administração pública direta e indireta, nas esferas federal, estadual e municipal. (Parágrafo acrescido pela Emenda Constitucional 3, de 1993 *e* com nova redação dada pela Emenda Constitucional 45, de 2004) § 3º No recurso extraordinário o recorrente deverá demonstrar a repercussão geral das questões constitucionais discutidas no caso, nos termos da lei, a fim de que o Tribunal examine a admissão do recurso, somente podendo recusá-lo pela manifestação de dois terços de seus membros. (Parágrafo acrescido pela Emenda Constitucional 45, de 2004)."

5. APLICAÇÃO DO CÓDIGO DE PROCESSO CIVIL DE 2015 AO PROCESSO ADMINISTRATIVO FISCAL

Com o advento do atual Código de Processo Civil, publicado em 2015, ocorreram algumas mudanças importantes no papel da jurisdição civil[223], devendo o operador do direito se utilizar dele diante de uma nova perspectiva, esquecendo-se do Código de 1973 e seus dogmas já por muito tempo proclamados.

O Código de Processo Civil de 2015, em consonância com os entendimentos mais modernos, pautou-se nos valores e nas normas fundamentais estipuladas na Constituição Federal, como podemos observar em seu art. 1º, o qual busca uma sociedade mais justa, solidária e pacífica[224].

Em seu art. 15, o Código de Processo Civil de 2015 promoveu uma integração com as demais legislações que tratam

---

223. "[...] aquela que se volta a não apreciar questões de cunho penal, isto é, regidas pelo direito penal. A jurisdição civil, nestas condições, aparece de forma residual. Toda atividade jurisdicional não voltada a resolver conflitos regidos pelo direito (material) penal é civil. Jurisdição civil é não penal" (BUENO, Cassio Scarpinella. *Curso sistematizado de direito processual civil*. 4. ed. São Paulo: Saraiva, 2010. v. 1, p. 293).

224. BECHO, Renato Lopes. As alterações mais importantes do processo civil em matéria tributária e o Novo CPC. In: ROCHA, Valdir de Oliveira (Coord.). *Grandes questões tributárias*. São Paulo: Dialética, 2015. v. 19, p. 386.

dos processos administrativos, sendo certo que as novas disposições elencadas devem ser utilizadas de forma (i) supletiva e (ii) subsidiária no âmbito dos processos administrativos, incluído aqui o processo administrativo fiscal[225]: "Art. 15. Na ausência de normas que regulem processos eleitorais, trabalhistas ou administrativos, as disposições deste Código lhes serão aplicadas supletiva e subsidiariamente".

No entender de Paulo Cesar Conrado e Rodrigo Dalla Pria, o Novo Código de Processo Civil definiu como jurisdicional as atividades desempenhadas pelos órgãos administrativos de julgamento[226] (integrantes do contencioso administrativo fiscal), e seu art. 15 apresentaria dois lados, sendo o primeiro o de externar uma função normativo-substitutiva e o segundo de cunho normativo-integrativo:

> Na primeira situação, a da supletividade, o que se supõe é a total ausência de especial norma reguladora do processo administrativo, caso em que o Código de Processo Civil acaba por assumir função "normativo-substitutiva".
>
> Na segunda hipótese, quando o assunto é subsidiariedade, pressupõe-se alguma regulamentação, ostentando o Código de Processo Civil de 2015 função "normativo-complementar"[227].

---

225. RIBEIRO, Diego Diniz. O CPC 2015 e seus reflexos no processo administrativo tributário. In: CARVALHO, Paulo de Barros (Coord.). *Racionalização do sistema tributário*. São Paulo: Noeses, 2017. p. 221.

226. "Usando um outro vocábulo: os órgãos de julgamento integrantes do contencioso administrativo tributário exercem, no desempenho de suas funções, atividade jurisdicional, e não propriamente administrativa; longe de construírem (ou reconstruírem) o crédito tributário administrativamente debatido, eles examinam a pretensão deduzida no instrumento de provocação que os impulsiona a agir (no mais das vezes, produzido pelo contribuinte). Sua atividade, antes de vinculada a arrecadação (nada tendo, portanto, com a noção de cobrança), é marcada pela premissa da antiexacionalidade, vocábulo forjado na intenção de definir os instrumentos processuais destinados a avaliar se a exigibilidade de dado crédito tributário deve ou não subsistir" (CONRADO, Paulo Cesar; PRIA, Rodrigo Dalla. Aplicação do Código de Processo Civil ao processo administrativo tributário. In: CONRADO, Paulo Cesar; ARAUJO, Juliana Furtado Costa (Coords.). *O Novo CPC e seu impacto no direito tributário*. 2. ed. São Paulo: Fiscosoft, 2016. p. 255).

227. CONRADO, Paulo Cesar; PRIA, Rodrigo Dalla. Aplicação do Código de Processo Civil ao processo administrativo tributário. In: CONRADO, Paulo Cesar;

Ou seja, tendo em vista que norma reguladora de procedimento administrativo não se confunde com norma reguladora de processo administrativo, devemos alertar que o termo "processo" é aquele conectado à jurisdição (normas de processo, e não de procedimento), sendo esse o conceito vinculado às correspondentes normas processuais e à aplicação das técnicas advindas do referido art. 15[228].

Assim, partindo da premissa de que o processo administrativo fiscal também tem por escopo o exercício de uma atividade jurisdicional (ainda que de forma atípica), deve ser invocado o Código de Processo Civil de 2015 nos casos em que seja necessário qualificar a atividade judicativa, sendo essa uma valorização dos princípios constitucionais[229] relativos à matéria. Dessa forma, a utilização subsidiária do *Codex* de 2015 deve ocorrer não só nos casos de lacuna legislativa, mas – principalmente – com intuito de dar maior carga valorativa aos princípios constitucionais com o aumento da efetividade à orientação axiológica que tanto permeia o tema.

ARAUJO, Juliana Furtado Costa (Coords.). *O Novo CPC e seu impacto no direito tributário*. 2. ed. São Paulo: Fiscosoft, 2016. p. 256.

228. "Com os olhos mantidos sobre essa última observação, podemos (e devemos) reconhecer: o legislador responsável pela emissão de normas processuais reguladoras de processo administrativo em determinado âmbito (federal, estadual ou municipal) não é absolutamente livre; se o processo administrativo é expressão da função jurisdicional, as normas que o disciplinam devem guardar conexão, tanto quanto as do Código de Processo Civil, com os valores e técnicas que definem o sentido do 'devido processo legal' – contraditório, ampla defesa, acesso à instrução, recorribilidade, segurança jurídica, previsibilidade, apenas para referir alguns desses tais valores/técnicas" (CONRADO, Paulo Cesar; PRIA, Rodrigo Dalla. Aplicação do Código de Processo Civil ao processo administrativo tributário. In: CONRADO, Paulo Cesar; ARAUJO, Juliana Furtado Costa (Coords.). *O Novo CPC e seu Impacto no Direito Tributário*. 2. ed. São Paulo: Fiscosoft, 2016. p. 257).

229. "Os princípios constitucionais ocupam-se especificamente com a conformação do próprio processo, assim entendido como método de atuação do Estado-juiz e, portanto, método de exercício da função jurisdicional. São eles que fornecem as diretrizes mínimas, mas fundamentais, do próprio comportamento do Estado-juiz. [...] É correto, portanto, tratar os princípios constitucionais do processo civil como significativos de um modelo mínimo, mas indispensável, mas vinculante, mas impositivo, para a atuação do Estado-juiz" (BUENO, Cassio Scarpinella. *Curso sistematizado de direito processual civil*. 4. ed. São Paulo: Saraiva, 2010. v. 1, p. 124).

Além disso, também deve ser observado como os órgãos de julgamento administrativo estão reagindo em face dos ditames estabelecidos pelo Código de Processo Civil de 2015 em seus arts. 10 (contraditório maximizado), 489 (dever de fundamentação) e 927 (aplicação obrigatória do precedente)[230].

Logo, impõe-se ao processo administrativo fiscal o uso (aplicação subsidiária) das regras veiculadas pelo Código de Processo Civil de 2015 para fins do preenchimento das lacunas vislumbradas na legislação pátria, bem como sua aplicação supletiva para fins de complementação do disposto para o contencioso administrativo fiscal. Contudo, isso não significa uma processualização civil do processo administrativo, pois, conquanto possuam um enraizamento constitucional e certas garantias, são processos com características peculiares, com funções e estruturas específicas, conforme explicitado ao longo deste trabalho.

230. CONRADO, Paulo Cesar. Perspectivas do contencioso tributário, judicial e administrativo, em vista do Novo Código de Processo Civil. In: CARVALHO, Paulo de Barros (Coord.). *Direito tributário e os novos horizontes do processo*. São Paulo: Editora Noeses, 2015. p. 1048.

6. DA NATUREZA JURÍDICA

Ante o exposto ao longo deste trabalho, buscou-se demonstrar que o processo administrativo fiscal é um instituto jurídico que pode ser muito utilizado pela sociedade, composto por uma série ordenada de atos com o fim de apurar e exigir dos contribuintes o crédito tributário, conforme disposto nos Decretos 70.235/72 e 7.574/2011.

No entanto, tendo em vista que o referido instituto também engloba o oferecimento de resposta à consulta tributária, os atos atinentes à análise dos pedidos de Certidão Negativa de Débito (CND) e de reconhecimento de imunidade ou isenção, bem como pedidos de compensação ou restituição dos tributos indevidamente recolhidos, deve-se constituir um conceito muito mais amplo do que o relatado acima. Ou seja, o processo administrativo fiscal deve ser entendido como uma série de atos administrativos mediante os quais se expressa a Administração Tributária em face de sua determinada relação com o contribuinte (responsável tributário e/ou terceiro), ou ao menos interpreta a legislação tributária[231].

Dessa forma, o processo administrativo fiscal[232] deve ser enxergado como algo muito maior do que a ideia de litígio,

231. MACHADO, Hugo de Brito. O devido processo legal administrativo tributário e o mandado de segurança. In: ROCHA, Valdir de Oliveira (Coord.). *Processo administrativo fiscal*. São Paulo: Dialética, 1997. p. 73-74.

232. Nas palavras de Paulo Cesar Conrado, o processo administrativo tributário "é

na medida em que estes outros atos administrativos, como os quais se solicita a CND e mesmo o início do processo de averiguação e exigência do crédito tributário, não o utilizam como um simples instrumento de resolução de conflitos.

Hugo de Brito Machado afirma que a "finalidade do Contencioso Administrativo consiste precisamente em reduzir a presença da Administração Pública em ações judiciais. O Contencioso Administrativo funciona como um filtro"[233].

O processo administrativo fiscal foi alçado à dignidade constitucional[234] e, apesar de todos os privilégios atentados à Administração Tributária, é necessária uma análise criteriosa de suas disposições em conjunto com os princípios constitucionais e regradores da processualística. Ou seja, a norma reguladora do processo administrativo fiscal localiza o seu fundamento de validade na Carta Magna, e não obstante os privilégios atribuídos a Administração Tributária, as garantias e os princípios constitucionais tributários devem ser respeitados.

Para Odete Medauar[235], a afirmação da processualidade tributária como processo não se apresentaria de forma gratuita, aleatória ou desprovida de consequências insitamente práticas, na medida em que o processo expressa o vínculo jurídico entre os sujeitos (além do vínculo entre atos) em termos de direitos e deveres. Assim, resta claro o seu consequente

---

entidade que hospedaria as seguintes peculiaridades: (i) como na generalidade dos processos, encontra no fato jurídico em conflito seu antecedente lógico; (ii) seu nascimento está atrelado à provocação do contribuinte (é antiexacional, portanto); (iii) o instrumento de linguagem que o deflagra, constituindo o suposto do conflito, compete àquele específico sujeito (impugnação ou silêncio); (iv) demanda a prévia constituição da obrigação tributária, ostentando função repressiva" (CONRADO, Paulo Cesar. *Processo tributário*. São Paulo: Quartier Latin, 2004. p. 196-197).

233. MACHADO, Hugo de Brito. *Mandado de segurança em matéria tributária*. 2. ed. São Paulo: Revista dos Tribunais, 1995. p. 303.

234. MELO, José Eduardo. Processo administrativo tributário. In: ROCHA, Valdir de Oliveira (Coord.). *Processo administrativo fiscal*. São Paulo: Dialética, 1997. p. 93-94.

235. MEDAUAR, Odete. Processualização e publicidade dos atos do processo administrativo fiscal. In: ROCHA, Valdir de Oliveira (Coord.). *Processo administrativo fiscal*. São Paulo: Dialética, 1997. p. 93-94.

enquadramento nas garantias previstas no art. 5º, inciso LV, Constituição Federal e demais desdobramentos.

Do ponto de vista do contribuinte, constitui-se em direito público subjetivo à impugnação do ato de lançamento ou aplicação da sanção tributária na esfera administrativa (sem prejuízo da possibilidade de acesso ao Poder Judiciário), sendo certo que, por meio da sua ação inicia-se a relação processual, momento em que a Administração Tributária estaria obrigada a emitir um ato de julgamento de legitimidade do ato ora impugnado[236].

Vale esclarecer que, apesar de não termos no Brasil um código de direito administrativo processual fiscal, quando da elaboração do Anteprojeto de Código Tributário, Rubens Gomes de Sousa preocupou-se com tal questão, chegando a destinar dois Livros (VIII e IX) a esse tema, sendo o primeiro intimamente ligado ao processo administrativo fiscal (arts. 302 a 373) e o segundo ao processo tributário judicial[237]:

> Art. 303. O processo administrativo tributário é obrigatório, devendo ser observados todos os trâmites previstos na legislação tributária aplicável e esgotados todos os recursos cabíveis nos termos da referida legislação, quer por parte da Fazenda Pública, quer por parte do contribuinte, acusado ou interessado, como condição prejudicial da instauração do processo judicial tributário, exceto no que se refere à impetração de mandado de segurança.

No entanto, tais livros foram retirados tendo em vista a sugestão de que a matéria processual deveria ser deixada para ser objeto de leis orgânicas, uma relacionada ao processo fiscal e outra ao judicial[238].

---

236. BONILHA, Paulo Celso Bergstrom. Contraditório e provas no processo administrativo tributário (ônus, direito a perícia, prova ilícita). In: ROCHA, Valdir de Oliveira (Coord.). *Processo administrativo fiscal*. São Paulo: Dialética, 1997. p. 130.

237. CABRAL, Antonio da Silva. *Processo administrativo fiscal*. São Paulo: Saraiva, 1993. p. 121.

238. Idem.

Geraldo Ataliba nos ensina que

> diversas razões recomendam que se crie um sistema de eliminação célere e eficaz desses conflitos, tendo em vista a harmonia fisco-contribuinte e os interesses públicos em jogo. Se todas as divergências forem submetidas ao Poder Judiciário, este submergirá sob o peso de um acúmulo insuportável de questões a julgar. Além disso – e também por isso – tardarão muito as soluções, em detrimento das partes envolvidas. Daí a razão pela qual, em quase todos os países, se criarem organismos e sistemas para reduzir o número de causas instauradas perante o Poder Judiciário[239].

Tendo em vista a importância desse instrumento para o direito tributário pátrio, trazemos à baila a definição de Processo Administrativo Fiscal disposta por Leonardo Henrique M. de Oliveira, ex-Conselheiro do Conselho Administrativo de Recursos Fiscais:

> O processo administrativo fiscal é, portanto, o instrumento por meio do qual a Administração Tributária, nos moldes da lei, exerce função judicante resguardada pela Constituição Federal, atua com a finalidade precípua de dirimir querelas entre o Fisco e o Contribuinte, no âmbito da arrecadação tributária e não possui código específico, contudo, reúne características de outras disciplinas do direito público, como a garantia dos atos praticados, a especialização dos órgãos julgadores, a suspensão da exigibilidade do crédito tributário durante o curso do processo, o direito de petição pelo contribuinte, a celeridade das decisões, a informalidade e o sigilo quanto às informações[240].

Portanto, para ser válido, o processo administrativo fiscal deve dignificar os princípios e garantias constitucionais do contribuinte, observando com ênfase os princípios do devido processo legal, da ampla defesa, do contraditório, da publicidade, da segurança jurídica, da verdade material e o *in dubio pro* contribuinte.

---

239. ATALIBA, Geraldo. Recurso em Matéria Tributária. *Revista de Informação Legislação (Senado Federal)*, 25/11, p. 122.

240. OLIVEIRA, Leonardo Henrique M. Processo administrativo e judicial tributário. In: TÔRRES, Heleno Taveira; QUEIROZ, Mary Elbe; FEITOSA, Raymundo Juliano (Coords.). *Direito tributário e administrativo aplicados*. São Paulo: Quartier Latin, 2005. p. 68.

Dessa forma, o processo administrativo fiscal é o conjunto de relações jurídicas, de natureza administrativa, que se combinam e se materializam por meio do procedimento, sendo uma espécie de processo administrativo destinada a determinação e exigência do crédito tributário em razão de apresentar peculiaridades específicas na aplicação da legislação pela Administração Tributária, ao mesmo tempo em que obedece a regras de Direito Público, conforme demonstrado ao longo deste trabalho.

CONCLUSÃO

A partir de uma análise da interpretação dos princípios, do sistema constitucional tributário e de suas aplicações ao processo administrativo e judicial tributário, percebe-se que esses princípios devem ser analisados de forma ampla e de maneira a preservá-los.

As relações entre a função (atividade administrativa globalmente considerada) e o procedimento (a maneira de sua exteriorização) seriam extremamente íntimas, apesar de cada uma possuir a sua individualidade, sendo certo que o exercício da função se exterioriza no mundo fenomênico por meio do procedimento utilizado, enquanto este apresentará características diferenciadas em face da função atuada.

Diante dos argumentos apresentados ao longo deste trabalho, resta claro que para o correto desenvolvimento do Estado é imprescindível a presença da figura do processo administrativo fiscal, o qual canaliza os preceitos normativos e legais, bem como os critérios, culminando na determinada função pública dos atos legislativos, executivos e jurisdicionais.

Ou seja, encaixa-se perfeitamente nessa conjuntura a conclusão de que a natureza jurídica processual deve almejar a busca pela compreensão do conteúdo e da essência, segundo a qual deve se estruturar essa extraordinária ferramenta.

A busca de um conceito universal para o processo administrativo é tarefa considerada árdua tanto pelos doutrinadores do direito administrativo como do direito tributário, tendo em vista a diversidade de regimes administrativos nos países, de instituições públicas, bem como as tarefas a serem desempenhadas pelas Administrações Públicas e Tributárias. Dessa forma, passamos ao estabelecimento de um conceito nos limites do direito positivo pátrio com a observância da função administrativa tributária.

Assim, o conceito de processo administrativo nos traz a ideia de que os mecanismos de controle da legalidade dos atos administrativos devem estar adstritos ao princípio da jurisdicionalização. Dessa forma, apesar de essa jurisdicionalização tratar do art. 5º, inciso LV, da Constituição Federal ("aos litigantes, em processo judicial ou administrativo, e aos acusados em geral são assegurados o contraditório e ampla defesa, com os meios e recursos a ela inerentes"), encontra-se superada a posição que alguns denominam processo administrativo como procedimento de revisão dos atos administrativos de iniciativa dos contribuintes ou aqueles procedimentos sancionatórios que lhe dizem respeito.

Além disso, o processo administrativo fiscal não se confunde com o processo judicial tributário, na medida em que possui institutos e formas inerentes ao seu campo de relação processual.

Como se pode ver, a expressão "processo administrativo fiscal" conta com um sólido fundamento constitucional, o que justifica a sua importância no cenário jurídico ao identificar as linhas mestras nas quais o Estado poderá desempenhar a sua função administrativa judicante.

Assim, os pontos em comum identificados versam não apenas sobre a prevalência do interesse público ou dos contribuintes, mas sobre a subordinação ao regime jurídico administrativo fiscal como um todo, o qual nos possibilitou a elaboração de um conceito de processo administrativo fiscal.

Ou seja, resta evidente a impropriedade da alusão de que a expressão "processo administrativo" tenha sido usada em caráter meramente acidental na Constituição Federal, pois esta revela clara compreensão e distinção entre os termos "processo" e "procedimento".

As legislações pertinentes no âmbito federal ressentem-se de visceral retrocesso e intoleráveis lacunas na estruturação e sistematização do processo administrativo fiscal, em maioria alheias ao perfil moderno atualmente consagrado pela Constituição Federal, a qual o reconheceu (ao lado do processo judicial) como uma das garantias fundamentais do contribuinte-cidadão, estabelecendo em sua estruturação a presença dos princípios constitucionais tributários.

Dessa forma, o processo administrativo fiscal não pode mais ser confundido com mero procedimento administrativo ao alvedrio da Administração Tributária, devendo ser enxergado como um fenômeno de natureza processual, enraizado na Carta Magna e subordinado, através de sua conformação procedimental, aos princípios constitucionais tributários e processuais por ela garantidos.

O processo administrativo fiscal, como instrumento de controle de legalidade, possui fundamental relevância para o desempenho do sistema tributário, na medida em que esse controle dos atos administrativos fiscais é o problema cerne do Direito Tributário Brasileiro.

Diante do equivocado entendimento da Administração Tributária de que os Tribunais Administrativos não teriam competência para a verificação dos atos administrativos, ao menos deveria se perquirir uma maior rigidez quanto aos motivos e às causas de sua celebração.

É necessário um equilíbrio procedimental que não vem sendo observado nos procedimentos tributários experimentados no âmbito federal, pois ambos (Administração Tributária e contribuintes) devem se concentrar no imperativo da persecução da verdade material à sombra dos princípios da igualdade e do contraditório.

O posicionamento que nos propusemos a desenvolver foi nessa linha, em especial para que fosse possível o processo administrativo fiscal, sendo uma espécie de processo administrativo (de natureza administrativa), traduzir-se não apenas em um plexo de formalidades, mas concebido como um instrumento que se desempenha imediatamente aos ideais de Justiça.

Nesse panorama, devem ser repudiados todos os recursos que busquem apequenar o contencioso administrativo fiscal, sob pena de se perder uma ótima oportunidade de consolidar a utilização de tal processo como um instrumento de concretização da Justiça e uma opção extraordinária de aliviar a sobrecarga constante decorrente das imensas demandas tributárias que hoje assoberbam o Poder Judiciário.

REFERÊNCIAS

ALVIM, Teresa Arruda; MARINS, James. Processo tributário. In: ALVIM, Teresa Arruda (Coord.). *Repertório de Jurisprudência e Doutrina sobre Processo Tributário*. São Paulo: Revista dos Tribunais, 1994.

ARAÚJO, Ana Clarissa Masuko dos Santos. Princípio da Verdade Material e Processo Administrativo Fiscal de Compensação. In: CONRADO, Paulo Cesar (coord.). *Processo tributário analítico*. 2. ed. São Paulo: Noeses, 2016. v. 2.

ATALIBA, Geraldo. Lançamento – procedimento regrado. *Estudos e pareceres de direito tributário*. São Paulo: RT, 1978. v. 2.

______. *Hipótese de incidência tributária*. 6. ed. São Paulo: Malheiros Editores, 2014.

______. Princípios de procedimento tributário. In: PRADE, Péricles Luiz; CARVALHO, Célio B. (Coords.). *Novo processo tributário*. São Paulo: Resenha Tributária, 1975.

______. *República e Constituição*. 2. ed. São Paulo: Malheiros Editores, 1998.

______. Recurso em matéria tributária. *Revista de Informação Legislativa*, Brasília: Editora do Senado Federal, v. 97, n. 25, jan./mar. 1988.

______. *Sistema constitucional tributário brasileiro*. São Paulo: Revista dos Tribunais, 1968.

BACELLAR FILHO, Romeu Filipe. *Processo administrativo disciplinar*. São Paulo: Max Limonad, 2003.

BALERA, Wagner. *Processo administrativo previdenciário*: benefícios. São Paulo: LTr, 1999.

BASTOS, Celso Ribeiro. Sanções em Matéria Tributária. In: MARTINS, Ives Gandra da Silva. *Curso de direito tributário*. 8. ed. São Paulo: Saraiva, 2001.

BECHO, Renato Lopes. As alterações mais importantes do processo civil em matéria tributária e o Novo CPC. In: ROCHA, Valdir de Oliveira (Coord.). *Grandes questões tributárias*. São Paulo: Dialética, 2015. v. 19.

______. *Filosofia do direito tributário*. São Paulo: Saraiva, 2010.

______. *Lições de direito tributário*. 3. ed. São Paulo: Saraiva, 2015.

BECKER, Alfredo Augusto. *Teoria geral do direito tributário*. 6. ed. São Paulo: Noeses, 2013.

BERLIRI, Antonio. Per un miglior funzionamento della giustizia tributaria. *Scritti Scelti di Diritto Tributario*. Milano: Giuffrè, 1990.

BOBBIO, Norberto. *El futuro de la democracia*. México: Fondo de Cultura Económica, 1986.

______. *Teoria do ordenamento jurídico*. 10. ed. Brasília: Editora Universidade de Brasília, 1999.

BONAVIDES, Paulo. *Ciência política*. 2. ed. Rio de Janeiro: Fundação Getulio Vargas, 1974.

______. *Curso de direito constitucional*. 14. ed. São Paulo: Malheiros Editores, 2004.

______. *Do estado liberal ao estado social*. 5. ed. Belo Horizonte: Del Rey, 1993.

BONILHA, Paulo Celso Bergstrom. Contraditório e provas no processo administrativo tributário (ônus, direito a perícia, prova ilícita). In: ROCHA, Valdir de Oliveira (Coord.). *Processo administrativo fiscal*. São Paulo: Dialética, 1997, p. 130.

BOTTALLO, Eduardo Domingos. *Aspectos concretos do direito constitucional tributário*. São Paulo: Quartier Latin, 2016.

______. *Curso de processo administrativo tributário*. São Paulo: Malheiros Editores, 2006.

______. Princípios gerais do processo administrativo tributário. *Revista de Direito Tributário*. São Paulo: RT, n. 1, 1977.

______. Processo administrativo tributário: princípios, amplitude, natureza e alcance das funções nele exercidas. *Revista de Direito Tributário*. São Paulo: RT, n. 71, 1996.

BRITO, Edvaldo. Ampla defesa e competência dos Órgãos Julgadores Administrativos para conhecer de argumentos de Inconstitucionalidade e/ou Ilegalidade de Atos em que se fundamentem autuações. In: ROCHA, Valdir de Oliveira (Coord.). *Processo administrativo fiscal*. São Paulo: Dialética, 1997.

BUENO, Cassio Scarpinella. *Curso sistematizado de direito processual civil*. 4. ed. São Paulo: Saraiva, 2010. v. 1.

CABRAL, Antonio da Silva. *Processo administrativo fiscal*. São Paulo: Saraiva, 1993.

CAIS, Cleide Previtalli. *O processo tributário*. 3. ed. São Paulo: Revista dos Tribunais, 2001.

CALAMANDREI, Piero. *Instituições de direito processual civil*. 2. ed. Trad. Douglas Dias Ferreira. Campinas: Bookseller, 2003. v. III.

CANOTILHO, J. J. Gomes. *Direito constitucional*. Coimbra: Almedina, 1991.

CANTO, Gilberto de Ulhôa. *Do processo tributário administrativo* – teoria do direito tributário. São Paulo: Secretaria da Fazenda do Estado de São Paulo.

CARRAZZA, Roque Antonio. *Curso de direito constitucional tributário*. 30. ed. São Paulo: Malheiros Editores, 2015.

______. *Reflexões sobre a obrigação tributária*. São Paulo: Noeses, 2010.

______; CARRAZZA, Elizabeth Nazar. Da não Incidência de ICMS sobre os Serviços de Licença de Uso de Programa de Computador de PABX Virtual e de Hospedagem de Áudio e Vídeo pela Internet (*Streaming*). In: MARQUES, Cláudia Villagra da Silva (Coord.). *Direito tributário*: olhar crítico na estrutura tributária brasileira. São Paulo: Claris, 2016.

CARVALHO, Paulo de Barros. *Curso de direito tributário*. 26. ed. São Paulo: Saraiva, 2014.

______. *Derivação e positivação no direito tributário*. 2. ed. São Paulo: Noeses, 2014. v. 1.

______. *Derivação e positivação no direito tributário*. 2. ed. São Paulo: Noeses, 2016. v. 3.

______. *Direito tributário, linguagem e método*. 5. ed. São Paulo: Noeses, 2013.

______. *Princípios e sobreprincípios na interpretação do direito*. Disponível em: <http://www.ibet.com.br/download/Princ%C3%83%C2%ADpios%20PBC.pdf>. Acesso em: 19 jan. 2018.

______. Processo Administrativo Tributário. *Revista de Direito Tributário*. São Paulo: RT, n. 9/10, 1979.

______. *Segurança jurídica no novo CARF*. Disponível em: <http://www.ibet.com.br/download/Paulo%20de%20Barros%20Carvalho.pdf>. Acesso em: 19 out. 2015.

CASTRO, Alexandre Barros. *Teoria e prática do direito processual tributário*. São Paulo: Saraiva, 2000.

CONRADO, Paulo Cesar. Perspectivas do Contencioso Tributário, Judicial e Administrativo, em vista do Novo Código de Processo Civil. In: CARVALHO, Paulo de Barros (Coord.). *Direito tributário e os novos horizontes do processo*. São Paulo: Editora Noeses, 2015.

______. *Processo tributário*. São Paulo: Quartier Latin, 2004.

______. PRIA, Rodrigo Dalla. Aplicação do Código de Processo Civil ao Processo Administrativo Tributário. In: CONRADO, Paulo Cesar; ARAUJO, Juliana Furtado Costa (Coords.). *O novo CPC e o seu Impacto no direito tributário*. São Paulo: Fiscosoft, 2016.

COSTA, Regina Helena. *Curso de direito tributário*: Constituição e Código Tributário Nacional. São Paulo: Saraiva, 2009.

DA SILVA, José Afonso. *Curso de direito constitucional positivo*. 9. ed. São Paulo: Malheiros Editores, 1994.

______. *Teoria do conhecimento constitucional*. São Paulo: Malheiros Editores, 2014.

DE JESUS, Isabela Bonfá; DE JESUS, Fernando Bonfá; DE JESUS, Ricardo Bonfá. *Manual de direito e processo tributário*. 3. ed. São Paulo: Revista dos Tribunais, 2016.

DI PIETRO, Maria Sylvia Zannella; FERREIRA, Sérgio de Andrés; ZANCANER, Weida. Tema em destaque: atos administrativos. Elementos. Poder discricionário face ao princípio da legalidade. Anulação, revogação e a consolidação. O processo administrativo codificado pela Lei nº 9.784/99. *Boletim de Direito Administrativo*. Ed. NDJ LTDA., v. 16, n. 9, set. 2000.

ENTERRÍA, Eduardo García de. *Democracia, jueces y control de la administración*. 3. ed. Madrid: Civitas, 1997.

FALCÃO, Amilcar de Araújo. *Direito tributário brasileiro*: aspectos concretos. Rio de Janeiro: Edições Financeiras, 1960.

FERRAGUT, Maria Rita. *Presunções no direito tributário*. São Paulo: Dialética, 2001.

FERRAZ, Sérgio; DALLARI, Adilson Abreu. *Processo administrativo*. 3. ed. São Paulo: Malheiros Editores, 2012.

FERRAZ JR., Tercio Sampaio. *Ciência do direito*. São Paulo: Atlas, 1977.

_____. *Teoria da norma jurídica*. Rio de Janeiro: Forense, 1978.

FIORIN, José Luiz. *As astúcias da enunciação*. São Paulo: Ática, 1996.

GAMA, Tácio Lacerda. *Competência tributária*: fundamentos para uma teoria da nulidade. 2. ed. São Paulo: Noeses, 2011.

_____. Competência Tributária e a sua Estrutura Normativa. In: ROBLES, Gregorio; CARVALHO, Paulo de Barros (Coords.). *Teoria comunicacional do direito*: diálogo entre Brasil e Espanha. São Paulo: Noeses, 2017. v. II.

GONÇALVES, José Artur Lima. *Imposto sobre a renda*: pressupostos constitucionais. São Paulo: Malheiros Editores, 2002.

GORDILLO, Agustín A. La Garantia de Defensa como Princípio de Eficácia en el Procedimiento Administrativo. *Revista de Direito Público*. São Paulo, n. 10.

_____. *Procedimento y recursos administrativos*. 2. ed. Buenos Aires: Marchi, 1971.

GRAU, Eros Roberto. *Ensaio sobre a interpretação/aplicação do direito*. São Paulo: Malheiros Editores, 2002.

_____. *O direito posto e o direito pressuposto*. 3. ed. São Paulo: Malheiros Editores, 2000.

GRECO, Marco Aurélio. *Dinâmica da tributação e procedimento*. São Paulo: Revista dos Tribunais, 1979.

_____. *Norma jurídica tributária*. São Paulo: Saraiva, 1974.

GRINOVER, Ada Pelegrini. A Atividade Administrativa em face do Sistema Constitucional. In: MORAES, Alexandre de (Coord.). *Os 20 anos da Constituição da República Federativa do Brasil*. São Paulo: Atlas, 2009.

GRUPENMACHER, Betina Treiger. Sistema e Princípios Constitucionais Tributários. In: CARVALHO, Paulo de Barros (Coord.). *50 anos do Código Tributário Nacional*. São Paulo: Noeses, 2016.

HARGER, Marcelo. *Princípios constitucionais do processo administrativo*. 2. ed. Rio de Janeiro: Forense, 2008.

HOFFMANN, Susy Gomes. Breves Considerações sobre as Provas no Processo Administrativo Tributário. In: III CONGRESSO NACIONAL DE ESTUDOS TRIBUTÁRIOS. São Paulo: Noeses, 2006.

KELSEN, Hans. *Teoria pura do direito*. 6. ed. São Paulo: Martins Fontes, 1999.

LISBOA, Julcira Maria de Mello Vianna. Brazilian Tax Law and The Principle of Legality. São Paulo: Claris, 2016.

MACHADO, Hugo de Brito. *Mandado de segurança em matéria tributária*. 2. ed. São Paulo: Revista dos Tribunais, 1995.

______. O devido processo legal administrativo tributário e o mandado de segurança. In: ROCHA, Valdir de Oliveira (Coord.). *Processo administrativo fiscal*. São Paulo: Dialética, 1997.

______. O ônus da prova no procedimento administrativo tributário. As alterações mais importantes do processo civil em matéria tributária e o Novo CPC. In: ROCHA, Valdir de Oliveira (Coord.). *Grandes questões tributárias*. São Paulo: Dialética, 2015. v. 19.

______. *Os princípios jurídicos da tributação na Constituição de 1988*. 5. ed. São Paulo: Dialética, 2004.

MARINONI, Luiz Guilherme; ARENHART, Sérgio Cruz. *Manual do processo de conhecimento*: a tutela jurisdicional através do processo de conhecimento. São Paulo: Revista dos Tribunais, 2001.

MARINS, James. *Direito processual tributário brasileiro (administrativo e judicial)*: atualizado com o CPC/15, comparativamente como o CPC/73. 8. ed. São Paulo: Dialética, 2015.

MARTINS, Ives Gandra da Silva; GARCIA, Fátima Fernandes de Souza. O Direito à Reparação do Dano Produzido pelo Ato Legislativo Inconstitucional. In: ROCHA, Valdir de Oliveira

(Coord.). *Problemas de processo judicial tributário*. São Paulo: Dialética, 1996.

_____. *Sistema tributário na Constituição de 1988*. 2. ed. São Paulo: Saraiva, 1990.

MCNAUGHTON, Charles William. *Hierarquia e sistema jurídico*. São Paulo: Quartier Latin, 2011.

_____. Hierarquia e sistema jurídico. In: CARVALHO, Paulo de Barros (Coord.). *Construtivismo lógico-semântico*. São Paulo: Noeses, 2018. v. II.

MEDAUAR, Odete. *A processualidade no direito administrativo*. São Paulo: Revista dos Tribunais, 1996.

_____. Processualização e publicidade dos atos do processo administrativo iscal. In: ROCHA, Valdir de Oliveira (Coord.). *Processo administrativo fiscal*. São Paulo: Dialética, 1997.

MEIRELLES, Hely Lopes. *Direito administrativo brasileiro*. 13. ed. São Paulo: Revista dos Tribunais, 1987.

MELLO, Celso Antônio Bandeira. *Curso de direito administrativo*. 10. ed. São Paulo: Malheiros Editores, 1998.

_____. *Discricionariedade e controle jurisdicional*. São Paulo: Malheiros Editores, 1992.

_____. *Elementos de direito administrativo*. São Paulo: Revista dos Tribunais, 1980.

MELO, José Eduardo Soares. *Curso de direito tributário*. 3. ed. São Paulo: Dialética, 2002.

_____. Processo administrativo tributário. In: ROCHA, Valdir de Oliveira (Coord.). *Processo administrativo fiscal*. São Paulo: Dialética, 1997.

_____. *Processo tributário administrativo federal, estadual e municipal*. São Paulo: Quartier Latin, 2006.

_____. REFIS e PAES – Hipóteses e Requisitos Legais para Exclusão dos Programas de Parcelamento. In: III

CONGRESSO NACIONAL DE ESTUDOS TRIBUTÁRIOS. São Paulo: Noeses, 2006.

MORAES, Guilherme Lopes. Teoria Comunicacional do Direito e Informatização Fiscal. In: ROBLES, Gregorio; CARVALHO, Paulo de Barros (Coords.). *Teoria comunicacional do direito*: diálogo entre Brasil e Espanha. São Paulo: Noeses, 2017. v. II.

MORANDO, Thais Helena. *A natureza jurídica da obrigação tributária acessória e os princípios constitucionais informadores*. 2010. 172 p. Tese (Doutorado) – Programa de Pós-Graduação em Direito, Pontifícia Universidade Católica de São Paulo, São Paulo.

MOUSSALLEM, Tárek Moysés. *Fontes do direito tributário*. 2. ed. São Paulo: Noeses, 2006.

NAGIB, Luiza; AGUIAR, Caroline Pires de. Imunidade Tributária e as Instituições de Assistência Social. In: MARQUES, Cláudia Villagra da Silva (Coord.). *Direito tributário*: olhar crítico na estrutura tributária brasileira. São Paulo: Claris, 2016.

NEDER, Marcos Vinicius. A Lei Geral nº 9.784/99: a norma geral que informa o sistema processual administrativo tributário. In: TÔRRES, Heleno Taveira; QUEIROZ, Mary Elbe; FEITOSA, Raymundo Juliano (Coords.). *Direito tributário e administrativo aplicados*. São Paulo: Quartier Latin, 2005.

______; LÓPEZ, Maria Teresa Martínez. *Processo administrativo fiscal comentado* (de acordo com a Lei nº 11.941, de 2009, e o Regimento Interno do CARF). 3. ed. São Paulo: Dialética, 2010.

NOGUEIRA, Ruy Barbosa. *Curso de direito tributário*. 5. ed. São Paulo: Saraiva, 1999.

NOVOA, César García. Seguridad Jurídica y Derecho Tributario. In: MELLO, Celso Antônio Bandeira de (Coord.). *Direito tributário*: estudos em homenagem a Geraldo Ataliba. São Paulo: Malheiros Editores, 1997.

OLIVEIRA, Leonardo Henrique M. Processo Administrativo e Judicial Tributário. In: TÔRRES, Heleno Taveira; QUEIROZ, Mary Elbe; FEITOSA, Raymundo Juliano (Coords.). *Direito tributário e administrativo aplicados*. São Paulo: Quartier Latin, 2005.

PEREIRA JR., Jessé Torres. *O direito à defesa na constituição de 1988*: processo administrativo e os acusados em geral. Rio de Janeiro: Renovar, 1991.

PINTO, Fabiana Lopes. *Informatização fiscal*: o uso da tecnologia no Sistema Tributário Nacional. Tese (Doutorado) – Programa de Pós-Graduação em Direito, Pontifícia Universidade Católica de São Paulo, São Paulo, 2012.

RIBAS, Lídia Maria Rodrigues Lopes. *Processo administrativo tributário*. São Paulo: Malheiros Editores, 2000.

RIBEIRO, Diego Diniz. O CPC 2015 e seus Reflexos no Processo Administrativo Tributário. In: CARVALHO, Paulo de Barros (Coord.). *Racionalização do sistema tributário*. São Paulo: Noeses, 2017.

RODRIGUES, Horácio Wanderley. *Acesso* à justiça no direito processual brasileiro. São Paulo: Acadêmica, 1994.

ROCHA, Sergio André. *Processo administrativo fiscal*: controle administrativo do lançamento tributário. 4. ed. Rio de Janeiro: Lumen Juris, 2010.

ROCHA, Valdir de Oliveira. *O novo processo administrativo tributário*. São Paulo: IOB, 1996.

SALLES, Ivanhoe Nóbrega de. A tecnologia e o direito tributário. In: NOGUEIRA, Ruy Barbosa (Coord.). *Direito tributário*. São Paulo: José Bushatsky, 1969.

SANTI, Eurico Marcos Diniz de. *Kafka, alienação e deformidades da legalidade, exercício do controle social rumo à cidadania fiscal*. São Paulo: Revista dos Tribunais/Fiscosoft, 2014.

______. *Kafka, alienação e deformidades da legalidade: em defesa da ação da OAB contra julgamentos públicos secretos*.

Disponível em: <http://s.conjur.com.br/dl/parecer-professor--eurico-marcos-diniz.pdf>. Acesso em: 19 abr. 2015.

SEIXAS FILHO, Aurélio Pitanga. *Princípios fundamentais do direito administrativo tributário*: a função fiscal. 2. ed. Rio de Janeiro: Forense, 2003.

SOBRINHO, Manuel de Oliveira Franco. *O princípio constitucional da moralidade administrativa*. Curitiba: Genesis, 1993.

SUNDFELD, Carlos Ari. Processo e Procedimento Administrativo no Brasil. In: SUNDFELD, Carlos Ari; MUÑOZ, Guilhermo Andrés (Coords.). *As leis de processo administrativo*: Lei Federal 9.784/99 e Lei Paulista 10.177/98. São Paulo: Malheiros Editores, 2000.

TEODORIVICZ, Jeferson. *História disciplinar do direito tributário brasileiro*. São Paulo: Dialética, 2017.

TESAURO, Francesco. *Instituições de direito tributário*. Trad. Fernando Aurelio Zilveti e Laura Fiore Ferreira. São Paulo: IBDT, 2017.

TOMÉ, Fabiana Del Padre. *A prova no direito tributário*: de acordo com o Código de Processo Civil de 2015. 4. ed. São Paulo: Noeses, 2016.

TORRES, Ricardo Lobo. *Curso de direito financeiro e tributário*. 12. ed. Rio de Janeiro: Renovar, 2005.

TROIANELLI, Gabriel Lacerda. Repetição de Indébito e Compensação: prazos para o seu exercício. In: ROCHA, Valdir de Oliveira (Coord.). *Problemas de processo judicial tributário*. São Paulo: Dialética, 2000. v. 4.

UCKMAR, Victor. El Sistema Tributario: las instituciones, las administraciones fiscales, los contribuyentes. In: MELLO, Celso Antônio Bandeira de (Coord.). *Direito tributário*: estudos em homenagem a Geraldo Ataliba. São Paulo: Malheiros, 1997, p. 105.

VALERO, Luiz Martins. Fiscalização Tributária: Poderes do Fisco e Direitos dos Contribuintes. In: TÔRRES, Heleno

Taveira; QUEIROZ, Mary Elbe; FEITOSA, Raymundo Juliano (Coords.). *Direito tributário e administrativo aplicados*. São Paulo: Quartier Latin, 2005.

VEIGA, Lintney Nazareno da. Processo administrativo fiscal. *Revista de Direito Tributário*. São Paulo: Dialética, n. 73, 1996.

VILLAS-BÔAS, Marcos de Aguiar. *In dubio pro contribuinte*: visão constitucional em busca da proteção dos direitos fundamentais. São Paulo: MP Editora, 2012.

VITA, Jonathan Barros. Tributação, Direito Concorrencial e Processo: as mudanças das circunstâncias de fato e de direito no campo da ação revisional do art. 505 do CPC/2015. In: CONRADO, Paulo Cesar (Coord.). *Processo tributário analítico*. 2. ed. São Paulo: Noeses, 2016. v. II.

XAVIER, Alberto. *Do lançamento* – Teoria geral do ato do procedimento e do processo tributário. Rio de Janeiro: Forense, 1997.

______. *Os princípios da legalidade e da tipicidade da tributação*. São Paulo: Revista dos Tribunais, 1978.

______. *Princípios do processo administrativo e judicial tributário*. Rio de Janeiro: Forense, 2005.

APÊNDICE I

DECRETO 70.235, DE 6 DE MARÇO DE 1972

Dispõe sobre o processo administrativo fiscal, e dá outras providências.

O PRESIDENTE DA REPÚBLICA, usando das atribuições que lhe confere o artigo 81, item III, da Constituição e tendo em vista o disposto no artigo 2º do Decreto-Lei 822, de 5 de setembro de 1969, decreta:

DISPOSIÇÃO PRELIMINAR

Art. 1º Este Decreto rege o processo administrativo de determinação e exigência dos créditos tributários da União e o de consulta sobre a aplicação da legislação tributária federal.

CAPÍTULO I
Do Processo Fiscal

SEÇÃO I
Dos Atos e Termos Processuais

Art. 2º Os atos e termos processuais, quando a lei não prescrever forma determinada, conterão somente o indispensável à sua finalidade, sem espaço em branco, e sem entrelinhas, rasuras ou emendas não ressalvadas.

Parágrafo único. Os atos e termos processuais poderão ser formalizados, tramitados, comunicados e transmitidos em formato digital, conforme disciplinado em ato da administração tributária. (Redação dada pela Lei 12.865, de 2013)

Art. 3º A autoridade local fará realizar, no prazo de trinta dias, os atos processuais que devam ser praticados em sua jurisdição, por solicitação de outra autoridade preparadora ou julgadora.

Art. 4º Salvo disposição em contrário, o servidor executará os atos processuais no prazo de oito dias.

SEÇÃO II
Dos Prazos

Art. 5º Os prazos serão contínuos, excluindo-se na sua contagem o dia do início e incluindo-se o do vencimento.

Parágrafo único. Os prazos só se iniciam ou vencem no dia de expediente normal no órgão em que corra o processo ou deva ser praticado o ato.

SEÇÃO III
Do Procedimento

Art. 7º O procedimento fiscal tem início com: (Vide Decreto 3.724, de 2001)

I – o primeiro ato de ofício, escrito, praticado por servidor competente, cientificado o sujeito passivo da obrigação tributária ou seu preposto;

II – a apreensão de mercadorias, documentos ou livros;

III – o começo de despacho aduaneiro de mercadoria importada.

§ 1º O início do procedimento exclui a espontaneidade do sujeito passivo em relação aos atos anteriores e, independentemente de intimação a dos demais envolvidos nas infrações verificadas.

§ 2º Para os efeitos do disposto no § 1º, os atos referidos nos incisos I e II valerão pelo prazo de sessenta dias, prorrogável, sucessivamente, por igual período, com qualquer outro ato escrito que indique o prosseguimento dos trabalhos.

Art. 8º Os termos decorrentes de atividade fiscalizadora serão lavrados, sempre que possível, em livro fiscal, extraindo-se cópia para anexação ao processo; quando não lavrados em livro, entregar-se-á cópia autenticada à pessoa sob fiscalização.

Art. 9º A exigência do crédito tributário e a aplicação de penalidade isolada serão formalizados em autos de infração ou notificações de lançamento, distintos para cada tributo ou penalidade, os quais deverão estar instruídos com todos os termos, depoimentos, laudos e demais elementos de prova indispensáveis à comprovação do ilícito. (Redação dada pela Lei 11.941, de 2009)

§ 1º Os autos de infração e as notificações de lançamento de que trata o *caput* deste artigo, formalizados em relação ao mesmo sujeito passivo, podem ser objeto de um único processo, quando a comprovação dos ilícitos depender dos mesmos elementos de prova. (Redação dada pela Lei 11.196, de 2005)

§ 2º Os procedimentos de que tratam este artigo e o art. 7º, serão válidos, mesmo que formalizados por servidor competente de jurisdição diversa da do domicílio tributário do sujeito passivo. (Redação dada pela Lei 8.748, de 1993)

§ 3º A formalização da exigência, nos termos do parágrafo anterior, previne a jurisdição e prorroga a competência da autoridade que dela primeiro conhecer. (Incluído pela Lei 8.748, de 1993)

§ 4º O disposto no *caput* deste artigo aplica-se também nas hipóteses em que, constatada infração à legislação tributária, dela não resulte exigência de crédito tributário. (Incluído pela Lei 11.941, de 2009)

§ 5º Os autos de infração e as notificações de lançamento de que trata o *caput* deste artigo, formalizados em decorrência de fiscalização relacionada a regime especial unificado de arrecadação de tributos, poderão conter lançamento único para todos os tributos por eles abrangidos. (Incluído pela Lei 11.941, de 2009)

§ 6º O disposto no *caput* deste artigo não se aplica às contribuições de que trata o art. 3º da Lei 11.457, de 16 de março de 2007. (Incluído pela Lei 11.941, de 2009)

Art. 10. O auto de infração será lavrado por servidor competente, no local da verificação da falta, e conterá obrigatoriamente:

I – a qualificação do autuado;

II – o local, a data e a hora da lavratura;

III – a descrição do fato;

IV – a disposição legal infringida e a penalidade aplicável;

V – a determinação da exigência e a intimação para cumpri-la ou impugná-la no prazo de trinta dias;

VI – a assinatura do autuante e a indicação de seu cargo ou função e o número de matrícula.

Art. 11. A notificação de lançamento será expedida pelo órgão que administra o tributo e conterá obrigatoriamente:

I – a qualificação do notificado;

II – o valor do crédito tributário e o prazo para recolhimento ou impugnação;

III – a disposição legal infringida, se for o caso;

IV – a assinatura do chefe do órgão expedidor ou de outro servidor autorizado e a indicação de seu cargo ou função e o número de matrícula.

Parágrafo único. Prescinde de assinatura a notificação de lançamento emitida por processo eletrônico.

Art. 12. O servidor que verificar a ocorrência de infração à legislação tributária federal e não for competente para formalizar a exigência, comunicará o fato, em representação circunstanciada, a seu chefe imediato, que adotará as providências necessárias.

Art. 13. A autoridade preparadora determinará que seja informado, no processo, se o infrator é reincidente, conforme definição da lei específica, se essa circunstância não tiver sido declarada na formalização da exigência.

Art. 14. A impugnação da exigência instaura a fase litigiosa do procedimento.

Art. 14-A. No caso de determinação e exigência de créditos tributários da União cujo sujeito passivo seja órgão ou entidade de direito público da administração pública federal, a submissão do litígio à composição extrajudicial pela Advocacia-Geral da União é considerada reclamação, para fins do disposto no inciso III do art. 151 da Lei 5.172, de 25 de outubro de 1966 – Código Tributário Nacional. (Incluído pela Lei 13.140, de 2015) Vigência

Art. 15. A impugnação, formalizada por escrito e instruída com os documentos em que se fundamentar, será apresentada ao órgão preparador no prazo de trinta dias, contados da data em que for feita a intimação da exigência.

Parágrafo único. (Revogado pela Lei 11.941, de 2009)

Art. 16. A impugnação mencionará:

I – a autoridade julgadora a quem é dirigida;

II – a qualificação do impugnante;

III – os motivos de fato e de direito em que se fundamenta, os pontos de discordância e as razões e provas que possuir; (Redação dada pela Lei 8.748, de 1993)

IV – as diligências, ou perícias que o impugnante pretenda sejam efetuadas, expostos os motivos que as justifiquem, com a formulação dos quesitos referentes aos exames desejados, assim como, no caso de perícia, o nome, o endereço e a qualificação profissional do seu perito. (Redação dada pela Lei 8.748, de 1993)

V – se a matéria impugnada foi submetida à apreciação judicial, devendo ser juntada cópia da petição. (Incluído pela Lei 11.196, de 2005)

§ 1º Considerar-se-á não formulado o pedido de diligência ou perícia que deixar de atender aos requisitos previstos no inciso IV do art. 16. (Redação dada pela Lei 8.748, de 1993)

§ 2º É defeso ao impugnante, ou a seu representante legal, empregar expressões injuriosas nos escritos apresentados no processo, cabendo ao julgador, de ofício ou a requerimento do ofendido, mandar riscá-las. (Redação dada pela Lei 8.748, de 1993)

§ 3º Quando o impugnante alegar direito municipal, estadual ou estrangeiro, provar-lhe-á o teor e a vigência, se assim o determinar o julgador. (Incluído pela Lei 8.748, de 1993)

§ 4º A prova documental será apresentada na impugnação, precluindo o direito de o impugnante fazê-lo em outro momento processual, a menos que: (Redação dada pela Lei 9.532, de 1997) (Produção de efeito)

a) fique demonstrada a impossibilidade de sua apresentação oportuna, por motivo de força maior; (Redação dada pela Lei 9.532, de 1997) (Produção de efeito)

b) refira-se a fato ou a direito superveniente; (Redação dada pela Lei 9.532, de 1997) (Produção de efeito)

c) destine-se a contrapor fatos ou razões posteriormente trazidas aos autos. (Redação dada pela Lei 9.532, de 1997) (Produção de efeito)

§ 5º A juntada de documentos após a impugnação deverá ser requerida à autoridade julgadora, mediante petição em que se demonstre, com fundamentos, a ocorrência de uma das condições previstas nas alíneas do parágrafo anterior. (Redação dada pela Lei 9.532, de 1997) (Produção de efeito)

§ 6º Caso já tenha sido proferida a decisão, os documentos apresentados permanecerão nos autos para, se for interposto recurso, serem apreciados pela autoridade julgadora de segunda instância. (Redação dada pela Lei 9.532, de 1997) (Produção de efeito)

Art. 17. Considerar-se-á não impugnada a matéria que não tenha sido expressamente contestada pelo impugnante. (Redação dada pela Lei 9.532, de 1997) (Produção de efeito)

Art. 18. A autoridade julgadora de primeira instância determinará, de ofício ou a requerimento do impugnante, a realização de diligências ou perícias, quando entendê-las necessárias, indeferindo as que considerar prescindíveis ou impraticáveis, observando o disposto no art. 28, *in fine*. (Redação dada pela Lei 8.748, de 1993)

§ 1º Deferido o pedido de perícia, ou determinada de ofício, sua realização, a autoridade designará servidor para, como perito da União, a ela proceder e intimará o perito do sujeito passivo a realizar o exame requerido, cabendo a ambos apresentar os respectivos laudos em prazo que será fixado segundo o grau de complexidade dos trabalhos a serem executados. (Redação dada pela Lei 8.748, de 1993)

§ 2º Os prazos para realização de diligência ou perícia poderão ser prorrogados, a juízo da autoridade. (Redação dada pela Lei 8.748, de 1993)

§ 3º Quando, em exames posteriores, diligências ou perícias, realizados no curso do processo, forem verificadas incorreções, omissões ou inexatidões de que resultem agravamento da exigência inicial, inovação ou alteração da fundamentação legal da exigência, será lavrado auto de infração ou emitida notificação de lançamento complementar, devolvendo-se, ao sujeito passivo, prazo para impugnação no concernente à matéria modificada. (Redação dada pela Lei 8.748, de 1993)

Art. 20. No âmbito da Secretaria da Receita Federal, a designação de servidor para proceder aos exames relativos a diligências ou perícias recairá sobre Auditor-Fiscal do Tesouro Nacional. (Redação dada pela Lei 8.748, de 1993)

Art. 21. Não sendo cumprida nem impugnada a exigência, a autoridade preparadora declarará a revelia, permanecendo o processo no órgão preparador, pelo prazo de trinta dias, para cobrança amigável. (Redação dada pela Lei 8.748, de 1993)

§ 1º No caso de impugnação parcial, não cumprida a exigência relativa à parte não litigiosa do crédito, o órgão preparador, antes da remessa dos autos a julgamento, providenciará a formação de autos apartados para a imediata cobrança da parte não contestada, consignando essa circunstância no processo original. (Redação dada pela Lei 8.748, de 1993)

§ 2º A autoridade preparadora, após a declaração de revelia e findo o prazo previsto no *caput* deste artigo, procederá, em relação às mercadorias e outros bens perdidos em razão de exigência não impugnada, na forma do art. 63. (Redação dada pela Lei 8.748, de 1993)

§ 3º Esgotado o prazo de cobrança amigável sem que tenha sido pago o crédito tributário, o órgão preparador declarará o sujeito passivo devedor remisso e encaminhará o processo à autoridade competente para promover a cobrança executiva.

§ 4º O disposto no parágrafo anterior aplicar-se-á aos casos em que o sujeito passivo não cumprir as condições estabelecidas para a concessão de moratória.

Art. 22. O processo será organizado em ordem cronológica e terá suas folhas numeradas e rubricadas.

SEÇÃO IV
Da Intimação

Art. 23. Far-se-á a intimação:

I – pessoal, pelo autor do procedimento ou por agente do órgão preparador, na repartição ou fora dela, provada com a assinatura do sujeito passivo, seu mandatário ou preposto, ou, no caso de recusa, com declaração escrita de quem o intimar; (Redação dada pela Lei 9.532, de 1997) (Produção de efeito)

II – por via postal, telegráfica ou por qualquer outro meio ou via, com prova de recebimento no domicílio tributário eleito pelo sujeito passivo; (Redação dada pela Lei 9.532, de 1997) (Produção de efeito)

III – por meio eletrônico, com prova de recebimento, mediante: (Redação dada pela Lei 11.196, de 2005)

a) envio ao domicílio tributário do sujeito passivo; ou (Incluída pela Lei 11.196, de 2005)

b) registro em meio magnético ou equivalente utilizado pelo sujeito passivo. (Incluída pela Lei 11.196, de 2005)

§ 1º Quando resultar improfícuo um dos meios previstos no *caput* deste artigo ou quando o sujeito passivo tiver sua inscrição declarada inapta perante o cadastro fiscal, a intimação poderá ser feita por edital publicado: (Redação dada pela Lei 11.941, de 2009)

I – no endereço da administração tributária na internet; (Incluído pela Lei 11.196, de 2005)

II – em dependência, franqueada ao público, do órgão encarregado da intimação; ou (Incluído pela Lei 11.196, de 2005)

III – uma única vez, em órgão da imprensa oficial local. (Incluído pela Lei 11.196, de 2005)

§ 2º Considera-se feita a intimação:

I – na data da ciência do intimado ou da declaração de quem fizer a intimação, se pessoal;

II – no caso do inciso II do *caput* deste artigo, na data do recebimento ou, se omitida, quinze dias após a data da expedição da intimação; (Redação dada pela Lei 9.532, de 1997) (Produção de efeito)

III – se por meio eletrônico: (Redação dada pela Lei 12.844, de 2013)

a) 15 (quinze) dias contados da data registrada no comprovante de entrega no domicílio tributário do sujeito passivo; (Redação dada pela Lei 12.844, de 2013)

b) na data em que o sujeito passivo efetuar consulta no endereço eletrônico a ele atribuído pela administração tributária, se ocorrida antes do prazo previsto na alínea *a*; ou (Redação dada pela Lei 12.844, de 2013)

c) na data registrada no meio magnético ou equivalente utilizado pelo sujeito passivo; (Incluída pela Lei 12.844, de 2013)

IV – 15 (quinze) dias após a publicação do edital, se este for o meio utilizado. (Incluído pela Lei 11.196, de 2005)

§ 3º Os meios de intimação previstos nos incisos do *caput* deste artigo não estão sujeitos a ordem de preferência. (Redação dada pela Lei 11.196, de 2005)

§ 4º Para fins de intimação, considera-se domicílio tributário do sujeito passivo: (Redação dada pela Lei 11.196, de 2005)

I – o endereço postal por ele fornecido, para fins cadastrais, à administração tributária; e (Incluído pela Lei 11.196, de 2005)

II – o endereço eletrônico a ele atribuído pela administração tributária, desde que autorizado pelo sujeito passivo. (Incluído pela Lei 11.196, de 2005)

§ 5º O endereço eletrônico de que trata este artigo somente será implementado com expresso consentimento do sujeito passivo, e a administração tributária informar-lhe-á as normas e condições de sua utilização e manutenção. (Incluído pela Lei 11.196, de 2005)

§ 6º As alterações efetuadas por este artigo serão disciplinadas em ato da administração tributária. (Incluído pela Lei 11.196, de 2005)

§ 7º Os Procuradores da Fazenda Nacional serão intimados pessoalmente das decisões do Conselho de Contribuintes e da Câmara Superior de Recursos Fiscais, do Ministério da Fazenda na sessão das respectivas câmaras subsequente à formalização do acórdão. (Incluído pela Lei 11.457, de 2007) (Vigência)

§ 8º Se os Procuradores da Fazenda Nacional não tiverem sido intimados pessoalmente em até 40 (quarenta) dias contados da formalização do acórdão do Conselho de Contribuintes ou da Câmara Superior de Recursos Fiscais, do Ministério da

Fazenda, os respectivos autos serão remetidos e entregues, mediante protocolo, à Procuradoria da Fazenda Nacional, para fins de intimação. (Incluído pela Lei 11.457, de 2007) (Vigência)

§ 9º Os Procuradores da Fazenda Nacional serão considerados intimados pessoalmente das decisões do Conselho de Contribuintes e da Câmara Superior de Recursos Fiscais, do Ministério da Fazenda, com o término do prazo de 30 (trinta) dias contados da data em que os respectivos autos forem entregues à Procuradoria na forma do § 8º deste artigo. (Incluído pela Lei 11.457, de 2007) (Vigência)

SEÇÃO V
Da Competência

Art. 24. O preparo do processo compete à autoridade local do órgão encarregado da administração do tributo.

Parágrafo único. Quando o ato for praticado por meio eletrônico, a administração tributária poderá atribuir o preparo do processo a unidade da administração tributária diversa da prevista no *caput* deste artigo. (Redação dada pela Lei 11.941, de 2009)

Art. 25. O julgamento do processo de exigência de tributos ou contribuições administrados pela Secretaria da Receita Federal compete: (Vide Decreto 2.562, de 1998) (Redação dada pela Medida Provisória 2.158-35, de 2001)

I – em primeira instância, às Delegacias da Receita Federal de Julgamento, órgãos de deliberação interna e natureza colegiada da Secretaria da Receita Federal; (Redação dada pela Medida Provisória 2.158-35, de 2001) (Vide Lei 8.748, de 1993)

a) aos Delegados da Receita Federal, titulares de Delegacias especializadas nas atividades concernentes a julgamento de processos, quanto aos tributos e contribuições administrados pela Secretaria da Receita Federal. (Redação dada pela Lei 8.748, de 1993) (Vide Medida Provisória 232, de 2004) (Vide Lei 11.119, de 2005)

b) às autoridades mencionadas na legislação de cada um dos demais tributos ou, na falta dessa indicação aos chefes da projeção regional ou local da entidade que administra o tributo, conforme for por ela estabelecido.

II – em segunda instância, ao Conselho Administrativo de Recursos Fiscais, órgão colegiado, paritário, integrante da estrutura do Ministério da Fazenda, com atribuição de julgar recursos de ofício e voluntários de decisão de primeira instância, bem como recursos de natureza especial. (Redação dada pela Lei 11.941, de 2009)

§ 1º O Conselho Administrativo de Recursos Fiscais será constituído por seções e pela Câmara Superior de Recursos Fiscais. (Redação dada pela Lei 11.941, de 2009)

I – (revogado); (Redação dada pela Lei 11.941, de 2009)

II – (revogado); (Redação dada pela Lei 11.941, de 2009)

III – (revogado); (Redação dada pela Lei 11.941, de 2009)

IV – (revogado). (Redação dada pela Lei 11.941, de 2009)

§ 2º As seções serão especializadas por matéria e constituídas por câmaras. (Redação dada pela Lei 11.941, de 2009)

§ 3º A Câmara Superior de Recursos Fiscais será constituída por turmas, compostas pelos Presidentes e Vice-Presidentes das câmaras. (Redação dada pela Lei 11.941, de 2009)

§ 4º As câmaras poderão ser divididas em turmas. (Redação dada pela Lei 11.941, de 2009)

§ 5º O Ministro de Estado da Fazenda poderá criar, nas seções, turmas especiais, de caráter temporário, com competência para julgamento de processos que envolvam valores reduzidos, que poderão funcionar nas cidades onde estão localizadas as Superintendências Regionais da Receita Federal do Brasil. (Redação dada pela Lei 11.941, de 2009)

§ 6º (VETADO) (Incluído pela Lei 11.941, de 2009)

§ 7º As turmas da Câmara Superior de Recursos Fiscais serão constituídas pelo Presidente do Conselho Administrativo de Recursos Fiscais, pelo Vice-Presidente, pelos Presidentes e pelos Vice-Presidentes das câmaras, respeitada a paridade. (Incluído pela Lei 11.941, de 2009)

§ 8º A presidência das turmas da Câmara Superior de Recursos Fiscais será exercida pelo Presidente do Conselho Administrativo de Recursos Fiscais e a vice-presidência, por conselheiro representante dos contribuintes. (Incluído pela Lei 11.941, de 2009)

§ 9º Os cargos de Presidente das Turmas da Câmara Superior de Recursos Fiscais, das câmaras, das suas turmas e das turmas especiais serão ocupados por conselheiros representantes da Fazenda Nacional, que, em caso de empate, terão o voto de qualidade, e os cargos de Vice-Presidente, por representantes dos contribuintes. (Incluído pela Lei 11.941, de 2009)

§ 10. Os conselheiros serão designados pelo Ministro de Estado da Fazenda para mandato, limitando-se as reconduções, na forma e no prazo estabelecidos no regimento interno. (Incluído pela Lei 11.941, de 2009)

§ 11. O Ministro de Estado da Fazenda, observado o devido processo legal, decidirá sobre a perda do mandato dos conselheiros que incorrerem em falta grave, definida no regimento interno. (Incluído pela Lei 11.941, de 2009)

Art. 26. Compete ao Ministro da Fazenda, em instância especial: (Vide Medida Provisória 449, de 2008)

I – julgar recursos de decisões dos Conselhos de Contribuintes, interpostos pelos Procuradores Representantes da Fazenda junto aos mesmos Conselhos; (Vide Medida Provisória 449, de 2008)

II – decidir sobre as propostas de aplicação de equidade apresentadas pelos Conselhos de Contribuintes. (Vide Medida Provisória 449, de 2008)

Art. 26-A. No âmbito do processo administrativo fiscal, fica vedado aos órgãos de julgamento afastar a aplicação ou deixar de observar tratado, acordo internacional, lei ou decreto, sob fundamento de inconstitucionalidade. (Redação dada pela Lei 11.941, de 2009)

§ 1º (Revogado). (Redação dada pela Lei 11.941, de 2009)

§ 2º (Revogado). (Redação dada pela Lei 11.941, de 2009)

§ 3º (Revogado). (Redação dada pela Lei 11.941, de 2009)

§ 4º (Revogado). (Redação dada pela Lei 11.941, de 2009)

§ 5º (Revogado). (Redação dada pela Lei 11.941, de 2009)

§ 6º O disposto no *caput* deste artigo não se aplica aos casos de tratado, acordo internacional, lei ou ato normativo: (Incluído pela Lei 11.941, de 2009)

I – que já tenha sido declarado inconstitucional por decisão definitiva plenária do Supremo Tribunal Federal; (Incluído pela Lei 11.941, de 2009)

II – que fundamente crédito tributário objeto de: (Incluído pela Lei 11.941, de 2009)

a) dispensa legal de constituição ou de ato declaratório do Procurador-Geral da Fazenda Nacional, na forma dos arts. 18 e 19 da Lei 10.522, de 19 de julho de 2002; (Incluído pela Lei 11.941, de 2009)

b) súmula da Advocacia-Geral da União, na forma do art. 43 da Lei Complementar 73, de 10 de fevereiro de 1993; ou (Incluído pela Lei 11.941, de 2009)

c) pareceres do Advogado-Geral da União aprovados pelo Presidente da República, na forma do art. 40 da Lei Complementar 73, de 10 de fevereiro de 1993. (Incluído pela Lei 11.941, de 2009)

SEÇÃO VI
Do Julgamento em Primeira Instância

Art. 27. Os processos remetidos para apreciação da autoridade julgadora de primeira instância deverão ser qualificados e identificados, tendo prioridade no julgamento aqueles em que estiverem presentes as circunstâncias de crime contra a ordem tributária ou de elevado valor, este definido em ato do Ministro de Estado da Fazenda. (Redação dada pela Lei 9.532, de 1997) (Produção de efeito)

Parágrafo único. Os processos serão julgados na ordem e nos prazos estabelecidos em ato do Secretário da Receita Federal, observada a prioridade de que trata o *caput* deste artigo. (Incluído pela Lei 9.532, de 1997) (Produção de efeito)

Art. 28. Na decisão em que for julgada questão preliminar será também julgado o mérito, salvo quando incompatíveis, e dela constará o indeferimento fundamentado do pedido de diligência ou perícia, se for o caso. (Redação dada pela Lei 8.748, de 1993)

Art. 29. Na apreciação da prova, a autoridade julgadora formará livremente sua convicção, podendo determinar as diligências que entender necessárias.

Art. 30. Os laudos ou pareceres do Laboratório Nacional de Análises, do Instituto Nacional de Tecnologia e de outros órgãos federais congêneres serão adotados nos aspectos técnicos de sua competência, salvo se comprovada a improcedência desses laudos ou pareceres.

§ 1º Não se considera como aspecto técnico a classificação fiscal de produtos.

§ 2º A existência no processo de laudos ou pareceres técnicos não impede a autoridade julgadora de solicitar outros a qualquer dos órgãos referidos neste artigo.

§ 3º Atribuir-se-á eficácia aos laudos e pareceres técnicos sobre produtos, exarados em outros processos administrativos fiscais e transladados mediante certidão de inteiro teor ou cópia fiel, nos seguintes casos: (Redação dada pela Lei 9.532, de 1997) (Produção de efeito)

a) quando tratarem de produtos originários do mesmo fabricante, com igual denominação, marca e especificação; (Redação dada pela Lei 9.532, de 1997) (Produção de efeito)

b) quando tratarem de máquinas, aparelhos, equipamentos, veículos e outros produtos complexos de fabricação em série, do mesmo fabricante, com iguais especificações, marca e modelo. (Redação dada pela Lei 9.532, de 1997) (Produção de efeito)

Art. 31. A decisão conterá relatório resumido do processo, fundamentos legais, conclusão e ordem de intimação, devendo referir-se, expressamente, a todos os autos de infração e notificações de lançamento objeto do processo, bem como às razões de defesa suscitadas pelo impugnante contra todas as exigências. (Redação dada pela Lei 8.748, de 1993)

Art. 32. As inexatidões materiais devidas a lapso manifesto e os erros de escrita ou de cálculos existentes na decisão poderão ser corrigidos de ofício ou a requerimento do sujeito passivo.

Art. 33. Da decisão caberá recurso voluntário, total ou parcial, com efeito suspensivo, dentro dos trinta dias seguintes à ciência da decisão.

§ 1º (Revogado pela Lei 12.096, de 2009)

§ 2º (Vide ADIn 1.976-7)

§ 3º O arrolamento de que trata o § 2º será realizado preferencialmente sobre bens imóveis. (Redação dada pela Lei 10.522, de 2002)

§ 4º O Poder Executivo editará as normas regulamentares necessárias à operacionalização do arrolamento previsto no § 2º. (Redação dada pela Lei 10.522, de 2002)

Art. 34. A autoridade de primeira instância recorrerá de ofício sempre que a decisão:

I – exonerar o sujeito passivo do pagamento de tributo e encargos de multa de valor total (lançamento principal e decorrentes) a ser fixado em ato do Ministro de Estado da Fazenda. (Redação dada pela Lei 9.532, de 1997) (Produção de efeito)

II – deixar de aplicar pena de perda de mercadorias ou outros bens cominada à infração denunciada na formalização da exigência.

§ 1º O recurso será interposto mediante declaração na própria decisão.

§ 2º Não sendo interposto o recurso, o servidor que verificar o fato representará à autoridade julgadora, por intermédio de seu chefe imediato, no sentido de que seja observada aquela formalidade.

Art. 35. O recurso, mesmo perempto, será encaminhado ao órgão de segunda instância, que julgará a perempção.

Art. 36. Da decisão de primeira instância não cabe pedido de reconsideração.

SEÇÃO VII
Do Julgamento em Segunda Instância

Art. 37. O julgamento no Conselho Administrativo de Recursos Fiscais far-se-á conforme dispuser o regimento interno. (Redação dada pela Lei 11.941, de 2009)

§ 1º (Revogado pelo Decreto 83.304, de 1979)

§ 2º Caberá recurso especial à Câmara Superior de Recursos Fiscais, no prazo de 15 (quinze) dias da ciência do acórdão ao interessado: (Redação dada pela Lei 11.941, de 2009)

I – (VETADO) (Redação dada pela Lei 11.941, de 2009)

II – de decisão que der à lei tributária interpretação divergente da que lhe tenha dado outra Câmara, turma de Câmara, turma especial ou a própria Câmara Superior de Recursos Fiscais. (Redação dada pela Lei 11.941, de 2009)

§ 3º Caberá pedido de reconsideração, com efeito suspensivo, no prazo de trinta dias, contados da ciência: (Vide Lei 11.941, de 2009)

I – (revogado); (Redação dada pela Lei 11.941, de 2009)

II – (revogado). (Redação dada pela Lei 11.941, de 2009)

Art. 38. O julgamento em outros órgãos da administração federal far-se-á de acordo com a legislação própria, ou, na sua falta, conforme dispuser o órgão que administra o tributo.

SEÇÃO VIII
Do Julgamento em Instância Especial

Art. 39. Não cabe pedido de reconsideração de ato do Ministro da Fazenda que julgar ou decidir as matérias de sua competência.

Art. 40. As propostas de aplicação de equidade apresentadas pelos Conselhos de Contribuintes atenderão às características pessoais ou materiais da espécie julgada e serão restritas à dispensa total ou parcial de penalidade pecuniária, nos casos em que não houver reincidência nem sonegação, fraude ou conluio.

Art. 41. O órgão preparador dará ciência ao sujeito passivo da decisão do Ministro da Fazenda, intimando-o, quando for o caso, a cumpri-la, no prazo de trinta dias.

SEÇÃO IX
Da Eficácia e Execução das Decisões

Art. 42. São definitivas as decisões:

I – de primeira instância esgotado o prazo para recurso voluntário sem que este tenha sido interposto;

II – de segunda instância de que não caiba recurso ou, se cabível, quando decorrido o prazo sem sua interposição;

III – de instância especial.

Parágrafo único. Serão também definitivas as decisões de primeira instância na parte que não for objeto de recurso voluntário ou não estiver sujeita a recurso de ofício.

Art. 43. A decisão definitiva contrária ao sujeito passivo será cumprida no prazo para cobrança amigável fixado no artigo 21, aplicando-se, no caso de descumprimento, o disposto no § 3º do mesmo artigo.

§ 1º A quantia depositada para evitar a correção monetária do crédito tributário ou para liberar mercadorias será convertida em renda se o sujeito passivo não comprovar, no prazo legal, a propositura de ação judicial.

§ 2º Se o valor depositado não for suficiente para cobrir o crédito tributário, aplicar-se-á à cobrança do restante o disposto no *caput* deste artigo; se exceder o exigido, a autoridade promoverá a restituição da quantia excedente, na forma da legislação específica.

Art. 44. A decisão que declarar a perda de mercadoria ou outros bens será executada pelo órgão preparador, findo o prazo previsto no artigo 21, segundo dispuser a legislação aplicável.

Art. 45. No caso de decisão definitiva favorável ao sujeito passivo, cumpre à autoridade preparadora exonerá-lo, de ofício, dos gravames decorrentes do litígio.

CAPÍTULO II
Do Processo da Consulta

Art. 46. O sujeito passivo poderá formular consulta sobre dispositivos da legislação tributária aplicáveis a fato determinado. (Vide Lei 9.430, de 1996)

Parágrafo único. Os órgãos da administração pública e as entidades representativas de categorias econômicas ou profissionais também poderão formular consulta.

Art. 47. A consulta deverá ser apresentada por escrito, no domicílio tributário do consulente, ao órgão local da entidade incumbida de administrar o tributo sobre que versa. (Vide Lei 9.430, de 1996)

Art. 48. Salvo o disposto no artigo seguinte, nenhum procedimento fiscal será instaurado contra o sujeito passivo relativamente à espécie consultada, a partir da apresentação da consulta até o trigésimo dia subsequente à data da ciência: (Vide Lei 9.430, de 1996)

I – de decisão de primeira instância da qual não haja sido interposto recurso;

II – de decisão de segunda instância.

Art. 49. A consulta não suspende o prazo para recolhimento de tributo, retido na fonte ou autolançado antes ou depois de sua apresentação, nem o prazo para apresentação de declaração de rendimentos. (Vide Lei 9.430, de 1996)

Art. 50. A decisão de segunda instância não obriga ao recolhimento de tributo que deixou de ser retido ou autolançado após a decisão reformada e de acordo com a orientação desta, no período compreendido entre as datas de ciência das duas decisões. (Vide Lei 9.430, de 1996)

Art. 51. No caso de consulta formulada por entidade representativa de categoria econômica ou profissional, os efeitos referidos no artigo 48 só alcançam seus associados ou filiados depois de cientificado o consulente da decisão. (Vide Lei 9.430, de 1996)

Art. 52. Não produzirá efeito a consulta formulada: (Vide Lei 9.430, de 1996)

I – em desacordo com os artigos 46 e 47;

II – por quem tiver sido intimado a cumprir obrigação relativa ao fato objeto da consulta;

III – por quem estiver sob procedimento fiscal iniciado para apurar fatos que se relacionem com a matéria consultada;

IV – quando o fato já houver sido objeto de decisão anterior, ainda não modificada, proferida em consulta ou litígio em que tenha sido parte o consulente;

V – quando o fato estiver disciplinado em ato normativo, publicado antes de sua apresentação;

VI – quando o fato estiver definido ou declarado em disposição literal de lei;

VII – quando o fato for definido como crime ou contravenção penal;

VIII – quando não descrever, completa ou exatamente, a hipótese a que se referir, ou não contiver os elementos necessários à sua solução salvo se a inexatidão ou omissão for escusável, a critério da autoridade julgadora.

Art. 53. O preparo do processo compete ao órgão local da entidade encarregada da administração do tributo. (Vide Lei 9.430, de 1996)

Art. 54. O julgamento compete: (Vide Lei 9.430, de 1996)

I – Em primeira instância:

a) aos Superintendentes Regionais da Receita Federal, quanto aos tributos administrados pela Secretaria da Receita Federal, atendida, no julgamento, a orientação emanada dos atos normativos da Coordenação do Sistema de Tributação;

b) às autoridades referidas na alínea b do inciso I do artigo 25.

II – Em segunda instância:

a) ao Coordenador do Sistema de Tributação, da Secretaria da Receita Federal, salvo quanto aos tributos incluídos na competência julgadora de outro órgão da administração federal;

b) à autoridade mencionada na legislação dos tributos, ressalvados na alínea precedente ou, na falta dessa indicação, à que for designada pela entidade que administra o tributo.

III – Em instância única, ao Coordenador do Sistema de Tributação, quanto às consultas relativas aos tributos administrados pela Secretaria da Receita Federal e formuladas:

a) sobre classificação fiscal de mercadorias;

b) pelos órgãos centrais da administração pública;

c) por entidades representativas de categorias econômicas ou profissionais, de âmbito nacional.

Art. 55. Compete à autoridade julgadora declarar a ineficácia da Consulta. (Vide Lei 9.430, de 1996)

Art. 56. Cabe recurso voluntário, com efeito suspensivo, de decisão de primeira instância, dentro de trinta dias contados da ciência. (Vide Lei 9.430, de 1996)

Art. 57. A autoridade de primeira instância recorrerá de ofício de decisão favorável ao consulente. (Vide Lei 9.430, de 1996)

Art. 58. Não cabe pedido de reconsideração de decisão proferida em processo de consulta, inclusive da que declarar a sua ineficácia. (Vide Lei 9.430, de 1996)

CAPÍTULO III
Das Nulidades

Art. 59. São nulos:

I – os atos e termos lavrados por pessoa incompetente;

II – os despachos e decisões proferidos por autoridade incompetente ou com preterição do direito de defesa.

§ 1º A nulidade de qualquer ato só prejudica os posteriores que dele diretamente dependam ou sejam consequência.

§ 2º Na declaração de nulidade, a autoridade dirá os atos alcançados, e determinará as providências necessárias ao prosseguimento ou solução do processo.

§ 3º Quando puder decidir do mérito a favor do sujeito passivo a quem aproveitaria a declaração de nulidade, a autoridade julgadora não a pronunciará nem mandará repetir o ato ou suprir-lhe a falta. (Redação dada pela Lei 8.748, de 1993)

Art. 60. As irregularidades, incorreções e omissões diferentes das referidas no artigo anterior não importarão em nulidade e serão sanadas quando resultarem em prejuízo para o sujeito passivo, salvo se este lhes houver dado causa, ou quando não influírem na solução do litígio.

Art. 61. A nulidade será declarada pela autoridade competente para praticar o ato ou julgar a sua legitimidade.

CAPÍTULO IV
Disposições Finais e Transitórias

Art. 62. Durante a vigência de medida judicial que determinar a suspensão da cobrança, do tributo não será instaurado procedimento fiscal contra o sujeito passivo favorecido pela decisão, relativamente, à matéria sobre que versar a ordem de suspensão.

Parágrafo único. Se a medida referir-se a matéria objeto de processo fiscal, o curso deste não será suspenso, exceto quanto aos atos executórios.

Art. 63. A destinação de mercadorias ou outros bens apreendidos ou dados em garantia de pagamento do crédito tributário obedecerá às normas estabelecidas na legislação aplicável.

Art. 64. Os documentos que instruem o processo poderão ser restituídos, em qualquer fase, a requerimento do sujeito passivo, desde que a medida não prejudique a instrução e deles fique cópia autenticada no processo.

Art. 64-A. Os documentos que instruem o processo poderão ser objeto de digitalização, observado o disposto nos arts. 1º e 3º da Lei 12.682, de 9 de julho de 2012. (Incluído pela Lei 12.865, de 2013)

Art. 64-B. No processo eletrônico, os atos, documentos e termos que o instruem poderão ser natos digitais ou produzidos por meio de digitalização, observado o disposto na Medida Provisória 2.200-2, de 24 de agosto de 2001. (Incluído pela Lei 12.865, de 2013)

§ 1º Os atos, termos e documentos submetidos a digitalização pela administração tributária e armazenados eletronicamente possuem o mesmo valor probante de seus originais. (Incluído pela Lei 12.865, de 2013)

§ 2º Os autos de processos eletrônicos, ou parte deles, que tiverem de ser remetidos a órgãos ou entidades que não disponham de sistema compatível de armazenagem e tramitação poderão ser encaminhados impressos em papel ou por meio digital, conforme disciplinado em ato da administração tributária. (Incluído pela Lei 12.865, de 2013)

§ 3º As matrizes físicas dos atos, dos termos e dos documentos digitalizados e armazenados eletronicamente, nos termos do § 1º, poderão ser descartadas, conforme regulamento. (Incluído pela Lei 13.097, de 2015)

Art. 65. O disposto neste Decreto não prejudicará a validade dos atos praticados na vigência da legislação anterior.

§ 1º O preparo dos processos em curso, até a decisão de primeira instância, continuará regido pela legislação precedente.

§ 2º Não se modificarão os prazos iniciados antes da entrada em vigor deste Decreto.

Art. 66. O Conselho Superior de Tarifa passa a denominar-se 4º Conselho de Contribuintes.

Art. 67. Os Conselhos de Contribuintes, no prazo de noventa dias, adaptarão seus regimentos internos às disposições deste Decreto.

Art. 68. Revogam-se as disposições em contrário.

Brasília, 6 de março de 1972;

151º da Independência e 84º da República.

EMÍLIO G. MÉDICI

Antônio Delfim Netto

APÊNDICE II

DECRETO 7.574, DE 29 DE SETEMBRO DE 2011

Regulamenta o processo de determinação e de exigência de créditos tributários da União, o processo de consulta relativo à interpretação da legislação tributária e aduaneira, à classificação fiscal de mercadorias, à classificação de serviços, intangíveis e de outras operações que produzam variações no patrimônio e de outros processos que especifica, sobre matérias administradas pela Secretaria da Receita Federal do Brasil. (Redação dada pelo Decreto 8.853, de 2016)

A PRESIDENTA DA REPÚBLICA, no uso da atribuição que lhe confere o art. 84, inciso IV, da Constituição,

DECRETA:

Art. 1º O processo de determinação e de exigência de créditos tributários da União, o processo de consulta relativo à interpretação da legislação tributária e aduaneira, à classificação fiscal de mercadorias, à classificação de serviços, intangíveis e de outras operações que produzam variações no patrimônio e de outros processos administrativos relativos às matérias de competência da Secretaria da Receita Federal do Brasil serão regidos conforme o disposto neste Decreto. (Redação dada pelo Decreto 8.853, de 2016)

TÍTULO I
DAS NORMAS GERAIS

CAPÍTULO I
DOS ATOS E DOS TERMOS PROCESSUAIS

Seção I
Da Forma

Art. 2º Os atos e termos processuais, quando a lei não prescrever forma própria, conterão somente o indispensável à sua finalidade e serão lavrados sem espaço em branco, não devendo conter entrelinhas, rasuras ou emendas não ressalvadas (Decreto 70.235, de 6 de março de 1972, art. 2º).

Parágrafo único. Os atos e termos processuais poderão ser formalizados, tramitados, comunicados e transmitidos em formato digital, conforme disciplinado em ato da administração tributária. (Redação dada pelo Decreto 8.853, de 2016)

Art. 3º Os termos decorrentes de atividade fiscalizadora serão lavrados, sempre que possível, em livro fiscal, extraindo-se cópia para anexação ao processo.

Parágrafo único. Na hipótese de o termo não ser lavrado em livro fiscal, deverá ser entregue cópia autenticada à pessoa sob fiscalização (Decreto 70.235, de 1972, art. 8º).

Art. 4º É dispensado o reconhecimento de firma em petições dirigidas à administração pública, salvo em casos excepcionais ou naqueles em que a lei imponha explicitamente essa condição, podendo, no caso de dúvida sobre a autenticidade da assinatura ou quando a providência servir ao resguardo do sigilo, antes da decisão final, ser exigida a apresentação de prova de identidade do requerente (Lei 4.862, de 29 de novembro de 1965, art. 31).

Art. 5º O processo será organizado em ordem cronológica e terá suas folhas numeradas e rubricadas ou autenticadas eletronicamente (Decreto 70.235, de 1972, parágrafo único do art. 2º e art. 22).

Seção II
Da Prática dos Atos

Subseção I
Do Local

Art. 6º Os atos serão lavrados por servidor competente no local de verificação da falta (Decreto 70.235, de 1972, art. 10).

Parágrafo único. Considera-se local de verificação da falta aquele em que for apurada a existência da infração, podendo ser, inclusive, a repartição fazendária, em face dos elementos de prova disponíveis.

Subseção II
Dos Prazos

Art. 7º O prazo para a autoridade local fazer realizar os atos processuais que devam ser praticados em sua jurisdição, por solicitação de outra autoridade preparadora ou julgadora, é de trinta dias, contados da data do recebimento da solicitação (Decreto 70.235, de 1972, art. 3º).

Art. 8º Salvo disposição em contrário, o prazo para o servidor executar os atos processuais é de oito dias, contados da data da ciência da designação (Decreto 70.235, de 1972, art. 4º).

Art. 9º Os prazos serão contínuos, com início e vencimento em dia de expediente normal da unidade da Secretaria da Receita Federal do Brasil em que corra o processo ou deva ser praticado o ato (Decreto 70.235, de 1972, art. 5º).

Parágrafo único. Na contagem dos prazos, é excluído o dia de início e incluído o de vencimento.

Seção III
Das Intimações

Subseção I
Da Forma

Art. 10. As formas de intimação são as seguintes:

I – pessoal, pelo autor do procedimento ou por agente do órgão preparador, na repartição ou fora dela, provada com a assinatura do sujeito passivo, seu mandatário ou preposto, ou, no caso de recusa, com declaração escrita de quem o intimar (Decreto 70.235, de 1972, art. 23, inciso I, com a redação dada pela Lei 9.532, de 10 de dezembro de 1997, art. 67);

II – por via postal ou por qualquer outro meio ou via, com prova de recebimento no domicílio tributário eleito pelo sujeito passivo (Decreto 70.235, de 1972, art. 23, inciso II, com a redação dada pela Lei 9.532, de 1997, art. 67);

III – por meio eletrônico, com prova de recebimento, mediante:

a) envio ao domicílio tributário do sujeito passivo; ou

b) registro em meio magnético ou equivalente utilizado pelo sujeito passivo (Decreto 70.235, de 1972, art. 23, inciso III, com a redação dada pela Lei 11.196, de 2005, art. 113); ou

IV – por edital, quando resultar improfícuo um dos meios previstos nos incisos I a III do *caput* ou quando o sujeito passivo tiver sua inscrição declarada inapta perante o cadastro fiscal, publicado (Decreto 70.235, de 1972, art. 23, § 1º, com a redação dada pela Lei 11.941, de 27 de maio de 2009, art. 25):

a) no endereço da administração tributária na Internet;

b) em dependência, franqueada ao público, do órgão encarregado da intimação; ou

c) uma única vez, em órgão da imprensa oficial local.

§ 1º A utilização das formas de intimação previstas nos incisos I a III não está sujeita a ordem de preferência (Decreto 70.235, de 1972, art. 23, § 3º, com a redação dada pela Lei 11.196, de 2005, art. 113).

§ 2º Para fins de intimação por meio das formas previstas nos incisos II e III, considera-se domicílio tributário do sujeito passivo (Decreto 70.235, de 1972, art. 23, § 4º, com a redação dada pela Lei 9.532, de 1997, art. 67):

I – o endereço postal fornecido à administração tributária, para fins cadastrais; e

II – o endereço eletrônico atribuído pela administração tributária, desde que autorizado pelo sujeito passivo (Decreto 70.235, de 1972, art. 23, § 4º, inciso II, com a redação dada pela Lei 11.196, de 2005, art. 113).

§ 3º O endereço eletrônico de que trata o inciso II do § 2º somente será implementado com expresso consentimento do sujeito passivo, e a administração tributária informar-lhe-á as normas e condições de sua utilização e manutenção (Decreto 70.235, de 1972, art. 23, § 5º, com a redação dada pela Lei 11.196, de 2005, art. 113).

§ 4º A Secretaria da Receita Federal do Brasil expedirá atos complementares às normas previstas neste artigo (Decreto 70.235, de 1972, art. 23, § 6º, com a redação dada pela Lei 11.196, de 2005, art. 113).

Subseção II
Do Momento

Art. 11. Considera-se feita a intimação: (Redação dada pelo Decreto 8.853, de 2016)

I – se pessoal, na data da ciência do intimado ou da declaração de recusa lavrada pelo servidor responsável pela intimação;

II – se por via postal, na data do recebimento ou, se omitida, quinze dias após a data da expedição da intimação (Decreto 70.235, de 1972, art. 23, § 2º, inciso II, com a redação dada pela Lei 9.532, de 1997, art. 67);

III – se por meio eletrônico: (Redação dada pelo Decreto 8.853, de 2016)

a) quinze dias, contados da data registrada no comprovante de entrega no domicílio tributário do sujeito passivo; (Redação dada pelo Decreto 8.853, de 2016)

b) na data em que o sujeito passivo efetuar consulta no endereço eletrônico a ele atribuído pela administração tributária, se ocorrida antes do prazo previsto na alínea "a"; ou (Redação dada pelo Decreto 8.853, de 2016)

c) na data registrada no meio magnético ou equivalente utilizado pelo sujeito passivo; ou (Incluído pelo Decreto 8.853, de 2016)

IV – se por edital, quinze dias após a sua publicação (Decreto 70.235, de 1972, art. 23, § 2º, inciso IV, com a redação dada pela Lei 9.532, de 1997, art. 67, e pela Lei 11.196, de 2005, art. 113).

Seção IV
Das Nulidades

Art. 12. São nulos (Decreto 70.235, de 1972, art. 59):

I – os atos e os termos lavrados por pessoa incompetente; e

II – os despachos e decisões proferidos por autoridade incompetente ou com preterição do direito de defesa.

§ 1º A nulidade de qualquer ato só prejudica os atos posteriores que dele diretamente dependam ou sejam consequência.

§ 2º Na declaração de nulidade, a autoridade dirá os atos alcançados e determinará as providências necessárias ao prosseguimento ou solução do processo.

§ 3º Quando puder decidir o mérito em favor do sujeito passivo a quem aproveitaria a declaração de nulidade, a autoridade julgadora não a pronunciará, nem mandará repetir o ato, ou suprir-lhe a falta.

Art. 13. As irregularidades, incorreções e omissões diferentes das referidas no art. 12 não importarão em nulidade e serão sanadas quando resultarem em prejuízo para o sujeito passivo, salvo se este lhes houver dado causa, ou quando não influírem na solução do litígio (Decreto 70.235, de 1972, art. 60).

Art. 14. A nulidade será declarada pela autoridade competente para praticar o ato ou julgar a sua legitimidade (Decreto 70.235, de 1972, art. 61).

CAPÍTULO II
DA COMPETÊNCIA PARA O PREPARO DO PROCESSO

Art. 15. O preparo do processo compete à autoridade local da unidade da Secretaria da Receita Federal do Brasil encarregada da administração do tributo (Decreto 70.235, de 1972, art. 24).

Parágrafo único. Quando o ato for praticado por meio eletrônico, a administração tributária poderá atribuir o preparo do processo a unidade da administração tributária diversa da prevista no *caput* (incluído pela Lei 11.941, de 2009, art. 25).

Art. 16. A autoridade preparadora determinará que seja informado, no processo, se o infrator é reincidente, conforme definição em lei específica, se essa circunstância não tiver sido declarada na formalização da exigência, reabrindo-se o prazo de impugnação (Decreto 70.235, de 1972, art. 13).

CAPÍTULO III
DO EXAME DE LIVROS E DE DOCUMENTOS

Art. 17. Para o efeito da legislação tributária, não têm aplicação quaisquer disposições legais excludentes ou limitativas do direito de examinar mercadorias, livros, arquivos, documentos, papéis e efeitos comerciais ou fiscais, dos empresários e das sociedades, ou da obrigação destes de exibi-los (Lei 5.172, de 25 de outubro de 1966 – Código Tributário Nacional, art. 195; Lei 10.406, de 10 de janeiro de 2002 – Código Civil, art. 1.179).

§ 1º Os livros obrigatórios de escrituração comercial e fiscal e os comprovantes dos lançamentos neles efetuados serão conservados até que ocorra a prescrição dos créditos tributários decorrentes das operações a que se refiram (Lei 5.172, de 1966 – Código Tributário Nacional, art. 195, parágrafo único; Lei 8.212, de 24 de julho de 1991, art. 32, § 11, com a redação dada pela Lei 11.941, de 2009, art. 26).

§ 2º Os comprovantes da escrituração comercial e fiscal relativos a fatos que repercutem em lançamentos contábeis de exercícios futuros serão conservados até que se opere a decadência do direito de a Fazenda Pública constituir os créditos tributários relativos a esses exercícios (Lei 9.430, de 27 de dezembro de 1996, art. 37).

Art. 18. São também passíveis de exame os documentos mantidos em arquivos magnéticos ou assemelhados, encontrados no local da verificação, que tenham relação direta ou indireta com a atividade exercida pelo sujeito passivo (Lei 9.430, de 1996, art. 34).

Art. 19. Os livros e documentos poderão ser examinados fora do estabelecimento do sujeito passivo, desde que lavrado termo escrito de retenção pela autoridade fiscal, em que se especifiquem a quantidade, espécie, natureza e condições dos livros e documentos retidos (Lei 9.430, de 1996, art. 35).

Parágrafo único. Os originais dos livros e dos documentos retidos devem ser devolvidos, mediante recibo, salvo se constituírem prova da prática de ilícito penal ou tributário, hipótese em que permanecerão retidos, extraindo-se cópia para entrega ao interessado (Lei 9.430, de 1996, art. 35, §§ 1º e 2º).

Art. 20. A autoridade fiscal encarregada de diligência ou fiscalização poderá promover a lacração de móveis, caixas, cofres ou depósitos onde se encontrarem arquivos e documentos, toda vez que ficar caracterizada a resistência ou embaraço à fiscalização, ou ainda quando as circunstâncias ou a quantidade de documentos não permitirem a sua identificação e conferência no local ou no momento em que foram encontrados (Lei 9.430, de 1996, art. 36).

Parágrafo único. O sujeito passivo e demais responsáveis serão previamente notificados para acompanharem o procedimento de rompimento do lacre e de identificação dos elementos de interesse da fiscalização (Lei 9.430, de 1996, art. 36, parágrafo único).

Art. 21. O sujeito passivo usuário de sistemas de processamento de dados deverá manter documentação técnica completa e atualizada do sistema, suficiente para possibilitar sua auditoria, facultada a manutenção em meio magnético, sem prejuízo da sua emissão gráfica, quando solicitada (Lei 9.430, de 1996, art. 38).

Art. 22. As pessoas jurídicas que utilizarem sistemas de processamento eletrônico de dados para registrar negócios e atividades econômicas ou financeiras, escriturar livros ou elaborar documentos de natureza contábil ou fiscal ficam obrigadas a manter, à disposição da Secretaria da Receita Federal do Brasil, os respectivos arquivos digitais e sistemas, pelo prazo decadencial previsto na legislação tributária (Lei 8.218, de 29 de agosto de 1991, art. 11, com a redação dada pela Medida Provisória 2.158-35, de 24 de agosto de 2001, art. 72).

§ 1º A Secretaria da Receita Federal do Brasil poderá estabelecer prazo inferior ao previsto no *caput*, que poderá ser diferenciado segundo o porte da pessoa jurídica (Lei 8.218, de 1991, art. 11, § 1º, com a redação dada pela Medida Provisória 2.158-35, de 2001, art. 72).

§ 2º A Secretaria da Receita Federal do Brasil expedirá os atos necessários para estabelecer a forma e o prazo em que os arquivos digitais e sistemas deverão ser apresentados (Lei 8.218, de 1991, art. 11, § 3º, com a redação dada pela Medida Provisória 2.158-35, de 2001, art. 72).

§ 3º Os atos a que se refere o § 2º poderão ser expedidos por autoridade designada pelo Secretário da Receita Federal do Brasil (Lei 8.218, de 1991, art. 11, § 4º, com a redação dada pela Medida Provisória 2.158-35, de 2001, art. 72).

CAPÍTULO IV
DO DEVER DE PRESTAR INFORMAÇÕES

Art. 23. Os órgãos da Secretaria da Receita Federal do Brasil, e os Auditores-Fiscais da Receita Federal do Brasil, no uso de suas atribuições legais, poderão solicitar informações e esclarecimentos ao sujeito passivo ou a terceiros, sendo as declarações, ou a recusa em prestá-las, lavradas pela autoridade administrativa e assinadas pelo declarante (Lei 2.354, de 29 de novembro de 1954, art. 7º; Decreto-Lei 1.718, de 27 de novembro de 1979, art. 2º; Lei 5.172, de 1966 – Código Tributário Nacional, arts. 196 e 197; Lei 11.457, de 16 de março de 2007, art. 10).

Parágrafo único. A obrigação a que se refere o *caput* não abrange a prestação de informações quanto a fatos sobre os quais o informante esteja legalmente obrigado a observar segredo em razão de cargo, ofício, função, ministério, atividade ou profissão (Lei 5.172, de 1966 – Código Tributário Nacional, de 1966, art. 197, parágrafo único).

CAPÍTULO V
DAS PROVAS

Art. 24. São hábeis para comprovar a verdade dos fatos todos os meios de prova admitidos em direito (Lei 5.869, de 11 de janeiro de 1973, art. 332).

Parágrafo único. São inadmissíveis no processo administrativo as provas obtidas por meios ilícitos (Lei 9.784, de 29 de janeiro de 1999, art. 30).

Art. 25. Os autos de infração ou as notificações de lançamento deverão estar instruídos com todos os termos, depoimentos, laudos e demais elementos de prova indispensáveis à comprovação do ilícito (Decreto 70.235, de 1972, art. 9º, com a redação dada pela Lei 11.941, de 2009, art. 25).

Art. 26. A escrituração mantida com observância das disposições legais faz prova a favor do sujeito passivo dos fatos nela registrados e comprovados por documentos hábeis, segundo sua natureza, ou assim definidos em preceitos legais (Decreto-Lei 1.598, de 26 de dezembro de 1977, art. 9º, § 1º).

Parágrafo único. Cabe à autoridade fiscal a prova da inveracidade dos fatos registrados com observância do disposto no *caput* (Decreto-Lei 1.598, de 1977, art. 9º, § 2º).

Art. 27. O disposto no parágrafo único do art. 26 não se aplica aos casos em que a lei, por disposição especial, atribua ao sujeito passivo o ônus da prova de fatos registrados na sua escrituração (Decreto-Lei 1.598, de 1977, art. 9º, § 3º).

Art. 28. Cabe ao interessado a prova dos fatos que tenha alegado, sem prejuízo do dever atribuído ao órgão competente para a instrução e sem prejuízo do disposto no art. 29 (Lei 9.784, de 1999, art. 36).

Art. 29. Quando o interessado declarar que fatos e dados estão registrados em documentos existentes na própria administração responsável pelo processo ou em outro órgão administrativo, o órgão competente para a instrução proverá, de ofício, à obtenção dos documentos ou das respectivas cópias (Lei 9.784, de 1999, art. 37).

TÍTULO II
DO PROCESSO DE DETERMINAÇÃO E EXIGÊNCIA DE CRÉDITOS TRIBUTÁRIOS

CAPÍTULO I
DO PROCEDIMENTO FISCAL

Seção I
Da Aplicação no Tempo das Normas Procedimentais Relativas ao Lançamento

Art. 30. Aplica-se ao lançamento a legislação que, posteriormente à ocorrência do fato gerador da obrigação tributária, tenha instituído novos critérios de apuração ou processos de fiscalização, ampliado os poderes de investigação das autoridades fiscais ou outorgado ao crédito tributário maiores garantias ou privilégios, exceto, neste último caso, para o efeito de atribuir responsabilidade tributária a terceiros (Lei 5.172, de 1966 – Código Tributário Nacional, art. 144, § 1º).

Seção II
Da Competência para Efetuar Lançamento

Art. 31. O lançamento de ofício compete ao Auditor-Fiscal da Receita Federal do Brasil, podendo a exigência do crédito tributário ser formalizada em auto de infração ou em notificação de lançamento. (Redação dada pelo Decreto 8.853, de 2016)

Parágrafo único. O servidor que verificar a ocorrência de infração à legislação tributária federal e não for competente para formalizar a exigência decorrente comunicará o fato, em representação circunstanciada, a seu chefe imediato para adoção das providências necessárias (Decreto 70.235, de 1972, art. 12).

Art. 32. A competência para fiscalizar o cumprimento das obrigações principais e acessórias relativas ao Regime Especial Unificado de Arrecadação de Tributos e Contribuições devidos pelas Microempresas e Empresas de Pequeno Porte – Simples Nacional e para verificar a ocorrência das hipóteses de exclusão de ofício é da Secretaria da Receita Federal do Brasil e das Secretarias de Fazenda ou de Finanças do Estado ou do Distrito Federal, segundo a localização do estabelecimento, e, tratando-se de prestação de serviços incluídos na competência tributária municipal, a competência será também do respectivo Município (Lei Complementar 123, de 14 de dezembro de 2006, art. 33).

Seção III
Do Início do Procedimento Fiscal

Art. 33. O procedimento fiscal tem início com (Decreto 70.235, de 1972, art. 7º):

I – o primeiro ato de ofício, por escrito, praticado por servidor competente, cientificado o sujeito passivo da obrigação tributária ou seu preposto;

II – a apreensão de mercadorias;

III – a apreensão de documentos ou de livros; ou

IV – o começo do despacho aduaneiro de mercadoria importada.

§ 1º O início do procedimento exclui a espontaneidade do sujeito passivo em relação aos atos anteriores e, independentemente de intimação, a dos demais envolvidos nas infrações verificadas.

§ 2º O ato que determinar o início do procedimento fiscal exclui a espontaneidade do sujeito passivo em relação ao tributo, ao período e à matéria nele expressamente inseridos.

§ 3º Para os efeitos do disposto nos §§ 1º e 2º, os atos referidos nos incisos I, II e III do *caput* valerão pelo prazo de sessenta dias, prorrogável, sucessivamente, por igual período contado a partir do término, com qualquer outro ato escrito que indique o prosseguimento dos trabalhos, desde que lavrado e cientificado ao sujeito passivo dentro do prazo anterior.

§ 4º Para efeitos do disposto no inciso IV do *caput*, tem-se:

I – por iniciado o despacho aduaneiro de importação na data do registro da declaração de importação (Decreto 6.759, de 5 de fevereiro de 2009, art. 545); e

II – por registro da Declaração de Importação a sua numeração pela Secretaria da Receita Federal do Brasil no Sistema Integrado de Comércio Exterior – SISCOMEX ou, quando dispensado o registro com a utilização desse meio, na forma estabelecida por esse órgão (Decreto 6.759, de 2009, art. 545, §§ 1º e 2º).

Art. 34. O procedimento de fiscalização será iniciado pela intimação ao sujeito passivo para, no prazo de vinte dias, contados da data da ciência, apresentar as informações e documentos necessários ao procedimento fiscal, ou efetuar o recolhimento do crédito tributário constituído (Lei 3.470, de 28 de novembro de 1958, art. 19, com a redação dada pela Medida Provisória 2.158-35, de 2001, art. 71).

§ 1º O prazo a que se refere o *caput* será de cinco dias úteis, nas situações em que as informações e os documentos solicitados digam respeito a fatos que devam estar registrados na escrituração contábil ou fiscal do sujeito passivo, ou em declarações apresentadas à administração tributária.

§ 2º Não enseja a aplicação da penalidade prevista no § 2º do art. 44 da Lei 9.430, de 1996, o desatendimento à intimação para apresentar documentos cuja guarda não esteja sob a responsabilidade do sujeito passivo, ou no caso de impossibilidade material de seu cumprimento.

Seção IV
Das Diligências e das Perícias

Art. 35. A realização de diligências e de perícias será determinada pela autoridade julgadora de primeira instância, de ofício ou a pedido do impugnante, quando entendê-las necessárias para a apreciação da matéria litigada (Decreto 70.235, de 1972, art. 18, com a redação dada pela Lei 8.748, de 9 de dezembro de 1993, art. 1º).

Parágrafo único. O sujeito passivo deverá ser cientificado do resultado da realização de diligências e perícias, sempre que novos fatos ou documentos sejam trazidos ao processo, hipótese na qual deverá ser concedido prazo de trinta dias para manifestação (Lei 9.784, de 1999, art. 28).

Art. 36. A impugnação mencionará as diligências ou perícias que o sujeito passivo pretenda sejam efetuadas, expostos os motivos que as justifiquem, com a formulação de quesitos referentes aos exames desejados, e, no caso de perícia, o nome, o endereço e a qualificação profissional de seu perito deverão constar da impugnação (Decreto 70.235, de 1972, art. 16, inciso IV, com a redação dada pela Lei 8.748, de 1993, art. 1º).

§ 1º Deferido o pedido de perícia, ou determinada de ofício sua realização, a autoridade designará servidor para, como perito da União, a ela proceder, e intimará o perito do sujeito passivo a realizar o exame requerido, cabendo a ambos apresentar os respectivos laudos em prazo que será fixado segundo o grau de complexidade dos trabalhos a serem executados (Decreto 70.235, de 1972, art. 18, com a redação dada pela Lei 8.748, de 1993, art. 1º).

§ 2º Indeferido o pedido de diligência ou de perícia, por terem sido consideradas prescindíveis ou impraticáveis, deverá o indeferimento, devidamente fundamentado, constar da decisão (Decreto 70.235, de 1972, arts. 18 e 28, com as redações dadas pela Lei 8.748, de 1993, art. 1º).

§ 3º Determinada, de ofício ou a pedido do impugnante, diligência ou perícia, é vedado à autoridade incumbida de sua realização escusar-se de cumpri-las.

Art. 37. No âmbito da Secretaria da Receita Federal do Brasil, compete ao Auditor-Fiscal da Receita Federal do Brasil a realização de diligências e de perícias (Decreto 70.235, de 1972, art. 20, com a redação dada pela Lei 8.748, de 1993, art. 1º; Lei 10.593, de 2002, art. 6º, com a redação dada pela Lei 11.457, de 2007, art. 9º).

Seção V
Da Exigência Fiscal

Subseção I
Da Formalização

Art. 38. A exigência do crédito tributário e a aplicação de penalidade isolada serão formalizados em autos de infração ou notificações de lançamento, distintos para cada tributo ou penalidade (Decreto 70.235, de 1972, art. 9º, com a redação dada pela Lei 11.941, de 2009, art. 25).

§ 1º Os autos de infração ou as notificações de lançamento, em observância ao disposto no art. 25, deverão ser instruídos com todos os termos, depoimentos, laudos e demais elementos de prova indispensáveis à comprovação do fato motivador da exigência.

§ 2º Os autos de infração e as notificações de lançamento de que trata o *caput*, formalizados em relação ao mesmo sujeito passivo, podem ser objeto de um único processo, quando a comprovação dos ilícitos depender dos mesmos elementos de prova.

§ 3º A formalização de que trata este artigo será válida, mesmo que efetuada por Auditor-Fiscal da Receita Federal do Brasil com exercício em unidade da Secretaria da Receita Federal do Brasil com jurisdição diversa do domicílio tributário do sujeito passivo.

§ 4º A formalização da exigência, na hipótese prevista no § 3º, previne a jurisdição e prorroga a competência da autoridade que dela primeiro conhecer.

§ 5º O disposto no *caput* aplica-se também nas hipóteses em que, constatada infração à legislação tributária, dela não resulte exigência de crédito tributário.

§ 6º Os autos de infração e as notificações de lançamento de que trata o *caput*, formalizados em decorrência de fiscalização relacionada a regime especial unificado de arrecadação de tributos, poderão conter lançamento único para todos os tributos por eles abrangidos.

§ 7º O disposto no *caput* não se aplica às contribuições de que trata o art. 3º da Lei 11.457, de 2007.

Subseção II
Do Auto de Infração

Art. 39. O auto de infração será lavrado no local da verificação da falta, devendo conter (Decreto 70.235, de 1972, art. 10; Lei 10.593, de 2002, art. 6º):

I – a qualificação do autuado;

II – o local, a data e a hora da lavratura;

III – a descrição dos fatos;

IV – a disposição legal infringida e a penalidade aplicável;

V – a determinação da exigência e a intimação para cumpri-la ou impugná-la no prazo de trinta dias, contados da data da ciência; e

VI – a assinatura do Auditor-Fiscal da Receita Federal do Brasil responsável pela autuação e o número de sua matrícula.

Subseção III
Da Notificação de Lançamento

Art. 40. A notificação de lançamento será expedida pela unidade da Secretaria da Receita Federal do Brasil encarregada da formalização da exigência, devendo conter (Decreto 70.235, de 1972, art. 11; Lei 10.593, de 2002, art. 6º):

I – a qualificação do notificado;

II – o valor do crédito tributário e o prazo para pagamento ou impugnação;

III – a disposição legal infringida, se for o caso; e

IV – a assinatura do Auditor-Fiscal da Receita Federal do Brasil responsável pela notificação de lançamento, com a indicação do cargo e do número de matrícula. (Redação dada pelo Decreto 8.853, de 2016)

Parágrafo único. A notificação de lançamento emitida por processamento eletrônico prescinde da assinatura referida no inciso IV do *caput*, obrigatória a identificação do Auditor-Fiscal da Receita Federal do Brasil que a emitir. (Redação dada pelo Decreto 8.853, de 2016)

Subseção IV
Do Lançamento Complementar

Art. 41. Quando, em exames posteriores, diligências ou perícias realizados no curso do processo, forem verificadas incorreções, omissões ou inexatidões, de que resultem agravamento da exigência inicial, inovação ou alteração da fundamentação legal da exigência, será efetuado lançamento complementar por meio da lavratura de auto de infração complementar ou de emissão de notificação de lançamento complementar, específicos em relação à matéria modificada (Decreto 70.235, de 1972, art. 18, § 3º, com a redação dada pela Lei 8.748, de 1993, art. 1º).

§ 1º O lançamento complementar será formalizado nos casos:

I – em que seja aferível, a partir da descrição dos fatos e dos demais documentos produzidos na ação fiscal, que o autuante, no momento da formalização da exigência:

a) apurou incorretamente a base de cálculo do crédito tributário; ou

b) não incluiu na determinação do crédito tributário matéria devidamente identificada; ou

II – em que forem constatados fatos novos, subtraídos ao conhecimento da autoridade lançadora quando da ação fiscal e relacionados aos fatos geradores objeto da autuação, que impliquem agravamento da exigência inicial.

§ 2º O auto de infração ou a notificação de lançamento de que trata o *caput* terá o objetivo de:

I – complementar o lançamento original; ou

II – substituir, total ou parcialmente, o lançamento original nos casos em que a apuração do *quantum* devido, em face da legislação tributária aplicável, não puder ser efetuada sem a inclusão da matéria anteriormente lançada.

§ 3º Será concedido prazo de trinta dias, contados da data da ciência da intimação da exigência complementar, para a apresentação de impugnação apenas no concernente à matéria modificada.

§ 4º O auto de infração ou a notificação de lançamento de que trata o *caput* devem ser objeto do mesmo processo em que for tratado o auto de infração ou a notificação de lançamento complementados.

§ 5º O julgamento dos litígios instaurados no âmbito do processo referido no § 4º será objeto de um único acórdão.

Subseção V
Do Segundo Exame da Escrita

Art. 42. Em relação ao mesmo exercício, só é possível um segundo exame, mediante ordem escrita do Superintendente, do Delegado ou do Inspetor da Receita Federal do Brasil (Lei 2.354, de 1954, art. 7º, § 2º; Lei 3.470, de 1958, art. 34).

Seção VI
Das Medidas de Defesa do Crédito Tributário

Subseção I
Do Arrolamento de Bens e Direitos para Acompanhamento do Patrimônio do Sujeito Passivo

Art. 43. O Auditor-Fiscal da Receita Federal do Brasil procederá ao arrolamento de bens e direitos do sujeito passivo sempre que o valor dos créditos tributários de sua responsabilidade for superior a trinta por cento do seu patrimônio conhecido. (Redação dada pelo Decreto 8.853, de 2016)

§ 1º Se o crédito tributário for formalizado contra pessoa física, no arrolamento devem ser identificados, inclusive, os bens e direitos em nome do cônjuge, não gravados com a cláusula de incomunicabilidade (Lei 9.532, de 1997, art. 64, § 1º).

§ 2º Na falta de outros elementos indicativos, considera-se patrimônio conhecido o valor constante da última declaração de rendimentos apresentada (Lei 9.532, de 1997, art. 64, § 2º).

§ 3º A partir da data da notificação do ato de arrolamento, mediante entrega de cópia do respectivo termo, o proprietário dos bens e direitos arrolados, ao transferi-los, aliená-los ou onerá-los, deve comunicar o fato à unidade da Secretaria da Receita Federal do Brasil em cuja jurisdição o domicílio tributário do sujeito passivo estiver (Lei 9.532, de 1997, art. 64, § 3º).

§ 4º A alienação, oneração ou transferência, a qualquer título, dos bens e direitos arrolados, sem o cumprimento da formalidade prevista no § 3º, autoriza o requerimento de medida cautelar fiscal contra o sujeito passivo (Lei 9.532, de 1997, art. 64, § 4º).

§ 5º O termo de arrolamento de que trata o § 3º será registrado independentemente de pagamento de custas ou emolumentos (Lei 9.532, de 1997, art. 64, § 5º):

I – no competente registro imobiliário, relativamente aos bens imóveis;

II – nos órgãos ou entidades, onde, por força de lei, os bens móveis ou direitos sejam registrados ou controlados; ou

III – no Cartório de Títulos e Documentos e Registros Especiais do domicílio tributário do sujeito passivo, relativamente aos demais bens e direitos.

§ 6º As certidões de regularidade fiscal expedidas deverão conter informações quanto à existência de arrolamento (Lei 9.532, de 1997, art. 64, § 6º).

§ 7º Liquidado o crédito tributário que tenha motivado o arrolamento antes de seu encaminhamento para inscrição em dívida ativa da União, o Auditor-Fiscal da Receita Federal do Brasil responsável comunicará o fato ao órgão em que o termo foi registrado para que sejam anulados os efeitos do arrolamento. (Redação dada pelo Decreto 8.853, de 2016)

§ 8º Liquidado ou garantido, nos termos da Lei 6.830, de 22 de setembro de 1980, o crédito tributário que tenha motivado o arrolamento, após seu encaminhamento para inscrição em dívida ativa da União, a comunicação de que trata o § 8º será feita pela autoridade competente da Procuradoria da Fazenda Nacional (Lei 9.532, de 1997, art. 64, § 9º).

§ 9º Os órgãos de registro público onde os bens e direitos foram arrolados dispõem do prazo de trinta dias para liberá-los, contado da data de protocolo de cópia do documento comprobatório da comunicação aos órgãos fazendários referido no § 3º. (Incluído pelo Decreto 8.853, de 2016)

§ 10. O disposto neste artigo é aplicável somente se a soma dos valores dos créditos tributários for superior a R$ 2.000.000,00 (dois milhões de reais). (Incluído pelo Decreto 8.853, de 2016)

Art. 44. O arrolamento de que trata o art. 43 recairá sobre bens e direitos suscetíveis de registro público, com prioridade aos imóveis, e em valor suficiente para cobrir o montante do crédito tributário de responsabilidade do sujeito passivo (Lei 9.532, de 1997, art. 64-A, incluído pela Medida Provisória 2.158-35, de 2001, art. 75).

§ 1º O arrolamento somente poderá alcançar outros bens e direitos para fins de complementar o valor referido no *caput*.

§ 2º O Auditor-Fiscal da Receita Federal do Brasil poderá, a requerimento do sujeito passivo, substituir bem ou direito arrolado por outro que seja de valor igual ou superior, desde que respeitada a ordem de prioridade de bens ou direitos a serem arrolados definida pela Secretaria da Receita Federal do Brasil e que seja realizada a avaliação de bem ou direito arrolado e de bem ou direito substituto, nos termos do § 3º. (Redação dada pelo Decreto 8.853, de 2016)

§ 3º Fica a critério do sujeito passivo, às expensas dele, requerer, anualmente, aos órgãos de registro público onde os bens e direitos estiverem arrolados, por petição fundamentada, avaliação dos referidos ativos, por perito indicado pelo próprio órgão de registro, a identificar o valor justo dos bens e direitos arrolados e evitar, desse modo, excesso de garantia. (Incluído pelo Decreto 8.853, de 2016)

Subseção II
Da Medida Cautelar Fiscal

Art. 45. A Procuradoria da Fazenda Nacional poderá instaurar procedimento cautelar fiscal após a constituição do crédito, inclusive no curso da execução judicial da dívida ativa da União (Lei 8.397, de 6 de janeiro de 1992, art. 1º, com a redação dada pela Lei 9.532, de 1997, art. 65).

Parágrafo único. O requerimento da medida cautelar independe da prévia constituição do crédito tributário quando o sujeito passivo (Lei 8.397, de 1992, art. 1º, parágrafo único, com a redação dada pela Lei 9.532, de 1997, art. 65):

I – notificado pela Fazenda Pública para que proceda ao recolhimento do crédito tributário, põe ou tenta por seus bens em nome de terceiros (Lei 8.397, de 1992, art. 2º, inciso V, alínea "b", com a redação dada pela Lei 9.532, de 1997, art. 65); ou

II – aliena bens ou direitos sem proceder à devida comunicação ao órgão da Fazenda Pública competente, quando exigível em virtude de lei (Lei 8.397, de 1992, art. 2º, inciso VII, com a redação dada pela Lei 9.532, de 1997, art. 65).

Subseção III
Da Medida Cautelar Fiscal Preparatória

Art. 46. Quando a medida cautelar fiscal for concedida em procedimento preparatório, deverá a Fazenda Nacional propor a execução judicial da dívida ativa no prazo de sessenta dias, contados da data em que a exigência se tornar irrecorrível na esfera administrativa (Lei 8.397, de 1992, art. 11).

Seção VII
Da Representação Fiscal para Fins Penais

Art. 47. O Auditor-Fiscal da Receita Federal do Brasil formalizará representação fiscal para fins penais em autos separados, protocolizada na mesma data da lavratura do auto de infração, sempre que, no curso de procedimento de fiscalização de que resulte lavratura de auto de infração relativo a tributos administrados pela Secretaria da Receita Federal do Brasil ou decorrente de apreensão de bens sujeitos à pena de perdimento, constatar fato que configure, em tese (Decreto 2.730, de 10 de agosto de 1998, art. 1º):

I – crime contra a ordem tributária tipificado nos arts. 1º ou 2º da Lei 8.137, de 27 de dezembro de 1990;

II – crime de contrabando ou de descaminho tipificado no art. 334 do Decreto-Lei 2.848, de 7 de dezembro de 1940 – Código Penal; ou

III – crime contra a Previdência Social tipificado nos arts. 168-A ou 337-A do Decreto-Lei 2.848, de 1940.

Art. 48. As representações fiscais para fins penais relativas aos crimes contra a ordem tributária definidos nos arts. 1º e 2º da Lei 8.137, de 1990, e aos crimes contra a Previdência Social, definidos nos arts. 168-A e 337-A do Decreto-Lei 2.848, de 1940 – Código Penal acrescentados pela Lei 9.983, de 14 de julho de 2000, serão formalizadas e protocolizadas em até dez dias contados da data da constituição do crédito tributário, devendo permanecer no âmbito da unidade de controle até que o referido crédito se torne definitivo na esfera administrativa, respeitado o prazo para cobrança amigável (Lei 9.430, de 1996, art. 83).

Parágrafo único. Caso o crédito tributário correspondente ao ilícito penal seja integralmente extinto pelo julgamento administrativo ou pelo pagamento, os autos da representação, juntamente com cópia da respectiva decisão administrativa, quando for o caso, deverão ser arquivados.

Art. 49. A representação fiscal para fins penais relativa aos crimes de contrabando ou descaminho, definidos no art. 334 do Decreto-Lei 2.848, de 1940 – Código Penal , será formalizada em autos separados e protocolizada na mesma data da lavratura do auto de infração, devendo permanecer na unidade da Secretaria da Receita Federal do Brasil de lavratura até o final do prazo para impugnação.

§ 1º Se for aplicada a pena de perdimento de bens, inclusive na hipótese de conversão em multa equivalente ao valor aduaneiro da mercadoria que não seja localizada ou que tenha sido consumida, a representação de que trata o *caput* deverá ser encaminhada pela autoridade julgadora de instância única ao órgão do Ministério Público Federal que for competente para promover a ação penal, no prazo máximo de dez dias, anexando-se cópia da decisão.

§ 2º Não aplicada a pena de perdimento, a representação fiscal para fins penais deverá ser arquivada, depois de incluir nos autos cópia da respectiva decisão administrativa.

Art. 50. A Secretaria da Receita Federal do Brasil disciplinará os procedimentos necessários à execução do disposto nesta Seção.

Seção VIII
Da Representação para Fins Penais

Art. 51. Além dos casos de representação previstos no art. 47, os servidores em exercício na Secretaria da Receita Federal do Brasil, observadas as atribuições dos respectivos cargos, deverão formalizar representação para fins penais, perante os titulares das unidades centrais, superintendentes, delegados ou inspetores da Secretaria da Receita Federal do Brasil aos quais estiverem vinculados, sempre que identificarem situações que, em tese, configurem crime contra a administração pública federal ou em detrimento da Fazenda Nacional.

§ 1º A representação de que trata o *caput* deverá ser:

I – levada a registro em protocolo pelo servidor que a elaborar, no prazo de dez dias, contados da data em que identificar a situação caracterizadora de crime;

II – remetida no prazo de dez dias, contados da data de sua protocolização, ao órgão do Ministério Público Federal que for competente para promover a ação penal.

§ 2º Deverá ser dado conhecimento da representação ao titular da unidade do domicílio fiscal do sujeito passivo, na hipótese de o servidor formalizar representação perante outra autoridade a quem estiver vinculado.

CAPÍTULO II
DA COBRANÇA ADMINISTRATIVA DO CRÉDITO TRIBUTÁRIO

Seção I
Do Pagamento – Da Redução da Multa de Lançamento de Ofício

Art. 52. Será concedida redução de cinquenta por cento do valor da multa de lançamento de ofício ao sujeito passivo que, notificado, efetuar o pagamento ou a compensação do crédito tributário no prazo previsto para apresentar impugnação (Lei 8.218, de 1991, art. 6º, com a redação dada pela Lei 11.941, de 2009, art. 28; Lei 9.430, de 1996, art. 44, § 3º).

§ 1º Apresentada impugnação tempestivamente, a redução será de trinta por cento se o pagamento ou a compensação forem efetuados no prazo de trinta dias, contados da data da ciência da decisão de primeira instância (Lei 8.218, de 1991, art. 6º, inciso III, com a redação dada pela Lei 11.941, de 2009, art. 28; Lei 9.430, de 1996, art. 44, § 3º).

§ 2º No caso de provimento a recurso de ofício interposto pela autoridade julgadora de primeira instância, será aplicada a redução de trinta por cento se o pagamento ou a compensação for efetuado no prazo de trinta dias contados da ciência da decisão (Lei 8.218, de 1991, art. 6º, § 1º, com a redação dada pela Lei 11.941, de 2009, art. 28).

§ 3º O disposto no *caput* aplica-se também às penalidades aplicadas isoladamente. (Incluído pelo Decreto 8.853, de 2016)

Seção II
Do Parcelamento – Da Redução da Multa de Lançamento de Ofício

Art. 53. Será concedida redução de quarenta por cento do valor da multa de lançamento de ofício, ao sujeito passivo que, notificado, requerer o parcelamento do crédito tributário no prazo previsto para apresentar impugnação (Lei 8.218, de 1991, art. 6º, inciso II, com a redação dada pela Lei 11.941, de 2009, art. 28; Lei 9.430, de 1996, art. 44, § 3º).

§ 1º Apresentada impugnação tempestivamente, a redução será de vinte por cento se o parcelamento for requerido no prazo de trinta dias, contados da data da ciência da decisão de primeira instância (Lei 8.218, de 1991, art. 6º, inciso IV, com a redação dada pela Lei 11.941, de 2009, art. 28; Lei 9.430, de 1996, art. 44, § 3º).

§ 2º No caso de provimento a recurso de ofício interposto pela autoridade julgadora de primeira instância, será aplicada a redução de vinte por cento se o parcelamento for requerido no prazo de trinta dias contados da ciência da decisão (Lei 8.218, de 1991, art. 6º, § 1º, com a redação dada pela Lei 11.941, de 2009, art. 28).

§ 3º A rescisão do parcelamento, motivada pelo descumprimento das normas que o regulam, implicará restabelecimento do montante da multa proporcionalmente ao valor da receita não satisfeita e que exceder o valor obtido com a garantia apresentada (Lei 8.218, de 1991, art. 6º, § 2º, com a redação dada pela Lei 11.941, de 2009, art. 28).

§ 4º O disposto no *caput* aplica-se também às penalidades aplicadas isoladamente. (Incluído pelo Decreto 8.853, de 2016)

Seção III
Da Revelia

Art. 54. Não sendo cumprida nem impugnada a exigência, a autoridade preparadora declarará a revelia, permanecendo o processo no órgão preparador, pelo prazo de trinta dias, para cobrança amigável (Decreto 70.235, de 1972, art. 21, com a redação dada pela Lei 8.748, de 1993, art. 1º).

§ 1º No caso de identificação de impugnação parcial, não cumprida a exigência relativa à parte não litigiosa do crédito, o órgão preparador, antes da remessa dos autos a julgamento, providenciará a formação de autos apartados para a imediata cobrança da parte não contestada, consignando essa circunstância no processo original.

§ 2º Esgotado o prazo de cobrança amigável sem que tenha sido pago ou parcelado o crédito tributário, o órgão preparador encaminhará o processo à autoridade competente para promover a cobrança executiva.

Art. 55. Tratando-se de apreensão de mercadoria para fins de aplicação da pena de perdimento ou de declaração de abandono, em que não tenha sido apresentada impugnação, a autoridade preparadora, após declarar a revelia, deverá, em observância às normas que regem a matéria e, mediante o competente ato administrativo, aplicar a pena de perdimento ou declarar o abandono, para fins de destinação da mercadoria (Decreto 70.235, de 1972, arts. 21, § 2º, e 63).

CAPÍTULO III
DA FASE LITIGIOSA

Seção I
Da Impugnação

Art. 56. A impugnação, formalizada por escrito, instruída com os documentos em que se fundamentar e apresentada em unidade da Secretaria da Receita Federal do Brasil com jurisdição sobre o domicílio tributário do sujeito passivo, bem como, remetida por via postal, no prazo de trinta dias, contados da data da ciência da intimação da exigência, instaura a fase litigiosa do procedimento (Decreto 70.235, de 1972, arts. 14 e 15).

§ 1º Apresentada a impugnação em unidade diversa, esta a remeterá à unidade indicada no *caput*.

§ 2º Eventual petição, apresentada fora do prazo, não caracteriza impugnação, não instaura a fase litigiosa do procedimento, não suspende a exigibilidade do crédito tributário nem comporta julgamento de primeira instância, salvo se caracterizada ou suscitada a tempestividade, como preliminar.

§ 3º No caso de pluralidade de sujeitos passivos, caracterizados na formalização da exigência, todos deverão ser cientificados do auto de infração ou da notificação de lançamento, com abertura de prazo para que cada um deles apresente impugnação.

§ 4º Na hipótese do § 3º, o prazo para impugnação é contado, para cada sujeito passivo, a partir da data em que cada um deles tiver sido cientificado do lançamento.

§ 5º Na hipótese de remessa da impugnação por via postal, será considerada como data de sua apresentação a da respectiva postagem constante do aviso de recebimento, o qual deverá trazer a indicação do destinatário da remessa e o número do protocolo do processo correspondente.

§ 6º Na impossibilidade de se obter cópia do aviso de recebimento, será considerada como data da apresentação da impugnação a constante do carimbo aposto pelos Correios no envelope que contiver a remessa, quando da postagem da correspondência.

§ 7º No caso previsto no § 5º, a unidade de preparo deverá juntar, por anexação ao processo correspondente, o referido envelope.

Art. 57. A impugnação mencionará (Decreto 70.235, de 1972, art. 16, com a redação dada pela Lei 8.748, de 1993, art. 1º, e pela Lei 11.196, de 2005, art. 113):

I – a autoridade julgadora a quem é dirigida;

II – a qualificação do impugnante;

III – os motivos de fato e de direito em que se fundamenta, os pontos de discordância e as razões e provas que possuir;

IV – as diligências ou perícias que o impugnante pretenda sejam efetuadas, expostos os motivos que as justifiquem, com a formulação de quesitos referentes aos exames desejados, bem como, no caso de perícia, o nome, o endereço e a qualificação profissional de seu perito; e

V – se a matéria impugnada foi submetida à apreciação judicial, devendo ser juntada cópia da petição.

§ 1º Considera-se não formulado o pedido de diligência ou perícia que deixar de atender aos requisitos previstos no inciso IV.

§ 2º É defeso ao impugnante, ou a seu representante legal, empregar expressões injuriosas nos escritos apresentados no processo, cabendo ao julgador, de ofício ou a requerimento do ofendido, mandar riscá-las.

§ 3º Quando o impugnante alegar direito municipal, estadual ou estrangeiro, incumbe-lhe o ônus de provar o teor e a vigência, se assim o determinar o julgador.

§ 4º A prova documental será apresentada na impugnação, precluindo o direito de o impugnante fazê-lo em outro momento processual, a menos que:

I – fique demonstrada a impossibilidade de sua apresentação oportuna, por motivo de força maior;

II – refira-se a fato ou a direito superveniente; ou

III – destine-se a contrapor fatos ou razões posteriormente trazidas aos autos.

§ 5º Considera-se motivo de força maior o fato necessário, cujos efeitos não era possível evitar ou impedir (Lei 10.406, de 2002, art. 393).

§ 6º A juntada de documentos depois de apresentada a impugnação deverá ser requerida à autoridade julgadora, mediante petição em que se demonstre, com fundamentos, a ocorrência de uma das condições previstas no § 4º.

§ 7º Os documentos apresentados após proferida a decisão deverão ser juntados, por anexação, aos autos para, se for interposto recurso, serem apreciados pela autoridade julgadora de segunda instância.

Art. 58. Considera-se não impugnada a matéria que não tenha sido expressamente contestada pelo impugnante (Decreto 70.235, de 1972, art. 17, com a redação dada pela Lei 9.532, de 1997, art. 67).

Seção II
Do Julgamento – Disposições Gerais

Art. 59. No âmbito do processo administrativo fiscal, fica vedado aos órgãos de julgamento afastar a aplicação ou deixar de observar tratado, acordo internacional, lei ou decreto, sob fundamento de inconstitucionalidade (Decreto 70.235, de 1972, art. 26-A, com a redação dada pela Lei 11.941, de 2009, art. 25).

Parágrafo único. O disposto no *caput* não se aplica aos casos de tratado, acordo internacional, lei ou ato normativo (Decreto 70.235, de 1972, art. 26-A, § 6º, incluído pela Lei 11.941, de 2009, art. 25):

I – que já tenha sido declarado inconstitucional por decisão plenária definitiva do Supremo Tribunal Federal; ou

II – que fundamente crédito tributário objeto de:

a) dispensa legal de constituição ou de ato declaratório do Procurador-Geral da Fazenda Nacional, na forma dos arts. 18 e 19 da Lei 10.522, de 19 de junho de 2002;

b) súmula da Advocacia-Geral da União, na forma do art. 43 da Lei Complementar 73, de 10 de fevereiro de 1993; ou

c) pareceres do Advogado-Geral da União aprovados pelo Presidente da República, na forma do art. 40 da Lei Complementar 73, de 1993.

Art. 60. O contencioso administrativo relativo ao Simples Nacional será de competência do órgão julgador integrante da estrutura administrativa do ente federativo que efetuar o lançamento ou a exclusão de ofício, observados os dispositivos legais atinentes aos processos administrativos fiscais desse ente (Lei Complementar 123, de 2006, art. 39).

Seção III
Do Julgamento em Primeira Instância

Subseção I
Da Competência

Art. 61. O julgamento de processos sobre a aplicação da legislação referente a tributos administrados pela Secretaria da Receita Federal do Brasil, e os relativos à exigência de direitos *antidumping* e direitos compensatórios, compete em primeira instância, às Delegacias da Receita Federal do Brasil de Julgamento, órgãos de deliberação interna e natureza colegiada da Secretaria da Receita Federal do Brasil (Decreto 70.235, de 1972, art. 25, inciso I; Lei 9.019, de 30 de março de 1995, art. 7º, § 5º).

Parágrafo único. A competência de que trata o *caput* inclui, dentre outros, o julgamento de:

I – impugnação a auto de infração e notificação de lançamento (Decreto 70.235, de 1972, art. 14);

II – manifestação de inconformidade do sujeito passivo em processos administrativos relativos a compensação, restituição e ressarcimento de tributos, inclusive créditos de Imposto sobre Produtos Industrializados – IPI (Lei 8.748, de 1993, art. 3º, inciso II; Lei 9.019, de 1995, art. 7º, § 1º e § 5º); e

III – impugnação ao ato declaratório de suspensão de imunidade e isenção (Lei 9.430, de 1996, art. 32, § 10).

Subseção II
Do Julgamento

Art. 62. Terão prioridade no julgamento os processos em que estiverem presentes as circunstâncias de crime contra a ordem tributária ou de elevado valor, este definido em ato do Ministro de Estado da Fazenda, bem como, mediante requisição do interessado, aqueles em que figure como parte interveniente (Decreto 70.235, de 1972, art. 27, com a redação dada pela Lei 9.532, de 1997, art. 67; Lei 10.741, de 1º de outubro de 2003, art. 71; Lei 9.784, de 1999, art. 69-A, com a redação dada pela Lei 12.008, de 29 de julho de 2009, art. 4º):

I – pessoa com idade igual ou superior a sessenta anos;

II – pessoa portadora de deficiência, física ou mental; e

III – pessoa portadora de tuberculose ativa, esclerose múltipla, neoplasia maligna, hanseníase, paralisia irreversível e incapacitante, cardiopatia grave, doença de Parkinson, espondiloartrose anquilosante, nefropatia grave, hepatopatia grave, estados avançados da doença de Paget (osteíte deformante), contaminação por radiação, síndrome de imunodeficiência adquirida, ou outra doença grave, com base em conclusão da medicina especializada, mesmo que a doença tenha sido contraída após o início do processo.

Parágrafo único. Os processos serão julgados na ordem estabelecida em ato do Secretário da Receita Federal do Brasil, observada a prioridade de que trata o *caput*.

Art. 63. Na apreciação das provas, a autoridade julgadora formará livremente sua convicção, podendo determinar, de ofício ou a requerimento do impugnante, a realização de diligências ou de perícias, observado o disposto nos arts. 35 e 36 (Decreto 70.235, de 1972, arts. 29 e 18, com a redação dada pela Lei 8.748, de 1993, art. 1º).

Art. 64. Os laudos e os pareceres do Laboratório Nacional de Análises, do Instituto Nacional de Tecnologia e de outros órgãos federais congêneres serão adotados nos aspectos técnicos de sua competência, salvo se comprovada a improcedência desses laudos ou pareceres (Decreto 70.235, de 1972, art. 30, com a redação dada pela Lei 9.532, de 1997, art. 67).

§ 1º Não se considera como aspecto técnico a classificação fiscal de produtos.

§ 2º A existência no processo de laudos ou de pareceres técnicos não impede a autoridade julgadora de solicitar outros a qualquer dos órgãos referidos neste artigo.

§ 3º Atribui-se eficácia aos laudos e aos pareceres técnicos sobre produtos, exarados em outros processos administrativos fiscais e transladados mediante certidão de inteiro teor ou cópia fiel, quando tratarem:

I – de produtos originários do mesmo fabricante, com igual denominação, marca e especificação; e

II – de máquinas, aparelhos, equipamentos, veículos e outros produtos complexos de fabricação em série, do mesmo fabricante, com iguais especificações, marca e modelo.

Subseção III
Do Acórdão

Art. 65. O acórdão conterá relatório resumido do processo, fundamentos legais, conclusão e ordem de intimação, devendo referir-se, expressamente, a todos os autos de infração e notificações de lançamento objeto do processo, bem como às razões de defesa suscitadas pelo impugnante contra todas as exigências (Decreto 70.235, de 1972, art. 31, com a redação dada pela Lei 8.748, de 1993, art. 1º).

Art. 66. No acórdão em que for julgada questão preliminar, será também julgado o mérito, salvo quando incompatíveis (Decreto 70.235, de 1972, art. 28, com a redação dada pela Lei 8.748, de 1993, art. 1º).

Parágrafo único. O indeferimento de pedido de diligência ou de perícia deverá ser fundamentado e constar da decisão (Decreto 70.235, de 1972, art. 28, com a redação dada pela Lei 8.748, de 1993, art. 1º).

Art. 67. As inexatidões materiais devidas a lapso manifesto e os erros de escrita ou de cálculo existentes na decisão deverão ser corrigidos de ofício ou a requerimento do sujeito passivo, mediante a prolação de um novo acórdão (Decreto 70.235, de 1972, art. 32).

Art. 68. O órgão preparador dará ciência da decisão ao sujeito passivo, intimando-o, quando for o caso, a cumpri-la no prazo de trinta dias, contados da data da ciência, facultada a apresentação de recurso voluntário no mesmo prazo (Decreto 70.235, de 1972, arts. 31 e 33).

Art. 69. Da decisão de primeira instância não cabe pedido de reconsideração (Decreto 70.235, de 1972, art. 36).

Subseção IV
Do Recurso de Ofício

Art. 70. O recurso de ofício deve ser interposto, pela autoridade competente de primeira instância, sempre que a decisão exonerar o sujeito passivo do pagamento de tributo e encargos de multa de valor total (lançamento principal e decorrentes) a ser fixado em ato do Ministro de Estado da Fazenda, bem como quando deixar de aplicar a pena de perdimento de mercadoria com base na legislação do IPI (Decreto 70.235, de 1972, art. 34, com a redação dada pela Lei 9.532, de 1997, art. 67).

§ 1º O recurso será interposto mediante formalização na própria decisão.

§ 2º Sendo o caso de interposição de recurso de ofício e não tendo este sido formalizado, o servidor que verificar o fato representará à autoridade julgadora, por intermédio de seu chefe imediato, no sentido de que seja observada aquela formalidade.

§ 3º O disposto no *caput* aplica-se sempre que, na hipótese prevista no § 3º do art. 56, a decisão excluir da lide o sujeito passivo cuja exigência seja em valor superior ao fixado em ato do Ministro de Estado da Fazenda, ainda que mantida a totalidade da exigência do crédito tributário. (Incluído pelo Decreto 8.853, de 2016)

Art. 71. Não cabe recurso de ofício das decisões prolatadas, pela autoridade fiscal da jurisdição do sujeito passivo, em processos relativos a restituição, ressarcimento, reembolso e compensação de tributos administrados pela Secretaria da Receita Federal do Brasil (Lei 10.522, de 2002, art. 27).

Art. 72. Enquanto não decidido o recurso de ofício, a decisão a ele correspondente não se torna definitiva (Decreto 70.235, de 1972, art. 42, parágrafo único).

Subseção V
Do Recurso Voluntário

Art. 73. O recurso voluntário total ou parcial, que tem efeito suspensivo, poderá ser interposto contra decisão de primeira instância contrária ao sujeito passivo, no prazo de trinta dias, contados da data da ciência da decisão (Decreto 70.235, de 1972, art. 33).

Art. 74. O recurso voluntário total ou parcial, mesmo perempto, deverá ser encaminhado ao órgão de segunda instância, que julgará a perempção (Decreto 70.235, de 1972, art. 35).

Seção IV
Do Julgamento em Segunda Instância

Subseção I
Da Competência

Art. 75. O julgamento de recursos de ofício e voluntários de decisão de primeira instância, e de recursos de natureza especial, compete ao Conselho Administrativo de Recursos Fiscais (Decreto 70.235, de 1972, art. 25, inciso II, com a redação dada pela Lei 11.941, de 2009, art. 25).

§ 1º O Conselho Administrativo de Recursos Fiscais será constituído por seções e pela Câmara Superior de Recursos Fiscais (Decreto 70.235, de 1972, art. 25, inciso II, § 1º, com a redação dada pela Lei 11.941, de 2009, art. 25).

§ 2º As seções serão especializadas por matéria e constituídas por câmaras (Decreto 70.235, de 1972, art. 25, § 2º, com a redação dada pela Lei 11.941, de 2009, art. 25).

§ 3º A Câmara Superior de Recursos Fiscais será constituída por turmas, compostas pelos Presidentes e Vice-Presidentes das câmaras (Decreto 70.235, de 1972, art. 25, § 3º, com a redação dada pela Lei 11.941, de 2009, art. 25).

§ 4º As câmaras poderão ser divididas em turmas (Decreto 70.235, de 1972, art. 25, § 4º, com a redação dada pela Lei 11.941, de 2009, art. 25).

§ 5º O Ministro de Estado da Fazenda poderá criar, nas seções, turmas especiais, de caráter temporário, com competência para julgamento de processos que envolvam valores reduzidos ou matéria recorrente ou de baixa complexidade, que poderão funcionar nas cidades onde estão localizadas as Superintendências Regionais da Receita Federal do Brasil (Decreto 70.235, de 1972, art. 25, § 5º, com a redação dada pela Lei 11.941, de 2009, art. 25).

§ 6º As turmas da Câmara Superior de Recursos Fiscais serão constituídas pelo Presidente do Conselho Administrativo de Recursos Fiscais, pelo Vice-Presidente, pelos Presidentes e pelos Vice-Presidentes das câmaras (Decreto 70.235, de 1972, art. 25, § 7º, com a redação dada pela Lei 11.941, de 2009, art. 25).

§ 7º A presidência das turmas da Câmara Superior de Recursos Fiscais será exercida pelo Presidente do Conselho Administrativo de Recursos Fiscais e a vice-presidência, por conselheiro representante dos contribuintes (Decreto 70.235, de 1972, art. 25, § 8º, com a redação dada pela Lei 11.941, de 2009, art. 25).

§ 8º Os cargos de Presidente das Turmas da Câmara Superior de Recursos Fiscais, das câmaras, das suas turmas e das turmas especiais serão ocupados por conselheiros representantes da Fazenda Nacional, que, em caso de empate, terão o voto de qualidade, e os cargos de Vice-Presidente, por representantes dos contribuintes (Decreto 70.235, de 1972, art. 25, § 9º, com a redação dada pela Lei 11.941, de 2009, art. 25).

§ 9º Os conselheiros serão designados pelo Ministro de Estado da Fazenda para mandato, limitando-se as reconduções, na forma e no prazo estabelecidos no regimento interno (Decreto 70.235, de 1972, art. 25, § 10, com a redação dada pela Lei 11.941, de 2009, art. 25).

§ 10. O Ministro de Estado da Fazenda, observado o devido processo legal, decidirá sobre a perda do mandato, para os conselheiros que incorrerem em falta grave, definida no regimento interno (Decreto 70.235, de 1972, art. 25, § 11, com a redação dada pela Lei 11.941, de 2009, art. 25).

Art. 76. O acórdão de segunda instância deverá observar o disposto nos arts. 65, 66, 67 e 69.

Art. 77. O julgamento no Conselho Administrativo de Recursos Fiscais será feito conforme dispuser o regimento interno (Decreto 70.235, de 1972, art. 37, com a redação dada pela Lei 11.941, de 2009, art. 25).

Subseção II
Da Intimação do Procurador da Fazenda Nacional

Art. 78. Os Procuradores da Fazenda Nacional serão intimados pessoalmente das decisões do Conselho Administrativo de Recursos Fiscais na sessão das respectivas câmaras subsequente à formalização do acórdão (Decreto 70.235, de 1972, art. 23, § 7º, incluído pela Lei 11.457, de 2007, art. 44).

§ 1º Se os Procuradores da Fazenda Nacional não tiverem sido intimados pessoalmente em até quarenta dias contados da formalização do acórdão do Conselho Administrativo de Recursos Fiscais, os respectivos autos serão remetidos e entregues, mediante protocolo, à Procuradoria da Fazenda Nacional, para fins de intimação (Decreto 70.235, de 1972, art. 23, § 8º, incluído pela Lei 11.457, de 2007, art. 44).

§ 2º Os Procuradores da Fazenda Nacional serão considerados intimados pessoalmente das decisões do Conselho Administrativo de Recursos Fiscais, com o término do prazo de trinta dias contados da data em que os respectivos autos forem entregues à Procuradoria na forma do § 1º (Decreto 70.235, de 1972, art. 23, § 9º, incluído pela Lei 11.457, de 2007, art. 44).

Subseção III
Do Recurso Especial Contra Decisão de Segunda Instância

Art. 79. Caberá recurso especial à Câmara Superior de Recursos Fiscais, no prazo de quinze dias da ciência do acórdão ao interessado, de decisão que der à lei tributária interpretação divergente da que lhe tenha dado outra câmara, turma de câmara, turma especial ou a própria Câmara Superior de Recursos Fiscais (Decreto 70.235, de 1972, art. 37, § 2º, inciso II, com a redação dada pela Lei 11.941, de 2009, art. 25).

Parágrafo único. É cabível recurso especial de divergência, previsto no *caput*, contra decisão que der ou negar provimento a recurso de ofício (Decreto 70.235, de 1972, art. 37, § 2º, inciso II, com a redação dada pela Lei 11.941, de 2009, art. 25).

CAPÍTULO IV
DA EFICÁCIA E DA EXECUÇÃO DAS DECISÕES

Art. 80. São definitivas as decisões (Decreto 70.235, de 1972, art. 42):

I – de primeira instância, esgotado o prazo para recurso voluntário sem que este tenha sido interposto;

II – de segunda instância, de que não caiba recurso ou, se cabível, quando decorrido o prazo sem a sua interposição; ou

III – de instância especial.

Parágrafo único. Serão também definitivas as decisões de primeira instância na parte que não for objeto de recurso voluntário ou não estiver sujeita a recurso de ofício.

Art. 81. A decisão definitiva contrária ao sujeito passivo será cumprida no prazo para cobrança amigável fixado no art. 54, aplicando-se, no caso de descumprimento, o disposto no § 2º (Decreto 70.235, de 1972, art. 43).

§ 1º Na hipótese do cumprimento de decisão administrativa definitiva contrária ao sujeito passivo, a quantia depositada para evitar acréscimos moratórios do crédito tributário ou para liberar mercadoria será convertida em renda se o sujeito passivo não comprovar, no prazo legal, a propositura de ação judicial (Decreto 70.235, de 1972, art. 43, § 1º).

§ 2º Se o valor depositado não for suficiente para cobrir o crédito tributário, será aplicado o disposto no *caput* à cobrança do restante; se exceder o exigido, a autoridade competente determinará o levantamento da quantia excedente, na forma da legislação específica (Decreto 70.235, de 1972, art. 43, § 2º).

Art. 82. Mediante ordem da autoridade judicial ou, no caso de depósito extrajudicial, da autoridade administrativa competente, o valor do depósito, após o encerramento da lide ou do processo litigioso, será (Lei 9.703, de 17 de novembro de 1998, art. 1º, § 3º):

I – devolvido ao depositante pelo estabelecimento bancário em que foi feito o depósito, no prazo de vinte e quatro horas, contadas da hora da ciência da ordem da autoridade judicial ou administrativa competente, quando a sentença ou a decisão administrativa lhe for favorável ou na proporção em que o for, acrescido de juros, na forma estabelecida pelo § 4º do art. 39 da Lei 9.250, de 26 de dezembro de 1995; ou

II – transformado em pagamento definitivo, proporcionalmente à exigência do correspondente tributo, inclusive seus acessórios, quando se tratar de sentença ou decisão favorável à Fazenda Nacional, cessando, no caso de decisão em processo administrativo regulado pelo Decreto 70.235, de

1972, a suspensão da exigibilidade do crédito tributário a que se refere o § 1º do art. 86.

Art. 83. A decisão que aplicar a pena de perdimento ou declarar o abandono de mercadoria ou de outros bens será executada, pela unidade preparadora, após o prazo de trinta dias, segundo o que dispuser a legislação aplicável (Decreto 70.235, de 1972, arts. 21 e44).

Art. 84. A destinação de mercadorias ou de outros bens apreendidos, declarados abandonados ou dados em garantia de pagamento de crédito tributário obedecerá às normas estabelecidas na legislação aplicável (Decreto 70.235, de 1972, art. 63).

Parágrafo único. As mercadorias ou outros bens referidos no *caput*, ainda que relativos a processos pendentes de apreciação judicial, inclusive os que estiverem à disposição da Justiça como corpo de delito, produto ou objeto de crime, salvo determinação em contrário, em cada caso, de autoridade judiciária, serão destinadas conforme as normas aplicáveis (Decreto-Lei 1.455, de 7 de abril de 1976, art. 30, com a redação dada pela Lei 12.350, de 20 de dezembro de 2010).

Art. 85. No caso de decisão definitiva favorável ao sujeito passivo, cumpre à autoridade preparadora exonerá-lo, de ofício, dos gravames decorrentes do litígio (Decreto 70.235, de 1972, art. 45).

CAPÍTULO V
DOS EFEITOS DAS AÇÕES JUDICIAIS

Seção I
Do Lançamento para Prevenir a Decadência

Art. 86. O lançamento para prevenir a decadência deverá ser efetuado nos casos em que existir a concessão de medida liminar em mandado de segurança ou de concessão de medida liminar ou de tutela antecipada, em outras espécies de ação judicial (Lei 5.172, de 1966 – Código Tributário Nacional, arts. 142, parágrafo único, e 151, incisos IV e V; Lei 9.430, de 1996, art. 63, com a redação dada pela Medida Provisória 2.158-35, de 2001, art. 70).

§ 1º O lançamento de que trata o *caput* deve ser regularmente notificado ao sujeito passivo com o esclarecimento de que a exigibilidade do crédito tributário permanece suspensa, em face da medida liminar concedida (Lei 5.172, de 1966 – Código Tributário Nacional, arts. 145 e 151; Decreto 70.235, de 1972, art. 7º).

§ 2º O lançamento para prevenir a decadência deve seguir seu curso normal, com a prática dos atos administrativos que lhe são próprios, exceto quanto aos atos executórios, que aguardarão a sentença judicial, ou, se for o caso, a perda da eficácia da medida liminar concedida.

Seção II
Da Renúncia ou da Desistência ao Litígio nas Instâncias Administrativas

Art. 87. A existência ou propositura, pelo sujeito passivo, de ação judicial com o mesmo objeto do lançamento importa em renúncia ou em desistência ao litígio nas instâncias administrativas (Lei 6.830, de 1980, art. 38, parágrafo único).

Parágrafo único. O curso do processo administrativo, quando houver matéria distinta da constante do processo judicial, terá prosseguimento em relação à matéria diferenciada.

TÍTULO III
DOS OUTROS PROCESSOS ADMINISTRATIVOS

CAPÍTULO I
DO PROCESSO DE CONSULTA

Seção I
Da Legitimidade para Formular Consulta

Art. 88. O sujeito passivo poderá formular consulta sobre a interpretação da legislação tributária e aduaneira aplicável a fato determinado e sobre a classificação fiscal de mercadorias e a classificação de serviços, intangíveis e de outras operações que produzam variações no patrimônio, com base na

Nomenclatura Brasileira de Serviços, Intangíveis e Outras Operações que Produzam Variações no Patrimônio. (Redação dada pelo Decreto 8.853, de 2016)

Parágrafo único. A consulta de que trata o *caput* é facultada aos órgãos da administração pública e às entidades representativas de categorias econômicas ou profissionais (Decreto 70.235, de 1972, art. 46, parágrafo único).

Seção II
Dos Efeitos da Consulta

Art. 89. Nenhum procedimento fiscal será instaurado, relativamente à espécie consultada, contra o sujeito passivo alcançado pela consulta, a partir da apresentação da consulta até o trigésimo dia subsequente à data da ciência da decisão que lhe der solução definitiva. (Decreto 70.235, de 1972, arts. 48 e 49; Lei 9.430, de 1996, art. 48, *caput* e § 3º).

§ 1º A apresentação da consulta:

I – não suspende o prazo:

a) para recolhimento de tributo, retido na fonte ou declarado (autolançado), antes ou depois da data de apresentação; e

b) para a apresentação de declaração de rendimentos; e

II – não impede a instauração de procedimento fiscal para fins de apuração da regularidade do recolhimento de tributos e da apresentação de declarações.

§ 2º No caso de consulta formulada por entidade representativa de categoria econômica ou profissional, os efeitos referidos no *caput* só alcançam seus associados ou filiados depois de cientificada a entidade consulente da decisão. (Redação dada pelo Decreto 8.853, de 2016)

Art. 90. Em se tratando de consulta eficaz e formulada antes do vencimento do débito, não incidirão encargos moratórios desde seu protocolo até o trigésimo dia subsequente à data da ciência de sua solução (Lei 5.172, de 1966 – Código Tributário Nacional, art. 161, § 2º).

Seção III
Dos Requisitos da Consulta

Art. 91. A consulta deverá ser formulada por escrito e apresentada na unidade da Secretaria da Receita Federal do Brasil do domicílio tributário do consulente. (Redação dada pelo Decreto 8.853, de 2016)

Parágrafo único. A consulta poderá ser formulada por meio eletrônico, na forma disciplinada pela Secretaria da Receita Federal do Brasil. (Incluído pelo Decreto 8.853, de 2016)

Seção IV
Da Competência para a Solução da Consulta

Art. 92. A competência para solucionar a consulta ou declarar sua ineficácia, na forma disciplinada pela Secretaria da Receita Federal do Brasil, poderá ser atribuída: (Redação dada pelo Decreto 8.853, de 2016)

I – à unidade central; ou (Redação dada pelo Decreto 8.853, de 2016)

II – à unidade descentralizada. (Redação dada pelo Decreto 8.853, de 2016)

Art. 93. A competência para solucionar consultas relativas ao Simples Nacional é da Secretaria da Receita Federal do Brasil quando se referir a tributos administrados por esse órgão (Lei Complementar 123, de 2006, art. 40).

Seção V
Da Ineficácia da Consulta

Art. 94. Não produzirá qualquer efeito a consulta formulada (Decreto 70.235, de 1972, art. 52):

I – em desacordo com o disposto nos arts. 88 e 91;

II – por quem tiver sido intimado a cumprir obrigação relativa ao fato objeto da consulta;

III – por quem estiver sob procedimento fiscal iniciado para apurar fatos que se relacionem com a matéria consultada;

IV – quando o fato já houver sido objeto de decisão anterior, ainda não modificada, proferida em consulta ou litígio em que tenha sido parte o consulente;

V – quando o fato estiver disciplinado em ato normativo, publicado antes de sua apresentação;

VI – quando o fato estiver definido ou declarado em disposição literal de lei;

VII – quando o fato for definido como crime ou contravenção penal; e

VIII – quando não descrever, completa ou exatamente, a hipótese a que se referir, ou não contiver os elementos necessários à sua solução, salvo se a inexatidão ou omissão for escusável, a critério da autoridade julgadora.

Seção VI
Da Solução da Consulta

Art. 95. Os processos administrativos de consulta serão solucionados em instância única (Lei 9.430, de 1996, art. 48, *caput*).

§ 1º Não cabe recurso nem pedido de reconsideração da solução da consulta ou do despacho que declarar sua ineficácia. (Incluído pelo Decreto 8.853, de 2016)

§ 2º A consulta será solucionada no prazo máximo de trezentos e sessenta dias, contado da data de protocolo. (Incluído pelo Decreto 8.853, de 2016)

Art. 96. Na solução da consulta serão observados os atos administrativos, expedidos pelas autoridades competentes, relativos à matéria consultada (Lei 9.430, de 1996, art. 48, § 2º).

Art. 97. As soluções das consultas serão publicadas no Diário Oficial da União, na forma disposta em ato normativo da Secretaria da Receita Federal do Brasil (Lei 9.430, de 1996, art. 48, § 4º).

Art. 98. O envio de conclusões decorrentes de decisões proferidas em processos de consulta sobre classificação fiscal de mercadorias para órgãos do Mercado Comum do Sul – MERCOSUL será efetuado exclusivamente pela unidade indicada no inciso I do art. 92 (Lei 9.430, de 1996, art. 50, § 4º).

Seção VII
Da Mudança de Entendimento

Art. 99. O entendimento manifestado em decisão relativa a processo de consulta sobre classificação fiscal de mercadorias poderá ser alterado ou reformado, de ofício, pela unidade indicada no inciso I do art. 92 (Lei 9.430, de 1996, art. 50, §§ 1º a 3º).

§ 1º O consulente deverá ser cientificado da alteração ou da reforma de entendimento.

§ 2º Aplica-se o entendimento manifestado em decisão proferida por Superintendência Regional da Receita Federal do Brasil aos atos praticados pelo sujeito passivo até a data da ciência, ao consulente, da alteração ou da reforma de que trata o *caput*.

Art. 100. Se, após a resposta à consulta, a administração alterar o entendimento expresso na respectiva solução, a nova orientação atingirá apenas os fatos geradores que ocorrerem após ser dada ciência ao consulente ou após a sua publicação na imprensa oficial (Lei 9.430, de 1996, art. 48, § 12).

Parágrafo único. Na hipótese de alteração de entendimento expresso em solução de consulta, a nova orientação alcança apenas os fatos geradores que ocorrerem após a sua publicação na Imprensa Oficial ou após a ciência do consulente, exceto se a nova orientação lhe for mais favorável, caso em que esta atingirá, também, o período abrangido pela solução anteriormente dada.

Seção VIII
Do Recurso Especial

Art. 101. Cabe recurso especial, sem efeito suspensivo, junto à unidade indicada no inciso I do art. 92, nos casos em que se verificar a ocorrência de conclusões divergentes entre soluções de consulta relativas a idêntica matéria, fundada em idêntica norma jurídica (Lei 9.430, de 1996, art. 48, §§ 5º a 8º, 10 e 11).

§ 1º O recurso especial pode ser interposto pelo destinatário da solução divergente, no prazo de trinta dias, contados da data da ciência da solução.

§ 2º O sujeito passivo que tiver conhecimento de solução divergente daquela que esteja observando em decorrência de resposta a consulta anteriormente formulada, sobre idêntica matéria, poderá adotar o procedimento previsto no *caput*, no prazo de trinta dias, contados da data da respectiva publicação.

§ 3º Cabe a quem interpuser o recurso comprovar a existência das soluções divergentes sobre idênticas matérias.

§ 4º O exame de admissibilidade do recurso será realizado na forma disciplinada pela Secretaria da Receita Federal do Brasil. (Redação dada pelo Decreto 8.853, de 2016)

§ 5º A solução da divergência acarretará, em qualquer hipótese, a edição de ato administrativo específico, uniformizando o entendimento, com imediata ciência ao destinatário da solução reformada, aplicando-se seus efeitos a partir da data da ciência, respeitado o disposto no parágrafo único do art. 100.

Seção IX
Da Representação

Art. 102. Qualquer servidor da administração tributária deverá, a qualquer tempo, formular representação ao órgão que houver proferido a decisão, encaminhando as soluções divergentes sobre idêntica matéria, de que tenha conhecimento (Lei 9.430, de 1996, art. 48, §§ 8º e 9º).

Parágrafo único. O juízo de admissibilidade da representação será realizado na forma disciplinada pela Secretaria da Receita Federal do Brasil. (Redação dada pelo Decreto 8.853, de 2016)

CAPÍTULO II
DOS PROCESSOS DE RECONHECIMENTO DE DIREITO CREDITÓRIO

Seção I
Das Disposições Gerais

Art. 103. (Revogado pelo Decreto 8.853, de 2016)

Seção II
Do Processo de Compensação

Subseção I
Da Declaração de Compensação

Art. 104. O sujeito passivo que apurar crédito, inclusive os judiciais com trânsito em julgado, relativo a tributo administrado pela Secretaria da Receita Federal do Brasil, passível de restituição ou de ressarcimento, poderá utilizá-lo na compensação de débitos próprios relativos a quaisquer tributos administrados por esse órgão (Lei 9.430, de 1996, art. 74, com a redação dada pela Lei 10.637, de 30 de dezembro de 2002, art. 49).

Parágrafo único. A compensação de que trata o *caput* será efetuada mediante a entrega, pelo sujeito passivo, de Declaração de Compensação na qual constarão informações relativas aos créditos utilizados e aos respectivos débitos compensados.

Subseção II
Dos Créditos Vedados à Compensação

Art. 105. É vedada a compensação de débitos, mediante entrega da Declaração de Compensação, além das hipóteses previstas nas normas específicas de cada tributo:

I – com o crédito relativo ao saldo a restituir apurado na Declaração de Ajuste Anual do Imposto sobre a Renda da Pessoa Física (Lei 9.430, de 1996, art. 74, § 3º, inciso I, com a redação dada pela Lei 10.637, de 2002, art. 49); e

II – com créditos relativos às contribuições sociais previstas nas alíneas "a", "b" e "c" do parágrafo único do art. 11 da Lei 8.212, de 1991, e às contribuições instituídas a título de substituição (Lei 11.457, de 2007, art. 26, parágrafo único).

Art. 106. O valor objeto de pedido de restituição ou de ressarcimento que tenha sido indeferido pela autoridade competente da Secretaria da Receita Federal do Brasil, ainda que pendente de decisão definitiva na esfera administrativa, não pode ser utilizado para fins de compensação (Lei 9.430, de 1996, art. 74, § 3º, inciso VI, incluído pela Lei 11.051, de 2004, art. 4º).

Subseção III
Dos Débitos Vedados à Compensação

Art. 107. Não poderão ser objeto de compensação, mediante entrega da Declaração de Compensação (Lei 9.430, de 1996, art. 74, § 3º):

I – os débitos relativos a tributos devidos no registro da Declaração de Importação;

II – os débitos relativos a tributos administrados pela Secretaria da Receita Federal do Brasil que já tenham sido encaminhados à Procuradoria-Geral da Fazenda Nacional para inscrição em dívida ativa da União;

III – o débito consolidado em qualquer modalidade de parcelamento concedido pela Secretaria da Receita Federal do Brasil;

IV – o débito que já tenha sido objeto de compensação não homologada, ainda que a compensação se encontre pendente de decisão definitiva na esfera administrativa; e

V – os débitos relativos às contribuições sociais previstas nas alíneas "a", "b" e "c" do parágrafo único do art. 11 da Lei

8.212, de 1991, e às contribuições instituídas a título de substituição (Lei 11.457, de 2007, art. 26, parágrafo único).

Subseção IV
Dos Efeitos da Declaração de Compensação

Art. 108. A Declaração de Compensação entregue à Secretaria da Receita Federal do Brasil extingue o crédito tributário, sob condição resolutória de sua ulterior homologação (Lei 9.430, de 1996, art. 74, § 2º, com a redação dada pela Lei 10.637, de 2002, art. 49).

Art. 109. A Declaração de Compensação constitui confissão de dívida e instrumento hábil e suficiente para a exigência dos débitos indevidamente compensados (Lei 9.430, de 1996, art. 74, § 6º, incluído pela Lei 10.833, de 2003, art. 17).

Art. 110. Não homologada a compensação, a autoridade administrativa deverá cientificar o sujeito passivo e intimá-lo a efetuar, no prazo de trinta dias, contados da data da ciência do ato que não a homologou, o pagamento dos débitos indevidamente compensados (Lei 9.430, de 1996, art. 74, § 7º, incluído pela Lei 10.833, de 2003, art. 17).

Art. 111. Não efetuado o pagamento no prazo previsto no art. 110, o débito será encaminhado à Procuradoria-Geral da Fazenda Nacional para inscrição em dívida ativa da União, ressalvado o disposto no art. 119. (Redação dada pelo Decreto 8.853, de 2016) (Redação dada pelo Decreto 8.853, de 2016)

Subseção V
Da Competência e do Prazo para Homologação

Art. 112. A competência para decidir acerca da homologação ou não da compensação declarada é do Auditor-Fiscal da Receita Federal do Brasil, conforme disciplinado pela Secretaria da Receita Federal do Brasil. (Redação dada pelo Decreto 8.853, de 2016)

Art. 113. O prazo para homologação da compensação será de cinco anos, contados da data da entrega da Declaração de

Compensação (Lei 9.430, de 1996, art. 74, § 5º, incluído pela Lei 10.833, de 2003, art. 17).

Subseção VI
Da Compensação Não Declarada

Art. 114. Será considerada não declarada a compensação nas hipóteses (Lei 9.430, de 1996, art. 74, § 12, com a redação dada pela Lei 11.051, de 2004, art. 4º):

I – previstas nos arts. 105 a 107; ou

II – em que o crédito:

a) seja de terceiros;

b) refira-se a "crédito-prêmio" instituído pelo art. 1º do Decreto-Lei 491, de 5 de março de 1969;

c) refira-se a título público;

d) seja decorrente de decisão judicial não transitada em julgado;

e) não se refira a tributos administrados pela Secretaria da Receita Federal do Brasil; ou

f) tiver como fundamento a alegação de inconstitucionalidade de lei, exceto nos casos em que a lei (Lei 9.430, de 1996, art. 74, § 12, inciso II, alínea "f", com a redação dada pela Lei 11.941, de 2009, art. 30):

1. tenha sido declarada inconstitucional pelo Supremo Tribunal Federal em ação direta de inconstitucionalidade ou em ação declaratória de constitucionalidade;

2. tenha tido sua execução suspensa pelo Senado Federal;

3. tenha sido julgada inconstitucional em sentença judicial transitada em julgado a favor do contribuinte; ou

4. seja objeto de súmula vinculante aprovada pelo Supremo Tribunal Federal nos termos do art. 103-A da Constituição.

Parágrafo único. O disposto nos arts. 108 a 111, 113 e 119 não se aplica às hipóteses previstas neste artigo (Lei 9.430, de 1996, art. 74, § 13, com a redação dada pela Lei 11.051, de 2004, art. 4º).

Subseção VII
Disposições Complementares

Art. 115. A Secretaria da Receita Federal do Brasil disciplinará o disposto nesta Seção, inclusive quanto à fixação de critérios de prioridade para apreciação de processos de compensação (Lei 9.430, de 1996, art. 74, § 14, com a redação dada pela Lei 11.051, de 2004, art. 4º).

Art. 116. Ocorrendo manifestação de inconformidade contra a não homologação da compensação e impugnação quanto ao lançamento das multas a que se refere o art. 18 da Lei 10.833, de 2003, as peças serão reunidas em um único processo, devendo as decisões respectivas às matérias litigadas serem objeto de um único acórdão (Lei 10.833, de 2003, art. 18, § 3º).

Art. 116-A. Na hipótese de apresentação de manifestação de inconformidade contra a não homologação da compensação, fica suspensa a exigibilidade da multa de ofício de que trata o § 17 do art. 74 da Lei 9.430, de 27 de dezembro de 1996, ainda que não impugnada essa exigência, enquadrando-se no disposto no inciso III do *caput* do art. 151 da Lei 5.172, de 25 de outubro de 1966 – Código Tributário Nacional. (Incluído pelo Decreto 8.853, de 2016)

Seção III
Dos Processos de Restituição, Ressarcimento e Reembolso

Subseção I
Da Competência

Art. 117. A competência para apreciar pedidos de restituição, de ressarcimento e de reembolso de tributos administrados pela Secretaria da Receita Federal do Brasil e os pedidos de restituição relativos a direitos *antidumping* e a direitos compensatórios é do Auditor-Fiscal da Receita Federal do Brasil, conforme disciplinado pela Secretaria da Receita Federal do Brasil. (Redação dada pelo Decreto 8.853, de 2016)

Subseção II
Da Compensação de Ofício

Art. 118. A Secretaria da Receita Federal do Brasil, antes de proceder à restituição ou ao ressarcimento de tributos, deverá verificar se o sujeito passivo é devedor à Fazenda Nacional. (Redação dada pelo Decreto 8.853, de 2016)

Parágrafo único. Na hipótese de haver débito em nome do sujeito passivo, não parcelado ou parcelado sem garantia, inclusive inscrito em Dívida Ativa da União, o valor da restituição ou do ressarcimento será compensado, total ou parcialmente, com o valor do débito. (Redação dada pelo Decreto 8.853, de 2016)

Seção IV
Dos Recursos

Subseção I
Dos Recursos Contra a Não Homologação

Art. 119. É facultado ao sujeito passivo, no prazo referido no art. 110, apresentar manifestação de inconformidade contra a não homologação da compensação (Lei 9.430, de 1996, art. 74, § 9º, incluído pela Lei 10.833, de 2003, art. 17).

§ 1º Da decisão que julgar improcedente a manifestação de inconformidade caberá recurso ao Conselho Administrativo de Recursos Fiscais (Lei 9.430, de 1996, art. 74, § 10, incluído pela Lei 10.833, de 2003, art. 17; Decreto 70.235, de 1972, art. 25, inciso II, com a redação dada pela Lei 11.941, de 2009, art. 25).

§ 2º A manifestação de inconformidade e o recurso de que tratam o *caput* e o § 1º obedecerão ao rito processual do Decreto 70.235, de 1972 (Título II deste Regulamento), e enquadram-se no disposto no inciso III do art. 151 da Lei 5.172, de 1966 – Código Tributário Nacional, relativamente ao débito objeto da compensação (Lei 9.430, de 1996, art. 74, § 11, incluído pela Lei 10.833, de 2003, art. 17).

Subseção I-A
(Incluído pelo Decreto 8.853, de 2016)

Dos Recursos Contra a Decisão que Considerar a Compensação Não Declarada

Art. 119-A. É facultado ao sujeito passivo, nos termos do art. 56 ao art. 65 da Lei 9.784, de 29 de janeiro de 1999, apresentar recurso, no prazo de dez dias, contado da data da ciência, contra a decisão que considerar a compensação não declarada. (Incluído pelo Decreto 8.853, de 2016)

Parágrafo único. O recurso de que trata o *caput*: (Incluído pelo Decreto 8.853, de 2016)

I – não terá efeito suspensivo, não se enquadrando no disposto no inciso III do *caput* do art. 151 da Lei 5.172, de 1966 – Código Tributário Nacional, relativamente ao débito objeto da compensação; e (Incluído pelo Decreto 8.853, de 2016)

II – será decidido em última instância pelo titular da Superintendência Regional da Receita Federal do Brasil, com jurisdição sobre o domicílio tributário do recorrente. (Incluído pelo Decreto 8.853, de 2016)

Subseção II
Dos Recursos Contra o Indeferimento dos Pedidos de Restituição, Ressarcimento e Reembolso

Art. 120. É facultado ao sujeito passivo, no prazo de trinta dias, contados da data da ciência da decisão que indeferiu seu pedido de restituição, ressarcimento ou reembolso, apresentar manifestação de inconformidade, junto à Delegacia da Receita Federal do Brasil de Julgamento competente, contra o não reconhecimento do direito creditório (Lei 8.748, de 1993, art. 3º, inciso II; Lei 9.019, de 1995, art. 7º, §§ 1º e 5º).

Parágrafo único. Da decisão que julgar improcedente a manifestação de inconformidade, caberá recurso ao Conselho Administrativo de Recursos Fiscais.

Art. 121. Compete ao Conselho Administrativo de Recursos Fiscais, observada sua competência por matéria, julgar recurso voluntário de decisão de primeira instância nos processos relativos a restituição, ressarcimento e reembolso de tributos administrados pela Secretaria da Receita Federal do Brasil (Decreto 70.235, de 1972, art. 25, inciso II, com a redação dada pela Lei 11.941, de 2009).

Subseção III
Disposições Complementares

Art. 122. A Secretaria da Receita Federal do Brasil disciplinará o disposto nesta Seção, inclusive quanto à fixação de critérios de prioridade para apreciação de processos de restituição, de ressarcimento e de reembolso (Lei 9.430, de 1996, art. 74, § 14, com a redação dada pela Lei 11.051, de 2004, art. 4º).

CAPÍTULO III
DOS PROCESSOS DE SUSPENSÃO DA IMUNIDADE E DA ISENÇÃO

Seção I
Do Processo de Suspensão da Imunidade

Art. 123. A suspensão da imunidade tributária, em virtude de falta de observância de requisitos legais, deve ser procedida em conformidade com o disposto nesta Seção (Lei 9.430, de 1996, art. 32).

§ 1º Constatado que entidade beneficiária de imunidade de tributos federais, de que trata a alínea "c" do inciso VI do *caput* do art. 150 da Constituição, não está observando requisitos ou condições previstos no § 1º do art. 9º e no art. 14 da Lei 5.172, de 1966 – Código Tributário Nacional, a fiscalização tributária expedirá notificação fiscal, na qual relatará os fatos que determinaram a suspensão do benefício, indicando inclusive a data em que os requisitos legais deixaram de ser atendidos. 151, incisos IV e V

§ 2º O disposto no § 1º não se aplica no caso de descumprimento de requisito estabelecido no art. 12 da Lei 9.532, de 1997.

§ 3º A entidade poderá, no prazo de trinta dias, contados da data da ciência da notificação, apresentar as alegações e provas que entender necessárias.

§ 4º O delegado ou inspetor da Receita Federal do Brasil decidirá sobre a procedência das alegações, expedindo o ato declaratório suspensivo do benefício no caso de improcedência, dando ciência de sua decisão à entidade.

§ 5º Será igualmente expedido o ato suspensivo se decorrido o prazo previsto no § 3º sem qualquer manifestação da parte interessada.

§ 6º A suspensão da imunidade terá como termo inicial a data em que os requisitos legais deixaram de ser atendidos.

§ 7º Efetivada a suspensão da imunidade:

I – a entidade interessada poderá, no prazo de trinta dias, contados da data da ciência, apresentar impugnação ao ato declaratório, a qual será objeto de decisão pela Delegacia da Receita Federal do Brasil de Julgamento competente; e

II – a fiscalização de tributos federais lavrará auto de infração, se for o caso.

§ 8º A impugnação relativa à suspensão da imunidade obedecerá às demais normas reguladoras do processo administrativo fiscal.

§ 9º A impugnação e o recurso apresentados pela entidade não terão efeito suspensivo em relação ao ato declaratório contestado.

§ 10. Caso seja lavrado auto de infração, as impugnações e os recursos contra o ato declaratório e contra a exigência do crédito tributário serão reunidos em um único processo, devendo as decisões respectivas às matérias litigadas serem objeto de um único acórdão.

§ 11. Somente se inicia o procedimento que visa à suspensão da imunidade tributária dos partidos políticos após trânsito em julgado de decisão do Tribunal Superior Eleitoral que julgar irregulares ou não prestadas, nos termos da Lei, as devidas contas à Justiça Eleitoral (Lei 9.430, de 1996, art. 32, § 11, incluído pela Lei 11.941, de 2009, art. 73).

§ 12. A entidade interessada disporá de todos os meios legais para impugnar os fatos que determinam a suspensão do benefício (Lei 9.430, de 1996, art. 32, § 12, incluído pela Lei 11.941, de 2009, art. 73).

Seção II
Do Processo de Suspensão da Isenção

Art. 124. Os procedimentos estabelecidos no art. 123 aplicam-se também às hipóteses de suspensão de isenções condicionadas quando a entidade beneficiária estiver descumprindo as condições ou requisitos impostos pela legislação de regência (Lei 9.430, de 1996, art. 32, § 10).

Art. 125. No caso da isenção das contribuições sociais previstas nos arts. 22 e 23 da Lei 8.212, de 1991, constatado o descumprimento, pela entidade beneficiária, dos requisitos impostos pela legislação de regência, a fiscalização da Secretaria da Receita Federal do Brasil lavrará o auto de infração relativo ao período correspondente e relatará os fatos que demonstram o não atendimento de tais requisitos para o gozo da isenção (Lei 12.101, de 27 de novembro de 2009, arts. 29 e 32).

§ 1º Considera-se automaticamente suspenso o direito à isenção das contribuições referidas no *caput* durante o período em que se constatar o descumprimento de requisito na forma deste artigo, devendo o lançamento correspondente ter como termo inicial a data da ocorrência da infração que lhe deu causa.

§ 2º O disposto neste artigo obedecerá ao rito processual do Decreto 70.235, de 1972 (Título II deste Regulamento).

CAPÍTULO IV
DO PEDIDO DE REVISÃO DE ORDEM DE EMISSÃO DE INCENTIVOS FISCAIS

Art. 126. O contribuinte optante pela aplicação de parcelas do imposto sobre a renda devido em incentivos fiscais poderá pedir revisão da ordem de emissão de incentivos fiscais emitida pela Secretaria da Receita Federal do Brasil, quando não atendida a opção formalizada na Declaração do Imposto sobre a Renda da Pessoa Jurídica – Lucro Real.

§ 1º A Secretaria da Receita Federal do Brasil, com base nas opções exercidas pelos contribuintes e no controle dos recolhimentos, expedirá, em cada exercício, à pessoa jurídica optante, extrato de conta corrente contendo os valores efetivamente considerados como imposto e como aplicação nos fundos de investimento (Decreto-Lei 1.752, de 31 de dezembro de 1979, art. 3º).

§ 2º O pedido de revisão da ordem de emissão de incentivos fiscais deve ser apresentado, salvo prazo maior concedido pela Secretaria da Receita Federal do Brasil:

I – no prazo de trinta dias, contados da ciência do extrato no qual as opções não aparecem formalizadas ou se apresentam com divergências (Decreto-Lei 1.752, de 1979, art. 3º; Decreto 70.235, de 1972, art. 15); ou

II – até o dia 30 de setembro do segundo ano subsequente ao exercício financeiro a que corresponder a opção, no caso de não recebimento do extrato (Decreto-Lei 1.376, de 12 de dezembro de 1974, art. 15, § 5º, com redação dada pelo Decreto-Lei 1.752, de 1979, art. 1º).

§ 3º O disposto neste artigo obedecerá ao rito processual do Decreto 70.235, de 1972 (Título II deste Regulamento).

CAPÍTULO V
DO PROCESSO DE APLICAÇÃO DA PENA DE PERDIMENTO

Seção I
Do Processo de Aplicação da Pena de Perdimento de Mercadoria e de Veículo

Art. 127. As infrações a que se aplique a pena de perdimento serão apuradas mediante processo administrativo fiscal, cuja peça inicial será o auto de infração acompanhado de termo de apreensão e, se for o caso, de termo de guarda fiscal (Decreto-Lei 1.455, de 1976, art. 27, *caput*).

§ 1º Feita a intimação, pessoal ou por edital, a não apresentação de impugnação no prazo de vinte dias, contados da data da ciência, implica revelia (Decreto-Lei 1.455, de 1976, art. 27, § 1º).

§ 2º A revelia do autuado, declarada pela autoridade preparadora, implica o envio do processo à autoridade competente, para imediata aplicação da pena de perdimento, ficando a mercadoria correspondente disponível para destinação, nos termos da legislação específica.

§ 3º Apresentada a impugnação, a autoridade preparadora terá o prazo de quinze dias, contados da data do protocolo, para remessa do processo a julgamento (Decreto-Lei 1.455, de 1976, art. 27, § 2º). Decreto-Lei 37, de 1966

§ 4º O prazo mencionado no § 3º poderá ser prorrogado quando houver necessidade de diligência ou perícia (Decreto-Lei 1.455, de 1976, art. 27, § 3º).

§ 5º Após o preparo, o processo será submetido à decisão do Ministro de Estado da Fazenda, em instância única (Decreto-Lei 1.455, de 1976, art. 27, § 4º).

§ 6º As infrações mencionadas nos incisos II e III do *caput* do art. 23 do Decreto-Lei 1.455, de 1976, quando referentes a mercadorias de valor inferior a US$ 500.00 (quinhentos dólares dos Estados Unidos da América), e no inciso IX do *caput* do art. 105 do Decreto-Lei 37, de 18 de novembro de 1966, serão apuradas em procedimento simplificado, no qual (Decreto-Lei 1.455, de 1976, art. 27, § 5º, incluído pela Lei 12.058, de 13 de outubro de 2009, art. 31):

I – as mercadorias serão relacionadas pela unidade da Secretaria da Receita Federal do Brasil com jurisdição sobre o local de depósito, devendo a relação ser afixada em edital na referida unidade por vinte dias; e

II – decorrido o prazo a que se refere o inciso I:

a) sem manifestação por parte de qualquer interessado, serão declaradas abandonadas e estarão disponíveis para destinação, dispensada a formalidade a que se refere o *caput*, observado o disposto nos arts. 28 a 30 do Decreto-Lei 1.455, de 1976; ou

b) com manifestação contrária de interessado, será adotado o procedimento previsto no *caput* e nos §§ 1º a 4º.

§ 7º O Ministro de Estado da Fazenda poderá complementar a disciplina do disposto no § 6º, e aumentar em até duas vezes o limite nele estabelecido (Decreto-Lei 1.455, de 1976, art. 27, § 6º, incluído pela Lei 12.058, de 2009, art. 31).

§ 8º O disposto nos §§ 6º e 7º não se aplica na hipótese de mercadorias de importação proibida (Decreto-Lei 1.455, de 1976, art. 27, § 7º, incluído pela Lei 12.058, de 2009, art. 31).

§ 9º O Ministro de Estado da Fazenda poderá:

I – delegar a competência para a decisão de que trata o § 5º (Decreto-Lei 200, de 25 de fevereiro de 1967, art. 12); e

II – estabelecer normas complementares para disciplinar os procedimentos previstos nesta Seção.

Seção II
Do Processo de Retenção e de Perdimento de Veículo Transportador de Mercadoria Sujeita a Pena de Perdimento

Art. 128. Caberá recurso contra os atos que formalizarem a exigência da multa pelo transporte de mercadoria sujeita a pena de perdimento e a retenção do veículo transportador, com efeito exclusivamente devolutivo, a ser apresentado no prazo de vinte dias, contados da data da ciência da retenção, ao chefe da unidade da Secretaria da Receita Federal do Brasil responsável pela retenção, que o apreciará em instância única (Lei 10.833, de 2003, art. 75, § 3º).

§ 1º Decorrido o prazo de quarenta e cinco dias, contados da data da aplicação da multa ou da ciência do indeferimento do recurso, e não recolhida a multa prevista, o veículo será considerado abandonado, caracterizando dano ao Erário e ensejando a aplicação da pena de perdimento, observado o rito estabelecido na Seção I deste Capítulo.

§ 2º A Secretaria da Receita Federal do Brasil deverá representar contra o transportador que incorrer na infração prevista no *caput* ou que seja submetido à aplicação da pena de perdimento de veículo à autoridade competente para fiscalizar o transporte terrestre.

Seção III
Do Processo de Perdimento de Moeda

Art. 129. O processo administrativo de apuração e de aplicação da pena de perdimento de moeda obedecerá ao disposto no art. 127 e seus §§ 1º, 3º e 4º (Medida Provisória 2.158-35, de 2001, art. 89, §§ 1º a 4º; Decreto 6.759, de 2009, art. 700).

Parágrafo único. Da decisão proferida pela autoridade competente, no processo a que se refere o *caput*, não caberá recurso (Medida Provisória 2.158-35, de 2001, art. 89, § 5º).

Art. 130. As moedas retidas antes de 27 de agosto de 2001 terão seu valor convertido em renda da União (Medida Provisória 2.158-35, de 2001, art. 89, § 6º, inciso II).

Parágrafo único. O disposto no *caput* não se aplica nos casos em que o interessado tenha apresentado manifestação de inconformidade, hipótese em que serão adotados os procedimentos a que se refere o art. 127. (Redação dada pelo Decreto 8.853, de 2016)

Seção IV
Da Relevação da Pena de Perdimento

Art. 131. O Ministro de Estado da Fazenda, em despacho fundamentado, poderá relevar penalidades relativas a infrações de que não tenha resultado falta ou insuficiência de recolhimento de tributos federais, atendendo (Decreto-Lei 1.042, de 21 de outubro de 1969, art. 4º):

I – a erro ou à ignorância escusável do infrator, quanto à matéria de fato; ou

II – à equidade, em relação às características pessoais ou materiais do caso, inclusive ausência de intuito doloso.

§ 1º A relevação da penalidade poderá ser condicionada à correção prévia das irregularidades que tenham dado origem ao processo administrativo fiscal (Decreto-Lei 1.042, de 1969, art. 4º, § 1º).

§ 2º O Ministro de Estado da Fazenda poderá delegar a competência atribuída por este artigo (Decreto-Lei 1.042, de 1969, art. 4º, § 2º).

CAPÍTULO VI
DO PROCESSO DE DETERMINAÇÃO E EXIGÊNCIA DAS MEDIDAS DE SALVAGUARDA

Art. 132. A determinação e a exigência dos créditos tributários decorrentes de infração às medidas de salvaguarda obedecerão ao rito processual do Decreto 70.235, de 1972 (Título II deste Regulamento) (Decreto 6.759, de 2009, arts. 768 a 773).

CAPÍTULO VII
DOS PROCESSOS DE APLICAÇÃO E DE EXIGÊNCIA DOS DIREITOS *ANTIDUMPING* E COMPENSATÓRIOS

Art. 133. O cumprimento das obrigações resultantes da aplicação dos direitos *antidumping* e dos direitos compensatórios, provisórios ou definitivos, será condição para a introdução no comércio do País de produtos objeto de *dumping* ou subsídio (Lei 9.019, de 1995, art. 7º).

§ 1º Será competente para a cobrança dos direitos *antidumping* e compensatórios, provisórios ou definitivos, quando se tratar de valor em dinheiro, e, se for o caso, para sua restituição, a Secretaria da Receita Federal do Brasil.

§ 2º Os direitos *antidumping* e os direitos compensatórios são devidos na data do registro da Declaração de Importação (Lei 9.019, de 1995, art. 7º, § 2º, com a redação dada pela Lei 10.833, de 2003, art. 79).

§ 3º A exigência de ofício de direitos *antidumping* ou de direitos compensatórios e decorrentes acréscimos moratórios e penalidades será formalizada em auto de infração lavrado por Auditor-Fiscal da Receita Federal do Brasil, observado o disposto no Título II deste Regulamento, e o prazo de cinco anos, contados da data de registro da Declaração de Importação (Lei 9.019, de 1995, art. 7º, § 5º, incluído pela Lei 10.833, de 2003, art. 79).

§ 4º O julgamento dos processos relativos à exigência de que trata o § 3º, observado o disposto no Decreto 70.235, de 1972, compete:

I – em primeira instância, às Delegacias da Receita Federal do Brasil de Julgamento; e

II – em segunda instância, ao Conselho Administrativo de Recursos Fiscais.

§ 5º A restituição de valores pagos a título de direitos *antidumping* e de direitos compensatórios, provisórios ou definitivos, enseja a restituição dos acréscimos legais correspondentes e das penalidades pecuniárias, de caráter material, prejudicados pela causa da restituição (Lei 9.019, de 1995, art. 7º, § 7º, incluído pela Lei 10.833, de 2003, art. 79).

Art. 134. Os direitos *antidumping* ou compensatórios, provisórios ou definitivos, somente serão aplicados sobre bens despachados para consumo a partir da data da publicação do ato que os estabelecer, excetuando-se os casos de retroatividade previstos nos Acordos *Antidumping* e nos Acordos de Subsídios e Direitos Compensatórios (Lei 9.019, de 1995, art. 8º).

§ 1º Nos casos de retroatividade, a Secretaria da Receita Federal do Brasil intimará o contribuinte ou responsável para pagar os direitos *antidumping* ou compensatórios, provisórios ou definitivos, no prazo de trinta dias, contados da data da ciência, sem a incidência de quaisquer acréscimos moratórios (Lei 9.019, de 1995, art. 8º, § 1º, incluído pela Lei 10.833, de 2003, art. 79).

§ 2º Vencido o prazo previsto no § 1º sem que tenha havido o pagamento dos direitos, a Secretaria da Receita Federal do Brasil deverá exigi-los de ofício, mediante a lavratura de auto de infração, aplicando-se a multa e os juros de mora previstos no inciso II do § 3ºdo art. 7º da Lei 9.019, de 1995, a partir do término do prazo previsto no § 1º (Lei 9.019, de 1995, art. 8º, § 2º, incluído pela Lei 10.833, de 2003, art. 79).

CAPÍTULO VIII
DO PROCESSO DE DETERMINAÇÃO E EXIGÊNCIA DE DIREITOS DE NATUREZA COMERCIAL

Art. 135. A exigência de ofício de direitos de natureza comercial de que trata a Lei 12.270, de 24 de junho de 2010, dos acréscimos moratórios e das penalidades será formalizada em auto de infração lavrado por Auditor-Fiscal da Receita Federal do Brasil, observados os procedimentos previstos no Título II deste Regulamento, e o prazo de cinco anos contados da data da remessa, pagamento ou crédito da remuneração a que fizer jus o titular de direitos de propriedade intelectual (Lei 12.270, de 2010, art. 7º, § 8º).

§ 1º Verificado o inadimplemento da obrigação, a Secretaria da Receita Federal do Brasil encaminhará o débito à Procuradoria-Geral da Fazenda Nacional, para inscrição em dívida ativa da União e respectiva cobrança, observado o prazo de prescrição de cinco anos (Lei 12.270, de 2010, art. 7º, § 9º).

§ 2º Somente serão passíveis de ressarcimento os valores recolhidos a título de cobrança de direitos de que trata o *caput* nos casos de pagamento indevido ou em valor maior que o devido, observados os procedimentos estabelecidos pela Secretaria da Receita Federal do Brasil (Lei 12.270, de 2010, art. 7º, § 10).

CAPÍTULO IX
DO PROCESSO DE LIQUIDAÇÃO DE TERMO DE RESPONSABILIDADE

Art. 136. Ressalvado o regime de entreposto industrial previsto no Decreto-Lei 37, de 1966, as obrigações fiscais relativas à mercadoria sujeita a regime aduaneiro especial serão constituídas em termo de responsabilidade (Decreto-Lei 37, de 1966, art. 72).

§ 1º O termo de responsabilidade é título representativo de direito líquido e certo da Fazenda Nacional com relação às obrigações fiscais nele constituídas (Decreto-Lei 37, de 1966, art. 72, § 2º, incluído pelo Decreto-Lei 2.472, de 1º de setembro de 1988, art. 1º).

§ 2º Não cumprido o compromisso assumido no termo de responsabilidade, o crédito nele constituído será objeto de exigência, com os acréscimos legais cabíveis (Decreto 6.759, de 2009, art. 760, parágrafo único).

Art. 137. A exigência do crédito tributário constituído em termo de responsabilidade deve ser precedida de (Decreto 6.759, de 2009, art. 761):

I – intimação do responsável para, no prazo de dez dias, contados da data da ciência, justificar o descumprimento, total ou parcial, do compromisso assumido; e

II – revisão do processo vinculado ao termo de responsabilidade, à vista da justificativa do interessado, para fins de ratificação ou liquidação do crédito.

§ 1º A exigência do crédito, depois de notificada a sua ratificação ou liquidação ao responsável, deverá ser efetuada mediante:

I – conversão do depósito em renda da União, na hipótese de prestação de garantia sob a forma de depósito em dinheiro; ou

II – intimação do responsável para efetuar o pagamento, no prazo de trinta dias, contados da data da ciência, na hipótese de dispensa de garantia, ou da prestação de garantia sob a forma de fiança idônea ou de seguro aduaneiro.

§ 2º Quando a exigência for efetuada na forma prevista no inciso II do § 1º, será intimado também o fiador ou a seguradora.

Art. 138. Decorrido o prazo fixado no inciso I do *caput* do art. 137, sem que o interessado apresente a justificativa solicitada, será efetivada a exigência do crédito na forma prevista nos §§ 1º e 2º do referido artigo (Decreto 6.759, de 2009, art. 762).

Art. 139. Não efetuado o pagamento do crédito tributário exigido, o termo será encaminhado à Procuradoria da Fazenda Nacional para inscrição em dívida ativa da União (Decreto 6.759, de 2009, art. 763).

Art. 140. A Secretaria da Receita Federal do Brasil poderá editar normas complementares para disciplinar a exigência do crédito tributário constituído em termo de responsabilidade (Decreto 6.759, de 2009, art. 764). Decreto-Lei 37, de 1966

Art. 141. O termo não formalizado por quantia certa será liquidado à vista dos elementos constantes do despacho aduaneiro a que estiver vinculado (Decreto-Lei 37, de 1966, art. 72, § 3º, com a redação dada pelo Decreto-Lei 2.472, de 1988, art. 1º).

§ 1º Na hipótese do *caput*, o interessado deverá ser intimado a apresentar, no prazo de dez dias, contados da data da ciência, as informações complementares necessárias à liquidação do crédito (Decreto 6.759, de 2009, art. 765, § 1º).

§ 2º O crédito liquidado será exigido na forma prevista nos §§ 1º e 2º do art. 137 (Decreto 6.759, de 2009, art. 765, § 2º).

Art. 142. A exigência do crédito tributário apurado em procedimento posterior à apresentação do termo de responsabilidade, em decorrência de aplicação de penalidade ou de ajuste no cálculo de tributo devido, será formalizada em auto de infração, lavrado por Auditor-Fiscal da Receita Federal do Brasil, observado o disposto no Decreto 70.235, de 1972 (Decreto 6.759, de 2009, art. 766).

Art. 143. Aplicam-se as disposições deste Capítulo, no que couber, ao termo de responsabilidade para cumprimento de formalidade ou de apresentação de documento (Decreto-Lei 37, de 1966, art. 72, § 4º, incluído pelo Decreto-Lei 2.472, de 1988, art. 1º).

CAPÍTULO X
DO PROCESSO DE RECONHECIMENTO DO DIREITO À REDUÇÃO DE TRIBUTO INCIDENTE SOBRE O LUCRO DA EXPLORAÇÃO NA ÁREA DA SUDENE

Art. 144. O direito à redução do Imposto sobre a Renda das Pessoas Jurídicas e adicionais não restituíveis incidentes sobre o lucro da exploração, na área de atuação da extinta Superintendência do Desenvolvimento do Nordeste – SUDENE será reconhecido pela unidade da Secretaria da Receita Federal do

Brasil com jurisdição sobre o domicílio tributário da pessoa jurídica, instruído com o laudo expedido pelo Ministério da Integração Nacional (Decreto 4.213, de 26 de abril de 2002, art. 3º).

§ 1º O chefe da unidade da Secretaria da Receita Federal do Brasil competente decidirá sobre o pedido de redução no prazo de cento e vinte dias, contados da data da apresentação do requerimento.

§ 2º Expirado o prazo indicado no § 1º sem que a requerente tenha sido notificada da decisão contrária ao pedido e enquanto não sobrevier decisão irrecorrível, a interessada será considerada automaticamente no pleno gozo da redução pretendida.

§ 3º Caberá impugnação para a Delegacia da Receita Federal do Brasil de Julgamento, no prazo de trinta dias, contado da data da ciência do despacho que denegar, parcial ou totalmente, o pedido da requerente. (Redação dada pelo Decreto 8.853, de 2016)

§ 4º Não cabe recurso na esfera administrativa da decisão da Delegacia da Receita Federal do Brasil de Julgamento que denegar o pedido.

§ 5º Na hipótese do § 4º, a unidade competente procederá ao lançamento das importâncias que, até então, tenham sido reduzidas do imposto devido, efetuando-se a cobrança do débito.

§ 6º A cobrança prevista no § 5º não alcançará as parcelas correspondentes às reduções feitas durante o período em que a pessoa jurídica interessada esteja em pleno gozo da redução de que trata o § 2º.

CAPÍTULO XI
DO PROCESSO DE RECONHECIMENTO DO DIREITO À REDUÇÃO DE TRIBUTO INCIDENTE SOBRE O LUCRO DA EXPLORAÇÃO NA ÁREA DA SUDAM

Art. 145. O direito à redução do Imposto sobre a Renda das Pessoas Jurídicas e adicionais não restituíveis incidentes sobre o lucro da exploração, na área de atuação da extinta Superintendência do Desenvolvimento da Amazônia – SUDAM, será reconhecido pela unidade da Secretaria da Receita Federal do Brasil com jurisdição sobre o domicílio tributário da pessoa jurídica, instruído com o laudo expedido pelo Ministério da Integração Nacional (Decreto 4.213, de 2002, art. 3º).

§ 1º O chefe da unidade da Secretaria da Receita Federal do Brasil decidirá sobre o pedido em cento e vinte dias contados da respectiva apresentação do requerimento à repartição fiscal competente.

§ 2º Expirado o prazo indicado no § 1º sem que a requerente tenha sido notificada da decisão contrária ao pedido e enquanto não sobrevier decisão irrecorrível, a interessada será considerada automaticamente no pleno gozo da redução pretendida.

§ 3º Caberá impugnação para a Delegacia da Receita Federal do Brasil de Julgamento, no prazo de trinta dias, contado da data da ciência do despacho que denegar, parcial ou totalmente, o pedido da requerente. (Redação dada pelo Decreto 8.853, de 2016)

§ 4º É irrecorrível, na esfera administrativa, a decisão da Delegacia da Receita Federal do Brasil de Julgamento que denegar o pedido.

§ 5º Na hipótese do § 4º, a repartição competente procederá ao lançamento das importâncias que, até então, tenham sido reduzidas do imposto devido, efetuando-se a cobrança do débito.

§ 6º A cobrança prevista no § 5º não alcançará as parcelas correspondentes às reduções feitas durante o período em que a pessoa jurídica interessada esteja em pleno gozo da redução de que trata o § 2º.

TÍTULO IV
DISPOSIÇÕES FINAIS

Art. 146. Os processos administrativos fiscais relativos a tributos e a penalidades isoladas e as declarações não poderão sair das unidades da Secretaria da Receita Federal do Brasil, salvo quando se tratar de (Lei 9.250, de 1995, art. 38):

I – encaminhamento de recursos à instância superior;

II – restituições de autos aos órgãos de origem; ou

III – encaminhamento de documentos para fins de processamento de dados.

§ 1º Nos casos a que se referem os incisos I e II do *caput*, deverá ficar cópia autenticada dos documentos essenciais na respectiva unidade (Lei 9.250, de 1995, art. 38, § 1º).

§ 2º É facultado o fornecimento de cópia do processo ao sujeito passivo ou a seu mandatário (Lei 9.250, de 1995, art. 38, § 2º).

§ 3º É facultada vista do processo ao sujeito passivo ou a seu mandatário.

§ 4º O processo administrativo correspondente à inscrição de dívida ativa, à execução fiscal ou à ação proposta contra a Fazenda Nacional será mantido na unidade competente, dele se extraindo as cópias autenticadas ou certidões, que forem requeridas pelas partes ou requisitadas pelo Juiz ou pelo Ministério Público (Lei 6.830, de 1980, art. 41).

§ 5º Mediante requisição do Juiz à repartição competente, com dia e hora previamente marcados, poderá o processo administrativo ser exibido em sede do Juízo, pelo funcionário para esse fim designado, lavrando o serventuário termo da ocorrência, com indicação, se for o caso, das peças a serem transladadas (Lei 6.830, de 1980, art. 41, parágrafo único).

Art. 147. Os documentos apresentados pelo sujeito passivo e que instruem o processo poderão ser substituídos por cópia e restituídos, em qualquer fase, a requerimento do sujeito passivo, desde que a medida não prejudique a instrução do processo e que deles fique cópia autenticada no processo (Decreto 70.235, de 1972, art. 64).

Parágrafo único. Caso a medida prejudique a instrução do processo, os documentos não poderão ser restituídos, sendo facultado o fornecimento de cópias na forma prevista na legislação.

Art. 147-A. Os documentos que instruem o processo poderão ser objeto de digitalização. (Incluído pelo Decreto 8.853, de 2016)

§ 1º Para os fins do disposto neste Decreto, entende-se digitalização como a conversão da fiel imagem de um documento para código digital. (Incluído pelo Decreto 8.853, de 2016)

§ 2º O processo de digitalização deverá ser realizado de forma a manter a integridade, a autenticidade e, se necessário, a confidencialidade do documento digital, com o emprego de certificado digital emitido no âmbito da Infraestrutura de Chaves Públicas Brasileira – ICP – Brasil. (Incluído pelo Decreto 8.853, de 2016)

§ 3º Os meios de armazenamento dos documentos digitais deverão protegê-los de acesso, uso, alteração, reprodução e destruição não autorizados.(Incluído pelo Decreto 8.853, de 2016)

Art. 147-B. No processo eletrônico, os atos, os documentos e os termos que o instruem poderão ser natos digitais ou produzidos por meio de digitalização, observado o disposto na Medida Provisória 2.200-2, de 24 de agosto de 2001. (Incluído pelo Decreto 8.853, de 2016)

§ 1º Os atos, os termos e os documentos submetidos a digitalização pela administração tributária e armazenados eletronicamente possuem o mesmo valor probante de seus originais. (Incluído pelo Decreto 8.853, de 2016)

§ 2º Os autos de processos eletrônicos, ou parte deles, que tiverem de ser remetidos a órgãos ou entidades que não disponham de sistema compatível de armazenagem e tramitação poderão ser encaminhados impressos em papel ou por meio digital, conforme disciplinado em ato da administração tributária. (Incluído pelo Decreto 8.853, de 2016)

Art. 147-C. As matrizes físicas dos atos, dos termos e dos documentos digitalizados e armazenados eletronicamente conforme disposto no § 1º do art. 147-B poderão ser descartadas. (Incluído pelo Decreto 8.853, de 2016)

§ 1º O descarte das matrizes físicas será feito por meios que garantam sua inutilização e preservem o sigilo fiscal. (Incluído pelo Decreto 8.853, de 2016)

§ 2º Independentemente de terem sido digitalizados, os originais dos documentos apresentados em papel serão arquivados pela administração tributária, observada a tabela de temporalidade do órgão, quando: (Incluído pelo Decreto 8.853, de 2016)

I – tiverem valor histórico para a sociedade ou para a administração tributária; (Incluído pelo Decreto 8.853, de 2016)

II – configurarem prova em processo de representação fiscal para fins penais; ou (Incluído pelo Decreto 8.853, de 2016)

III – forem indícios de práticas de violação a direito autoral, de falsificação ou de adulteração de produtos ou documentos ou indícios de práticas de outros crimes ou contravenções penais. (Incluído pelo Decreto 8.853, de 2016)

Art. 148. Este regulamento incorpora a legislação editada sobre a matéria até 19 de janeiro de 2015. (Redação dada pelo Decreto 8.853, de 2016)

Art. 149. Este Decreto entra em vigor na data de sua publicação.

Brasília, 29 de setembro de 2011; 190º da Independência 123º da República.

DILMA ROUSSEFF
Guido Mantega

APÊNDICE III

LEI 9.784, DE 29 DE JANEIRO DE 1999

Regula o processo administrativo no âmbito da Administração Pública Federal.

O PRESIDENTE DA REPÚBLICA

Faço saber que o Congresso Nacional decreta e eu sanciono a seguinte Lei:

CAPÍTULO I
DAS DISPOSIÇÕES GERAIS

Art. 1º Esta Lei estabelece normas básicas sobre o processo administrativo no âmbito da Administração Federal direta e indireta, visando, em especial, à proteção dos direitos dos administrados e ao melhor cumprimento dos fins da Administração.

§ 1º Os preceitos desta Lei também se aplicam aos órgãos dos Poderes Legislativo e Judiciário da União, quando no desempenho de função administrativa.

§ 2º Para os fins desta Lei, consideram-se:

I – órgão – a unidade de atuação integrante da estrutura da Administração direta e da estrutura da Administração indireta;

II – entidade – a unidade de atuação dotada de personalidade jurídica;

III – autoridade – o servidor ou agente público dotado de poder de decisão.

Art. 2º A Administração Pública obedecerá, dentre outros, aos princípios da legalidade, finalidade, motivação, razoabilidade, proporcionalidade, moralidade, ampla defesa, contraditório, segurança jurídica, interesse público e eficiência.

Parágrafo único. Nos processos administrativos serão observados, entre outros, os critérios de:

I – atuação conforme a lei e o Direito;

II – atendimento a fins de interesse geral, vedada a renúncia total ou parcial de poderes ou competências, salvo autorização em lei;

III – objetividade no atendimento do interesse público, vedada a promoção pessoal de agentes ou autoridades;

IV – atuação segundo padrões éticos de probidade, decoro e boa-fé;

V – divulgação oficial dos atos administrativos, ressalvadas as hipóteses de sigilo previstas na Constituição;

VI – adequação entre meios e fins, vedada a imposição de obrigações, restrições e sanções em medida superior àquelas estritamente necessárias ao atendimento do interesse público;

VII – indicação dos pressupostos de fato e de direito que determinarem a decisão;

VIII – observância das formalidades essenciais à garantia dos direitos dos administrados;

IX – adoção de formas simples, suficientes para propiciar adequado grau de certeza, segurança e respeito aos direitos dos administrados;

X – garantia dos direitos à comunicação, à apresentação de alegações finais, à produção de provas e à interposição de recursos, nos processos de que possam resultar sanções e nas situações de litígio;

XI – proibição de cobrança de despesas processuais, ressalvadas as previstas em lei;

XII – impulsão, de ofício, do processo administrativo, sem prejuízo da atuação dos interessados;

XIII – interpretação da norma administrativa da forma que melhor garanta o atendimento do fim público a que se dirige, vedada aplicação retroativa de nova interpretação.

CAPÍTULO II
DOS DIREITOS DOS ADMINISTRADOS

Art. 3º O administrado tem os seguintes direitos perante a Administração, sem prejuízo de outros que lhe sejam assegurados:

I – ser tratado com respeito pelas autoridades e servidores, que deverão facilitar o exercício de seus direitos e o cumprimento de suas obrigações;

II – ter ciência da tramitação dos processos administrativos em que tenha a condição de interessado, ter vista dos autos, obter cópias de documentos neles contidos e conhecer as decisões proferidas;

III – formular alegações e apresentar documentos antes da decisão, os quais serão objeto de consideração pelo órgão competente;

IV – fazer-se assistir, facultativamente, por advogado, salvo quando obrigatória a representação, por força de lei.

CAPÍTULO III
DOS DEVERES DO ADMINISTRADO

Art. 4º São deveres do administrado perante a Administração, sem prejuízo de outros previstos em ato normativo:

I – expor os fatos conforme a verdade;

II – proceder com lealdade, urbanidade e boa-fé;

III – não agir de modo temerário;

IV – prestar as informações que lhe forem solicitadas e colaborar para o esclarecimento dos fatos.

CAPÍTULO IV
DO INÍCIO DO PROCESSO

Art. 5º O processo administrativo pode iniciar-se de ofício ou a pedido de interessado.

Art. 6º O requerimento inicial do interessado, salvo casos em que for admitida solicitação oral, deve ser formulado por escrito e conter os seguintes dados:

I – órgão ou autoridade administrativa a que se dirige;

II – identificação do interessado ou de quem o represente;

III – domicílio do requerente ou local para recebimento de comunicações;

IV – formulação do pedido, com exposição dos fatos e de seus fundamentos;

V – data e assinatura do requerente ou de seu representante.

Parágrafo único. É vedada à Administração a recusa imotivada de recebimento de documentos, devendo o servidor orientar o interessado quanto ao suprimento de eventuais falhas.

Art. 7º Os órgãos e entidades administrativas deverão elaborar modelos ou formulários padronizados para assuntos que importem pretensões equivalentes.

Art. 8º Quando os pedidos de uma pluralidade de interessados tiverem conteúdo e fundamentos idênticos, poderão ser formulados em um único requerimento, salvo preceito legal em contrário.

CAPÍTULO V
DOS INTERESSADOS

Art. 9º São legitimados como interessados no processo administrativo:

I – pessoas físicas ou jurídicas que o iniciem como titulares de direitos ou interesses individuais ou no exercício do direito de representação;

II – aqueles que, sem terem iniciado o processo, têm direitos ou interesses que possam ser afetados pela decisão a ser adotada;

III – as organizações e associações representativas, no tocante a direitos e interesses coletivos;

IV – as pessoas ou as associações legalmente constituídas quanto a direitos ou interesses difusos.

Art. 10. São capazes, para fins de processo administrativo, os maiores de dezoito anos, ressalvada previsão especial em ato normativo próprio.

CAPÍTULO VI
DA COMPETÊNCIA

Art. 11. A competência é irrenunciável e se exerce pelos órgãos administrativos a que foi atribuída como própria, salvo os casos de delegação e avocação legalmente admitidos.

Art. 12. Um órgão administrativo e seu titular poderão, se não houver impedimento legal, delegar parte da sua competência a outros órgãos ou titulares, ainda que estes não lhe sejam hierarquicamente subordinados, quando for conveniente, em razão de circunstâncias de índole técnica, social, econômica, jurídica ou territorial.

Parágrafo único. O disposto no *caput* deste artigo aplica-se à delegação de competência dos órgãos colegiados aos respectivos presidentes.

Art. 13. Não podem ser objeto de delegação:

I – a edição de atos de caráter normativo;

II – a decisão de recursos administrativos;

III – as matérias de competência exclusiva do órgão ou autoridade.

Art. 14. O ato de delegação e sua revogação deverão ser publicados no meio oficial.

§ 1º O ato de delegação especificará as matérias e poderes transferidos, os limites da atuação do delegado, a duração e os objetivos da delegação e o recurso cabível, podendo conter ressalva de exercício da atribuição delegada.

§ 2º O ato de delegação é revogável a qualquer tempo pela autoridade delegante.

§ 3º As decisões adotadas por delegação devem mencionar explicitamente esta qualidade e considerar-se-ão editadas pelo delegado.

Art. 15. Será permitida, em caráter excepcional e por motivos relevantes devidamente justificados, a avocação temporária de competência atribuída a órgão hierarquicamente inferior.

Art. 16. Os órgãos e entidades administrativas divulgarão publicamente os locais das respectivas sedes e, quando conveniente, a unidade fundacional competente em matéria de interesse especial.

Art. 17. Inexistindo competência legal específica, o processo administrativo deverá ser iniciado perante a autoridade de menor grau hierárquico para decidir.

CAPÍTULO VII
DOS IMPEDIMENTOS E DA SUSPEIÇÃO

Art. 18. É impedido de atuar em processo administrativo o servidor ou autoridade que:

I – tenha interesse direto ou indireto na matéria;

II – tenha participado ou venha a participar como perito, testemunha ou representante, ou se tais situações ocorrem quanto ao cônjuge, companheiro ou parente e afins até o terceiro grau;

III – esteja litigando judicial ou administrativamente com o interessado ou respectivo cônjuge ou companheiro.

Art. 19. A autoridade ou servidor que incorrer em impedimento deve comunicar o fato à autoridade competente, abstendo-se de atuar.

Parágrafo único. A omissão do dever de comunicar o impedimento constitui falta grave, para efeitos disciplinares.

Art. 20. Pode ser arguida a suspeição de autoridade ou servidor que tenha amizade íntima ou inimizade notória com algum dos interessados ou com os respectivos cônjuges, companheiros, parentes e afins até o terceiro grau.

Art. 21. O indeferimento de alegação de suspeição poderá ser objeto de recurso, sem efeito suspensivo.

CAPÍTULO VIII
DA FORMA, TEMPO E LUGAR DOS ATOS DO PROCESSO

Art. 22. Os atos do processo administrativo não dependem de forma determinada senão quando a lei expressamente a exigir.

§ 1º Os atos do processo devem ser produzidos por escrito, em vernáculo, com a data e o local de sua realização e a assinatura da autoridade responsável.

§ 2º Salvo imposição legal, o reconhecimento de firma somente será exigido quando houver dúvida de autenticidade.

§ 3º A autenticação de documentos exigidos em cópia poderá ser feita pelo órgão administrativo.

§ 4º O processo deverá ter suas páginas numeradas sequencialmente e rubricadas.

Art. 23. Os atos do processo devem realizar-se em dias úteis, no horário normal de funcionamento da repartição na qual tramitar o processo.

Parágrafo único. Serão concluídos depois do horário normal os atos já iniciados, cujo adiamento prejudique o curso regular do procedimento ou cause dano ao interessado ou à Administração.

Art. 24. Inexistindo disposição específica, os atos do órgão ou autoridade responsável pelo processo e dos administrados que dele participem devem ser praticados no prazo de cinco dias, salvo motivo de força maior.

Parágrafo único. O prazo previsto neste artigo pode ser dilatado até o dobro, mediante comprovada justificação.

Art. 25. Os atos do processo devem realizar-se preferencialmente na sede do órgão, cientificando-se o interessado se outro for o local de realização.

CAPÍTULO IX
DA COMUNICAÇÃO DOS ATOS

Art. 26. O órgão competente perante o qual tramita o processo administrativo determinará a intimação do interessado para ciência de decisão ou a efetivação de diligências.

§ 1º A intimação deverá conter:

I – identificação do intimado e nome do órgão ou entidade administrativa;

II – finalidade da intimação;

III – data, hora e local em que deve comparecer;

IV – se o intimado deve comparecer pessoalmente, ou fazer-se representar;

V – informação da continuidade do processo independentemente do seu comparecimento;

VI – indicação dos fatos e fundamentos legais pertinentes.

§ 2º A intimação observará a antecedência mínima de três dias úteis quanto à data de comparecimento.

§ 3º A intimação pode ser efetuada por ciência no processo, por via postal com aviso de recebimento, por telegrama ou outro meio que assegure a certeza da ciência do interessado.

§ 4º No caso de interessados indeterminados, desconhecidos ou com domicílio indefinido, a intimação deve ser efetuada por meio de publicação oficial.

§ 5º As intimações serão nulas quando feitas sem observância das prescrições legais, mas o comparecimento do administrado supre sua falta ou irregularidade.

Art. 27. O desatendimento da intimação não importa o reconhecimento da verdade dos fatos, nem a renúncia a direito pelo administrado.

Parágrafo único. No prosseguimento do processo, será garantido direito de ampla defesa ao interessado.

Art. 28. Devem ser objeto de intimação os atos do processo que resultem para o interessado em imposição de deveres, ônus, sanções ou restrição ao exercício de direitos e atividades e os atos de outra natureza, de seu interesse.

CAPÍTULO X
DA INSTRUÇÃO

Art. 29. As atividades de instrução destinadas a averiguar e comprovar os dados necessários à tomada de decisão realizam-se de ofício ou mediante impulsão do órgão responsável pelo processo, sem prejuízo do direito dos interessados de propor atuações probatórias.

§ 1º O órgão competente para a instrução fará constar dos autos os dados necessários à decisão do processo.

§ 2º Os atos de instrução que exijam a atuação dos interessados devem realizar-se do modo menos oneroso para estes.

Art. 30. São inadmissíveis no processo administrativo as provas obtidas por meios ilícitos.

Art. 31. Quando a matéria do processo envolver assunto de interesse geral, o órgão competente poderá, mediante despacho motivado, abrir período de consulta pública para manifestação de terceiros, antes da decisão do pedido, se não houver prejuízo para a parte interessada.

§ 1º A abertura da consulta pública será objeto de divulgação pelos meios oficiais, a fim de que pessoas físicas ou jurídicas possam examinar os autos, fixando-se prazo para oferecimento de alegações escritas.

§ 2º O comparecimento à consulta pública não confere, por si, a condição de interessado do processo, mas confere o direito de obter da Administração resposta fundamentada, que poderá ser comum a todas as alegações substancialmente iguais.

Art. 32. Antes da tomada de decisão, a juízo da autoridade, diante da relevância da questão, poderá ser realizada audiência pública para debates sobre a matéria do processo.

Art. 33. Os órgãos e entidades administrativas, em matéria relevante, poderão estabelecer outros meios de participação de administrados, diretamente ou por meio de organizações e associações legalmente reconhecidas.

Art. 34. Os resultados da consulta e audiência pública e de outros meios de participação de administrados deverão ser apresentados com a indicação do procedimento adotado.

Art. 35. Quando necessária à instrução do processo, a audiência de outros órgãos ou entidades administrativas poderá ser realizada em reunião conjunta, com a participação de titulares ou representantes dos órgãos competentes, lavrando-se a respectiva ata, a ser juntada aos autos.

Art. 36. Cabe ao interessado a prova dos fatos que tenha alegado, sem prejuízo do dever atribuído ao órgão competente para a instrução e do disposto no art. 37 desta Lei.

Art. 37. Quando o interessado declarar que fatos e dados estão registrados em documentos existentes na própria Administração responsável pelo processo ou em outro órgão administrativo, o órgão competente para a instrução proverá, de ofício, à obtenção dos documentos ou das respectivas cópias.

Art. 38. O interessado poderá, na fase instrutória e antes da tomada da decisão, juntar documentos e pareceres, requerer diligências e perícias, bem como aduzir alegações referentes à matéria objeto do processo.

§ 1º Os elementos probatórios deverão ser considerados na motivação do relatório e da decisão.

§ 2º Somente poderão ser recusadas, mediante decisão fundamentada, as provas propostas pelos interessados quando sejam ilícitas, impertinentes, desnecessárias ou protelatórias.

Art. 39. Quando for necessária a prestação de informações ou a apresentação de provas pelos interessados ou terceiros, serão expedidas intimações para esse fim, mencionando-se data, prazo, forma e condições de atendimento.

Parágrafo único. Não sendo atendida a intimação, poderá o órgão competente, se entender relevante a matéria, suprir de ofício a omissão, não se eximindo de proferir a decisão.

Art. 40. Quando dados, atuações ou documentos solicitados ao interessado forem necessários à apreciação de pedido formulado, o não atendimento no prazo fixado pela Administração para a respectiva apresentação implicará arquivamento do processo.

Art. 41. Os interessados serão intimados de prova ou diligência ordenada, com antecedência mínima de três dias úteis, mencionando-se data, hora e local de realização.

Art. 42. Quando deva ser obrigatoriamente ouvido um órgão consultivo, o parecer deverá ser emitido no prazo máximo de quinze dias, salvo norma especial ou comprovada necessidade de maior prazo.

§ 1º Se um parecer obrigatório e vinculante deixar de ser emitido no prazo fixado, o processo não terá seguimento até a respectiva apresentação, responsabilizando-se quem der causa ao atraso.

§ 2º Se um parecer obrigatório e não vinculante deixar de ser emitido no prazo fixado, o processo poderá ter prosseguimento e ser decidido com sua dispensa, sem prejuízo da responsabilidade de quem se omitiu no atendimento.

Art. 43. Quando por disposição de ato normativo devam ser previamente obtidos laudos técnicos de órgãos administrativos e estes não cumprirem o encargo no prazo assinalado, o órgão responsável pela instrução deverá solicitar laudo técnico de outro órgão dotado de qualificação e capacidade técnica equivalentes.

Art. 44. Encerrada a instrução, o interessado terá o direito de manifestar-se no prazo máximo de dez dias, salvo se outro prazo for legalmente fixado.

Art. 45. Em caso de risco iminente, a Administração Pública poderá motivadamente adotar providências acauteladoras sem a prévia manifestação do interessado.

Art. 46. Os interessados têm direito à vista do processo e a obter certidões ou cópias reprográficas dos dados e documentos que o integram, ressalvados os dados e documentos de terceiros protegidos por sigilo ou pelo direito à privacidade, à honra e à imagem.

Art. 47. O órgão de instrução que não for competente para emitir a decisão final elaborará relatório indicando o pedido inicial, o conteúdo das fases do procedimento e formulará proposta de decisão, objetivamente justificada, encaminhando o processo à autoridade competente.

CAPÍTULO XI
DO DEVER DE DECIDIR

Art. 48. A Administração tem o dever de explicitamente emitir decisão nos processos administrativos e sobre solicitações ou reclamações, em matéria de sua competência.

Art. 49. Concluída a instrução de processo administrativo, a Administração tem o prazo de até trinta dias para decidir, salvo prorrogação por igual período expressamente motivada.

CAPÍTULO XII
DA MOTIVAÇÃO

Art. 50. Os atos administrativos deverão ser motivados, com indicação dos fatos e dos fundamentos jurídicos, quando:

I – neguem, limitem ou afetem direitos ou interesses;

II – imponham ou agravem deveres, encargos ou sanções;

III – decidam processos administrativos de concurso ou seleção pública;

IV – dispensem ou declarem a inexigibilidade de processo licitatório;

V – decidam recursos administrativos;

VI – decorram de reexame de ofício;

VII – deixem de aplicar jurisprudência firmada sobre a questão ou discrepem de pareceres, laudos, propostas e relatórios oficiais;

VIII – importem anulação, revogação, suspensão ou convalidação de ato administrativo.

§ 1º A motivação deve ser explícita, clara e congruente, podendo consistir em declaração de concordância com fundamentos de anteriores pareceres, informações, decisões ou propostas, que, neste caso, serão parte integrante do ato.

§ 2º Na solução de vários assuntos da mesma natureza, pode ser utilizado meio mecânico que reproduza os fundamentos das decisões, desde que não prejudique direito ou garantia dos interessados.

§ 3º A motivação das decisões de órgãos colegiados e comissões ou de decisões orais constará da respectiva ata ou de termo escrito.

CAPÍTULO XIII
DA DESISTÊNCIA E OUTROS CASOS DE EXTINÇÃO DO PROCESSO

Art. 51. O interessado poderá, mediante manifestação escrita, desistir total ou parcialmente do pedido formulado ou, ainda, renunciar a direitos disponíveis.

§ 1º Havendo vários interessados, a desistência ou renúncia atinge somente quem a tenha formulado.

§ 2º A desistência ou renúncia do interessado, conforme o caso, não prejudica o prosseguimento do processo, se a Administração considerar que o interesse público assim o exige.

Art. 52. O órgão competente poderá declarar extinto o processo quando exaurida sua finalidade ou o objeto da decisão se tornar impossível, inútil ou prejudicado por fato superveniente.

CAPÍTULO XIV
DA ANULAÇÃO, REVOGAÇÃO E CONVALIDAÇÃO

Art. 53. A Administração deve anular seus próprios atos, quando eivados de vício de legalidade, e pode revogá-los por motivo de conveniência ou oportunidade, respeitados os direitos adquiridos.

Art. 54. O direito da Administração de anular os atos administrativos de que decorram efeitos favoráveis para os destinatários decai em cinco anos, contados da data em que foram praticados, salvo comprovada má-fé.

§ 1º No caso de efeitos patrimoniais contínuos, o prazo de decadência contar-se-á da percepção do primeiro pagamento.

§ 2º Considera-se exercício do direito de anular qualquer medida de autoridade administrativa que importe impugnação à validade do ato.

Art. 55. Em decisão na qual se evidencie não acarretarem lesão ao interesse público nem prejuízo a terceiros, os atos que apresentarem defeitos sanáveis poderão ser convalidados pela própria Administração.

CAPÍTULO XV
DO RECURSO ADMINISTRATIVO E DA REVISÃO

Art. 56. Das decisões administrativas cabe recurso, em face de razões de legalidade e de mérito.

§ 1º O recurso será dirigido à autoridade que proferiu a decisão, a qual, se não a reconsiderar no prazo de cinco dias, o encaminhará à autoridade superior.

§ 2º Salvo exigência legal, a interposição de recurso administrativo independe de caução.

§ 3º Se o recorrente alegar que a decisão administrativa contraria enunciado da súmula vinculante, caberá à autoridade prolatora da decisão impugnada, se não a reconsiderar, explicitar, antes de encaminhar o recurso à autoridade superior, as razões da aplicabilidade ou inaplicabilidade da súmula, conforme o caso. (Incluído pela Lei 11.417, de 2006). Vigência

Art. 57. O recurso administrativo tramitará no máximo por três instâncias administrativas, salvo disposição legal diversa.

Art. 58. Têm legitimidade para interpor recurso administrativo:

I – os titulares de direitos e interesses que forem parte no processo;

II – aqueles cujos direitos ou interesses forem indiretamente afetados pela decisão recorrida;

III – as organizações e associações representativas, no tocante a direitos e interesses coletivos;

IV – os cidadãos ou associações, quanto a direitos ou interesses difusos.

Art. 59. Salvo disposição legal específica, é de dez dias o prazo para interposição de recurso administrativo, contado a partir da ciência ou divulgação oficial da decisão recorrida.

§ 1º Quando a lei não fixar prazo diferente, o recurso administrativo deverá ser decidido no prazo máximo de trinta dias, a partir do recebimento dos autos pelo órgão competente.

§ 2º O prazo mencionado no parágrafo anterior poderá ser prorrogado por igual período, ante justificativa explícita.

Art. 60. O recurso interpõe-se por meio de requerimento no qual o recorrente deverá expor os fundamentos do pedido de re-exame, podendo juntar os documentos que julgar convenientes.

Art. 61. Salvo disposição legal em contrário, o recurso não tem efeito suspensivo.

Parágrafo único. Havendo justo receio de prejuízo de difícil ou incerta reparação decorrente da execução, a autoridade recorrida ou a imediatamente superior poderá, de ofício ou a pedido, dar efeito suspensivo ao recurso.

Art. 62. Interposto o recurso, o órgão competente para dele conhecer deverá intimar os demais interessados para que, no prazo de cinco dias úteis, apresentem alegações.

Art. 63. O recurso não será conhecido quando interposto:

I – fora do prazo;

II – perante órgão incompetente;

III – por quem não seja legitimado;

IV – após exaurida a esfera administrativa.

§ 1º Na hipótese do inciso II, será indicada ao recorrente a autoridade competente, sendo-lhe devolvido o prazo para recurso.

§ 2º O não conhecimento do recurso não impede a Administração de rever de ofício o ato ilegal, desde que não ocorrida preclusão administrativa.

Art. 64. O órgão competente para decidir o recurso poderá confirmar, modificar, anular ou revogar, total ou parcialmente, a decisão recorrida, se a matéria for de sua competência.

Parágrafo único. Se da aplicação do disposto neste artigo puder decorrer gravame à situação do recorrente, este deverá ser cientificado para que formule suas alegações antes da decisão.

Art. 64-A. Se o recorrente alegar violação de enunciado da súmula vinculante, o órgão competente para decidir o recurso explicitará as razões da aplicabilidade ou inaplicabilidade da súmula, conforme o caso. (Incluído pela Lei 11.417, de 2006). Vigência

Art. 64-B. Acolhida pelo Supremo Tribunal Federal a reclamação fundada em violação de enunciado da súmula vinculante, dar-se-á ciência à autoridade prolatora e ao órgão competente para o julgamento do recurso, que deverão adequar as futuras decisões administrativas em casos semelhantes, sob pena de responsabilização pessoal nas esferas cível, administrativa e penal. (Incluído pela Lei 11.417, de 2006). Vigência

Art. 65. Os processos administrativos de que resultem sanções poderão ser revistos, a qualquer tempo, a pedido ou de ofício, quando surgirem fatos novos ou circunstâncias relevantes suscetíveis de justificar a inadequação da sanção aplicada.

Parágrafo único. Da revisão do processo não poderá resultar agravamento da sanção.

CAPÍTULO XVI
DOS PRAZOS

Art. 66. Os prazos começam a correr a partir da data da cientificação oficial, excluindo-se da contagem o dia do começo e incluindo-se o do vencimento.

§ 1º Considera-se prorrogado o prazo até o primeiro dia útil seguinte se o vencimento cair em dia em que não houver expediente ou este for encerrado antes da hora normal.

§ 2º Os prazos expressos em dias contam-se de modo contínuo.

§ 3º Os prazos fixados em meses ou anos contam-se de data a data. Se no mês do vencimento não houver o dia equivalente àquele do início do prazo, tem-se como termo o último dia do mês.

Art. 67. Salvo motivo de força maior devidamente comprovado, os prazos processuais não se suspendem.

CAPÍTULO XVII
DAS SANÇÕES

Art. 68. As sanções, a serem aplicadas por autoridade competente, terão natureza pecuniária ou consistirão em obrigação de fazer ou de não fazer, assegurado sempre o direito de defesa.

CAPÍTULO XVIII
DAS DISPOSIÇÕES FINAIS

Art. 69. Os processos administrativos específicos continuarão a reger-se por lei própria, aplicando-se-lhes apenas subsidiariamente os preceitos desta Lei.

Art. 69-A. Terão prioridade na tramitação, em qualquer órgão ou instância, os procedimentos administrativos em que figure como parte ou interessado: (Incluído pela Lei 12.008, de 2009).

I – pessoa com idade igual ou superior a 60 (sessenta) anos; (Incluído pela Lei 12.008, de 2009).

II – pessoa portadora de deficiência, física ou mental; (Incluído pela Lei 12.008, de 2009).

III – (VETADO) (Incluído pela Lei 12.008, de 2009).

IV – pessoa portadora de tuberculose ativa, esclerose múltipla, neoplasia maligna, hanseníase, paralisia irreversível e incapacitante, cardiopatia grave, doença de Parkinson, espondiloartrose anquilosante, nefropatia grave, hepatopatia grave, estados avançados da doença de Paget (osteíte deformante), contaminação por radiação, síndrome de imunodeficiência adquirida, ou outra doença grave, com base em conclusão da medicina especializada, mesmo que a doença tenha sido contraída após o início do processo. (Incluído pela Lei 12.008, de 2009).

§ 1º A pessoa interessada na obtenção do benefício, juntando prova de sua condição, deverá requerê-lo à autoridade administrativa competente, que determinará as providências a serem cumpridas. (Incluído pela Lei 12.008, de 2009).

§ 2º Deferida a prioridade, os autos receberão identificação própria que evidencie o regime de tramitação prioritária. (Incluído pela Lei 12.008, de 2009).

§ 3º (VETADO) (Incluído pela Lei 12.008, de 2009).

§ 4º (VETADO) (Incluído pela Lei 12.008, de 2009).

Art. 70. Esta Lei entra em vigor na data de sua publicação.

Brasília 29 de janeiro de 1999; 178º da Independência e 111º da República.

FERNANDO HENRIQUE CARDOSO
Renan Calheiros
Paulo Paiva

APÊNDICE IV

LEI 8.748, DE 9 DE DEZEMBRO DE 1993

Altera a legislação reguladora do processo administrativo de determinação e exigência de créditos tributários da união, e dá outras providências.

O PRESIDENTE DA REPÚBLICA, faço saber que o Congresso Nacional decreta e eu sanciono a seguinte lei:

Art. 1º Os dispositivos a seguir, do Decreto 70.235, de 6 de março de 1972, que, por delegação do Decreto-Lei 822, de 5 de setembro de 1969, regula o processo administrativo de determinação e exigência de créditos tributários da União, passam a vigorar com a seguinte redação:

"Art. 9º A exigência de crédito tributário, a retificação de prejuízo fiscal e a aplicação de penalidade isolada serão formalizadas em autos de infração ou notificações de lançamento, distintos para cada imposto, contribuição ou penalidade, os quais deverão estar instruídos com todos os termos, depoimentos, laudos e demais elementos de prova indispensáveis à comprovação do ilícito.

§ 1º Quando, na apuração dos fatos, for verificada a prática de infrações a dispositivos legais relativos a um imposto, que impliquem a exigência de outros impostos da mesma natureza ou de contribuições, e a comprovação dos ilícitos depender dos mesmos elementos de prova, as exigências relativas ao mesmo sujeito passivo serão objeto de um só processo, contendo todas as notificações de lançamento e autos de infração.

§ 2º Os procedimentos de que tratam este artigo e o art. 7º serão válidos, mesmo que formalizados por servidor competente de jurisdição diversa da do domicílio tributário do sujeito passivo.

§ 3º A formalização da exigência, nos termos do parágrafo anterior, previne a jurisdição e prorroga a competência da autoridade que dela primeiro conhecer.

Art. 15. [...]

Parágrafo único. Na hipótese de devolução do prazo para impugnação do agravamento da exigência inicial, decorrente de decisão de primeira instância, o prazo para apresentação de nova impugnação, começará a fluir a partir da ciência dessa decisão.

Art. 16. [...]

III – os motivos de fato e de direito em que se fundamenta, os pontos de discordância e as razões e provas que possuir;

IV – as diligências, ou perícias que o impugnante pretenda sejam efetuadas, expostos os motivos que as justifiquem, com a formulação dos quesitos referentes aos exames desejados, assim como, no caso de perícia, o nome, o endereço e a qualificação profissional do seu perito.

§ 1º Considerar-se-á não formulado o pedido de diligência ou perícia que deixar de atender aos requisitos previstos no inciso IV do art. 16.

§ 2º É defeso ao impugnante, ou a seu representante legal, empregar expressões injuriosas nos escritos apresentados no processo, cabendo ao julgador, de ofício ou a requerimento do ofendido, mandar riscá-las.

§ 3º Quando o impugnante alegar direito municipal, estadual ou estrangeiro, provar-lhe-á o teor e a vigência, se assim o determinar o julgador.

Art. 17. Considerar-se-á não impugnada a matéria que não tenha sido expressamente contestada pelo impugnante, admitindo-se a juntada de prova documental durante a tramitação do processo, até a fase de interposição de recurso voluntário.

Art. 18. A autoridade julgadora de primeira instância determinará, de ofício ou a requerimento do impugnante, a realização de diligências ou perícias, quando entendê-las necessárias, indeferindo as que considerar prescindíveis ou impraticáveis, observando o disposto no art. 28, *in fine*.

§ 1º Deferido o pedido de perícia, ou determinada de ofício, sua realização, a autoridade designará servidor para, como perito da União, a ela proceder e intimará o perito do sujeito passivo a realizar o exame requerido, cabendo a ambos apresentar os respectivos laudos em prazo que será fixado segundo o grau de complexidade dos trabalhos a serem executados.

§ 2º Os prazos para realização de diligência ou perícia poderão ser prorrogados, a juízo da autoridade.

§ 3º Quando, em exames posteriores, diligências ou perícias, realizados no curso do processo, forem verificadas incorreções, omissões ou inexatidões de que resultem agravamento da exigência inicial, inovação ou alteração da fundamentação legal da exigência, será lavrado auto de infração ou emitida notificação de lançamento complementar, devolvendo-se, ao sujeito passivo, prazo para impugnação no concernente à matéria modificada.

Art. 20. No âmbito da Secretaria da Receita Federal, a designação de servidor para proceder aos exames relativos a diligências ou perícias recairá sobre Auditor-Fiscal do Tesouro Nacional.

Art. 21. Não sendo cumprida nem impugnada a exigência, a autoridade preparadora declarará a revelia, permanecendo o processo no órgão preparador, pelo prazo de trinta dias, para cobrança amigável.

§ 1º No caso de impugnação parcial, não cumprida a exigência relativa à parte não litigiosa do crédito, o órgão preparador, antes da remessa dos autos a julgamento, providenciará a formação de autos apartados para a imediata cobrança da parte não contestada, consignando essa circunstância no processo original.

§ 2º A autoridade preparadora, após a declaração de revelia e findo o prazo previsto no *caput* deste artigo, procederá, em relação às mercadorias e outros bens perdidos em razão de exigência não impugnada, na forma do art. 63.

§ 3º [...]

§ 4º [...]

Art. 25. [...]

I – [...]

a) aos Delegados da Receita Federal, titulares de Delegacias especializadas nas atividades concernentes a julgamento de processos, quanto aos tributos e contribuições administrados pela Secretaria da Receita Federal.

b) [...]

II – [...]

§ 1º [...]

I – 1º Conselho de Contribuintes: Imposto sobre Renda e Proventos de qualquer Natureza; Imposto sobre Lucro Líquido (ISLL); Contribuição sobre o Lucro Líquido; Contribuições para o Programa de Integração Social (PIS), para o Programa de Formação do Patrimônio do Servidor Público (PASEP), para o Fundo de Investimento Social, (Finsocial) e para o financiamento da Seguridade Social (Cofins), instituídas, respectivamente, pela Lei Complementar 7, de 7 de setembro de 1970, pela Lei Complementar 8, de 3 de dezembro de 1970, pelo Decreto-Lei 1.940, de 25 de maio de 1982, e pela Lei Complementar 70, de 30 de dezembro de 1991, com as alterações posteriores.

[...]

§ 4º O recurso voluntário interposto de decisão das Câmaras dos Conselhos de Contribuintes no julgamento de recurso de ofício será decidido pela Câmara Superior de Recursos Fiscais.

Art. 28. Na decisão em que for julgada questão preliminar será também julgado o mérito, salvo quando incompatíveis, e dela constará o indeferimento fundamentado do pedido de diligência ou perícia, se for o caso.

Art. 31. A decisão conterá relatório resumido do processo, fundamentos legais, conclusão e ordem de intimação, devendo referir-se, expressamente, a todos os autos de infração e notificações de lançamento objeto do processo, bem como às razões de defesa suscitadas pelo impugnante contra todas as exigências.

Art. 33 [...]

Parágrafo único. No caso em que for dado provimento a recurso de ofício, o prazo para interposição de recurso voluntário começará a fluir a partir da ciência, pelo sujeito passivo, de decisão proferida no julgamento do recurso de ofício.

Art. 34 [...]

I – exonerar o sujeito passivo do pagamento de crédito tributário de valor total (lançamentos principal e decorrentes), atualizado monetariamente na data da decisão, superior a 150.000 (cento e cinquenta mil) Unidades Fiscais de Referência (Ufir).

Art. 59. [...]

§ 3º Quando puder decidir do mérito a favor do sujeito passivo a quem aproveitaria a declaração de nulidade, a autoridade julgadora não a pronunciará nem mandará repetir o ato ou suprir-lhe a falta."

Art. 2º São criadas dezoito Delegacias da Receita Federal especializadas nas atividades concernentes ao julgamento de processos relativos a tributos e contribuições federais administrados pela Secretaria da Receita Federal, sendo de competência dos respectivos Delegados o julgamento, em primeira instância, daqueles processos. (Vide Decreto 70.235, de 1972)

§ 1º As delegacias a que se refere este artigo serão instaladas, no prazo de cento e vinte dias, por ato do Ministro da Fazenda, que fixará a lotação de cada unidade, mediante aproveitamento de cargos e funções existentes, ou que venham a ser criados, na Secretaria da Receita Federal.

§ 2º Até que sejam instaladas as delegacias de que trata o *caput* deste artigo, o julgamento nele referido continuará sendo de competência dos Delegados da Receita Federal.

Art. 3º Compete aos Conselhos de Contribuintes, observada sua competência por matéria e dentro de limites de alçada fixados pelo Ministro da Fazenda:

I – julgar os recursos de ofício e voluntário de decisão de primeira instância, nos processos a que se refere o art. 1º desta lei;

II – julgar recurso voluntário de decisão de primeira instância nos processos relativos a restituição de impostos e contribuições e a ressarcimento de créditos do Imposto sobre Produtos Industrializados. (Redação dada pela Lei 10.522, de 19.7.2002)

Art. 4º O Ministro da Fazenda expedirá as instruções necessárias à aplicação do disposto nesta lei, inclusive à adequação dos regimentos internos dos Conselhos de Contribuintes e da Câmara Superior de Recursos Fiscais.

Art. 5º As despesas decorrentes desta lei correrão à conta das dotações orçamentárias próprias do Ministério da Fazenda.

Art. 6º Esta lei entra em vigor na data de sua publicação.

Art. 7º Revogam-se os arts. 6º e 19 do Decreto 70.235, de 1972.

Brasília, 9 de dezembro de 1993, 172º da Independência e 105º da República.

ITAMAR FRANCO
Fernando Henrique Cardoso

APÊNDICE V

LEI 8.906, DE 4 DE JULHO DE 1994

Dispõe sobre o Estatuto da Advocacia e a Ordem dos Advogados do Brasil (OAB).

O PRESIDENTE DA REPÚBLICA, faço saber que o Congresso Nacional decreta e eu sanciono a seguinte lei:

TÍTULO I
Da Advocacia

CAPÍTULO I
Da Atividade de Advocacia

Art. 1º São atividades privativas de advocacia:

I – a postulação a ~~qualquer~~ órgão do Poder Judiciário e aos juizados especiais; (Vide ADIn 1.127-8)

II – as atividades de consultoria, assessoria e direção jurídicas.

§ 1º Não se inclui na atividade privativa de advocacia a impetração de habeas corpus em qualquer instância ou tribunal.

§ 2º Os atos e contratos constitutivos de pessoas jurídicas, sob pena de nulidade, só podem ser admitidos a registro, nos órgãos competentes, quando visados por advogados.

§ 3º É vedada a divulgação de advocacia em conjunto com outra atividade.

Art. 2º O advogado é indispensável à administração da justiça.

§ 1º No seu ministério privado, o advogado presta serviço público e exerce função social.

§ 2º No processo judicial, o advogado contribui, na postulação de decisão favorável ao seu constituinte, ao convencimento do julgador, e seus atos constituem múnus público.

§ 3º No exercício da profissão, o advogado é inviolável por seus atos e manifestações, nos limites desta lei.

Art. 3º O exercício da atividade de advocacia no território brasileiro e a denominação de advogado são privativos dos inscritos na Ordem dos Advogados do Brasil (OAB),

§ 1º Exercem atividade de advocacia, sujeitando-se ao regime desta lei, além do regime próprio a que se subordinem, os integrantes da Advocacia Geral da União, da Procuradoria da Fazenda Nacional, da Defensoria Pública e das Procuradorias e Consultorias Jurídicas dos Estados, do Distrito Federal, dos Municípios e das respectivas entidades de administração indireta e fundacional.

§ 2º O estagiário de advocacia, regularmente inscrito, pode praticar os atos previstos no art. 1º, na forma do regimento geral, em conjunto com advogado e sob responsabilidade deste.

Art. 4º São nulos os atos privativos de advogado praticados por pessoa não inscrita na OAB, sem prejuízo das sanções civis, penais e administrativas.

Parágrafo único. São também nulos os atos praticados por advogado impedido – no âmbito do impedimento – suspenso, licenciado ou que passar a exercer atividade incompatível com a advocacia.

Art. 5º O advogado postula, em juízo ou fora dele, fazendo prova do mandato.

§ 1º O advogado, afirmando urgência, pode atuar sem procuração, obrigando-se a apresentá-la no prazo de quinze dias, prorrogável por igual período.

§ 2º A procuração para o foro em geral habilita o advogado a praticar todos os atos judiciais, em qualquer juízo ou instância, salvo os que exijam poderes especiais.

§ 3º O advogado que renunciar ao mandato continuará, durante os dez dias seguintes à notificação da renúncia, a representar o mandante, salvo se for substituído antes do término desse prazo.

CAPÍTULO II
Dos Direitos do Advogado

Art. 6º Não há hierarquia nem subordinação entre advogados, magistrados e membros do Ministério Público, devendo todos tratar-se com consideração e respeito recíprocos.

Parágrafo único. As autoridades, os servidores públicos e os serventuários da justiça devem dispensar ao advogado, no exercício da profissão, tratamento compatível com a dignidade da advocacia e condições adequadas a seu desempenho.

Art. 7º São direitos do advogado:

I – exercer, com liberdade, a profissão em todo o território nacional;

II – a inviolabilidade de seu escritório ou local de trabalho, bem como de seus instrumentos de trabalho, de sua correspondência escrita, eletrônica, telefônica e telemática, desde que relativas ao exercício da advocacia; (Redação dada pela Lei 11.767, de 2008)

III – comunicar-se com seus clientes, pessoal e reservadamente, mesmo sem procuração, quando estes se acharem presos, detidos ou recolhidos em estabelecimentos civis ou militares, ainda que considerados incomunicáveis;

IV – ter a presença de representante da OAB, quando preso em flagrante, por motivo ligado ao exercício da advocacia, para lavratura do auto respectivo, sob pena de nulidade e, nos demais casos, a comunicação expressa à seccional da OAB;

V – não ser recolhido preso, antes de sentença transitada em julgado, senão em sala de Estado Maior, com instalações e comodidades condignas, ~~assim reconhecidas pela OAB,~~ e, na sua falta, em prisão domiciliar; (Vide ADIn 1.127-8)

VI – ingressar livremente:

a) nas salas de sessões dos tribunais, mesmo além dos cancelos que separam a parte reservada aos magistrados;

b) nas salas e dependências de audiências, secretarias, cartórios, ofícios de justiça, serviços notariais e de registro, e, no caso de delegacias e prisões, mesmo fora da hora de expediente e independentemente da presença de seus titulares;

c) em qualquer edifício ou recinto em que funcione repartição judicial ou outro serviço público onde o advogado deva praticar ato ou colher prova ou informação útil ao exercício da atividade profissional, dentro do expediente ou fora dele, e ser atendido, desde que se ache presente qualquer servidor ou empregado;

d) em qualquer assembleia ou reunião de que participe ou possa participar o seu cliente, ou perante a qual este deva comparecer, desde que munido de poderes especiais;

VII – permanecer sentado ou em pé e retirar-se de quaisquer locais indicados no inciso anterior, independentemente de licença;

VIII – dirigir-se diretamente aos magistrados nas salas e gabinetes de trabalho, independentemente de horário previamente marcado ou outra condição, observando-se a ordem de chegada;

~~IX – sustentar oralmente as razões de qualquer recurso ou processo, nas sessões de julgamento, após o voto do relator, em instância judicial ou administrativa, pelo prazo de~~

~~quinze minutos, salvo se prazo maior for concedido;~~ (Vide ADIn 1.127-8) (Vide ADIn 1.105-7)

X – usar da palavra, pela ordem, em qualquer juízo ou tribunal, mediante intervenção sumária, para esclarecer equívoco ou dúvida surgida em relação a fatos, documentos ou afirmações que influam no julgamento, bem como para replicar acusação ou censura que lhe forem feitas;

XI – reclamar, verbalmente ou por escrito, perante qualquer juízo, tribunal ou autoridade, contra a inobservância de preceito de lei, regulamento ou regimento;

XII – falar, sentado ou em pé, em juízo, tribunal ou órgão de deliberação coletiva da Administração Pública ou do Poder Legislativo;

XIII – examinar, em qualquer órgão dos Poderes Judiciário e Legislativo, ou da Administração Pública em geral, autos de processos findos ou em andamento, mesmo sem procuração, quando não estejam sujeitos a sigilo, assegurada a obtenção de cópias, podendo tomar apontamentos;

XIV – examinar, em qualquer instituição responsável por conduzir investigação, mesmo sem procuração, autos de flagrante e de investigações de qualquer natureza, findos ou em andamento, ainda que conclusos à autoridade, podendo copiar peças e tomar apontamentos, em meio físico ou digital; (Redação dada pela Lei 13.245, de 2016)

XV – ter vista dos processos judiciais ou administrativos de qualquer natureza, em cartório ou na repartição competente, ou retirá-los pelos prazos legais;

XVI – retirar autos de processos findos, mesmo sem procuração, pelo prazo de dez dias;

XVII – ser publicamente desagravado, quando ofendido no exercício da profissão ou em razão dela;

XVIII – usar os símbolos privativos da profissão de advogado;

XIX – recusar-se a depor como testemunha em processo no qual funcionou ou deva funcionar, ou sobre fato relacionado com pessoa de quem seja ou foi advogado, mesmo quando autorizado ou solicitado pelo constituinte, bem como sobre fato que constitua sigilo profissional;

XX – retirar-se do recinto onde se encontre aguardando pregão para ato judicial, após trinta minutos do horário designado e ao qual ainda não tenha comparecido a autoridade que deva presidir a ele, mediante comunicação protocolizada em juízo.

XXI – assistir a seus clientes investigados durante a apuração de infrações, sob pena de nulidade absoluta do respectivo interrogatório ou depoimento e, subsequentemente, de todos os elementos investigatórios e probatórios dele decorrentes ou derivados, direta ou indiretamente, podendo, inclusive, no curso da respectiva apuração: (Incluído pela Lei 13.245, de 2016)

a) apresentar razões e quesitos; (Incluído pela Lei 13.245, de 2016)

b) (VETADO). (Incluído pela Lei 13.245, de 2016)

§ 1º Não se aplica o disposto nos incisos XV e XVI:

1) aos processos sob regime de segredo de justiça;

2) quando existirem nos autos documentos originais de difícil restauração ou ocorrer circunstância relevante que justifique a permanência dos autos no cartório, secretaria ou repartição, reconhecida pela autoridade em despacho motivado, proferido de ofício, mediante representação ou a requerimento da parte interessada;

3) até o encerramento do processo, ao advogado que houver deixado de devolver os respectivos autos no prazo legal, e só o fizer depois de intimado.

§ 2º O advogado tem imunidade profissional, não constituindo injúria, difamação ~~ou desacato~~ puníveis qualquer manifestação de sua parte, no exercício de sua atividade, em juízo ou fora dele, sem prejuízo das sanções disciplinares perante a OAB, pelos excessos que cometer. (Vide ADIn 1.127-8)

§ 3º O advogado somente poderá ser preso em flagrante, por motivo de exercício da profissão, em caso de crime inafiançável, observado o disposto no inciso IV deste artigo.

§ 4º O Poder Judiciário e o Poder Executivo devem instalar, em todos os juizados, fóruns, tribunais, delegacias de polícia e presídios, salas especiais permanentes para os advogados, com uso ~~e controle~~ assegurados à OAB. (Vide ADIn 1.127-8)

§ 5º No caso de ofensa a inscrito na OAB, no exercício da profissão ou de cargo ou função de órgão da OAB, o conselho competente deve promover o desagravo público do ofendido, sem prejuízo da responsabilidade criminal em que incorrer o infrator.

§ 6º Presentes indícios de autoria e materialidade da prática de crime por parte de advogado, a autoridade judiciária competente poderá decretar a quebra da inviolabilidade de que trata o inciso II do *caput* deste artigo, em decisão motivada, expedindo mandado de busca e apreensão, específico e pormenorizado, a ser cumprido na presença de representante da OAB, sendo, em qualquer hipótese, vedada a utilização dos documentos, das mídias e dos objetos pertencentes a clientes do advogado averiguado, bem como dos demais instrumentos de trabalho que contenham informações sobre clientes. (Incluído pela Lei 11.767, de 2008)

§ 7º A ressalva constante do § 6º deste artigo não se estende a clientes do advogado averiguado que estejam sendo formalmente investigados como seus partícipes ou coautores pela prática do mesmo crime que deu causa à quebra da inviolabilidade. (Incluído pela Lei 11.767, de 2008)

§ 8º (VETADO) (Incluído pela Lei 11.767, de 2008)

§ 9º (VETADO) (Incluído pela Lei 11.767, de 2008)

§ 10. Nos autos sujeitos a sigilo, deve o advogado apresentar procuração para o exercício dos direitos de que trata o inciso XIV. (Incluído pela Lei 13.245, de 2016)

§ 11. No caso previsto no inciso XIV, a autoridade competente poderá delimitar o acesso do advogado aos elementos de prova relacionados a diligências em andamento e ainda não documentados nos autos, quando houver risco de comprometimento da eficiência, da eficácia ou da finalidade das diligências. (Incluído pela Lei 13.245, de 2016)

§ 12. A inobservância aos direitos estabelecidos no inciso XIV, o fornecimento incompleto de autos ou o fornecimento de autos em que houve a retirada de peças já incluídas no caderno investigativo implicará responsabilização criminal e funcional por abuso de autoridade do responsável que impedir o acesso do advogado com o intuito de prejudicar o exercício da defesa, sem prejuízo do direito subjetivo do advogado de requerer acesso aos autos ao juiz competente. (Incluído pela Lei 13.245, de 2016)

§ 13. O disposto nos incisos XIII e XIV do *caput* deste artigo aplica-se integralmente a processos e a procedimentos eletrônicos, ressalvado o disposto nos §§ 10 e 11 deste artigo. (Incluído pela Lei 13.793, de 2019)

Art. 7º-A. São direitos da advogada: (Incluído pela Lei 13.363, de 2016)

I – gestante: (Incluído pela Lei 13.363, de 2016)

a) entrada em tribunais sem ser submetida a detectores de metais e aparelhos de raios X; (Incluído pela Lei 13.363, de 2016)

b) reserva de vaga em garagens dos fóruns dos tribunais; (Incluído pela Lei 13.363, de 2016)

II – lactante, adotante ou que der à luz, acesso a creche, onde houver, ou a local adequado ao atendimento das necessidades do bebê; (Incluído pela Lei 13.363, de 2016)

III – gestante, lactante, adotante ou que der à luz, preferência na ordem das sustentações orais e das audiências a serem realizadas a cada dia, mediante comprovação de sua condição; (Incluído pela Lei 13.363, de 2016)

IV – adotante ou que der à luz, suspensão de prazos processuais quando for a única patrona da causa, desde que haja notificação por escrito ao cliente. (Incluído pela Lei 13.363, de 2016)

§ 1º Os direitos previstos à advogada gestante ou lactante aplicam-se enquanto perdurar, respectivamente, o estado gravídico ou o período de amamentação. (Incluído pela Lei 13.363, de 2016)

§ 2º Os direitos assegurados nos incisos II e III deste artigo à advogada adotante ou que der à luz serão concedidos pelo prazo previsto no art. 392 do Decreto-Lei 5.452, de 1º de maio de 1943 (Consolidação das Leis do Trabalho). (Incluído pela Lei 13.363, de 2016)

§ 3º O direito assegurado no inciso IV deste artigo à advogada adotante ou que der à luz será concedido pelo prazo previsto no § 6ºdo art. 313 da Lei 13.105, de 16 de março de 2015 (Código de Processo Civil). (Incluído pela Lei 13.363, de 2016)

CAPÍTULO III
Da Inscrição

Art. 8º Para inscrição como advogado é necessário:

I – capacidade civil;

II – diploma ou certidão de graduação em direito, obtido em instituição de ensino oficialmente autorizada e credenciada;

III – título de eleitor e quitação do serviço militar, se brasileiro;

IV – aprovação em Exame de Ordem;

V – não exercer atividade incompatível com a advocacia;

VI – idoneidade moral;

VII – prestar compromisso perante o conselho.

§ 1º O Exame da Ordem é regulamentado em provimento do Conselho Federal da OAB.

§ 2º O estrangeiro ou brasileiro, quando não graduado em direito no Brasil, deve fazer prova do título de graduação, obtido em instituição estrangeira, devidamente revalidado, além de atender aos demais requisitos previstos neste artigo.

§ 3º A inidoneidade moral, suscitada por qualquer pessoa, deve ser declarada mediante decisão que obtenha no mínimo dois terços dos votos de todos os membros do conselho competente, em procedimento que observe os termos do processo disciplinar.

§ 4º Não atende ao requisito de idoneidade moral aquele que tiver sido condenado por crime infamante, salvo reabilitação judicial.

Art. 9º Para inscrição como estagiário é necessário:

I – preencher os requisitos mencionados nos incisos I, III, V, VI e VII do art. 8º;

II – ter sido admitido em estágio profissional de advocacia.

§ 1º O estágio profissional de advocacia, com duração de dois anos, realizado nos últimos anos do curso jurídico, pode ser mantido pelas respectivas instituições de ensino superior pelos Conselhos da OAB, ou por setores, órgãos jurídicos e escritórios de advocacia credenciados pela OAB, sendo obrigatório o estudo deste Estatuto e do Código de Ética e Disciplina.

§ 2º A inscrição do estagiário é feita no Conselho Seccional em cujo território se localize seu curso jurídico.

§ 3º O aluno de curso jurídico que exerça atividade incompatível com a advocacia pode frequentar o estágio ministrado pela respectiva instituição de ensino superior, para fins de aprendizagem, vedada a inscrição na OAB.

§ 4º O estágio profissional poderá ser cumprido por bacharel em Direito que queira se inscrever na Ordem.

Art. 10. A inscrição principal do advogado deve ser feita no Conselho Seccional em cujo território pretende estabelecer o seu domicílio profissional, na forma do regulamento geral.

§ 1º Considera-se domicílio profissional a sede principal da atividade de advocacia, prevalecendo, na dúvida, o domicílio da pessoa física do advogado.

§ 2º Além da principal, o advogado deve promover a inscrição suplementar nos Conselhos Seccionais em cujos territórios passar a exercer habitualmente a profissão considerando-se habitualidade a intervenção judicial que exceder de cinco causas por ano.

§ 3º No caso de mudança efetiva de domicílio profissional para outra unidade federativa, deve o advogado requerer a transferência de sua inscrição para o Conselho Seccional correspondente.

§ 4º O Conselho Seccional deve suspender o pedido de transferência ou de inscrição suplementar, ao verificar a existência de vício ou ilegalidade na inscrição principal, contra ela representando ao Conselho Federal.

Art. 11. Cancela-se a inscrição do profissional que:

I – assim o requerer;

II – sofrer penalidade de exclusão;

III – falecer;

IV – passar a exercer, em caráter definitivo, atividade incompatível com a advocacia;

V – perder qualquer um dos requisitos necessários para inscrição.

§ 1º Ocorrendo uma das hipóteses dos incisos II, III e IV, o cancelamento deve ser promovido, de ofício, pelo conselho competente ou em virtude de comunicação por qualquer pessoa.

§ 2º Na hipótese de novo pedido de inscrição – que não restaura o número de inscrição anterior – deve o interessado fazer prova dos requisitos dos incisos I, V, VI e VII do art. 8º.

§ 3º Na hipótese do inciso II deste artigo, o novo pedido de inscrição também deve ser acompanhado de provas de reabilitação.

Art. 12. Licencia-se o profissional que:

I – assim o requerer, por motivo justificado;

II – passar a exercer, em caráter temporário, atividade incompatível com o exercício da advocacia;

III – sofrer doença mental considerada curável.

Art. 13. O documento de identidade profissional, na forma prevista no regulamento geral, é de uso obrigatório no exercício da atividade de advogado ou de estagiário e constitui prova de identidade civil para todos os fins legais.

Art. 14. É obrigatória a indicação do nome e do número de inscrição em todos os documentos assinados pelo advogado, no exercício de sua atividade.

Parágrafo único. É vedado anunciar ou divulgar qualquer atividade relacionada com o exercício da advocacia ou o uso da expressão escritório de advocacia, sem indicação expressa do nome e do número de inscrição dos advogados que o integrem ou o número de registro da sociedade de advogados na OAB.

CAPÍTULO IV
Da Sociedade de Advogados

Art. 15. Os advogados podem reunir-se em sociedade simples de prestação de serviços de advocacia ou constituir sociedade unipessoal de advocacia, na forma disciplinada nesta Lei e no regulamento geral. (Redação dada pela Lei 13.247, de 2016)

§ 1º A sociedade de advogados e a sociedade unipessoal de advocacia adquirem personalidade jurídica com o registro aprovado dos seus atos constitutivos no Conselho Seccional da OAB em cuja base territorial tiver sede. (Redação dada pela Lei 13.247, de 2016)

§ 2º Aplica-se à sociedade de advogados e à sociedade unipessoal de advocacia o Código de Ética e Disciplina, no que couber. (Redação dada pela Lei 13.247, de 2016)

§ 3º As procurações devem ser outorgadas individualmente aos advogados e indicar a sociedade de que façam parte.

§ 4º Nenhum advogado pode integrar mais de uma sociedade de advogados, constituir mais de uma sociedade unipessoal de advocacia, ou integrar, simultaneamente, uma sociedade de advogados e uma sociedade unipessoal de advocacia, com sede ou filial na mesma área territorial do respectivo Conselho Seccional. (Redação dada pela Lei 13.247, de 2016)

§ 5º O ato de constituição de filial deve ser averbado no registro da sociedade e arquivado no Conselho Seccional onde se instalar, ficando os sócios, inclusive o titular da sociedade unipessoal de advocacia, obrigados à inscrição suplementar. (Redação dada pela Lei 13.247, de 2016)

§ 6º Os advogados sócios de uma mesma sociedade profissional não podem representar em juízo clientes de interesses opostos.

§ 7º A sociedade unipessoal de advocacia pode resultar da concentração por um advogado das quotas de uma sociedade de advogados, independentemente das razões que motivaram tal concentração. (Incluído pela Lei 13.247, de 2016)

Art. 16. Não são admitidas a registro nem podem funcionar todas as espécies de sociedades de advogados que apresentem forma ou características de sociedade empresária, que adotem denominação de fantasia, que realizem atividades estranhas à advocacia, que incluam como sócio ou titular de sociedade unipessoal de advocacia pessoa não inscrita como advogado ou totalmente proibida de advogar. (Redação dada pela Lei 13.247, de 2016)

§ 1º A razão social deve ter, obrigatoriamente, o nome de, pelo menos, um advogado responsável pela sociedade, podendo permanecer o de sócio falecido, desde que prevista tal possibilidade no ato constitutivo.

§ 2º O licenciamento do sócio para exercer atividade incompatível com a advocacia em caráter temporário deve ser averbado no registro da sociedade, não alterando sua constituição.

§ 3º É proibido o registro, nos cartórios de registro civil de pessoas jurídicas e nas juntas comerciais, de sociedade que inclua, entre outras finalidades, a atividade de advocacia.

§ 4º A denominação da sociedade unipessoal de advocacia deve ser obrigatoriamente formada pelo nome do seu titular, completo ou parcial, com a expressão 'Sociedade Individual de Advocacia'. (Incluído pela Lei 13.247, de 2016)

Art. 17. Além da sociedade, o sócio e o titular da sociedade individual de advocacia respondem subsidiária e ilimitadamente pelos danos causados aos clientes por ação ou omissão no exercício da advocacia, sem prejuízo da responsabilidade disciplinar em que possam incorrer. (Redação dada pela Lei 13.247, de 2016)

CAPÍTULO V
Do Advogado Empregado

Art. 18. A relação de emprego, na qualidade de advogado, não retira a isenção técnica nem reduz a independência profissional inerentes à advocacia.

Parágrafo único. O advogado empregado não está obrigado à prestação de serviços profissionais de interesse pessoal dos empregadores, fora da relação de emprego.

Art. 19. O salário mínimo profissional do advogado será fixado em sentença normativa, salvo se ajustado em acordo ou convenção coletiva de trabalho.

Art. 20. A jornada de trabalho do advogado empregado, no exercício da profissão, não poderá exceder a duração diária de quatro horas contínuas e a de vinte horas semanais, salvo acordo ou convenção coletiva ou em caso de dedicação exclusiva.

§ 1º Para efeitos deste artigo, considera-se como período de trabalho o tempo em que o advogado estiver à disposição do empregador, aguardando ou executando ordens, no seu escritório ou em atividades externas, sendo-lhe reembolsadas as despesas feitas com transporte, hospedagem e alimentação.

§ 2º As horas trabalhadas que excederem a jornada normal são remuneradas por um adicional não inferior a cem por cento sobre o valor da hora normal, mesmo havendo contrato escrito.

§ 3º As horas trabalhadas no período das vinte horas de um dia até as cinco horas do dia seguinte são remuneradas como noturnas, acrescidas do adicional de vinte e cinco por cento.

Art. 21. Nas causas em que for parte o empregador, ou pessoa por este representada, os honorários de sucumbência são devidos aos advogados empregados.

Parágrafo único. Os honorários de sucumbência, percebidos por advogado empregado de sociedade de advogados são partilhados entre ele e a empregadora, na forma estabelecida em acordo.

CAPÍTULO VI
Dos Honorários Advocatícios

Art. 22. A prestação de serviço profissional assegura aos inscritos na OAB o direito aos honorários convencionados, aos fixados por arbitramento judicial e aos de sucumbência.

§ 1º O advogado, quando indicado para patrocinar causa de juridicamente necessitado, no caso de impossibilidade da Defensoria Pública no local da prestação de serviço, tem direito aos honorários fixados pelo juiz, segundo tabela organizada pelo Conselho Seccional da OAB, e pagos pelo Estado.

§ 2º Na falta de estipulação ou de acordo, os honorários são fixados por arbitramento judicial, em remuneração compatível com o trabalho e o valor econômico da questão, não podendo ser inferiores aos estabelecidos na tabela organizada pelo Conselho Seccional da OAB.

§ 3º Salvo estipulação em contrário, um terço dos honorários é devido no início do serviço, outro terço até a decisão de primeira instância e o restante no final.

§ 4º Se o advogado fizer juntar aos autos o seu contrato de honorários antes de expedir-se o mandado de levantamento ou precatório, o juiz deve determinar que lhe sejam pagos diretamente, por dedução da quantia a ser recebida pelo constituinte, salvo se este provar que já os pagou.

§ 5º O disposto neste artigo não se aplica quando se tratar de mandato outorgado por advogado para defesa em processo oriundo de ato ou omissão praticada no exercício da profissão.

§ 6º O disposto neste artigo aplica-se aos honorários assistenciais, compreendidos como os fixados em ações coletivas propostas por entidades de classe em substituição processual, sem prejuízo aos honorários convencionais. (Incluído pela Lei 13.725, de 2018)

§ 7º Os honorários convencionados com entidades de classe para atuação em substituição processual poderão prever a faculdade de indicar os beneficiários que, ao optarem por adquirir os direitos, assumirão as obrigações decorrentes do contrato originário a partir do momento em que este foi celebrado, sem a necessidade de mais formalidades. (Incluído pela Lei 13.725, de 2018)

Art. 23. Os honorários incluídos na condenação, por arbitramento ou sucumbência, pertencem ao advogado, tendo este direito autônomo para executar a sentença nesta parte, podendo requerer que o precatório, quando necessário, seja expedido em seu favor.

Art. 24. A decisão judicial que fixar ou arbitrar honorários e o contrato escrito que os estipular são títulos executivos e constituem crédito privilegiado na falência, concordata, concurso de credores, insolvência civil e liquidação extrajudicial.

§ 1º A execução dos honorários pode ser promovida nos mesmos autos da ação em que tenha atuado o advogado, se assim lhe convier.

§ 2º Na hipótese de falecimento ou incapacidade civil do advogado, os honorários de sucumbência, proporcionais ao trabalho realizado, são recebidos por seus sucessores ou representantes legais.

~~§ 3º É nula qualquer disposição, cláusula, regulamento ou convenção individual ou coletiva que retire do advogado o direito ao recebimento dos honorários de sucumbência.~~ (Vide ADIn 1.194-4)

§ 4º O acordo feito pelo cliente do advogado e a parte contrária, salvo aquiescência do profissional, não lhe prejudica os honorários, quer os convencionados, quer os concedidos por sentença.

Art. 25. Prescreve em cinco anos a ação de cobrança de honorários de advogado, contado o prazo:

I – do vencimento do contrato, se houver;

II – do trânsito em julgado da decisão que os fixar;

III – da ultimação do serviço extrajudicial;

IV – da desistência ou transação;

V – da renúncia ou revogação do mandato.

Art. 25-A. Prescreve em cinco anos a ação de prestação de contas pelas quantias recebidas pelo advogado de seu cliente, ou de terceiros por conta dele (art. 34, XXI). (Incluído pela Lei 11.902, de 2009)

Art. 26. O advogado substabelecido, com reserva de poderes, não pode cobrar honorários sem a intervenção daquele que lhe conferiu o substabelecimento.

CAPÍTULO VII
Das Incompatibilidades e Impedimentos

Art. 27. A incompatibilidade determina a proibição total, e o impedimento, a proibição parcial do exercício da advocacia.

Art. 28. A advocacia é incompatível, mesmo em causa própria, com as seguintes atividades:

I – chefe do Poder Executivo e membros da Mesa do Poder Legislativo e seus substitutos legais;

II – membros de órgãos do Poder Judiciário, do Ministério Público, dos tribunais e conselhos de contas, dos juizados especiais, da justiça de paz, juízes classistas, bem como de todos os que exerçam função de julgamento em órgãos de deliberação coletiva da administração pública direta e indireta; (Vide ADIn 1127-8)

III – ocupantes de cargos ou funções de direção em Órgãos da Administração Pública direta ou indireta, em suas fundações e em suas empresas controladas ou concessionárias de serviço público;

IV – ocupantes de cargos ou funções vinculados direta ou indiretamente a qualquer órgão do Poder Judiciário e os que exercem serviços notariais e de registro;

V – ocupantes de cargos ou funções vinculados direta ou indiretamente a atividade policial de qualquer natureza;

VI – militares de qualquer natureza, na ativa;

VII – ocupantes de cargos ou funções que tenham competência de lançamento, arrecadação ou fiscalização de tributos e contribuições parafiscais;

VIII – ocupantes de funções de direção e gerência em instituições financeiras, inclusive privadas.

§ 1º A incompatibilidade permanece mesmo que o ocupante do cargo ou função deixe de exercê-lo temporariamente.

§ 2º Não se incluem nas hipóteses do inciso III os que não detenham poder de decisão relevante sobre interesses de terceiro, a juízo do conselho competente da OAB, bem como a administração acadêmica diretamente relacionada ao magistério jurídico.

Art. 29. Os Procuradores Gerais, Advogados Gerais, Defensores Gerais e dirigentes de órgãos jurídicos da Administração Pública direta, indireta e fundacional são exclusivamente legitimados para o exercício da advocacia vinculada à função que exerçam, durante o período da investidura.

Art. 30. São impedidos de exercer a advocacia:

I – os servidores da administração direta, indireta e fundacional, contra a Fazenda Pública que os remunere ou à qual seja vinculada a entidade empregadora;

II – os membros do Poder Legislativo, em seus diferentes níveis, contra ou a favor das pessoas jurídicas de direito público, empresas públicas, sociedades de economia mista, fundações públicas, entidades paraestatais ou empresas concessionárias ou permissionárias de serviço público.

Parágrafo único. Não se incluem nas hipóteses do inciso I os docentes dos cursos jurídicos.

CAPÍTULO VIII
Da Ética do Advogado

Art. 31. O advogado deve proceder de forma que o torne merecedor de respeito e que contribua para o prestígio da classe e da advocacia.

§ 1º O advogado, no exercício da profissão, deve manter independência em qualquer circunstância.

§ 2º Nenhum receio de desagradar a magistrado ou a qualquer autoridade, nem de incorrer em impopularidade, deve deter o advogado no exercício da profissão.

Art. 32. O advogado é responsável pelos atos que, no exercício profissional, praticar com dolo ou culpa.

Parágrafo único. Em caso de lide temerária, o advogado será solidariamente responsável com seu cliente, desde que coligado com este para lesar a parte contrária, o que será apurado em ação própria.

Art. 33. O advogado obriga-se a cumprir rigorosamente os deveres consignados no Código de Ética e Disciplina.

Parágrafo único. O Código de Ética e Disciplina regula os deveres do advogado para com a comunidade, o cliente, o outro profissional e, ainda, a publicidade, a recusa do patrocínio, o dever de assistência jurídica, o dever geral de urbanidade e os respectivos procedimentos disciplinares.

CAPÍTULO IX
Das Infrações e Sanções Disciplinares

Art. 34. Constitui infração disciplinar:

I – exercer a profissão, quando impedido de fazê-lo, ou facilitar, por qualquer meio, o seu exercício aos não inscritos, proibidos ou impedidos;

II – manter sociedade profissional fora das normas e preceitos estabelecidos nesta lei;

III – valer-se de agenciador de causas, mediante participação nos honorários a receber;

IV – angariar ou captar causas, com ou sem a intervenção de terceiros;

V – assinar qualquer escrito destinado a processo judicial ou para fim extrajudicial que não tenha feito, ou em que não tenha colaborado;

VI – advogar contra literal disposição de lei, presumindo-se a boa-fé quando fundamentado na inconstitucionalidade, na injustiça da lei ou em pronunciamento judicial anterior;

VII – violar, sem justa causa, sigilo profissional;

VIII – estabelecer entendimento com a parte adversa sem autorização do cliente ou ciência do advogado contrário;

IX – prejudicar, por culpa grave, interesse confiado ao seu patrocínio;

X – acarretar, conscientemente, por ato próprio, a anulação ou a nulidade do processo em que funcione;

XI – abandonar a causa sem justo motivo ou antes de decorridos dez dias da comunicação da renúncia;

XII – recusar-se a prestar, sem justo motivo, assistência jurídica, quando nomeado em virtude de impossibilidade da Defensoria Pública;

XIII – fazer publicar na imprensa, desnecessária e habitualmente, alegações forenses ou relativas a causas pendentes;

XIV – deturpar o teor de dispositivo de lei, de citação doutrinária ou de julgado, bem como de depoimentos, documentos e alegações da parte contrária, para confundir o adversário ou iludir o juiz da causa;

XV – fazer, em nome do constituinte, sem autorização escrita deste, imputação a terceiro de fato definido como crime;

XVI – deixar de cumprir, no prazo estabelecido, determinação emanada do órgão ou de autoridade da Ordem, em matéria da competência desta, depois de regularmente notificado;

XVII – prestar concurso a clientes ou a terceiros para realização de ato contrário à lei ou destinado a fraudá-la;

XVIII – solicitar ou receber de constituinte qualquer importância para aplicação ilícita ou desonesta;

XIX – receber valores, da parte contrária ou de terceiro, relacionados com o objeto do mandato, sem expressa autorização do constituinte;

XX – locupletar-se, por qualquer forma, à custa do cliente ou da parte adversa, por si ou interposta pessoa;

XXI – recusar-se, injustificadamente, a prestar contas ao cliente de quantias recebidas dele ou de terceiros por conta dele;

XXII – reter, abusivamente, ou extraviar autos recebidos com vista ou em confiança;

XXIII – deixar de pagar as contribuições, multas e preços de serviços devidos à OAB, depois de regularmente notificado a fazê-lo;

XXIV – incidir em erros reiterados que evidenciem inépcia profissional;

XXV – manter conduta incompatível com a advocacia;

XXVI – fazer falsa prova de qualquer dos requisitos para inscrição na OAB;

XXVII – tornar-se moralmente inidôneo para o exercício da advocacia;

XXVIII – praticar crime infamante;

XXIX – praticar, o estagiário, ato excedente de sua habilitação.

Parágrafo único. Inclui-se na conduta incompatível:

a) prática reiterada de jogo de azar, não autorizado por lei;

b) incontinência pública e escandalosa;

c) embriaguez ou toxicomania habituais.

Art. 35. As sanções disciplinares consistem em:

I – censura;

II – suspensão;

III – exclusão;

IV – multa.

Parágrafo único. As sanções devem constar dos assentamentos do inscrito, após o trânsito em julgado da decisão, não podendo ser objeto de publicidade a de censura.

Art. 36. A censura é aplicável nos casos de:

I – infrações definidas nos incisos I a XVI e XXIX do art. 34;

II – violação a preceito do Código de Ética e Disciplina;

III – violação a preceito desta lei, quando para a infração não se tenha estabelecido sanção mais grave.

Parágrafo único. A censura pode ser convertida em advertência, em ofício reservado, sem registro nos assentamentos do inscrito, quando presente circunstância atenuante.

Art. 37. A suspensão é aplicável nos casos de:

I – infrações definidas nos incisos XVII a XXV do art. 34;

II – reincidência em infração disciplinar.

§ 1º A suspensão acarreta ao infrator a interdição do exercício profissional, em todo o território nacional, pelo prazo de trinta dias a doze meses, de acordo com os critérios de individualização previstos neste capítulo.

§ 2º Nas hipóteses dos incisos XXI e XXIII do art. 34, a suspensão perdura até que satisfaça integralmente a dívida, inclusive com correção monetária.

§ 3º Na hipótese do inciso XXIV do art. 34, a suspensão perdura até que preste novas provas de habilitação.

Art. 38. A exclusão é aplicável nos casos de:

I – aplicação, por três vezes, de suspensão;

II – infrações definidas nos incisos XXVI a XXVIII do art. 34.

Parágrafo único. Para a aplicação da sanção disciplinar de exclusão, é necessária a manifestação favorável de dois terços dos membros do Conselho Seccional competente.

Art. 39. A multa, variável entre o mínimo correspondente ao valor de uma anuidade e o máximo de seu décuplo, é aplicável cumulativamente com a censura ou suspensão, em havendo circunstâncias agravantes.

Art. 40. Na aplicação das sanções disciplinares, são consideradas, para fins de atenuação, as seguintes circunstâncias, entre outras:

I – falta cometida na defesa de prerrogativa profissional;

II – ausência de punição disciplinar anterior;

III – exercício assíduo e proficiente de mandato ou cargo em qualquer órgão da OAB;

IV – prestação de relevantes serviços à advocacia ou à causa pública.

Parágrafo único. Os antecedentes profissionais do inscrito, as atenuantes, o grau de culpa por ele revelada, as circunstâncias e as consequências da infração são considerados para o fim de decidir:

a) sobre a conveniência da aplicação cumulativa da multa e de outra sanção disciplinar;

b) sobre o tempo de suspensão e o valor da multa aplicáveis.

Art. 41. É permitido ao que tenha sofrido qualquer sanção disciplinar requerer, um ano após seu cumprimento, a reabilitação, em face de provas efetivas de bom comportamento.

Parágrafo único. Quando a sanção disciplinar resultar da prática de crime, o pedido de reabilitação depende também da correspondente reabilitação criminal.

Art. 42. Fica impedido de exercer o mandato o profissional a quem forem aplicadas as sanções disciplinares de suspensão ou exclusão.

Art. 43. A pretensão à punibilidade das infrações disciplinares prescreve em cinco anos, contados da data da constatação oficial do fato.

§ 1º Aplica-se a prescrição a todo processo disciplinar paralisado por mais de três anos, pendente de despacho ou julgamento, devendo ser arquivado de ofício, ou a requerimento da parte interessada, sem prejuízo de serem apuradas as responsabilidades pela paralisação.

§ 2º A prescrição interrompe-se:

I – pela instauração de processo disciplinar ou pela notificação válida feita diretamente ao representado;

II – pela decisão condenatória recorrível de qualquer órgão julgador da OAB.

TÍTULO II
Da Ordem dos Advogados do Brasil

CAPÍTULO I
Dos Fins e da Organização

Art. 44. A Ordem dos Advogados do Brasil (OAB), serviço público, dotada de personalidade jurídica e forma federativa, tem por finalidade:

I – defender a Constituição, a ordem jurídica do Estado democrático de direito, os direitos humanos, a justiça social, e pugnar pela boa aplicação das leis, pela rápida administração da justiça e pelo aperfeiçoamento da cultura e das instituições jurídicas;

II – promover, com exclusividade, a representação, a defesa, a seleção e a disciplina dos advogados em toda a República Federativa do Brasil.

§ 1º A OAB não mantém com órgãos da Administração Pública qualquer vínculo funcional ou hierárquico.

§ 2º O uso da sigla OAB é privativo da Ordem dos Advogados do Brasil.

Art. 45. São órgãos da OAB:

I – o Conselho Federal;

II – os Conselhos Seccionais;

III – as Subseções;

IV – as Caixas de Assistência dos Advogados.

§ 1º O Conselho Federal, dotado de personalidade jurídica própria, com sede na capital da República, é o órgão supremo da OAB.

§ 2º Os Conselhos Seccionais, dotados de personalidade jurídica própria, têm jurisdição sobre os respectivos territórios dos Estados-membros, do Distrito Federal e dos Territórios.

§ 3º As Subseções são partes autônomas do Conselho Seccional, na forma desta lei e de seu ato constitutivo.

§ 4º As Caixas de Assistência dos Advogados, dotadas de personalidade jurídica própria, são criadas pelos Conselhos Seccionais, quando estes contarem com mais de mil e quinhentos inscritos.

§ 5º A OAB, por constituir serviço público, goza de imunidade tributária total em relação a seus bens, rendas e serviços.

§ 6º Os atos, as notificações e as decisões dos órgãos da OAB, salvo quando reservados ou de administração interna, serão publicados no Diário Eletrônico da Ordem dos Advogados do Brasil, a ser disponibilizado na internet, podendo ser afixados no fórum local, na íntegra ou em resumo. (Redação dada pela Lei 13.688, de 2018)

Art. 46. Compete à OAB fixar e cobrar, de seus inscritos, contribuições, preços de serviços e multas.

Parágrafo único. Constitui título executivo extrajudicial a certidão passada pela diretoria do Conselho competente, relativa a crédito previsto neste artigo.

Art. 47. O pagamento da contribuição anual à OAB isenta os inscritos nos seus quadros do pagamento obrigatório da contribuição sindical.

Art. 48. O cargo de conselheiro ou de membro de diretoria de órgão da OAB é de exercício gratuito e obrigatório, considerado serviço público relevante, inclusive para fins de disponibilidade e aposentadoria.

Art. 49. Os Presidentes dos Conselhos e das Subseções da OAB têm legitimidade para agir, judicial e extrajudicialmente, contra qualquer pessoa que infringir as disposições ou os fins desta lei.

Parágrafo único. As autoridades mencionadas no *caput* deste artigo têm, ainda, legitimidade para intervir, inclusive como assistentes, nos inquéritos e processos em que sejam indiciados, acusados ou ofendidos os inscritos na OAB.

Art. 50. Para os fins desta lei, os Presidentes dos Conselhos da OAB e das Subseções podem requisitar cópias de peças de autos e documentos a qualquer tribunal, magistrado, cartório e órgão da Administração Pública direta, indireta e fundacional. (Vide ADIn 1127-8)

CAPÍTULO II
Do Conselho Federal

Art. 51. O Conselho Federal compõe-se:

I – dos conselheiros federais, integrantes das delegações de cada unidade federativa;

II – dos seus ex-presidentes, na qualidade de membros honorários vitalícios.

§ 1º Cada delegação é formada por três conselheiros federais.

§ 2º Os ex-presidentes têm direito apenas a voz nas sessões.

Art. 52. Os presidentes dos Conselhos Seccionais, nas sessões do Conselho Federal, têm lugar reservado junto à delegação respectiva e direito somente a voz.

Art. 53. O Conselho Federal tem sua estrutura e funcionamento definidos no Regulamento Geral da OAB.

§ 1º O Presidente, nas deliberações do Conselho, tem apenas o voto de qualidade.

§ 2º O voto é tomado por delegação, e não pode ser exercido nas matérias de interesse da unidade que represente.

§ 3º Na eleição para a escolha da Diretoria do Conselho Federal, cada membro da delegação terá direito a 1 (um) voto, vedado aos membros honorários vitalícios. (Incluído pela Lei 11.179, de 2005)

Art. 54. Compete ao Conselho Federal:

I – dar cumprimento efetivo às finalidades da OAB;

II – representar, em juízo ou fora dele, os interesses coletivos ou individuais dos advogados;

III – velar pela dignidade, independência, prerrogativas e valorização da advocacia;

IV – representar, com exclusividade, os advogados brasileiros nos órgãos e eventos internacionais da advocacia;

V – editar e alterar o Regulamento Geral, o Código de Ética e Disciplina, e os Provimentos que julgar necessários;

VI – adotar medidas para assegurar o regular funcionamento dos Conselhos Seccionais;

VII – intervir nos Conselhos Seccionais, onde e quando constatar grave violação desta lei ou do regulamento geral;

VIII – cassar ou modificar, de ofício ou mediante representação, qualquer ato, de órgão ou autoridade da OAB, contrário a esta lei, ao regulamento geral, ao Código de Ética e Disciplina, e aos Provimentos, ouvida a autoridade ou o órgão em causa;

IX – julgar, em grau de recurso, as questões decididas pelos Conselhos Seccionais, nos casos previstos neste estatuto e no regulamento geral;

X – dispor sobre a identificação dos inscritos na OAB e sobre os respectivos símbolos privativos;

XI – apreciar o relatório anual e deliberar sobre o balanço e as contas de sua diretoria;

XII – homologar ou mandar suprir relatório anual, o balanço e as contas dos Conselhos Seccionais;

XIII – elaborar as listas constitucionalmente previstas, para o preenchimento dos cargos nos tribunais judiciários de âmbito nacional ou interestadual, com advogados que estejam em pleno exercício da profissão, vedada a inclusão de nome de membro do próprio Conselho ou de outro órgão da OAB;

XIV – ajuizar ação direta de inconstitucionalidade de normas legais e atos normativos, ação civil pública, mandado de segurança coletivo, mandado de injunção e demais ações cuja legitimação lhe seja outorgada por lei;

XV – colaborar com o aperfeiçoamento dos cursos jurídicos, e opinar, previamente, nos pedidos apresentados aos órgãos competentes para criação, reconhecimento ou credenciamento desses cursos;

XVI – autorizar, pela maioria absoluta das delegações, a oneração ou alienação de seus bens imóveis;

XVII – participar de concursos públicos, nos casos previstos na Constituição e na lei, em todas as suas fases, quando tiverem abrangência nacional ou interestadual;

XVIII – resolver os casos omissos neste estatuto.

Parágrafo único. A intervenção referida no inciso VII deste artigo depende de prévia aprovação por dois terços das delegações, garantido o amplo direito de defesa do Conselho Seccional respectivo, nomeando-se diretoria provisória para o prazo que se fixar.

Art. 55. A diretoria do Conselho Federal é composta de um Presidente, de um Vice-Presidente, de um Secretário-Geral, de um Secretário-Geral Adjunto e de um Tesoureiro.

§ 1º O Presidente exerce a representação nacional e internacional da OAB, competindo-lhe convocar o Conselho Federal, presidi-lo, representá-lo ativa e passivamente, em juízo ou fora dele, promover-lhe a administração patrimonial e dar execução às suas decisões.

§ 2º O regulamento geral define as atribuições dos membros da diretoria e a ordem de substituição em caso de vacância, licença, falta ou impedimento.

§ 3º Nas deliberações do Conselho Federal, os membros da diretoria votam como membros de suas delegações, cabendo ao Presidente, apenas, o voto de qualidade e o direito de embargar a decisão, se esta não for unânime.

CAPÍTULO III
Do Conselho Seccional

Art. 56. O Conselho Seccional compõe-se de conselheiros em número proporcional ao de seus inscritos, segundo critérios estabelecidos no regulamento geral.

§ 1º São membros honorários vitalícios os seus ex-presidentes, somente com direito a voz em suas sessões.

§ 2º O Presidente do Instituto dos Advogados local é membro honorário, somente com direito a voz nas sessões do Conselho.

§ 3º Quando presentes às sessões do Conselho Seccional, o Presidente do Conselho Federal, os Conselheiros Federais integrantes da respectiva delegação, o Presidente da Caixa de Assistência dos Advogados e os Presidentes das Subseções, têm direito a voz.

Art. 57. O Conselho Seccional exerce e observa, no respectivo território, as competências, vedações e funções atribuídas ao Conselho Federal, no que couber e no âmbito de sua competência material e territorial, e as normas gerais estabelecidas nesta lei, no regulamento geral, no Código de Ética e Disciplina, e nos Provimentos.

Art. 58. Compete privativamente ao Conselho Seccional:

I – editar seu regimento interno e resoluções;

II – criar as Subseções e a Caixa de Assistência dos Advogados;

III – julgar, em grau de recurso, as questões decididas por seu Presidente, por sua diretoria, pelo Tribunal de Ética e Disciplina, pelas diretorias das Subseções e da Caixa de Assistência dos Advogados;

IV – fiscalizar a aplicação da receita, apreciar o relatório anual e deliberar sobre o balanço e as contas de sua diretoria, das diretorias das Subseções e da Caixa de Assistência dos Advogados;

V – fixar a tabela de honorários, válida para todo o território estadual;

VI – realizar o Exame de Ordem;

VII – decidir os pedidos de inscrição nos quadros de advogados e estagiários;

VIII – manter cadastro de seus inscritos;

IX – fixar, alterar e receber contribuições obrigatórias, preços de serviços e multas;

X – participar da elaboração dos concursos públicos, em todas as suas fases, nos casos previstos na Constituição e nas leis, no âmbito do seu território;

XI – determinar, com exclusividade, critérios para o traje dos advogados, no exercício profissional;

XII – aprovar e modificar seu orçamento anual;

XIII – definir a composição e o funcionamento do Tribunal de Ética e Disciplina, e escolher seus membros;

XIV – eleger as listas, constitucionalmente previstas, para preenchimento dos cargos nos tribunais judiciários, no âmbito de sua competência e na forma do Provimento do Conselho Federal, vedada a inclusão de membros do próprio Conselho e de qualquer órgão da OAB;

XV – intervir nas Subseções e na Caixa de Assistência dos Advogados;

XVI – desempenhar outras atribuições previstas no regulamento geral.

Art. 59. A diretoria do Conselho Seccional tem composição idêntica e atribuições equivalentes às do Conselho Federal, na forma do regimento interno daquele.

CAPÍTULO IV
Da Subseção

Art. 60. A Subseção pode ser criada pelo Conselho Seccional, que fixa sua área territorial e seus limites de competência e autonomia.

§ 1º A área territorial da Subseção pode abranger um ou mais municípios, ou parte de município, inclusive da capital do Estado, contando com um mínimo de quinze advogados, nela profissionalmente domiciliados.

§ 2º A Subseção é administrada por uma diretoria, com atribuições e composição equivalentes às da diretoria do Conselho Seccional.

§ 3º Havendo mais de cem advogados, a Subseção pode ser integrada, também, por um conselho em número de membros fixado pelo Conselho Seccional.

§ 4º Os quantitativos referidos nos §§ 1º e 3º deste artigo podem ser ampliados, na forma do regimento interno do Conselho Seccional.

§ 5º Cabe ao Conselho Seccional fixar, em seu orçamento, dotações específicas destinadas à manutenção das Subseções.

§ 6º O Conselho Seccional, mediante o voto de dois terços de seus membros, pode intervir nas Subseções, onde constatar grave violação desta lei ou do regimento interno daquele.

Art. 61. Compete à Subseção, no âmbito de seu território:

I – dar cumprimento efetivo às finalidades da OAB;

II – velar pela dignidade, independência e valorização da advocacia, e fazer valer as prerrogativas do advogado;

III – representar a OAB perante os poderes constituídos;

IV – desempenhar as atribuições previstas no regulamento geral ou por delegação de competência do Conselho Seccional.

Parágrafo único. Ao Conselho da Subseção, quando houver, compete exercer as funções e atribuições do Conselho Seccional, na forma do regimento interno deste, e ainda:

a) editar seu regimento interno, a ser referendado pelo Conselho Seccional;

b) editar resoluções, no âmbito de sua competência;

c) instaurar e instruir processos disciplinares, para julgamento pelo Tribunal de Ética e Disciplina;

d) receber pedido de inscrição nos quadros de advogado e estagiário, instruindo e emitindo parecer prévio, para decisão do Conselho Seccional.

CAPÍTULO V
Da Caixa de Assistência dos Advogados

Art. 62. A Caixa de Assistência dos Advogados, com personalidade jurídica própria, destina-se a prestar assistência aos inscritos no Conselho Seccional a que se vincule.

§ 1º A Caixa é criada e adquire personalidade jurídica com a aprovação e registro de seu estatuto pelo respectivo Conselho Seccional da OAB, na forma do regulamento geral.

§ 2º A Caixa pode, em benefício dos advogados, promover a seguridade complementar.

§ 3º Compete ao Conselho Seccional fixar contribuição obrigatória devida por seus inscritos, destinada à manutenção do disposto no parágrafo anterior, incidente sobre atos decorrentes do efetivo exercício da advocacia.

§ 4º A diretoria da Caixa é composta de cinco membros, com atribuições definidas no seu regimento interno.

§ 5º Cabe à Caixa a metade da receita das anuidades recebidas pelo Conselho Seccional, considerado o valor resultante após as deduções regulamentares obrigatórias.

§ 6º Em caso de extinção ou desativação da Caixa, seu patrimônio se incorpora ao do Conselho Seccional respectivo.

§ 7º O Conselho Seccional, mediante voto de dois terços de seus membros, pode intervir na Caixa de Assistência dos Advogados, no caso de descumprimento de suas finalidades, designando diretoria provisória, enquanto durar a intervenção.

CAPÍTULO VI
Das Eleições e dos Mandatos

Art. 63. A eleição dos membros de todos os órgãos da OAB será realizada na segunda quinzena do mês de novembro, do último ano do mandato, mediante cédula única e votação direta dos advogados regularmente inscritos.

§ 1º A eleição, na forma e segundo os critérios e procedimentos estabelecidos no regulamento geral, é de comparecimento obrigatório para todos os advogados inscritos na OAB.

§ 2º O candidato deve comprovar situação regular junto à OAB, não ocupar cargo exonerável ad nutum, não ter sido condenado por infração disciplinar, salvo reabilitação, e exercer efetivamente a profissão há mais de cinco anos.

Art. 64. Consideram-se eleitos os candidatos integrantes da chapa que obtiver a maioria dos votos válidos.

§ 1º A chapa para o Conselho Seccional deve ser composta dos candidatos ao conselho e à sua diretoria e, ainda, à delegação ao Conselho Federal e à Diretoria da Caixa de Assistência dos Advogados para eleição conjunta.

§ 2º A chapa para a Subseção deve ser composta com os candidatos à diretoria, e de seu conselho quando houver.

Art. 65. O mandato em qualquer órgão da OAB é de três anos, iniciando-se em primeiro de janeiro do ano seguinte ao da eleição, salvo o Conselho Federal.

Parágrafo único. Os conselheiros federais eleitos iniciam seus mandatos em primeiro de fevereiro do ano seguinte ao da eleição.

Art. 66. Extingue-se o mandato automaticamente, antes do seu término, quando:

I – ocorrer qualquer hipótese de cancelamento de inscrição ou de licenciamento do profissional;

II – o titular sofrer condenação disciplinar;

III – o titular faltar, sem motivo justificado, a três reuniões ordinárias consecutivas de cada órgão deliberativo do conselho ou da diretoria da Subseção ou da Caixa de Assistência dos Advogados, não podendo ser reconduzido no mesmo período de mandato.

Parágrafo único. Extinto qualquer mandato, nas hipóteses deste artigo, cabe ao Conselho Seccional escolher o substituto, caso não haja suplente.

Art. 67. A eleição da Diretoria do Conselho Federal, que tomará posse no dia 1º de fevereiro, obedecerá às seguintes regras:

I – será admitido registro, junto ao Conselho Federal, de candidatura à presidência, desde seis meses até um mês antes da eleição;

II – o requerimento de registro deverá vir acompanhado do apoiamento de, no mínimo, seis Conselhos Seccionais;

III – até um mês antes das eleições, deverá ser requerido o registro da chapa completa, sob pena de cancelamento da candidatura respectiva;

IV – no dia 31 de janeiro do ano seguinte ao da eleição, o Conselho Federal elegerá, em reunião presidida pelo conselheiro mais antigo, por voto secreto e para mandato de 3 (três) anos, sua diretoria, que tomará posse no dia seguinte; (Redação dada pela Lei 11.179, de 2005)

V – será considerada eleita a chapa que obtiver maioria simples dos votos dos Conselheiros Federais, presente a metade mais 1 (um) de seus membros. (Redação dada pela Lei 11.179, de 2005)

Parágrafo único. Com exceção do candidato a Presidente, os demais integrantes da chapa deverão ser conselheiros federais eleitos.

TÍTULO III
Do Processo na OAB

CAPÍTULO I
Disposições Gerais

Art. 68. Salvo disposição em contrário, aplicam-se subsidiariamente ao processo disciplinar as regras da legislação processual penal comum e, aos demais processos, as regras gerais do procedimento administrativo comum e da legislação processual civil, nessa ordem.

Art. 69. Todos os prazos necessários à manifestação de advogados, estagiários e terceiros, nos processos em geral da OAB, são de quinze dias, inclusive para interposição de recursos.

§ 1º Nos casos de comunicação por ofício reservado, ou de notificação pessoal, o prazo se conta a partir do dia útil imediato ao da notificação do recebimento.

§ 2º No caso de atos, notificações e decisões divulgados por meio do Diário Eletrônico da Ordem dos Advogados do Brasil, o prazo terá início no primeiro dia útil seguinte à publicação, assim considerada o primeiro dia útil seguinte ao da disponibilização da informação no Diário. (Redação dada pela Lei 13.688, de 2018)

CAPÍTULO II
Do Processo Disciplinar

Art. 70. O poder de punir disciplinarmente os inscritos na OAB compete exclusivamente ao Conselho Seccional em cuja base territorial tenha ocorrido a infração, salvo se a falta for cometida perante o Conselho Federal.

§ 1º Cabe ao Tribunal de Ética e Disciplina, do Conselho Seccional competente, julgar os processos disciplinares, instruídos pelas Subseções ou por relatores do próprio conselho.

§ 2º A decisão condenatória irrecorrível deve ser imediatamente comunicada ao Conselho Seccional onde o representado tenha inscrição principal, para constar dos respectivos assentamentos.

§ 3º O Tribunal de Ética e Disciplina do Conselho onde o acusado tenha inscrição principal pode suspendê-lo preventivamente, em caso de repercussão prejudicial à dignidade da advocacia, depois de ouvi-lo em sessão especial para a qual deve ser notificado a comparecer, salvo se não atender à notificação. Neste caso, o processo disciplinar deve ser concluído no prazo máximo de noventa dias.

Art. 71. A jurisdição disciplinar não exclui a comum e, quando o fato constituir crime ou contravenção, deve ser comunicado às autoridades competentes.

Art. 72. O processo disciplinar instaura-se de ofício ou mediante representação de qualquer autoridade ou pessoa interessada.

§ 1º O Código de Ética e Disciplina estabelece os critérios de admissibilidade da representação e os procedimentos disciplinares.

§ 2º O processo disciplinar tramita em sigilo, até o seu término, só tendo acesso às suas informações as partes, seus defensores e a autoridade judiciária competente.

Art. 73. Recebida a representação, o Presidente deve designar relator, a quem compete a instrução do processo e o oferecimento de parecer preliminar a ser submetido ao Tribunal de Ética e Disciplina.

§ 1º Ao representado deve ser assegurado amplo direito de defesa, podendo acompanhar o processo em todos os termos, pessoalmente ou por intermédio de procurador, oferecendo defesa prévia após ser notificado, razões finais após a instrução e defesa oral perante o Tribunal de Ética e Disciplina, por ocasião do julgamento.

§ 2º Se, após a defesa prévia, o relator se manifestar pelo indeferimento liminar da representação, este deve ser decidido pelo Presidente do Conselho Seccional, para determinar seu arquivamento.

§ 3º O prazo para defesa prévia pode ser prorrogado por motivo relevante, a juízo do relator.

§ 4º Se o representado não for encontrado, ou for revel, o Presidente do Conselho ou da Subseção deve designar-lhe defensor dativo;

§ 5º É também permitida a revisão do processo disciplinar, por erro de julgamento ou por condenação baseada em falsa prova.

Art. 74. O Conselho Seccional pode adotar as medidas administrativas e judiciais pertinentes, objetivando a que o profissional suspenso ou excluído devolva os documentos de identificação.

CAPÍTULO III
Dos Recursos

Art. 75. Cabe recurso ao Conselho Federal de todas as decisões definitivas proferidas pelo Conselho Seccional, quando não tenham sido unânimes ou, sendo unânimes, contrariem esta lei, decisão do Conselho Federal ou de outro Conselho Seccional e, ainda, o regulamento geral, o Código de Ética e Disciplina e os Provimentos.

Parágrafo único. Além dos interessados, o Presidente do Conselho Seccional é legitimado a interpor o recurso referido neste artigo.

Art. 76. Cabe recurso ao Conselho Seccional de todas as decisões proferidas por seu Presidente, pelo Tribunal de Ética e Disciplina, ou pela diretoria da Subseção ou da Caixa de Assistência dos Advogados.

Art. 77. Todos os recursos têm efeito suspensivo, exceto quando tratarem de eleições (arts. 63 e seguintes), de suspensão preventiva decidida pelo Tribunal de Ética e Disciplina, e de cancelamento da inscrição obtida com falsa prova.

Parágrafo único. O regulamento geral disciplina o cabimento de recursos específicos, no âmbito de cada órgão julgador.

TÍTULO IV
Das Disposições Gerais e Transitórias

Art. 78. Cabe ao Conselho Federal da OAB, por deliberação de dois terços, pelo menos, das delegações, editar o regulamento geral deste estatuto, no prazo de seis meses, contados da publicação desta lei.

Art. 79. Aos servidores da OAB, aplica-se o regime trabalhista. (Vide ADIn 3.026-4)

§ 1º Aos servidores da OAB, sujeitos ao regime da Lei 8.112, de 11 de dezembro de 1990, é concedido o direito de opção pelo regime trabalhista, no prazo de noventa dias a partir da vigência desta lei, sendo assegurado aos optantes o pagamento de indenização, quando da aposentadoria, correspondente a cinco vezes o valor da última remuneração.

§ 2º Os servidores que não optarem pelo regime trabalhista serão posicionados no quadro em extinção, assegurado o direito adquirido ao regime legal anterior.

Art. 80. Os Conselhos Federal e Seccionais devem promover trienalmente as respectivas Conferências, em data não coincidente com o ano eleitoral, e, periodicamente, reunião do colégio de presidentes a eles vinculados, com finalidade consultiva.

Art. 81. Não se aplicam aos que tenham assumido originariamente o cargo de Presidente do Conselho Federal ou dos Conselhos Seccionais, até a data da publicação desta lei, as normas contidas no Título II, acerca da composição desses Conselhos, ficando assegurado o pleno direito de voz e voto em suas sessões.

Art. 82. Aplicam-se as alterações previstas nesta lei, quanto a mandatos, eleições, composição e atribuições dos órgãos da OAB, a partir do término do mandato dos atuais membros, devendo os Conselhos Federal e Seccionais disciplinarem os respectivos procedimentos de adaptação.

Parágrafo único. Os mandatos dos membros dos órgãos da OAB, eleitos na primeira eleição sob a vigência desta lei, e na forma do Capítulo VI do Título II, terão início no dia seguinte ao término dos atuais mandatos, encerrando-se em 31 de dezembro do terceiro ano do mandato e em 31 de janeiro do terceiro ano do mandato, neste caso com relação ao Conselho Federal.

Art. 83. Não se aplica o disposto no art. 28, inciso II, desta lei, aos membros do Ministério Público que, na data de promulgação da Constituição, se incluam na previsão do art. 29, § 3º, do seu Ato das Disposições Constitucionais Transitórias.

Art. 84. O estagiário, inscrito no respectivo quadro, fica dispensado do Exame de Ordem, desde que comprove, em até dois anos da promulgação desta lei, o exercício e resultado do estágio profissional ou a conclusão, com aproveitamento, do estágio de Prática Forense e Organização Judiciária, realizado junto à respectiva faculdade, na forma da legislação em vigor.

Art. 85. O Instituto dos Advogados Brasileiros e as instituições a ele filiadas têm qualidade para promover perante a OAB o que julgarem do interesse dos advogados em geral ou de qualquer dos seus membros.

Art. 86. Esta lei entra em vigor na data de sua publicação.

Art. 87. Revogam-se as disposições em contrário, especialmente a Lei 4.215, de 27 de abril de 1963, a Lei 5.390, de 23 de fevereiro de 1968, o Decreto-Lei 505, de 18 de março de 1969, a Lei 5.681, de 20 de julho de 1971, a Lei 5.842, de 6 de dezembro de 1972, a Lei 5.960, de 10 de dezembro de 1973, a Lei 6.743, de 5 de dezembro de 1979, a Lei 6.884, de 9 de dezembro de 1980, a Lei 6.994, de 26 de maio de 1982, mantidos os efeitos da Lei 7.346, de 22 de julho de 1985.

Brasília, 4 de julho de 1994; 173º da Independência e 106º da República.

ITAMAR FRANCO
Alexandre de Paula Dupeyrat Martins

APÊNDICE VI

PORTARIA MF 343, DE 09 DE JUNHO DE 2015

Aprova o Regimento Interno do Conselho Administrativo de Recursos Fiscais (CARF) e dá outras providências.

O MINISTRO DE ESTADO DA FAZENDA, no uso das atribuições que lhe conferem os incisos II e IV do parágrafo único do art. 87 da Constituição Federal e o art. 4º do Decreto 4.395, de 27 de setembro de 2002, e tendo em vista o disposto no art. 25 e § 3º do art. 49 da Lei 11.941, de 27 de maio de 2009, nos arts. 38 e 49 do Anexo I do Decreto 7.482, de 16 de maio de 2011, e nos arts. 67 e 76 do Decreto 7.574, de 29 de setembro de 2011, resolve:

CAPÍTULO I
DO REGIMENTO INTERNO DO CONSELHO ADMINISTRATIVO DE RECURSOS FISCAIS

Art. 1º Fica aprovado o Regimento Interno do Conselho Administrativo de Recursos Fiscais (CARF), na forma prevista nos Anexos desta Portaria:

I – Anexo I: Da Natureza, Finalidade e Estrutura Administrativa do CARF;

II – Anexo II: Da Competência, Estrutura e Funcionamento dos Colegiados do CARF; e

III – Anexo III: Da Estrutura, Finalidade e Funcionamento do Comitê de Acompanhamento, Avaliação e Seleção de Conselheiros.

CAPÍTULO II
DAS DISPOSIÇÕES TRANSITÓRIAS

Art. 2º Os recursos sorteados aos conselheiros anteriormente à edição desta Portaria, relativos a colegiados extintos, não serão devolvidos ou redistribuídos, sendo julgados na turma para a qual o conselheiro relator tenha sido designado.

§ 1º O disposto no *caput* não se aplica aos recursos distribuídos ao conselheiro suplente pro tempore que não for designado titular no prazo de 30 (trinta) dias contado da publicação desta Portaria.

§ 2º Os recursos de que trata o § 1º deverão ser devolvidos no prazo de 40 (quarenta) dias, contado da data de publicação desta Portaria.

§ 3º Os recursos devolvidos na forma prevista no § 2º deverão ser sorteados.

Art. 3º Os recursos com base no inciso I do *caput* do art. 7º, no art. 8º e no art. 9º do Regimento Interno da Câmara Superior de Recursos Fiscais (CSRF), aprovado pela Portaria MF 147, de 25 de junho de 2007, interpostos contra os acórdãos proferidos nas sessões de julgamento ocorridas em data anterior à vigência do Anexo II da Portaria MF 256, de 22 de junho de 2009, serão processados de acordo com o rito previsto nos arts. 15 e 16, no art. 18 e nos arts. 43 e 44 daquele Regimento.

Art. 4º As negativas de admissibilidade dos recursos especiais exaradas até a data de publicação da Portaria MF 256, de 2009, observarão o rito estabelecido no art. 17 do Regimento Interno da CSRF, aprovado pela Portaria MF 147, de 2007.

Art. 5º Os despachos de exame e reexame de admissibilidade dos recursos especiais exarados depois da data de publicação desta Portaria observarão, no que couber, o nela disposto.

CAPÍTULO III
DAS DISPOSIÇÕES FINAIS

Art. 6º Ficam extintas, a partir da vigência desta Portaria:

I – as turmas especiais;

II – as Turmas Ordinárias da 1ª (primeira) Câmara das Seções de Julgamento do CARF; e

III – as 3ªs (terceiras) Turmas Ordinárias das 4ªs (quartas) Câmaras da 2ª (segunda) e 3ª (terceira) Seções de Julgamento do CARF.

§ 1º Os Conselheiros titulares de turmas extintas serão transferidos para turmas ordinárias da mesma Seção, mediante indicação do Presidente do CARF.

§ 2º Os Conselheiros suplentes pro tempore que integravam as Turmas Especiais poderão permanecer na condição de suplentes ou cumprir o restante do mandato em curso com as atribuições de conselheiro titular, mediante indicação do Presidente do CARF ao Comitê de Acompanhamento, Avaliação e Seleção de Conselheiros, previsto no Anexo III desta Portaria.

§ 3º Extinto o mandato, o conselheiro representante da Fazenda Nacional poderá optar por compor o quadro de servidores de que trata o art. 8º.

§ 4º O disposto no art. 40 do Anexo II não acarreta o término dos mandatos em curso.

Art. 7º O conselheiro suplente não terá computado o tempo de mandato para a contagem dos prazos de que trata o art. 40 do Anexo II.

Parágrafo único. O disposto neste artigo não se aplica ao conselheiro suplente pro tempore.

Art. 8º Ato conjunto do Secretário da Receita Federal do Brasil e do Presidente do CARF fixará quadro de servidores da Secretaria da Receita Federal do Brasil (RFB) que colaborará, integral ou parcialmente, nos processos de trabalho do CARF.

Art. 9º É condição para manutenção do mandato de conselheiro representante dos Contribuintes, no caso de advogado, a apresentação de documento que comprove a licença do exercício da advocacia, nos termos do inciso II do art. 12 da Lei 8.906, de 4 de julho de 1994.

Art. 10. Esta Portaria entra em vigor na data de sua publicação.

Art. 11. Fica revogada a Portaria MF 256, de 22 de junho de 2009.

ANEXO I
DA NATUREZA, FINALIDADE E ESTRUTURA ADMINISTRATIVA DO CARF

CAPÍTULO I
DA NATUREZA E FINALIDADE

Art. 1º O Conselho Administrativo de Recursos Fiscais (CARF), órgão colegiado, paritário, integrante da estrutura do Ministério da Fazenda, tem por finalidade julgar recursos de ofício e voluntário de decisão de 1ª (primeira) instância, bem como os recursos de natureza especial, que versem sobre a aplicação da legislação referente a tributos administrados pela Secretaria da Receita Federal do Brasil (RFB).

CAPÍTULO II
DA ORGANIZAÇÃO (REDAÇÃO DADA PELO(A) PORTARIA MF 39, DE 12 DE FEVEREIRO DE 2016)

Art. 2º O CARF tem a seguinte estrutura:

I – ADMINISTRATIVA:

1. Presidência

2. Assessoria Técnica e Jurídica – Astej (Redação dada pelo(a) Portaria MF 153, de 17 de abril de 2018)

2.1. Equipe Técnica e Jurídica – ETJ (Redação dada pelo(a) Portaria MF 153, de 17 de abril de 2018)

3. Divisão de Controle Interno e Risco – Diris (Redação dada pelo(a) Portaria MF 153, de 17 de abril de 2018)

3.1 Equipe de Controle Interno e Risco – ECR (Redação dada pelo(a) Portaria MF 153, de 17 de abril de 2018)

4. Divisão de Planejamento e Comunicação – Dipla (Redação dada pelo(a) Portaria MF 153, de 17 de abril de 2018)

4.1. Seção de Gestão da Qualidade e Inovação – Sages (Redação dada pelo(a) Portaria MF 153, de 17 de abril de 2018)

4.2. Seção de Comunicação – Sacom (Redação dada pelo(a) Portaria MF 153, de 17 de abril de 2018)

5. Divisão de Suporte ao Processo Eletrônico e Estatística – Dispe (Incluído(a) pelo(a) Portaria MF 153, de 17 de abril de 2018)

5.1. Equipe de Estatística e Análise de Dados – EAD (Incluído(a) pelo(a) Portaria MF 153, de 17 de abril de 2018)

5.2. Equipe de Suporte ao Processo Eletrônico – ESE (Incluído(a) pelo(a) Portaria MF 153, de 17 de abril de 2018)

6. Coordenação de Suporte ao Julgamento – Cosup (Incluído(a) pelo(a) Portaria MF 153, de 17 de abril de 2018)

6.1. Serviço de Preparo do Julgamento – Sepaj (Incluído(a) pelo(a) Portaria MF 153, de 17 de abril de 2018)

6.1.1. Equipe de Preparo do Julgamento – EPJ (Incluído(a) pelo(a) Portaria MF 153, de 17 de abril de 2018)

6.2. Divisão de Apoio ao Julgamento – Diaju (Incluído(a) pelo(a) Portaria MF 153, de 17 de abril de 2018)

6.2.1. Equipes de Suporte ao Julgamento – ESJ I (Incluído(a) pelo(a) Portaria MF 153, de 17 de abril de 2018)

6.2.2. Equipes de Suporte ao Julgamento – ESJ II (Incluído(a) pelo(a) Portaria MF 153, de 17 de abril de 2018)

6.3. Serviço de Pós-Julgamento – Sepoj (Incluído(a) pelo(a) Portaria MF 153, de 17 de abril de 2018)

6.3.1. Equipe de Pós-Julgamento – EPS (Incluído(a) pelo(a) Portaria MF 153, de 17 de abril de 2018)

7. Coordenação de Gestão do Acervo de Processos – Cegap (Incluído(a) pelo(a) Portaria MF 153, de 17 de abril de 2018)

7.1. Divisão de Sorteio e Distribuição – Disor (Incluído(a) pelo(a) Portaria MF 153, de 17 de abril de 2018)

7.2. Serviço de Recepção e Triagem – Seret (Incluído(a) pelo(a) Portaria MF 153, de 17 de abril de 2018)

7.3. Equipes de Gestão do Acervo de Processos – EGA I(Incluído(a) pelo(a) Portaria MF 153, de 17 de abril de 2018)

7.4. Equipes de Gestão do Acervo de Processos – EGA II (Incluído(a) pelo(a) Portaria MF 153, de 17 de abril de 2018)

7.5. Equipes de Gestão do Acervo de Processos – EGA III (Incluído(a) pelo(a) Portaria MF 153, de 17 de abril de 2018)

8. Coordenação de Gestão Corporativa – Cogec (Incluído(a) pelo(a) Portaria MF 153, de 17 de abril de 2018)

8.1. Serviço de Documentação e Informação – Sedoc (Incluído(a) pelo(a) Portaria MF 153, de 17 de abril de 2018)

8.1.1. Equipe de Atendimento ao Cidadão – CAP (Incluído(a) pelo(a) Portaria MF 153, de 17 de abril de 2018)

8.2. Serviço de Gestão de Pessoas – Segep (Incluído(a) pelo(a) Portaria MF 153, de 17 de abril de 2018)

8.2.1. Equipe de Desenvolvimento de Competências Institucionais – EDC (Incluído(a) pelo(a) Portaria MF 153, de 17 de abril de 2018)

8.2.2. Equipe de Gestão do Quadro de Conselheiros – EGC (Incluído(a) pelo(a) Portaria MF 153, de 17 de abril de 2018)

8.3. Serviço de Logística – Selog (Incluído(a) pelo(a) Portaria MF 153, de 17 de abril de 2018)

8.3.1. Equipe de Gestão de Diárias e Passagens – EDP (Incluído(a) pelo(a) Portaria MF 153, de 17 de abril de 2018)

8.4. Serviço de Tecnologia da Informação – Seinf (Incluído(a) pelo(a) Portaria MF 153, de 17 de abril de 2018)

8.4.1. Equipe de Tecnologia da Informação – ETI (Incluído(a) pelo(a) Portaria MF 153, de 17 de abril de 2018)

9. Coordenação-Geral de Gestão do Julgamento – Cojul (Incluído(a) pelo(a) Portaria MF 153, de 17 de abril de 2018)

9.1. Divisão de Análise de Recursos e Uniformização de Jurisprudência – Direj (Incluído(a) pelo(a) Portaria MF 153, de 17 de abril de 2018)

9.1.1. Equipe de Análise de Recursos e Uniformização – EAR. (Incluído(a) pelo(a) Portaria MF 153, de 17 de abril de 2018)

9.2. Divisão de Análise de Retorno e Distribuição de Processos – Dipro (Incluído(a) pelo(a) Portaria MF 153, de 17 de abril de 2018)

9.2.1. Equipe de Análise de Retorno e Distribuição – ERD (Incluído(a) pelo(a) Portaria MF 153, de 17 de abril de 2018)

9.3. Divisão de Planejamento e Acompanhamento do Julgamento – Dipaj (Incluído(a) pelo(a) Portaria MF 153, de 17 de abril de 2018)

9.3.1. Equipe de Planejamento e Acompanhamento do Julgamento – EAJ (Incluído(a) pelo(a) Portaria MF 153, de 17 de abril de 2018)

II – JUDICANTE:

1. Três Seções de Julgamento – Sejul (Redação dada pelo(a) Portaria MF 39, de 12 de fevereiro de 2016)

1.1. Nove Turmas Extraordinárias de Julgamento – TE (Redação dada pelo(a) Portaria MF 153, de 17 de abril de 2018)

1.2. Doze Câmaras de Julgamento – CAM (Redação dada pelo(a) Portaria MF 153, de 17 de abril de 2018)

1.2.1. Seis Serviços de Assessoria Técnica de Câmaras – Astec (Redação dada pelo(a) Portaria MF 153, de 17 de abril de 2018)

1.2.2. Quinze Turmas Ordinárias de Julgamento – TO (Redação dada pelo(a) Portaria MF 153, de 17 de abril de 2018)

2. Câmara Superior de Recursos Fiscais – CSRF (Redação dada pelo(a) Portaria MF 153, de 17 de abril de 2018)

2.1. Três Turmas de CSRF – T-CSRF (Redação dada pelo(a) Portaria MF 153, de 17 de abril de 2018)

2.2. Pleno da CSRF – P-CSRF (Incluído(a) pelo(a) Portaria MF 153, de 17 de abril de 2018)

Parágrafo único. Presidem os órgãos e turmas de julgamento: (Incluído(a) pelo(a) Portaria MF 153, de 17 de abril de 2018)

I – Pleno e Turmas da CSRF: Presidente do CARF; (Incluído(a) pelo(a) Portaria MF 153, de 17 de abril de 2018)

II – Seção de Julgamento: um dos Presidentes de Câmara que a compõe; (Incluído(a) pelo(a) Portaria MF 153, de 17 de abril de 2018)

III – Câmara: Presidente de Câmara; (Incluído(a) pelo(a) Portaria MF 153, de 17 de abril de 2018)

IV – Turma Ordinária: Presidente de Turma; e (Incluído(a) pelo(a) Portaria MF 153, de 17 de abril de 2018)

V – Turma Extraordinária: Presidente de Turma. (Incluído(a) pelo(a) Portaria MF 153, de 17 de abril de 2018)

CAPÍTULO III
DAS COMPETÊNCIAS DAS UNIDADES (Redação dada pela Portaria MF 39, de 12 de fevereiro de 2016)

Seção I
Da Presidência do CARF

Art. 3º São atribuições do Presidente, além das previstas no Anexo II deste Regimento Interno:

I – dirigir, supervisionar, coordenar e orientar as atividades administrativas;

II – coordenar as atividades de gestão estratégica e avaliação organizacional;

III – praticar atos de administração patrimonial, orçamentária, financeira e de pessoal;

IV – editar atos administrativos nos assuntos de competência do CARF;

V – decidir, em grau de recurso, sobre atos praticados por servidores do órgão, bem como avocar a decisão de assuntos administrativos no âmbito do CARF;

VI – elaborar relatório gerencial das atividades do CARF; (Redação dada pela Portaria MF 153, de 17 de abril de 2018)

VII – distribuir, para estudo e parecer, os assuntos submetidos ao CARF, designando conselheiro, colaborador ou servidor para compor comissões ou grupos de estudo; (Redação dada pela Portaria MF 153, de 17 de abril de 2018)

VIII – propor modificação do Regimento Interno ao Ministro de Estado da Fazenda;

IX – aprovar os planos e programas anuais e plurianuais de trabalho do CARF;

X – comunicar à Corregedoria-Geral do Ministério da Fazenda indícios de infrações administrativas de que a trata a Lei 8.112, de 11 de dezembro de 1990, e legislação correlata; e

XI – distribuir e estabelecer as atividades das equipes integrantes da estrutura funcional. (Redação dada pela Portaria MF 153, de 17 de abril de 2018)

XII – suprir e dirimir as omissões e as dúvidas suscitadas na aplicação dos Anexos I, II e III do Regimento Interno; e (Redação dada pelo(a) Portaria MF 153, de 17 de abril de 2018)

XIII – praticar atos de nomeação e exoneração de titular e substituto dos cargos em comissão do Grupo Direção e Assessoramento Superior, códigos DAS 101 e 102, níveis 1, 2 e 3, e designação e dispensa de titular e substituto das Funções Comissionadas do Poder Executivo – FCPE de mesmo nível e Funções Gratificadas – FG, exceto para Presidente, Presidente Substituto e Vice-Presidente de Seção, de Câmara e de

Turma de Julgamento. (Incluído(a) pelo(a) Portaria MF 153, de 17 de abril de 2018)

§ 1º O Presidente do CARF, no exercício das atividades de gestão administrativa, patrimonial, financeira e de pessoal, em suas faltas e afastamentos, bem como em caso de vacância, será substituído pelo Coordenador-Geral de Gestão do Julgamento, designado na forma prevista no art. 38 da Lei 8.112, de 1990. (Redação dada pelo(a) Portaria MF 153, de 17 de abril de 2018)

§ 2º O Presidente do CARF, no âmbito de suas atribuições, poderá editar atos administrativos, regulamentares e normativos relativos às áreas de gestão e de julgamento, necessários à aplicação do Regimento Interno. (Redação dada pelo(a) Portaria MF 153, de 17 de abril de 2018)

Art. 4º A Presidência do CARF será assistida pela Assistência Técnica e Juródica – Astej, dentre outras, nas seguintes atividades: (Redação dada pelo(a) Portaria MF 153, de 17 de abril de 2018)

I – análise e encaminhamento de questões que envolvam aspectos jurídicos e tributários;

II – assessoria de estudos técnicos, jurídicos e legislativos; (Redação dada pelo(a) Portaria MF 153, de 17 de abril de 2018)

III – exame e elaboração de proposição de atos legais, regulamentares e administrativos, bem como no preparo e despacho de expediente;

IV – prestação de informação em mandado de segurança e outras ações judiciais; (Redação dada pelo(a) Portaria MF 153, de 17 de abril de 2018)

V – controle e acompanhamento dos mandados de segurança e demais ações judiciais e comunicação da tramitação nos respectivos processos administrativos fiscais; (Redação dada pelo(a) Portaria MF 153, de 17 de abril de 2018)

VI – sistematização e disseminação da legislação e da jurisprudência judicial e administrativa. (Redação dada pelo(a) Portaria MF 153, de 17 de abril de 2018)

VII – análise de arguição de nulidade de decisão do CARF e preparo, quando for o caso, da representação de nulidade; (Incluído(a) pelo(a) Portaria MF 153, de 17 de abril de 2018)

VIII – acompanhamento das proposições legislativas de interesse do CARF em articulação com as assessorias legislativas dos órgãos do Ministério da Fazenda; (Incluído(a) pelo(a) Portaria MF 153, de 17 de abril de 2018)

IX – proposição e avaliação das propostas de convênios com outros órgãos e entidades e controle da execução; (Incluído(a) pelo(a) Portaria MF 153, de 17 de abril de 2018)

X – sistematização do regimento interno e proposição de seu aperfeiçoamento; e (Incluído(a) pelo(a) Portaria MF 153, de 17 de abril de 2018)

XI – divulgação dos atos legais e normativos inerentes à legislação tributária e processual. (Incluído(a) pelo(a) Portaria MF 153, de 17 de abril de 2018)

Art. 5º À Equipe Técnica e Jurídica – ETJ incumbe executar as atividades inerentes à ASTEJ. (Redação dada pelo(a) Portaria MF 153, de 17 de abril de 2018)

Art. 6º À Divisão de Controle Interno e Risco – Diris compete: (Redação dada pelo(a) Portaria MF 153, de 17 de abril de 2018)

I – desenvolver e implementar atividades de controle interno; (Redação dada pelo(a) Portaria MF 153, de 17 de abril de 2018)

II – acompanhar e executar as atividades relacionadas com o cumprimento das determinações, recomendações e solicitações emitidas pelos órgãos de controle, bem como preparar as respectivas respostas; (Redação dada pelo(a) Portaria MF 153, de 17 de abril de 2018)

III – coordenar os trabalhos de elaboração do Processo de Tomada de Contas Anual do CARF; (Redação dada pelo(a) Portaria MF 153, de 17 de abril de 2018)

IV – mapear, analisar e avaliar vulnerabilidades inerentes à missão e aos processos organizacionais e sistemas quanto à conformidade, exatidão, adequação e segurança para identificação de riscos; (Redação dada pelo(a) Portaria MF 153, de 17 de abril de 2018)

V – elaborar e propor políticas de gestão de riscos; (Incluído(a) pelo(a) Portaria MF 153, de 17 de abril de 2018)

VI – definir modelos e metodologias de risco; (Incluído(a) pelo(a) Portaria MF 153, de 17 de abril de 2018)

VII – implementar, disseminar e dar suporte na operacionalização da metodologia de gerenciamento de riscos dos processos organizacionais de forma integrada à gestão da qualidade; (Incluído(a) pelo(a) Portaria MF 153, de 17 de abril de 2018)

VIII – coordenar e apoiar a execução da política de gerenciamento de riscos; e (Incluído(a) pelo(a) Portaria MF 153, de 17 de abril de 2018)

IX – representar o órgão em fóruns, comitês, grupos de trabalho e eventos relacionados a assuntos de controle interno e riscos corporativos. (Incluído(a) pelo(a) Portaria MF 153, de 17 de abril de 2018)

Art. 7º À Equipe de Controle Interno e Risco – ECR compete executar as atividades de competência da Diris. (Redação dada pelo(a) Portaria MF 153, de 17 de abril de 2018)

Art. 8º À Divisão de Planejamento e Comunicação – Dipla compete: (Redação dada pelo(a) Portaria MF 153, de 17 de abril de 2018)

I – coordenar e executar as atividades de planejamento, avaliação, modernização e desenvolvimento organizacional e de comunicação; (Redação dada pelo(a) Portaria MF 153, de 17 de abril de 2018)

II – coordenar e dar suporte à gestão de projetos, processos organizacionais, melhoria contínua e inovação; (Redação dada pelo(a) Portaria MF 153, de 17 de abril de 2018)

III – oordenar e executar as atividades inerentes ao sistema de gestão da qualidade; (Redação dada pelo(a) Portaria MF 153, de 17 de abril de 2018)

IV – coordenar a articulação com as assessorias de comunicação social dos órgãos do Ministério da Fazenda; e (Redação dada pelo(a) Portaria MF 153, de 17 de abril de 2018)

V – coordenar e executar as atividades de comunicação visual e de gestão de conteúdo da Intranet e do sítio do CARF. (Redação dada pelo(a) Portaria MF 153, de 17 de abril de 2018)

Art. 9º À Seção de Gestão da Qualidade e Inovação – Sages compete: (Redação dada pelo(a) Portaria MF 153, de 17 de abril de 2018)

I – gerir o sistema de gestão da qualidade; (Redação dada pelo(a) Portaria MF 153, de 17 de abril de 2018)

II – coordenar a realização de auditoria da qualidade e de certificação da qualidade; (Redação dada pelo(a) Portaria MF 153, de 17 de abril de 2018)

III – coordenar a avaliação dos indicadores estratégicos e dos inerentes aos processos de trabalho; (Redação dada pelo(a) Portaria MF 153, de 17 de abril de 2018)

IV – registrar, acompanhar e monitorar as não conformidades e as ações corretivas e preventivas; (Redação dada pelo(a) Portaria MF 153, de 17 de abril de 2018)

V – apoiar os gestores na melhoria contínua dos processos organizacionais e inovação; (Redação dada pelo(a) Portaria MF 153, de 17 de abril de 2018)

VI – promover e difundir a cultura da qualidade na organização; e (Incluído(a) pelo(a) Portaria MF 39, de 12 de fevereiro de 2016)

VII – secretariar o Comitê de Gestão da Qualidade. (Incluído(a) pelo(a) Portaria MF 153, de 17 de abril de 2018)

Art. 10. Seção de Comunicação – Sacom compete: (Redação dada pelo(a) Portaria MF 153, de 17 de abril de 2018)

I – promover a divulgação das ações inerentes ao planejamento estratégico, à gestão da qualidade e das demais atividades institucionais; (Redação dada pelo(a) Portaria MF 153, de 17 de abril de 2018)

II – promover a articulação com as assessorias de comunicação social dos órgãos do Ministério da Fazenda; (Redação dada pelo(a) Portaria MF 153, de 17 de abril de 2018)

III – executar as atividades de identidade institucional e comunicação visual; e (Redação dada pelo(a) Portaria MF 153, de 17 de abril de 2018)

IV – supervisionar a gestão de conteúdo da intranet e do sítio do CARF. (Redação dada pelo(a) Portaria MF 153, de 17 de abril de 2018)

Art. 11. À Divisão de Suporte ao Processo Eletrônico e Estatística – Dispe compete coordenar, avaliar e realizar a prospecção e levantamento de dados estatísticos inerentes às atividades dos processos organizacionais, dar suporte ao processo eletrônico e representar a instituição no comitê de gestão do eProcesso. (Redação dada pelo(a) Portaria MF 153, de 17 de abril de 2018)

Art. 12. À Equipe de Estatística e Análise de Dados – EAD compete a prospecção e o levantamento de dados internos e externos para gerar informações e avaliar as atividades inerentes aos processos organizacionais e, ainda: (Redação dada pelo(a) Portaria MF 153, de 17 de abril de 2018)

I – propor, desenvolver e analisar informações e dados estatísticos inerentes às atividades dos processos organizacionais; (Redação dada pelo(a) Portaria MF 153, de 17 de abril de 2018)

II – avaliar a proposição e mensurar indicadores das atividades dos processos organizacionais; (Redação dada pelo(a) Portaria MF 153, de 17 de abril de 2018)

III – propor, desenvolver e avaliar instrumentos de estatística e análise de dados; e (Redação dada pelo(a) Portaria MF 153, de 17 de abril de 2018)

IV – promover o adequado armazenamento de informação estatística histórica. (Redação dada pelo(a) Portaria MF 153, de 17 de abril de 2018)

Art. 13. À Equipe de Suporte ao Processo Eletrônico – ESE compete orientar os usuários internos e externos sobre a utilização do eProcesso e, ainda: (Redação dada pelo(a) Portaria MF 153, de 17 de abril de 2018)

I – estabelecer a estrutura das equipes e atividades; (Redação dada pelo(a) Portaria MF 153, de 17 de abril de 2018)

II – definir usuários e perfil de acesso; (Redação dada pelo(a) Portaria MF 153, de 17 de abril de 2018)

III – propor melhorias do sistema e divulgar as funcionalidades implementadas; e (Redação dada pelo(a) Portaria MF 153, de 17 de abril de 2018)

V – capacitar os usuários do sistema. (Redação dada pelo(a) Portaria MF 153, de 17 de abril de 2018)

Seção II
Da Coordenação de Suporte ao Julgamento (Incluído(a) pelo(a) Portaria MF 153, de 17 de abril de 2018)

Art. 14. À Coordenação de Suporte ao Julgamento – Cosup compete coordenar e avaliar as atividades de preparo, de apoio e de pós-julgamento das turmas de julgamento, a serem executadas pelas unidades internas. (Redação dada pelo(a) Portaria MF 153, de 17 de abril de 2018)

Art. 15. Ao Serviço de Preparo do Julgamento – Sepaj compete: (Redação dada pelo(a) Portaria MF 153, de 17 de abril de 2018)

I – adotar providências relativas aos processos para correta inclusão em pauta; (Redação dada pelo(a) Portaria MF 153, de 17 de abril de 2018)

II – elaborar a pauta de julgamento e providenciar a publicação; (Redação dada pelo(a) Portaria MF 153, de 17 de abril de 2018)

III – controlar e implementar os pedidos de retirada de pauta deferidos pelo Presidente de Turma; (Incluído(a) pelo(a) Portaria MF 153, de 17 de abril de 2018)

IV – efetuar a divulgação dos processos retirados de pauta; e (Incluído(a) pelo(a) Portaria MF 153, de 17 de abril de 2018)

V – controlar os processos retirados de pauta passíveis de inclusão na sessão de julgamento seguinte. (Incluído(a) pelo(a) Portaria MF 153, de 17 de abril de 2018)

Art. 16. À Equipe de Preparo do Julgamento – EPJ compete executar as atividades de competência do Sepaj. (Redação dada pelo(a) Portaria MF 153, de 17 de abril de 2018)

Art. 17. À Divisão de Apoio ao Julgamento – Diaju compete: (Redação dada pelo(a) Portaria MF 153, de 17 de abril de 2018)

I – preparar, organizar e secretariar as sessões de julgamento; (Incluído(a) pelo(a) Portaria MF 153, de 17 de abril de 2018)

II – preparar os plenários para a realização das sessões de julgamento; (Incluído(a) pelo(a) Portaria MF 153, de 17 de abril de 2018)

III – registrar, controlar e comunicar a frequência de conselheiros, bem como a efetiva participação; (Incluído(a) pelo(a) Portaria MF 153, de 17 de abril de 2018)

IV – realizar, em sessão de julgamento, sorteio de processos aos conselheiros; (Incluído(a) pelo(a) Portaria MF 153, de 17 de abril de 2018)

V – elaborar a minuta de ata das sessões e submeter à aprovação do Presidente e membros da turma de julgamento; (Incluído(a) pelo(a) Portaria MF 153, de 17 de abril de 2018)

VI – providenciar a publicação da ata das sessões de julgamento aprovadas pelo Presidente de Turma; e (Incluído(a) pelo(a) Portaria MF 153, de 17 de abril de 2018)

VII – controlar e comunicar ao Presidente de Turma as solicitações de sustentação oral. (Incluído(a) pelo(a) Portaria MF 153, de 17 de abril de 2018)

Art. 18. Às Equipes de Suporte ao Julgamento – ESJ competem executar as atividades da Diaju. (Redação dada pelo(a) Portaria MF 153, de 17 de abril de 2018)

Art. 19. Ao Serviço de Pós Julgamento – Sepoj compete: (Redação dada pelo(a) Portaria MF 153, de 17 de abril de 2018)

I – movimentar os processos julgados para a atividade de formalização; (Redação dada pelo(a) Portaria MF 153, de 17 de abril de 2018)

II – conferir a adequação das decisões, inclusive da ementa, com a ata da sessão de julgamento, e submeter à assinatura do Presidente de Turma; (Redação dada pelo(a) Portaria MF 153, de 17 de abril de 2018)

III – controlar a formalização das decisões; (Redação dada pelo(a) Portaria MF 153, de 17 de abril de 2018)

IV – formalizar as decisões dos processos julgados na sistemática de recursos repetitivos, com base na decisão proferida no recurso paradigma; (Redação dada pelo(a) Portaria MF 153, de 17 de abril de 2018)

V – efetuar a conferência final e a expedição dos processos; e (Redação dada pelo(a) Portaria MF 153, de 17 de abril de 2018)

VI – verificar a efetiva publicação das decisões e dos ementários no sítio do CARF. (Incluído(a) pelo(a) Portaria MF 153, de 17 de abril de 2018)

Art. 20. À Equipe de Pós-Julgamento – EPS compete executar as atividades de competência do SEPOJ. (Redação dada pelo(a) Portaria MF 53, de 17 de abril de 2018)

Seção III

Da Coordenação de Gestão do Acervo de Processos (Incluído(a) pelo(a) Portaria MF 153, de 17 de abril de 2018)

Art. 21. À Coordenação de Gestão do Acervo de Processos – Cegap compete: (Redação dada pelo(a) Portaria MF 153, de 17 de abril de 2018)

I – coordenar e avaliar as atividades de recepção, triagem e classificação de processos administrativos fiscais; (Incluído(a) pelo(a) Portaria MF 153, de 17 de abril de 2018)

II – gerenciar a guarda das matrizes dos processos administrativos fiscais digitalizados; (Incluído(a) pelo(a) Portaria MF 153, de 17 de abril de 2018)

III – coordenar a atividade de preparação de lotes de processos administrativos fiscais para sorteio para as turmas de julgamento; (Incluído(a) pelo(a) Portaria MF 153, de 17 de abril de 2018)

IV – coordenar o sorteio e movimentação dos processos administrativos fiscais para as turmas de julgamento; (Incluído(a) pelo(a) Portaria MF 153, de 17 de abril de 2018)

V – avaliar e adotar providências relativas às solicitações de juntada de documentos aos processos administrativos fiscais; e (Incluído(a) pelo(a) Portaria MF 153, de 17 de abril de 2018)

VI – consolidar e avaliar relatórios gerenciais das atividades da coordenação. (Incluído(a) pelo(a) Portaria MF 153, de 17 de abril de 2018)

Art. 22. À Divisão de Sorteio e Distribuição – Disor compete: (Redação dada pelo(a) Portaria MF 153, de 17 de abril de 2018)

I – triar e classificar os processos administrativos fiscais por competência regimental e matéria, bem assim identificar os processos conexos, prioritários, mandatórios e requisitórios; (Incluído(a) pelo(a) Portaria MF 153, de 17 de abril de 2018)

II – preparar lotes temáticos, de recursos repetitivos, de processos conexos e demais para sorteio; (Incluído(a) pelo(a) Portaria MF 153, de 17 de abril de 2018)

III – sortear, distribuir e movimentar os processos administrativos fiscais para as turmas de julgamento, observadas as competências, prioridades, matérias, alegações e as horas estimadas para julgamento, com base no planejamento proposto pela Dipaj; (Incluído(a) pelo(a) Portaria MF 153, de 17 de abril de 2018)

IV – adotar providências relativas à solicitação de juntada de documentos inerentes aos processos administrativos fiscais constantes do acervo sob sua responsabilidade; e (Incluído(a) pelo(a) Portaria MF 153, de 17 de abril de 2018)

V – preparar e avaliar relatórios gerenciais das atividades da divisão. (Incluído(a) pelo(a) Portaria MF 153, de 17 de abril de 2018)

Art. 23. Ao Serviço de Recepção e Triagem – Seret compete: (Redação dada pelo(a) Portaria MF 153, de 17 de abril de 2018)

I – recepcionar, conferir, triar e classificar os processos administrativos fiscais; (Redação dada pelo(a) Portaria MF 153, de 17 de abril de 2018)

II – movimentar os processos administrativos fiscais retornados para as áreas pertinentes; (Redação dada pelo(a) Portaria MF 153, de 17 de abril de 2018)

III – manter a guarda e gerir as matrizes dos processos administrativos fiscais digitalizados; (Redação dada pelo(a) Portaria MF 153, de 17 de abril de 2018)

IV – adotar providências relativas à solicitação de juntada de documentos inerentes aos processos administrativos fiscais sob sua responsabilidade; e (Redação dada pelo(a) Portaria MF 153, de 17 de abril de 2018)

V – preparar e avaliar relatórios gerenciais das atividades do serviço. (Redação dada pelo(a) Portaria MF 153, de 17 de abril de 2018)

Art. 24. Às Equipes de Gestão do Acervo de Processos – EGA competem executar as atividades inerentes às unidades da Cegap. (Redação dada pelo(a) Portaria MF 153, de 17 de abril de 2018)

Seção IV
Da Coordenação de Gestão Corporativa (Redação dada pelo(a) Portaria MF 153, de 17 de abril de 2018)

Art. 25. À Coordenação de Gestão Corporativa – Cogec compete: (Redação dada pelo(a) Portaria MF 153, de 17 de abril de 2018)

I – planejar, coordenar, orientar e avaliar as atividades de orçamento, logística, gestão de pessoas, documentação e tecnologia e segurança da informação; (Incluído(a) pelo(a) Portaria MF 153, de 17 de abril de 2018)

II – propor, acompanhar e avaliar o desenvolvimento de sistemas informatizados, promovendo a integração com os de outros órgãos e usuários; (Incluído(a) pelo(a) Portaria MF 153, de 17 de abril de 2018)

III – coordenar a atividade de atendimento ao público; (Incluído(a) pelo(a) Portaria MF 153, de 17 de abril de 2018)

IV – articular-se com outros órgãos relativamente aos assuntos de sua competência; (Incluído(a) pelo(a) Portaria MF 153, de 17 de abril de 2018)

V – planejar as ações e elaborar o orçamento anual do CARF; (Incluído(a) pelo(a) Portaria MF 153, de 17 de abril de 2018)

VI – coordenar as atividades inerentes à gestão do quadro de conselheiros e dar suporte ao Comitê de Acompanhamento, Avaliação e Seleção de Conselheiros – CSC; e (Incluído(a) pelo(a) Portaria MF 153, de 17 de abril de 2018)

VII – coordenar e executar as atividades de relações institucionais, cerimonial e de promoção de eventos de interesse do órgão. (Incluído(a) pelo(a) Portaria MF 153, de 17 de abril de 2018)

Art. 26. Ao Serviço de Documentação e Informação – Sedoc compete: (Redação dada pelo(a) Portaria MF 153, de 17 de abril de 2018)

I – organizar, manter e controlar a documentação técnica, regimental e legislativa, a coleção das decisões, atas, ementários em meio digital e o acervo bibliográfico do CARF; (Redação dada pelo(a) Portaria MF 153, de 17 de abril de 2018)

II – gerenciar as atividades relativas ao acervo histórico e à preservação de documentos e objetos de interesse do CARF; (Redação dada pelo(a) Portaria MF 153, de 17 de abril de 2018)

III – coordenar as atividades de atendimento ao público, Ouvidoria e Fale Conosco no CARF; e (Redação dada pelo(a) Portaria MF 153, de 17 de abril de 2018)

IV – recepcionar, expedir, protocolar e distribuir documentos, correspondências, processos e demais expedientes administrativos em meio físico ou digital. (Redação dada pelo(a) Portaria MF 153, de 17 de abril de 2018)

Art. 27. À Equipe de Atendimento ao Cidadão – CAP compete: (Redação dada pelo(a) Portaria MF 153, de 17 de abril de 2018)

I – realizar atendimento ao público em relação às atividades e processos em tramitação no CARF; e (Redação dada pelo(a) Portaria MF 153, de 17 de abril de 2018)

II – recepcionar, protocolar, digitalizar, movimentar e distribuir documentos, correspondências, processos e demais expedientes administrativos, recepcionados em meio físico ou digital. (Redação dada pelo(a) Portaria MF 153, de 17 de abril de 2018)

Art. 28. Ao Serviço de Gestão de Pessoas – Segep compete: (Redação dada pelo(a) Portaria MF 153, de 17 de abril de 2018)

I – planejar e gerenciar os processos de gestão de pessoas, o desenvolvimento de competências, avaliação de desempenho, reconhecimento e valorização dos servidores, relações de trabalho, saúde e qualidade laboral; (Redação dada pelo(a) Portaria MF 153, de 17 de abril de 2018)

II – instruir, analisar e acompanhar processos administrativos relativos à aplicação da legislação de pessoal, bem como elaborar atos, orientações normativas e informações referentes a ações judiciais afetas à área de gestão de pessoas; (Redação dada pelo(a) Portaria MF 153, de 17 de abril de 2018)

III – gerenciar as atividades relacionadas ao exercício de cargos efetivos e em comissão, de servidores ativos, requisitados e cedidos; (Redação dada pelo(a) Portaria MF 153, de 17 de abril de 2018)

IV – subsidiar as atividades referentes à elaboração da folha de pagamento, à concessão de vantagens, indenizações, gratificações, adicionais de servidores e remuneração de conselheiros em exercício ou atuação no órgão; (Redação dada pelo(a) Portaria MF 153, de 17 de abril de 2018)

V – efetuar o levantamento de necessidades, a programação, a execução, o acompanhamento e a avaliação da programação de eventos de capacitação; (Redação dada pelo(a) Portaria MF 153, de 17 de abril de 2018)

VI – desenvolver as atividades de gestão e controle do quadro de conselheiros, inclusive vencimento de mandato, vacância e recomposição, em articulação com as representações, e a elaboração dos atos inerentes à designação, perda e expiração de mandato; e (Redação dada pelo(a) Portaria MF 153, de 17 de abril de 2018)

VII – atuar no suporte ao Comitê de Acompanhamento, Avaliação e Seleção de Conselheiros – CSC. (Redação dada pelo(a) Portaria MF 153, de 17 de abril de 2018)

Art. 29. À Equipe de Desenvolvimento de Competências Institucionais – EDC compete gerenciar práticas de gestão de pessoas com foco no desenvolvimento dos servidores e demais colaboradores, e especificamente, gerenciar as atividades relativas: (Incluído(a) pelo(a) Portaria MF 153, de 17 de abril de 2018)

I – à capacitação e desenvolvimento dos servidores e demais colaboradores; (Incluído(a) pelo(a) Portaria MF 153, de 17 de abril de 2018)

II – à gestão de competências e de desempenho; e (Incluído(a) pelo(a) Portaria MF 153, de 17 de abril de 2018)

III – ao reconhecimento, valorização, saúde e qualidade de vida no trabalho. (Incluído(a) pelo(a) Portaria MF 153, de 17 de abril de 2018)

Art. 30. À Equipe de Gestão do Quadro de Conselheiros – EGC compete executar as atividades inerentes à gestão do quadro de conselheiros e suporte ao CSC. (Incluído(a) pelo(a) Portaria MF 153, de 17 de abril de 2018)

Art. 31. Ao Serviço de Logística – Selog compete: (Incluído(a) pelo(a) Portaria MF 153, de 17 de abril de 2018)

I – executar, controlar e avaliar as atividades relacionadas com programação orçamentária e financeira, recursos materiais e patrimoniais, licitações, transportes, segurança e serviços gerais e auxiliares; (Incluído(a) pelo(a) Portaria MF 153, de 17 de abril de 2018)

II – coordenar as atividades relacionadas com a administração e programação de aquisição de material de consumo e permanente; (Incluído(a) pelo(a) Portaria MF 153, de 17 de abril de 2018)

III – controlar os bens permanentes e proceder a inventário periódico; (Incluído(a) pelo(a) Portaria MF 153, de 17 de abril de 2018)

IV – coordenar as atividades relacionadas a projetos, obras e serviços de engenharia; e (Incluído(a) pelo(a) Portaria MF 153, de 17 de abril de 2018)

V – executar as atividades de relações institucionais, cerimonial e de promoção de eventos de interesse do CARF. (Incluído(a) pelo(a) Portaria MF 153, de 17 de abril de 2018)

Art. 32. À Equipe de Gestão de Diárias e Passagens – EDP compete gerir e executar as atividades relativas à concessão de diárias e emissão de passagens. (Incluído(a) pelo(a) Portaria MF 153, de 17 de abril de 2018)

Art. 33. Ao Serviço de Tecnologia da Informação – Seinf compete: (Incluído(a) pelo(a) Portaria MF 153, de 17 de abril de 2018)

I – coordenar as atividades de planejamento, modernização e gestão da tecnologia e segurança da informação; (Incluído(a) pelo(a) Portaria MF 153, de 17 de abril de 2018)

II – estabelecer as políticas, procedimentos, normas e padrões para o ambiente informatizado do CARF; (Incluído(a) pelo(a) Portaria MF 153, de 17 de abril de 2018)

III – gerenciar a infraestrutura necessária para garantir a qualidade dos serviços de tecnologia da informação do CARF; (Incluído(a) pelo(a) Portaria MF 153, de 17 de abril de 2018)

IV – identificar necessidades e propor a aquisição de equipamentos do parque de informática e ativos de rede de maneira a renovar e garantir o funcionamento adequado; (Incluído(a) pelo(a) Portaria MF 153, de 17 de abril de 2018)

V – acompanhar a celebração e execução de contratos relativos às aquisições de equipamentos e serviços de tecnologia da informação; e (Incluído(a) pelo(a) Portaria MF 153, de 17 de abril de 2018)

VI – desenvolver ou demandar o desenvolvimento de sistemas e aplicativos para melhoria das atividades e dos processos de trabalho. (Incluído(a) pelo(a) Portaria MF 153, de 17 de abril de 2018)

Art. 34. À Equipe de Tecnologia da Informação – ETI compete executar as atividades de competência do Seinf. (Incluído(a) pelo(a) Portaria MF 153, de 17 de abril de 2018)

Seção V

Da Coordenação-Geral de Gestão do Julgamento (Incluído(a) pelo(a) Portaria MF 153, de 17 de abril de 2018)

Art. 35. À Coordenação-Geral de Gestão do Julgamento – Cojul compete: (Incluído(a) pelo(a) Portaria MF 153, de 17 de abril de 2018)

I – coordenar e avaliar a análise de recursos e a divulgação da jurisprudência do CARF; (Incluído(a) pelo(a) Portaria MF 153, de 17 de abril de 2018)

II – coordenar as atividades de triagem, movimentação e acompanhamento de processos que retornam às turmas de julgamento; e (Incluído(a) pelo(a) Portaria MF 153, de 17 de abril de 2018)

III – determinar as diretrizes e coordenar as atividades relativas à análise da capacidade de julgamento, planejamento de sorteio e controle gerencial de prazos regimentais. (Incluído(a) pelo(a) Portaria MF 153, de 17 de abril de 2018)

Art. 36. À Divisão de Análise de Recursos e Uniformização de Jurisprudência – Direj compete: (Incluído(a) pelo(a) Portaria MF 153, de 17 de abril de 2018)

I – promover a uniformização de procedimentos relativos à análise de recursos; (Incluído(a) pelo(a) Portaria MF 153, de 17 de abril de 2018)

II – triar e distribuir os agravos para análise; (Incluído(a) pelo(a) Portaria MF 153, de 17 de abril de 2018)

III – elaborar relatórios gerenciais relativos aos recursos apresentados; (Incluído(a) pelo(a) Portaria MF 153, de 17 de abril de 2018)

IV – identificar, sistematizar e divulgar a jurisprudência e os precedentes dos julgados do órgão; (Incluído(a) pelo(a) Portaria MF 153, de 17 de abril de 2018)

V – analisar as propostas de súmula e resolução de uniformização de teses divergentes a serem submetidas ao Pleno da CSRF; (Incluído(a) pelo(a) Portaria MF 153, de 17 de abril de 2018)

VI – coordenar as atividades de proposição de súmulas vinculantes e sua revisão; e (Incluído(a) pelo(a) Portaria MF 153, de 17 de abril de 2018)

VII – sistematizar e divulgar as súmulas, resoluções de uniformização e precedentes do órgão, bem como as súmulas e decisões vinculantes dos Tribunais Superiores. (Incluído(a) pelo(a) Portaria MF 153, de 17 de abril de 2018)

Art. 37. À Equipe de Análise de Recursos e Uniformização – EAR compete executar as atividades de competência da Direj. (Incluído(a) pelo(a) Portaria MF 153, de 17 de abril de 2018)

Art. 38. À Divisão de Análise de Retorno e Distribuição de Processos – Dipro compete: (Incluído(a) pelo(a) Portaria MF 153, de 17 de abril de 2018)

I – triar e distribuir os processos que retornam às turmas de julgamento do CARF; (Incluído(a) pelo(a) Portaria MF 153, de 17 de abril de 2018)

II – gerenciar e adotar providências relativas aos processos nas atividades das equipes; (Incluído(a) pelo(a) Portaria MF 153, de 17 de abril de 2018)

III – informar à Diaju os lotes disponíveis para sorteio, por turma de julgamento, bem como a quantidade de lotes que cada conselheiro deve receber, conforme identificado pela Dipaj; (Incluído(a) pelo(a) Portaria MF 153, de 17 de abril de 2018)

IV – realizar a conferência, movimentação e expedição dos processos objeto de despachos; e (Incluído(a) pelo(a) Portaria MF 153, de 17 de abril de 2018)

V – preparar e avaliar relatórios gerenciais sobre as atividades da divisão. (Incluído(a) pelo(a) Portaria MF 153, de 17 de abril de 2018)

Art. 39. À Equipe de Análise de Retorno e Distribuição – ERD compete executar as atividades de competência da Dipro. (Incluído(a) pelo(a) Portaria MF 153, de 17 de abril de 2018)

Art. 40. À Divisão de Planejamento e Acompanhamento do Julgamento – Dipaj compete efetuar o planejamento do sorteio de processos com base nas horas líquidas disponíveis para julgamento e, ainda: (Incluído(a) pelo(a) Portaria MF 153, de 17 de abril de 2018)

I – solicitar à Cegap o sorteio de processos, observada a capacidade de julgamento das turmas, bem como o acervo pendente de sorteio no âmbito das turmas de julgamento; (Incluído(a) pelo(a) Portaria MF 153, de 17 de abril de 2018)

II – acompanhar os sorteios e movimentações de processos ou lotes de processos para as turmas de julgamento; (Incluído(a) pelo(a) Portaria MF 153, de 17 de abril de 2018)

III – avaliar a carga de trabalho dos conselheiros com vistas à realização de sorteios complementares para compatibilizar com as horas disponíveis para julgamento; (Incluído(a) pelo(a) Portaria MF 153, de 17 de abril de 2018)

IV – preparar relatórios gerenciais da atividade de julgamento e controlar os prazos regimentais; (Incluído(a) pelo(a) Portaria MF 153, de 17 de abril de 2018)

V – propor a adoção de medidas regimentais em relação ao descumprimento dos prazos e demais regras do regimento interno; e (Incluído(a) pelo(a) Portaria MF 153, de 17 de abril de 2018)

VI – propor e gerenciar a implantação de sistemas visando maior celeridade e eficiência do julgamento. (Incluído(a) pelo(a) Portaria MF 153, de 17 de abril de 2018)

Art. 41. À Equipe de Planejamento e Acompanhamento do Julgamento – EAJ compete executar as atividades de competência da Dipaj. (Incluído(a) pelo(a) Portaria MF 153, de 17 de abril de 2018)

Seção VI
Das Seções (Incluído(a) pelo(a) Portaria MF 153, de 17 de abril de 2018)

Art. 42. Os Presidentes das Seções de Julgamento serão nomeados dentre os Presidentes das Câmaras a elas vinculadas. (Incluído(a) pelo(a) Portaria MF 153, de 17 de abril de 2018)

Parágrafo único. O substituto do Presidente de Seção será designado dentre os demais Presidentes de Câmara. (Incluído(a) pelo(a) Portaria MF 153, de 17 de abril de 2018)

Art. 43. São atribuições do Presidente de Seção, além das previstas no Anexo II deste Regimento Interno: (Incluído(a) pelo(a) Portaria MF 153, de 17 de abril de 2018)

I – presidir uma das Câmaras; (Incluído(a) pelo(a) Portaria MF 153, de 17 de abril de 2018)

II – participar do planejamento e da elaboração dos planos e programas anuais e plurianuais de trabalho; (Incluído(a) pelo(a) Portaria MF 153, de 17 de abril de 2018)

III – coordenar as atividades das câmaras, das turmas de julgamento e do quadro de conselheiros e de colaboradores da Seção; (Incluído(a) pelo(a) Portaria MF 153, de 17 de abril de 2018)

IV – praticar atos inerentes à presidência de Câmara vinculada à Seção na ausência do respectivo presidente; e (Incluído(a) pelo(a) Portaria MF 153, de 17 de abril de 2018)

V – gerir as atividades administrativas inerentes à Seção. (Incluído(a) pelo(a) Portaria MF 153, de 17 de abril de 2018)

Seção VII
Das Câmaras (Incluído(a) pelo(a) Portaria MF 153, de 17 de abril de 2018)

Art. 44. A presidência de Câmara será exercida por conselheiro representante da Fazenda Nacional. (Incluído(a) pelo(a) Portaria MF 153, de 17 de abril de 2018)

Parágrafo único. O substituto de Presidente de Câmara será escolhido dentre os demais conselheiros representantes da Fazenda Nacional com atuação em turma de julgamento vinculada à Câmara. (Incluído(a) pelo(a) Portaria MF 153, de 17 de abril de 2018)

Art. 45. São atribuições do Presidente de Câmara, além das previstas no Anexo II deste Regimento Interno: (Incluído(a) pelo(a) Portaria MF 153, de 17 de abril de 2018)

I – participar do planejamento e da elaboração dos planos e programas anuais e plurianuais de trabalho; (Incluído(a) pelo(a) Portaria MF 153, de 17 de abril de 2018)

II – praticar atos administrativos inerentes à presidência de turma vinculada à Câmara na ausência do respectivo presidente e de seu substituto; e (Incluído(a) pelo(a) Portaria MF 153, de 17 de abril de 2018)

III – praticar atos administrativos inerentes à Câmara. (Incluído(a) pelo(a) Portaria MF 153, de 17 de abril de 2018)

Art. 46. Aos Serviços de Assessoria Técnica de Câmara – Astec compete: (Incluído(a) pelo(a) Portaria MF 153, de 17 de abril de 2018)

I – assistir o Presidente de Câmara nas matérias técnicas pertinentes à Câmara; (Incluído(a) pelo(a) Portaria MF 153, de 17 de abril de 2018)

II – pesquisar legislação, doutrina e jurisprudência para subsidiar a elaboração de despachos e decisões; (Incluído(a) pelo(a) Portaria MF 153, de 17 de abril de 2018)

III – triar e distribuir recursos aos colaboradores e conselheiros para análise; (Incluído(a) pelo(a) Portaria MF 153, de 17 de abril de 2018)

IV – preparar despachos e minutas de decisões; (Incluído(a) pelo(a) Portaria MF 153, de 17 de abril de 2018)

V – elaborar relatórios gerenciais sobre as atividades da Câmara; e (Incluído(a) pelo(a) Portaria MF 153, de 17 de abril de 2018)

VI – elaborar minuta de informações em mandado de segurança e outras ações judiciais. (Incluído(a) pelo(a) Portaria MF 153, de 17 de abril de 2018)

ANEXO II
DA COMPETÊNCIA, ESTRUTURA E FUNCIONAMENTO DOS COLEGIADOS (REDAÇÃO DADA PELO(A) PORTARIA MF 329, DE 04 DE JUNHO DE 2017)

TÍTULO I
DOS ÓRGÃOS JULGADORES

CAPÍTULO I
DA COMPETÊNCIA PARA O JULGAMENTO DOS RECURSOS

Art. 1º Compete aos órgãos julgadores do Conselho Administrativo de Recursos Fiscais (CARF) o julgamento de recursos de ofício e voluntários de decisão de 1ª (primeira) instância, bem como os recursos de natureza especial, que versem sobre tributos administrados pela Secretaria da Receita Federal do Brasil (RFB).

§ 1º A competência de que trata o *caput* não se aplica a recurso contra ato proferido na fase de cumprimento dos seus acórdãos. (Redação dada pelo(a) Portaria MF 152, de 03 de maio de 2016)

§ 2º As Seções serão especializadas por matéria, na forma prevista nos arts. 2º a 4º da Seção I. (Incluído(a) pelo(a) Portaria MF 152, de 03 de maio de 2016)

Seção I
Das Seções de Julgamento

Art. 2º À 1ª (primeira) Seção cabe processar e julgar recursos de ofício e voluntário de decisão de 1ª (primeira) instância que versem sobre aplicação da legislação relativa a:

I – Imposto sobre a Renda da Pessoa Jurídica (IRPJ);

II – Contribuição Social sobre o Lucro Líquido (CSLL);

III – Imposto sobre a Renda Retido na Fonte (IRRF), quando se tratar de antecipação do IRPJ, ou se referir a litígio que verse sobre pagamento a beneficiário não identificado ou sem comprovação da operação ou da causa; (Redação dada pelo(a) Portaria MF 329, de 04 de junho de 2017)

IV – CSLL, IRRF, Contribuição para o PIS/Pasep ou Contribuição para o Financiamento da Seguridade Social (Cofins), Imposto sobre Produtos Industrializados (IPI), Contribuição Previdenciária sobre a Receita Bruta (CPRB), quando reflexos do IRPJ, formalizados com base nos mesmos elementos de prova; (Redação dada pelo(a) Portaria MF 152, de 03 de maio de 2016)

V – exclusão, inclusão e exigência de tributos decorrentes da aplicação da legislação referente ao Sistema Integrado de Pagamento de Impostos e Contribuições das Microempresas e das Empresas de Pequeno Porte (Simples) e ao tratamento diferenciado e favorecido a ser dispensado às microempresas e empresas de pequeno porte no âmbito dos Poderes da União, dos Estados, do Distrito Federal e dos Municípios, na apuração e recolhimento dos impostos e contribuições da União, dos Estados, do Distrito Federal e dos Municípios, mediante regime único de arrecadação (SimplesNacional);

VI – penalidades pelo descumprimento de obrigações acessórias pelas pessoas jurídicas, relativamente aos tributos de que trata este artigo; e

VII – tributos, empréstimos compulsórios, anistia e matéria correlata não incluídos na competência julgadora das demais Seções.

Art. 3º À 2ª (segunda) Seção cabe processar e julgar recursos de ofício e voluntário de decisão de 1ª (primeira) instância que versem sobre aplicação da legislação relativa a:

I – Imposto sobre a Renda da Pessoa Física (IRPF);

II – IRRF;

III – Imposto sobre a Propriedade Territorial Rural (ITR);

IV – Contribuições Previdenciárias, inclusive as instituídas a título de substituição e as devidas a terceiros, definidas no art. 3º da Lei 11.457, de 16 de março de 2007; e

V – penalidades pelo descumprimento de obrigações acessórias pelas pessoas físicas e jurídicas, relativamente aos tributos de que trata este artigo.

Art. 4º À 3ª (terceira) Seção cabe processar e julgar recursos de ofício e voluntário de decisão de 1ª (primeira) instância que versem sobre aplicação da legislação referente a:

I – Contribuição para o PIS/Pasep e Cofins, inclusive quando incidentes na importação de bens e serviços;

II – Contribuição para o Fundo de Investimento Social (FINSOCIAL);

III – Imposto sobre Produtos Industrializados (IPI);

IV – crédito presumido de IPI para ressarcimento da Contribuição para o PIS/Pasep e da Cofins;

V – Contribuição Provisória sobre Movimentação ou Transmissão de Valores e de Créditos e Direitos de Natureza Financeira (CPMF);

VI – Imposto Provisório sobre a Movimentação ou a Transmissão de Valores e de Créditos e Direitos de Natureza Financeira (IPMF);

VII – Imposto sobre Operações de Crédito, Câmbio e Seguro, ou relativas a Títulos ou Valores Mobiliários (IOF);

VIII – Contribuições de Intervenção no Domínio Econômico (CIDE);

IX – Imposto sobre a Importação (II);

X – Imposto sobre a Exportação (IE);

XI – contribuições, taxas e infrações cambiais e administrativas relacionadas com a importação e a exportação;

XII – classificação tarifária de mercadorias;

XIII – isenção, redução e suspensão de tributos incidentes na importação e na exportação;

XIV – vistoria aduaneira, dano ou avaria, falta ou extravio de mercadoria;

XV – omissão, incorreção, falta de manifesto ou documento equivalente, bem como falta de volume manifestado;

XVI – infração relativa à fatura comercial e a outros documentos exigidos na importação e na exportação;

XVII – trânsito aduaneiro e demais regimes aduaneiros especiais, e regimes aplicados em áreas especiais, salvo a hipótese prevista no inciso XVII do art. 105 do Decreto-Lei 37, de 18 de novembro de 1966;

XVIII – remessa postal internacional, salvo as hipóteses previstas nos incisos XV e XVI, do art. 105, do Decreto-Lei 37, de 1966;

XIX – valor aduaneiro;

XX – bagagem; e

XXI – penalidades pelo descumprimento de obrigações acessórias pelas pessoas físicas e jurídicas, relativamente aos tributos de que trata este artigo.

Parágrafo único. Cabe, ainda, à 3ª (terceira) Seção processar e julgar recursos de ofício e voluntário de decisão de 1ª (primeira) instância relativos aos lançamentos decorrentes do descumprimento de normas antidumping ou de medidas compensatórias.

Art. 5º O Presidente do CARF poderá, temporariamente, estender a especialização estabelecida nos arts. 2º a 4º para outra Seção de julgamento, visando à adequação do acervo e à celeridade de sua tramitação.

Parágrafo único. O disposto no *caput* aplica-se, exclusivamente, aos processos ainda não distribuídos às Câmaras.

Art. 6º Os processos vinculados poderão ser distribuídos e julgados observando-se a seguinte disciplina:

§ 1º Os processos podem ser vinculados por:

I – conexão, constatada entre processos que tratam de exigência de crédito tributário ou pedido do contribuinte fundamentados em fato idêntico, incluindo aqueles formalizados em face de diferentes sujeitos passivos;

II – decorrência, constatada a partir de processos formalizados em razão de procedimento fiscal anterior ou de atos do sujeito passivo acerca de direito creditório ou de benefício fiscal, ainda que veiculem outras matérias autônomas; e

III – reflexo, constatado entre processos formalizados em um mesmo procedimento fiscal, com base nos mesmos elementos de prova, mas referentes a tributos distintos.

§ 2º Observada a competência da Seção, os processos poderão ser distribuídos ao conselheiro que primeiro recebeu o processo conexo, ou o principal, salvo se para esses já houver sido prolatada decisão.

§ 3º A distribuição poderá ser requerida pelas partes ou pelo conselheiro que entender estar prevento, e a decisão será proferida por despacho do Presidente da Câmara ou da Seção de Julgamento, conforme a localização do processo.

§ 4º Nas hipóteses previstas nos incisos II e III do § 1º, se o processo principal não estiver localizado no CARF, o colegiado deverá converter o julgamento em diligência para a unidade preparadora, para determinar a vinculação dos autos ao processo principal.

§ 5º Se o processo principal e os decorrentes e os reflexos estiverem localizados em Seções diversas do CARF, o colegiado deverá converter o julgamento em diligência para determinar a vinculação dos autos e o sobrestamento do julgamento do processo na Câmara, de forma a aguardar a decisão de mesma instância relativa ao processo principal.

§ 6º Na hipótese prevista no § 4º, se não houver recurso a ser apreciado pelo CARF relativo ao processo principal, a unidade preparadora deverá devolver ao colegiado o processo convertido em diligência, juntamente com as informações constantes do processo principal necessárias para a continuidade do julgamento do processo sobrestado.

§ 7º No caso de conflito de competência entre Seções, caberá ao Presidente do CARF decidir, provocado por resolução ou despacho do Presidente da Turma que ensejou o conflito.

§ 8º Incluem-se na hipótese prevista no inciso III do § 1º os lançamentos de contribuições previdenciárias realizados em um mesmo procedimento fiscal, com incidências tributárias de diferentes espécies.

Art. 7º Inclui-se na competência das Seções o recurso voluntário interposto contra decisão de 1ª (primeira) instância, em processo administrativo de compensação, ressarcimento, restituição e reembolso, bem como de reconhecimento de isenção ou de imunidade tributária. (Redação dada pelo(a) Portaria MF 153, de 17 de abril de 2018)

§ 1º A competência para o julgamento de recurso em processo administrativo de compensação é definida pelo crédito alegado, inclusive quando houver lançamento de crédito tributário de matéria que se inclua na especialização de outra Câmara ou Seção.

§ 2º Os recursos interpostos em processos administrativos de cancelamento ou de suspensão de isenção ou de imunidade tributária, dos quais não tenha decorrido a lavratura de auto de infração, incluem-se na competência da 2ª (segunda) Seção.

Art. 8º Na hipótese prevista no § 1º do art. 7º, quando o crédito alegado envolver mais de um tributo com competência de diferentes Seções, a competência para julgamento será:

I – da 1ª (primeira) Seção de Julgamento, se envolver crédito alegado de competência dessa Seção e das demais; e

II – da 2ª (segunda) Seção de Julgamento, se envolver crédito alegado de competência dessa Seção e da 3ª (terceira) Seção.

Seção II
Da Câmara Superior de Recursos Fiscais

Art. 9º Cabe à Câmara Superior de Recursos Fiscais (CSRF), por suas turmas, julgar o recurso especial de que trata o art. 64, observada a seguinte especialização:

I – à 1ª (primeira) Turma, os recursos referentes às matérias previstas no art. 2º;

II – à 2ª (segunda) Turma, os recursos referentes às matérias previstas no art. 3º; e

III – à 3ª (terceira) Turma, os recursos referentes às matérias previstas no art. 4º.

Art. 10. Ao Pleno da CSRF compete a uniformização de decisões divergentes, em tese, das turmas da CSRF, por meio de resolução.

CAPÍTULO II
DA PRESIDÊNCIA, COMPOSIÇÃO E DESIGNAÇÃO

Seção I
Dos Presidentes

Art. 11. A presidência do CARF será exercida por conselheiro representante da Fazenda Nacional.

§ 1º A nomeação de Presidente do CARF implica sua designação como conselheiro de turma ordinária de Câmara da Seção, independentemente da existência de vaga.

§ 2º O mandato do presidente do CARF será deslocado para a CSRF.

§ 3º Na hipótese prevista no § 1º, será aplicada, no que couber, as regras previstas nos §§ 6º e 7º do art. 40.

§ 4º A vice-presidência do CARF será exercida por conselheiro representante dos Contribuintes, dentre os vice-presidentes de Seção, aplicando-se as disposições previstas nos §§ 1º, 2º e 3º, sendo o mandato deslocado para uma das turmas da CSRF, na condição de vice-presidente de Seção. (Redação dada pelo(a) Portaria MF 329, de 04 de junho de 2017)

Art. 12. A presidência das Seções e das Câmaras será exercida por conselheiro representante da Fazenda Nacional.

§ 1º O presidente de Seção acumula a presidência de uma das Câmaras da Seção.

§ 2º O vice-presidente da Seção será designado dentre os vice-presidentes das Câmaras que a compõem.

§ 3º O vice-presidente da Câmara será designado dentre os conselheiros representantes dos Contribuintes, preferencialmente entre aqueles com maior tempo de exercício de mandato no CARF.

Art. 13. A nomeação de presidente e de vice-presidente de Seção ou de Câmara implica designação como conselheiro de turma da CSRF da Seção correspondente. Parágrafo único. Na hipótese prevista no *caput*, será aplicada as regras previstas nos §§ 6º e 7º do art. 40.

Art. 14. Os presidentes e os vice-presidentes das Câmaras serão designados, respectivamente, dentre os conselheiros representantes da Fazenda Nacional e os representantes dos Contribuintes. (Fl. 5 do Anexo II da Portaria MF , de de de 2015.)

Parágrafo único. O presidente e o vice-presidente das turmas ordinárias serão designados, respectivamente, dentre os conselheiros representantes da Fazenda Nacional e dos Contribuintes que as compõem.

Art. 15. A presidência da CSRF, das respectivas turmas e do Pleno será exercida pelo Presidente do CARF.

§ 1º A vice-presidência da CSRF, das respectivas turmas e do Pleno serão exercidas pelo vice-presidente do CARF. (Redação dada pelo(a) Portaria MF 329, de 04 de junho de 2017)

§ 2º O vice-presidente do CARF somente participará das sessões de julgamento das turmas da CSRF em que estiver presente o Presidente da CSRF. (Incluído(a) pelo(a) Portaria MF 329, de 04 de junho de 2017)

§ 3º O disposto no § 2º não se aplica no caso da Turma da CSRF em que o Vice-Presidente do CARF exerça o mandato de conselheiro. (Incluído(a) pelo(a) Portaria MF 153, de 17 de abril de 2018)

Art. 16. No caso de ausência de Conselheiro, deverá ser observado:

I – se componente de Turma da CSRF, este poderá ser substituído por conselheiro titular da mesma representação e da Seção de julgamento vinculada à Turma da CSRF; e

II – se componente das demais Turmas do CARF, este poderá ser substituído pelo conselheiro suplente da mesma representação e Seção.

§ 1º Na hipótese prevista no inciso I do *caput*, a substituição deverá recair, preferencialmente, sobre presidente ou vice-presidente de turma da Seção, mediante convocação prévia de substituto, de acordo com a representação. (Redação dada pelo(a) Portaria MF 329, de 04 de junho de 2017)

§ 2º Na hipótese prevista no inciso II do *caput*, a substituição deverá recair sobre conselheiro suplente da Seção, mediante designação prévia do Presidente da Seção, observada a representação.

§ 3º O Presidente do CARF, na presidência de Turma da CSRF, será substituído pelo Presidente da Seção de Julgamento de mesma competência da Turma da CSRF e, na impossibilidade, por um dos demais Presidentes de Seção. (Redação dada pelo(a) Portaria MF 153, de 17 de abril de 2018)

§ 4º O Vice-Presidente do CARF, na vice-presidência de Turma da CSRF, será substituído por um dos Vice-Presidentes de Câmara da Seção de Julgamento vinculada à Turma da CSRF correspondente, aplicando-se a esse Vice-Presidente de Câmara a regra de substituição prevista no inciso I do *caput*. (Redação dada pelo(a) Portaria MF 153, de 17 de abril de 2018)

§ 5º O presidente de turma deverá fazer constar em ata de julgamento o não comparecimento de suplente ou mesmo conselheiro convocado para substituir titular nas hipóteses de que trata este artigo, bem como nos casos de que trata o art. 44.

§ 6º Aplica-se o disposto nos §§ 2º e 3º do art. 44 às substituições de que trata este artigo.

Seção II
Das Atribuições dos Presidentes

Subseção I
Das Atribuições Comuns aos Presidentes de Turmas Julgadoras

Art. 17. Aos presidentes de turmas julgadoras do CARF incumbe dirigir, supervisionar, coordenar e orientar as atividades do respectivo colegiado e ainda:

I – presidir as sessões de julgamento;

II – determinar a ordem de assento dos conselheiros nas sessões, bem como garantir o assento ao Procurador da Fazenda Nacional à sua direita;

III – designar redator ad hoc para formalizar decisões já proferidas, nas hipóteses em que o relator original esteja impossibilitado de fazê-lo ou não mais componha o colegiado;

IV – conceder, após a leitura do relatório e voto, vista dos autos em sessão, quando solicitada por conselheiro, podendo indeferir, motivadamente, aquela que considerar desnecessária;

V – mandar riscar dos autos expressões injuriosas;

VI – zelar pela legalidade do procedimento de julgamento;

VII – corrigir, de ofício ou por solicitação, erros de procedimento ou processamento;

VIII – dar posse ao conselheiro no respectivo mandato, em sessão de julgamento, registrando o fato em ata;

IX – promover os atos necessários ao redirecionamento de processos, quando houver movimentação indevida para o colegiado, ou necessidade de devolução, nos casos previstos neste Regimento; (Redação dada pelo(a) Portaria MF 153, de 17 de abril de 2018)

X – decidir sobre pedido de retirada de pauta, quando devidamente justificado, observados os prazos regimentais;

XI – representar ao Coordenador-Geral de Gestão do Julgamento nas hipóteses de descumprimento, pelos conselheiros das respectivas turmas, de prazos regimentais para relatar e formalizar acórdãos, resoluções e embargos; e (Redação dada pelo(a) Portaria MF 153, de 17 de abril de 2018)

XII – praticar os demais atos necessários ao exercício de suas atribuições e, concorrentemente, os previstos nos incisos VII, XI, XV e XVIII do *caput* do art. 18; e (Redação dada pelo(a) Portaria MF 329, de 04 de junho de 2017)

XIII – (Revogado(a) pelo(a) Portaria MF 153, de 17 de abril de 2018).

§ 1º Nas licenças, afastamentos e concessões dos presidentes das turmas julgadoras, estabelecidos na Lei 8.112, de

1990, bem como na hipótese de vacância, impedimento, suspeição e demais ausências, as atribuições previstas neste artigo serão exercidas por seu substituto, da mesma Turma Julgadora e representação, conforme definido em ato próprio.

§ 2º Por designação do Presidente de Câmara, incumbe aos Presidentes de Turmas ordinárias proceder ao preparo da minuta de exame de admissibilidade de recursos especiais.

Subseção II
Das Atribuições dos Presidentes de Câmara

Art. 18. Aos presidentes de Câmara incumbe, ainda:

I – determinar, de ofício, diligência para suprir deficiências de instrução de processo;

II – propor ao Presidente do CARF representar junto à Ordem dos Advogados do Brasil, à Advocacia-Geral da União e aos órgãos de classe, conforme o caso, para instauração de processo administrativo disciplinar;

III – admitir ou negar seguimento a recurso especial, em despacho fundamentado;

IV – promover, quando esgotados os prazos legais e regimentais, a tramitação imediata dos autos dos processos distribuídos aos conselheiros;

V – encaminhar ao presidente da Seção proposta, própria ou de conselheiro de sua Câmara, para edição de súmula;

VI – fornecer ao presidente da Seção elementos para elaboração do relatório das suas atividades;

VII – representar ao presidente da Seção sobre irregularidade verificada nos autos;

VIII – (Revogado(a) pelo(a) Portaria MF 153, de 17 de abril de 2018)

IX – determinar a devolução do processo à repartição de origem, quando manifestada a desistência do recurso;

X – autorizar o desentranhamento e a restituição de documentos;

XI – apreciar pedido de conselheiro relativo à justificação de ausência às sessões, nos casos previstos na Lei 8.112, de 1990;

XII – apreciar pedido de conselheiro quanto à prorrogação de prazo, na hipótese de que trata a alínea "a" do inciso II do § 1º do art. 45;

XIII – dirimir as dúvidas e resolver os casos omissos quanto ao encaminhamento e ao processamento dos recursos de sua competência;

XIV – encaminhar ao presidente da Seção proposta de concessão de licença a conselheiro, no caso de doença ou outro motivo relevante que a justifique;

XV – aferir o desempenho e a qualidade do trabalho realizado pelos conselheiros;

XVI – propor modificação do Regimento Interno ao presidente da Seção; (Redação dada pelo(a) Portaria MF 329, de 04 de junho de 2017)

XVII – praticar atos inerentes à presidência de turma vinculada à Câmara nas ausências simultâneas do presidente e substituto daquela; e (Redação dada pelo(a) Portaria MF 329, de 04 de junho de 2017)

XVIII – declarar a intempestividade de recurso voluntário, quando a matéria não tenha sido questionada pelo sujeito passivo. (Incluído(a) pelo(a) Portaria MF 329, de 04 de junho de 2017)

Subseção III
Das Competências dos Presidentes das Seções

Art. 19. Aos presidentes das Seções incumbe, ainda:

I – presidir 1 (uma) das Câmaras vinculada à Seção;

II – participar da elaboração dos planos e programas anuais e plurianuais de trabalho do CARF;

III – assessorar o Presidente do CARF no processo de elaboração, acompanhamento e avaliação do planejamento do órgão;

IV – propor a programação de julgamento da respectiva Seção;

V – dirimir as dúvidas e resolver os casos omissos quanto ao encaminhamento e ao processamento dos recursos de competência da respectiva Seção;

VI – propor modificação do Regimento Interno ao Presidente do CARF; (Redação dada pelo(a) Portaria MF 153, de 17 de abril de 2018)

VII – praticar atos inerentes à presidência de Câmara vinculada à Seção nas ausências simultâneas do Presidente da Câmara e de seu substituto; (Redação dada pelo(a) Portaria MF 153, de 17 de abril de 2018)

VIII – encaminhar à Direj proposta, própria ou encaminhada por Presidente de Câmara, para edição de súmula ou resolução de uniformização; (Incluído(a) pelo(a) Portaria MF 153, de 17 de abril de 2018)

IX – convocar suplente de conselheiro, nas hipóteses de vacância, impedimento, interrupção de mandato, licença ou ausência de conselheiro; e (Incluído(a) pelo(a) Portaria MF 153, de 17 de abril de 2018)

X – substituir o Presidente do CARF na admissibilidade de embargos e no exame de agravos, bem como nas demais atividades judicantes. (Incluído(a) pelo(a) Portaria MF 153, de 17 de abril de 2018)

Art. 20. Além de outras atribuições previstas neste Regimento Interno, ao Presidente do CARF incumbe, ainda:

I – presidir o Pleno e as turmas da CSRF;

II – convocar o Pleno da CSRF;

III – convocar os suplentes para substituir os conselheiros das turmas da CSRF, nos casos de ausências previamente justificadas ou comunicadas por escrito;

IV – editar atos administrativos nos assuntos de competência do CARF;

V – identificar a ocorrência de vagas de conselheiro e solicitar às respectivas representações a indicação, em lista tríplice, de nomes para seleção e designação para as vagas existentes;

VI – comunicar ao Ministro de Estado da Fazenda, após a manifestação do Comitê de Acompanhamento, Avaliação e Seleção de Conselheiros (CSC), a ocorrência de casos que impliquem perda do mandato ou vacância de função, e representar ao Secretário da Receita Federal do Brasil, sobre irregularidade verificada nos autos;

VII – propor ao Ministro de Estado da Fazenda:

a) modificação do Regimento Interno;

b) criação ou extinção de Câmaras ou turmas; e

c) modificação na legislação tributária;

VIII – definir a quantidade de turmas extraordinárias por Seção, bem como a especialização das turmas por tributo ou matéria de competência de uma mesma Seção, mantida a distribuição de processos já realizada; (Redação dada pelo(a) Portaria MF 153, de 17 de abril de 2018)

IX – dirimir conflitos de competência entre as Seções e entre as turmas da CSRF, bem como, controvérsias sobre interpretação e alcance de normas procedimentais aplicáveis no âmbito do CARF;

X – rever despacho de presidente de Câmara que rejeitar a admissibilidade do recurso especial, na forma prevista no art. 71;

XI – aprovar os planos e programas anuais e plurianuais de trabalho do CARF;

XII – encaminhar às representações, periodicamente ou quando solicitado, relatório das atividades dos respectivos conselheiros; (Redação dada pelo(a) Portaria MF 153, de 17 de abril de 2018)

XIII – editar atos complementares às disposições deste Anexo; (Redação dada pelo(a) Portaria MF 153, de 17 de abril de 2018)

XIV – declarar a intempestividade de recurso voluntário, quando a matéria não tenha sido questionada pelo sujeito passivo; e (Redação dada pelo(a) Portaria MF 153, de 17 de abril de 2018)

XV – definir a competência, dentre os Presidentes de Câmara, para analisar a admissibilidade dos recursos especiais em face de acórdãos de turmas extraordinárias. (Incluído(a) pelo(a) Portaria MF 153, de 17 de abril de 2018)

Parágrafo único. O Presidente do CARF, na condição de Presidente do Pleno e da CSRF, será substituído por um dos Presidentes de Seção. (Incluído(a) pelo(a) Portaria MF 153, de 17 de abril de 2018)

Seção III
Da composição das Seções, Câmaras e Turmas

Art. 21. As Seções são compostas, cada uma, por 4 (quatro) Câmaras.

Art. 22. As Câmaras poderão ser divididas em até 2 (duas) Turmas de julgamento.

Art. 23. As Turmas de Julgamento são integradas por 8 (oito) conselheiros, sendo 4 (quatro) representantes da Fazenda Nacional e 4 (quatro) representantes dos Contribuintes.

Art. 23-A. Ficam criadas, no âmbito das seções de julgamento, turmas extraordinárias, de caráter temporário, integradas por 4 (quatro) conselheiros suplentes, sendo 2 (dois) representantes da Fazenda Nacional e 2 (dois) representantes dos Contribuintes. (Incluído(a) pelo(a) Portaria MF 329, de 04 de junho de 2017)

Parágrafo único. A atuação de conselheiros suplentes em turmas extraordinárias dar-se-á sem prejuízo das demais competências regimentais a eles atribuídas. (Incluído(a) pelo(a) Portaria MF 329, de 04 de junho de 2017)

Art. 23-B As turmas extraordinárias são competentes para apreciar recursos voluntários relativos a exigência de crédito tributário ou de reconhecimento de direito creditório, até o valor em litígio de 60 (sessenta) salários mínimos, assim considerado o valor constante do sistema de controle do crédito tributário, bem como os processos que tratem: (Incluído(a) pelo(a) Portaria MF 329, de 04 de junho de 2017)

I – de exclusão e inclusão do Simples e do Simples Nacional, desvinculados de exigência de crédito tributário; (Incluído(a) pelo(a) Portaria MF 329, de 04 de junho de 2017)

II – de isenção de IPI e IOF em favor de taxistas e deficientes físicos, desvinculados de exigência de crédito tributário; e (Incluído(a) pelo(a) Portaria MF 329, de 04 de junho de 2017)

III – exclusivamente de isenção de IRPF por moléstia grave, qualquer que seja o valor. (Incluído(a) pelo(a) Portaria MF 329, de 04 de junho de 2017)

§ 1º O Presidente do CARF poderá elevar o limite de que trata o *caput* a até 120 (cento e vinte) salários mínimos, à medida da redução do acervo de processos, bem assim definir outras hipóteses para apreciação pelas turmas extraordinárias. (Incluído(a) pelo(a) Portaria MF 329, de 04 de junho de 2017)

§ 2º A competência atribuída às turmas extraordinárias não prejudica a competência das turmas ordinárias sobre os recursos voluntários tratados no *caput*. (Incluído(a) pelo(a) Portaria MF 329, de 04 de junho de 2017)

Art. 24. Cada Seção contará com pelo menos 6 (seis) suplentes de conselheiro da representação da Fazenda Nacional e 6 (seis) da representação dos Contribuintes, que comporão o colegiado, na ausência eventual de conselheiro da mesma representação.

Parágrafo único. Os suplentes representantes da Fazenda Nacional, além de substituir os conselheiros titulares nas suas ausências, atuarão em outras atividades regimentais do CARF.

Art. 25. Afastamentos legais, por mais de 30 (trinta) dias, de titulares ou suplentes, autorizam a abertura de nova vaga de suplente, enquanto perdurar o afastamento.

Art. 26. As turmas da CSRF são constituídas pelo presidente e vice-presidente do CARF e pelos presidentes e vice-presidentes das Câmaras da respectiva Seção.

Art. 27. O Pleno da CSRF, composto pelo presidente e vice-presidente do CARF e pelos demais membros das turmas da CSRF, reunir-se-á quando convocado pelo Presidente do CARF para deliberar sobre matéria previamente indicada.

Parágrafo único. Aplica-se, no que couber, o disposto nos parágrafos do art. 16, aos casos de ausência de conselheiro titular do Pleno.

Seção IV
Da Designação

Art. 28. A escolha de conselheiro representante da Fazenda Nacional recairá sobre os candidatos indicados em lista tríplice encaminhada pela RFB, e a de conselheiro representante dos Contribuintes recairá sobre os candidatos indicados em lista tríplice elaborada pelas confederações representativas de categorias econômicas e pelas centrais sindicais. (Redação dada pelo(a) Portaria MF 153, de 17 de abril de 2018)

§ 1º As centrais sindicais, com base no art. 29 da Lei 11.457, de 2007, indicarão conselheiros, representantes dos trabalhadores, para compor colegiado com atribuição de julgamento de recursos que versem sobre contribuições previdenciárias elencadas no inciso IV do *caput* do art. 3º.

§ 2º Ato do Ministro de Estado da Fazenda definirá a distribuição proporcional de vagas de conselheiros representantes dos Contribuintes dentre as entidades de que trata o *caput*, bem como a ordem em que se dará a participação de cada uma delas nas referidas indicações.

Art. 29. A indicação de candidatos a conselheiro recairá:

I – no caso de representantes da Fazenda Nacional, sobre Auditores-Fiscais da Receita Federal do Brasil (AFRFB), em exercício no cargo há pelo menos 5 (cinco) anos;

II – no caso de representantes dos Contribuintes, sobre brasileiros natos ou naturalizados, com formação superior completa, registro no respectivo órgão de classe há, no mínimo, 3 (três) anos, notório conhecimento técnico, e efetivo e comprovado exercício de atividades que demandem conhecimento nas áreas de direito tributário, processo administrativo fiscal e tributos federais.

§ 1º Os documentos comprobatórios dos requisitos estabelecidos nos incisos I e II do *caput* e o currículo profissional dos candidatos à vaga de conselheiro deverão acompanhar a lista tríplice de indicação dos candidatos.

§ 2º Os indicados deverão manifestar expressamente sua integral concordância com a indicação e o pleno conhecimento deste Regimento Interno e do Código de Ética Profissional do Servidor Público Civil do Poder Executivo Federal, aprovado pelo Decreto 1.171, de 22 de junho de 1994, e disponibilidade para relatar e participar das sessões de julgamento e das demais atividades do CARF, bem como autorizar que seja realizada sindicância de sua vida pregressa, nos moldes praticados para o preenchimento de cargos da alta administração.

§ 3º É condição para posse no mandato de conselheiro representante dos Contribuintes, no caso de advogado, a apresentação de documento que comprove a licença do exercício da advocacia, nos termos do inciso II do *caput* do art. 12 da Lei 8.906, de 4 de julho de 1994.

§ 4º Na posse, o conselheiro representante dos Contribuintes firmará compromisso de que observará durante todo o mandato as restrições a que se refere o Decreto 8.441, de 29 de abril de 2015, ficando sujeito às sanções previstas na legislação.

Art. 30. As representações referidas no art. 28 devem proceder à elaboração de lista tríplice com a indicação dos candidatos a conselheiro, por Seção, Câmara e turma de julgamento na qual se encontra a vaga a ser preenchida.

§ 1º As listas tríplices deverão ser encaminhadas com antecedência de 90 (noventa) dias do vencimento do mandato ou no prazo máximo de 15 (quinze) dias contado da abertura da vaga por desligamento de conselheiro.

§ 2º Caso a confederação representativa de categoria econômica ou central sindical não apresente a lista tríplice no prazo estabelecido no § 1º, a indicação à vaga será solicitada a outra confederação ou central sindical. (Redação dada pelo(a) Portaria MF 153, de 17 de abril de 2018)

§ 3º O disposto no § 2º aplica-se também aos casos em que o Comitê de Acompanhamento, Avaliação e Seleção de Conselheiros (CSC) declarar inapta a lista tríplice encaminhada. (Incluído(a) pelo(a) Portaria MF 329, de 04 de junho de 2017)

§ 4º O candidato considerado apto pelo CSC, que não tenha sido designado para o preenchimento da vaga em aberto poderá integrar outras listas tríplices sem necessidade de nova avaliação, no período de até 24 (vinte e quatro) meses da primeira indicação. (Incluído(a) pelo(a) Portaria MF 153, de 17 de abril de 2018)

§ 5º As confederações e centrais sindicais poderão submeter a exame prévio currículo de candidato a conselheiro, podendo o considerado apto pelo CSC integrar lista tríplice. (Incluído(a) pelo(a) Portaria MF 153, de 17 de abril de 2018)

§ 6º Na hipótese de as representações não suprirem as vagas existentes, o CARF poderá divulgá-las para que interessados, que preencham os requisitos regimentais, encaminhem o respectivo currículo ao órgão, que o repassará à representação indicada pelo candidato. (Incluído(a) pelo(a) Portaria MF 153, de 17 de abril de 2018)

Art. 31. As listas tríplices das representações serão encaminhadas ao Presidente do CARF, acompanhadas dos currículos dos candidatos e demais documentos necessários à instrução do processo seletivo pelo CSC.

Parágrafo único. As listas tríplices elaboradas pelas entidades mencionadas nos incisos I e II do *caput* do art. 29 deverão ser publicadas no sítio do CARF antes do início do processo de seleção de que trata o Anexo III, bem assim o currículo mínimo do candidato que vier a ser designado para a vaga. (Redação dada pelo(a) Portaria MF 153, de 17 de abril de 2018)

Art. 32. O conselheiro suplente terá preferência nas indicações pelas representações na designação para o mandato de conselheiro titular. (Fl. 10 do Anexo II da Portaria MF , de de de 2015.)

Parágrafo único. Os servidores do quadro de que trata o art. 8º da Portaria que aprova este Regimento Interno terão preferência na designação para conselheiros, observado o disposto no inciso I do *caput* do art. 29.

Art. 33. A representação, no caso de recondução de conselheiro, indicará esta condição, sendo dispensada a apresentação de lista tríplice.

§ 1º Se a representação optar pela recondução, caberá ao CSC avaliar o desempenho do conselheiro no exercício do mandato.

§ 2º O processo de avaliação para recondução de conselheiro deverá observar a limitação prevista no § 2º do art. 40.

§ 3º Na hipótese de que trata o *caput*, o CARF encaminhará às representações relatório a respeito da produtividade dos respectivos conselheiros e informações sobre a ocorrência de situações que podem ensejar a perda de mandato. (Incluído(a) pelo(a) Portaria MF 153, de 17 de abril de 2018)

Art. 34. A nomeação de Presidente de Seção ou de Câmara deverá ser precedida de análise pelo CSC quanto aos requisitos requeridos para o exercício de mandato de Conselheiro.

Art. 35. Os conselheiros titulares e suplentes, representantes da Fazenda Nacional, atuarão em regime de dedicação integral e exclusiva ao exercício do mandato no CARF.

§ 1º O relatório de atividades apresentado pelo Conselheiro de que trata o *caput* dispensa o registro de presença na respectiva unidade de lotação ou exercício. (Incluído(a) pelo(a) Portaria MF 152, de 03 de maio de 2016)

§ 2º O disposto no § 1º aplica-se igualmente aos integrantes do quadro de colaboradores que atuem com dedicação exclusiva e integral às atividades do CARF. (Incluído(a) pelo(a) Portaria MF 152, de 03 de maio de 2016)

Art. 36. Os conselheiros representantes da Fazenda Nacional, titulares e suplentes, terão as suas respectivas lotação e exercício mantidas em suas unidades de origem.

Parágrafo único. Enquanto perdurar o mandato, os conselheiros de que trata o *caput* poderão, a pedido, ter o exercício transferido temporariamente para unidade da administração tributária no Distrito Federal.

Art. 37. Fica vedada a designação de conselheiro representante dos Contribuintes, que possua relação ou vínculo profissional com outro conselheiro, da mesma Seção de Julgamento, em exercício de mandato, caracterizado pelo desempenho de atividade profissional no mesmo escritório ou na mesma sociedade ou com o mesmo empregador.

§ 1º O candidato deverá declarar a inexistência da relação ou vínculo de que trata o *caput* para o CSC.

§ 2º A limitação de que trata o *caput* não se aplica aos conselheiros empregados das confederações representativas de categorias econômicas, suas associadas e das centrais sindicais, desde que os conselheiros não cumulem o emprego com outra atividade profissional que implique a relação ou o vínculo profissional previstos no *caput*.

Art. 38. Fica vedada a designação como conselheiro, de cônjuge, companheiro ou parente em linha reta, colateral ou por afinidade, até o 3º (terceiro) grau, de conselheiro ou de ex-conselheiro.

Parágrafo único. Na hipótese de ex-conselheiro, a vedação de que trata o *caput* se extingue após o término do prazo de 3 (três) anos, contado da data de sua exoneração, aposentadoria ou desligamento por qualquer forma.

Art. 39. Fica vedada a nomeação ou recondução como conselheiro representante dos Contribuintes de ex-ocupantes do cargo de AFRFB e de Procurador da Fazenda Nacional, antes do decurso do período de 3 (três) anos, contados da data da exoneração, aposentadoria ou desligamento.

Art. 40. Os conselheiros do CARF serão designados pelo Ministro de Estado da Fazenda, com mandato de 2 (dois) anos.

§ 1º O término de mandato dos conselheiros dar-se-á:

I – na 1ª (primeira) designação, no último dia do 24º (vigésimo quarto) mês subsequente, a contar do próprio mês da designação; e

II – nas reconduções, no último dia do 24º (vigésimo quarto) mês subsequente, a contar do mês seguinte ao do vencimento do mandato.

§ 2º É permitida a recondução de conselheiro, titular e suplente, desde que o tempo total de exercício no mandato não exceda ou venha a exceder 6 (seis) anos, ressalvada a hipótese em que o conselheiro exerça encargo de Presidente de Câmara, de Vice-Presidente de Câmara, de Presidente de Turma ou de Vice-Presidente de Turma, cujo prazo máximo será de 8 (oito) anos. (Redação dada pelo(a) Portaria MF 153, de 17 de abril de 2018)

§ 3º Para fins de adequação ao limite estabelecido no § 2º, o tempo de duração do mandato poderá ser inferior ao estabelecido no *caput*.

§ 4º Para fins do disposto no § 2º, será considerada a soma do tempo dos mandatos exercidos, com dedicação exclusiva à atividade de julgamento, nos Conselhos de Contribuintes e no CARF.

§ 5º No caso de designação de conselheiro suplente para o mandato de titular, o tempo de exercício nos mandatos de suplente não será computado para fins do limite de que trata o § 2º, ressalvado o período de atuação em turma extraordinária de que trata o art. 23-A. (Redação dada pelo(a) Portaria MF 329, de 04 de junho de 2017)

§ 6º O presidente de Câmara ou Seção, bem como o vice-presidente de Câmara que deixar de exercer a função ou encargo passará à condição de conselheiro titular em Turma ordinária, e, caso não exista vaga de conselheiro, a vaga será aberta com a transferência do conselheiro representante da Fazenda Nacional ou dos Contribuintes, conforme o caso, com menor tempo de mandato na Seção, para a condição de suplente, ocupando o lugar daquele com menor tempo de mandato na Seção.

§ 7º Os presidentes de Turma não concorrem à condição de menor tempo de mandato, para fins do disposto no § 6º.

§ 8º Na hipótese prevista no § 6º, o conselheiro titular substituído terá prioridade no preenchimento da 1ª (primeira) vaga aberta na Seção para titular, prescindindo de apreciação do CSC.

§ 9º Expirado o mandato, o conselheiro continuará a exercê-lo, pelo prazo máximo de 90 (noventa) dias, até a designação de outro conselheiro, podendo, no caso de condução ou recondução, a designação ser efetuada antecipadamente em igual prazo, antes da data do término do mandato ou até 90 (noventa) dias após o término.

§ 10. Cessa o mandato de conselheiro representante da Fazenda Nacional na data da sua aposentadoria.

§ 11. No caso de término de mandato, dispensa ou renúncia, deverá ser observado o prazo mínimo de 2 (dois) anos para nova designação, salvo nas hipóteses de nomeação para o exercício de função ou na hipótese prevista no § 6º.

§ 12. É vedada a designação de ex-conselheiro, titular ou suplente, que incorreu em perda de mandato, exceto na hipótese prevista no inciso X do *caput* do art. 45.

§ 13. Eventual afastamento de conselheiro suplente em decorrência do disposto no § 6º acarretará a suspensão do prazo de que trata o § 2º.

§ 14. O limite temporal de que trata o § 2º não se aplica na hipótese de o conselheiro exercer função de Direção e Assessoramento Superior (DAS) ou Função Comissionada do Poder Executivo – 101.3 (FCPE 101.3). (Redação dada pelo(a) Portaria MF 153, de 17 de abril de 2018)

§ 15. No caso de dispensa de encargo de que trata a parte final do § 2º ou de função de que trata o § 14, o conselheiro continuará a exercer o mandato, salvo se já tiver ultrapassado o limite temporal de que trata o § 2º, hipótese em que deverá ser observado o disposto no § 9º. (Redação dada pelo(a) Portaria MF 153, de 17 de abril de 2018)

CAPÍTULO III
DOS DEVERES DOS CONSELHEIROS E DA PERDA DE MANDATO

Art. 41. São deveres dos conselheiros, dentre outros previstos neste Regimento Interno:

I – exercer sua função pautando-se por padrões éticos, no que diz respeito à imparcialidade, integridade, moralidade e decoro, com vistas à obtenção do respeito e da confiança da sociedade;

II – zelar pela dignidade da função, vedado opinar publicamente a respeito de caso concreto pendente de julgamento;

III – observar o devido processo legal, assegurando às partes igualdade de tratamento e zelando pela rápida solução do litígio;

IV – cumprir e fazer cumprir, com imparcialidade e exatidão, as disposições legais a que estão submetidos; e

V – apresentar, previamente ao início de cada sessão de julgamento, ementa, relatório e voto dos recursos em que for o relator, em meio eletrônico.

Parágrafo único. A manifestação, em tese, em obras acadêmicas e no exercício do magistério não implica descumprimento do disposto no inciso II do *caput*.

Art. 42. O conselheiro estará impedido de atuar no julgamento de recurso, em cujo processo tenha:

I – atuado como autoridade lançadora ou praticado ato decisório monocrático;

II – interesse econômico ou financeiro, direto ou indireto; e

III – como parte, cônjuge, companheiro, parente consanguíneo ou afim até o 3º (terceiro) grau.

§ 1º Para efeitos do disposto no inciso II do *caput*, considera-se existir interesse econômico ou financeiro, direto ou indireto, nos casos em que o conselheiro representante dos contribuintes preste ou tenha prestado consultoria, assessoria, assistência jurídica ou contábil ou perceba remuneração do interessado, ou empresa do mesmo grupo econômico, sob qualquer título, no período compreendido entre o primeiro dia do fato gerador objeto do processo administrativo fiscal até a data da sessão em que for concluído o julgamento do recurso.

§ 2º As vedações de que trata o § 1º também são aplicáveis ao caso de conselheiro que faça ou tenha feito parte como empregado, sócio ou prestador de serviço, de escritório de advocacia que preste consultoria, assessoria, assistência jurídica ou contábil ao interessado, bem como tenha atuado como seu advogado, nos últimos dois anos. (Redação dada pelo(a) Portaria MF 153, de 17 de abril de 2018)

§ 3º O conselheiro estará impedido de atuar como relator em recurso de ofício, voluntário ou recurso especial em que tenha atuado, na decisão recorrida ou no julgamento de embargos contra ela opostos, como relator ou redator relativamente à matéria objeto do recurso. (Redação dada pelo(a) Portaria MF 153, de 17 de abril de 2018)

§ 4º O impedimento previsto no inciso III do *caput* aplica-se também aos casos em que o conselheiro possua cônjuge, companheiro, parente consanguíneo ou afim até o 2º (segundo) grau que trabalhem ou sejam sócios do sujeito passivo ou que atuem no escritório do patrono do sujeito passivo, como sócio, empregado, colaborador ou associado. (Redação dada pelo(a) Portaria MF 152, de 03 de maio de 2016)

Art. 43. Incorre em suspeição o conselheiro que tenha amizade íntima ou inimizade notória com o sujeito passivo ou com pessoa interessada no resultado do processo administrativo, ou com seus respectivos cônjuges, companheiros, parentes consanguíneos e afins até o 3º (terceiro) grau.

Art. 44. O impedimento ou a suspeição será declarado por conselheiro ou suscitado por qualquer interessado, cabendo ao arguído, neste caso, pronunciar-se por escrito sobre a alegação, o qual, se não for por ele reconhecido, será submetido à deliberação do colegiado.

§ 1º No caso de impedimento ou suspeição do relator, o processo será devolvido à Cegap para novo sorteio no âmbito das turmas competentes de uma mesma Seção de Julgamento, exceto quando se tratar de turma da CSRF, em que o novo sorteio dar-se-á no âmbito da mesma turma. (Redação dada pelo(a) Portaria MF 153, de 17 de abril de 2018)

§ 2º Até 5 (cinco) dias da data da reunião de julgamento, o conselheiro impedido ou sob suspeição em relação a processo pautado deverá comunicar a situação à Presidência da Câmara ou da Seção de Julgamento e à Diaju. (Redação dada pelo(a) Portaria MF 153, de 17 de abril de 2018)

§ 3º (Revogado(a) pelo(a) Portaria MF 152, de 03 de maio de 2016)

Art. 45. Perderá o mandato o conselheiro que:

I – descumprir os deveres previstos neste Regimento Interno;

II – retiver, reiteradamente, processos para relatar por prazo superior a 6 (seis) meses, contado a partir da data do sorteio, prorrogado automaticamente para a data da reunião imediatamente subsequente;

III – procrastinar, sem motivo justificado, a prática de atos processuais, além dos prazos legais ou regimentais;

IV – deixar de praticar ato processual, após ter sido notificado pelo Presidente do CARF, da Seção, da Câmara ou da Turma de julgamento, no prazo improrrogável de 15 (quinze) dias; (Redação dada pelo(a) Portaria MF 153, de 17 de abril de 2018)

V – deixar de formalizar, reiteradamente, o voto do qual foi o relator ou para o qual foi designado redator no prazo de 30 (trinta) dias contado da data da sessão de julgamento ou da qual recebeu o processo ou relatório e voto do relator originário;

VI – deixar de observar enunciado de súmula ou de resolução do Pleno da CSRF, bem como o disposto no art. 62;

VII – praticar atos de comprovado favorecimento no exercício da função;

VIII – deixar de comparecer, sem motivo justificado, a 8 (oito) das sessões, ordinárias ou extraordinárias, no período de 1 (um) ano;

IX – na condição de suplente, deixar de comparecer, sem motivo justificado, a 2 (duas) convocações consecutivas ou a 3 (três) alternadas no período de 1 (um) ano;

X – assumir cargo, encargo ou função que impeça o exercício regular das atribuições de conselheiro;

XI – portar-se de forma incompatível com o decoro e a dignidade da função perante os demais conselheiros, partes no processo administrativo ou público em geral;

XII – atuar com comprovada insuficiência de desempenho apurada conforme critérios objetivos definidos em ato do Presidente do CARF;

XIII – praticar ilícito penal ou administrativo grave; XIV – praticar atos processuais perante as Delegacias da Receita

Federal do Brasil de Julgamento e o CARF, exceto em causa própria;

XV – participar do julgamento de recurso, em cujo processo deveria saber estar impedido;

XVI – estar submetido a uma das penalidades disciplinares estabelecidas nos incisos II a VI do *caput* do art. 127 da Lei 8.112, de 1990, no caso de conselheiro representante da Fazenda Nacional;

XVII – deixar de cumprir, reiteradamente, as metas de produtividade determinadas pelo Presidente do CARF; (Redação dada pelo(a) Portaria MF 153, de 17 de abril de 2018)

XVIII – deixar reiteradamente de prestar informações sobre a admissibilidade de embargos, no prazo de 60 (sessenta) dias, contado da data do despacho do Presidente da Turma que o tenha designado; (Redação dada pelo(a) Portaria MF 153, de 17 de abril de 2018)

XIX – na condição de suplente integrante de turma extraordinária, reiteradamente, deixar de proferir seu voto no prazo estabelecido, sem motivo justificado, relativamente a processos em pauta de sessão não presencial virtual; e (Redação dada pelo(a) Portaria MF 153, de 17 de abril de 2018)

XX – na condição de relator de turma ordinária, turma extraordinária ou de turma da CSRF, deixar de apresentar, reiteradamente, ementa, relatório e voto, completos, relativamente a processo em pauta. (Incluído(a) pelo(a) Portaria MF 153, de 17 de abril de 2018)

§ 1º Para efeitos do disposto nos incisos II, V, XVII e XVIII do *caput*, fica caracterizada a reiteração:

I – no caso previsto no inciso II do *caput*, pela retenção, de 1 (um) ou mais processos, por 3 (três) vezes, consecutivas ou alternadas, no período de 12 (doze) meses;

II – no caso previsto no inciso V do *caput*, pela não formalização, de 1 (um) ou mais acórdãos, no prazo indicado, por 3 (três) vezes, consecutivas ou alternadas, no período de 12 (doze) meses, salvo:

a) no caso de redator designado que tiver deferida, pelo presidente da Câmara, prorrogação de prazo em virtude do número de designações; ou

b) nos demais casos, com justificativa aprovada pelo Presidente do CARF; (Fl. 14 do Anexo II da Portaria MF , de de de 2015.)

III – no caso previsto no inciso XVII do *caput*, pelo não cumprimento das metas, por 3 (três) vezes, consecutivas ou alternadas, no período de 12 (doze) meses; (Redação dada pelo(a) Portaria MF 153, de 17 de abril de 2018)

IV – no caso previsto no inciso XVIII do *caput*, pelo não cumprimento da prestação de informação, por 3 (três) vezes, consecutivas ou alternadas, no período de 12 (doze) meses; (Redação dada pelo(a) Portaria MF 153, de 17 de abril de 2018)

V – no caso previsto no inciso XIX do *caput*, pela omissão, em face de 1 (um) ou mais processos submetidos no mesmo prazo à sua apreciação, por 3 (três) vezes, consecutivas ou alternadas, no período de 12 (doze) meses; e (Redação dada pelo(a) Portaria MF 153, de 17 de abril de 2018)

VI – no caso previsto no inciso XX do *caput*, pela não apresentação de ementa, relatório e voto, completos, em face de 1 (um) ou mais processos pautados na mesma reunião de julgamento, por 3 (três) vezes, consecutivas ou alternadas, no período de 12 (doze) meses. (Incluído(a) pelo(a) Portaria MF 153, de 17 de abril de 2018)

§ 2º Para as 2 (duas) primeiras inobservâncias de quaisquer dos prazos de que trata o § 1º, o Coordenador-Geral de Gestão do Julgamento deverá notificar o conselheiro de que a conduta pode vir a caracterizar perda do mandato. (Redação dada pelo(a) Portaria MF 153, de 17 de abril de 2018)

§ 3º Para a 3ª (terceira) inobservância de quaisquer dos prazos de que trata o § 1º, o Coordenador-Geral de Gestão do Julgamento deverá notificar o conselheiro de que a conduta caracterizou hipótese de perda de mandato. (Redação dada pelo(a) Portaria MF 153, de 17 de abril de 2018)

§ 4º Para fins do disposto no inciso V do *caput*, considera-se a data em que recebeu o processo ou o relatório e voto do relator originário como a data em que o processo foi movimentado ou redistribuído, no sistema digital, para o redator designado.

§ 5º O Coordenador-Geral de Gestão do Julgamento remeterá à Coordenação de Gestão Coorporativa as cópias das notificações de que trata este artigo, para encaminhamento à representação de origem do conselheiro, conforme o caso. (Redação dada pelo(a) Portaria MF 153, de 17 de abril de 2018)

§ 6º Aplica-se às resoluções o mesmo tratamento previsto para os acórdãos.

§ 7º O disposto nos §§ 1º a 6º não se aplica aos processos com designação de redatoria ad hoc.

§ 8º A perda do mandato será decidida pelo Ministro de Estado da Fazenda.

§ 9º Aplica-se à perda de mandato, naquilo que couber, os procedimentos previstos na Lei 8.112, de 1990, incluindo o afastamento preventivo.

§ 10. O período das licenças e afastamentos devidamente comprovado e previsto na Lei 8.112, de 1990, não será computado para efeito dos prazos de que trata este artigo.

§ 11. Para fins de verificação da reiteração de que trata este artigo, considera-se o intervalo de 12 (doze) meses a partir da primeira ocorrência notificada. (Incluído(a) pelo(a) Portaria MF 153, de 17 de abril de 2018)

TÍTULO II
DO PROCEDIMENTO

CAPÍTULO I
DA DISTRIBUIÇÃO E DO SORTEIO

Art. 46. Terão tramitação prioritária os processos que:

I – contenham circunstâncias indicativas de crime, objeto de representação fiscal para fins penais;

II – tratem de exigência de crédito tributário de valor igual ou superior ao determinado pelo Ministro de Estado da Fazenda, inclusive na hipótese de recurso de ofício;

III – atendam a outros requisitos estabelecidos pelo Ministro de Estado da Fazenda;

IV – a preferência tenha sido requerida pelo Procurador-Geral da Fazenda Nacional;

V – a preferência tenha sido requerida pelo Secretário da Receita Federal do Brasil; e

VI – figure como parte ou interessado, nos termos do art. 69-A da Lei 9.784, de 29 de janeiro de 1999, pessoa com idade igual ou superior a 60 (sessenta) anos, pessoa portadora de deficiência física ou mental e pessoa portadora de moléstia grave, mediante requerimento do interessado e prova da condição.

Parágrafo único. Serão definidas complementarmente pelo Presidente do CARF outras situações em que os processos terão tramitação prioritária.

Art. 47. Os processos serão sorteados eletronicamente às Turmas e destas, também eletronicamente, para os conselheiros, organizados em lotes, formados, preferencialmente, por processos conexos, decorrentes ou reflexos, de mesma matéria ou concentração temática, observando-se a competência e a tramitação prevista no art. 46.

§ 1º Quando houver multiplicidade de recursos com fundamento em idêntica questão de direito, será formado lote de recursos repetitivos e, dentre esses, definido como paradigma o recurso mais representativo da controvérsia. (Redação dada pelo(a) Portaria MF 153, de 17 de abril de 2018)

§ 2º O processo paradigma de que trata o § 1º será sorteado entre as turmas e, na turma contemplada, sorteado entre os conselheiros, sendo os demais processos integrantes do lote de repetitivos movimentados para o referido colegiado. (Redação dada pelo(a) Portaria MF 153, de 17 de abril de 2018)

§ 3º Quando o processo paradigma for incluído em pauta, os processos correspondentes do lote de repetitivos integrarão a mesma pauta e sessão, em nome do Presidente da Turma, sendo-lhes aplicado o resultado do julgamento do paradigma. (Incluído(a) pelo(a) Portaria MF 153, de 17 de abril de 2018)

Art. 48. Será disponibilizada, mensalmente ao Procurador da Fazenda Nacional a relação dos novos processos ingressados no CARF.

§ 1º O Procurador da Fazenda Nacional terá prazo de 15 (quinze) dias, a partir da data do recebimento da relação mencionada no *caput*, para requisitar os processos, os quais serão colocados à sua disposição.

§ 2º Fica facultado ao Procurador da Fazenda Nacional apresentar, no prazo de 30 (trinta) dias contado da data da disponibilização dos processos requisitados, contrarrazões ao recurso voluntário e razões ao recurso de ofício.

Art. 49. O presidente da Câmara participará do planejamento da quantidade de lotes a ser sorteada aos conselheiros dos colegiados vinculados à Câmara e dos recursos repetitivos.

§ 1º Será dado prévio conhecimento, aos participantes presentes à sessão, do conjunto dos lotes de processos a serem sorteados, procedendo-se, em seguida, ao sorteio eletrônico.

§ 2º O sorteio dos lotes de processos a conselheiros ocorrerá em sessão pública de julgamento do colegiado que integrarem, podendo, excepcionalmente, ser realizado em sessão de outro colegiado.

§ 3º Lotes adicionais poderão ser sorteados eletronicamente para adequar o número de processos a cargo do conselheiro.

§ 4º O sorteio de lotes para conselheiro poderá ser feito independentemente da sua presença na sessão.

§ 5º O processo conexo, decorrente ou reflexo e o que retornar de diligência ou em razão de acórdão de recurso especial e de embargos de declaração será distribuído ao mesmo relator ou redator, independentemente de sorteio, ressalvados o retorno de processo com acórdão de recurso especial e os embargos de declaração em que o relator ou redator não mais pertença à turma de origem, que serão apreciados por essa, mediante sorteio entre seus conselheiros. (Redação dada pelo(a) Portaria MF 153, de 17 de abril de 2018)

§ 6º Os embargos de declaração opostos contra decisões e os processos de retorno de diligência de turmas extintas serão distribuídos ao relator ou redator, independentemente de sorteio ou, caso relator ou redator não mais pertencer à Seção, o Presidente da respectiva Câmara devolverá para sorteio no âmbito da Seção.

§ 7º Na hipótese de o conselheiro ter sido designado para novo mandato, em colegiado integrante de outra Câmara com competência sobre a mesma matéria, os processos já sorteados, inclusive os relatados e ainda não julgados e os que retornarem de diligência, com ele permanecerão e serão remanejados para o novo colegiado.

§ 8º Na hipótese de que trata o § 9º, como também no afastamento definitivo de conselheiro, por nomeação para colegiado de competência diversa, ou por não recondução, extinção, perda ou renúncia a mandato, os processos cujo julgamento não tenha se iniciado serão devolvidos ao Cegap para novo sorteio no âmbito da respectiva Seção, exceto os relativos a embargos de declaração e a retorno de diligência, que serão sorteados no âmbito da turma. (Redação dada pelo(a) Portaria MF 329, de 04 de junho de 2017)

§ 9º Caso o conselheiro seja nomeado para presidente ou vice-presidente de Câmara e tenha processos para relatar, deverá devolver os processos para novo sorteio.

§ 10. Na hipótese de o relator se declarar impedido ou sob suspeição, o processo correspondente deverá ser devolvido à Cegap no prazo de até 10 (dez) dias, e será sorteado entre as turmas integrantes da Seção. (Redação dada pelo(a) Portaria MF 153, de 17 de abril de 2018)

Art. 50. No prazo máximo de 180 (cento e oitenta) dias contados da data do sorteio, o relator já deverá ter indicado para pauta os processos a ele sorteados. (Redação dada pelo(a) Portaria MF 153, de 17 de abril de 2018)

§ 1º O Coordenador-Geral de Gestão do Julgamento fará encaminhar mensalmente aos conselheiros relatório contendo os processos distribuídos e não incluídos em pauta de julgamento e os julgados pendentes de formalização de decisão. (Redação dada pelo(a) Portaria MF 153, de 17 de abril de 2018)

§ 2º O processo que retornar de diligência deverá ser distribuído ao relator, que os indicará para inclusão em pauta de julgamento no prazo máximo estabelecido no *caput*. (Redação dada pelo(a) Portaria MF 153, de 17 de abril de 2018)

§ 3º Na hipótese prevista no § 2º, em não estando mais o relator exercendo mandato, o processo deverá compor lote a ser distribuído no 1º (primeiro) sorteio subsequente ao retorno, devendo o novo relator incluí-lo em pauta no prazo máximo referido no *caput*.

§ 4º Incumbe ao Coordenador-Geral de Gestão do Julgamento o controle dos prazos regimentais e a competência para notificar o relator ou redator designado da expiração dos prazos nos termos do art. 45. (Redação dada pelo(a) Portaria MF 153, de 17 de abril de 2018)

§ 5º Será desconsiderada para efeitos da contagem do prazo do *caput* deste artigo, a inclusão de processo em pauta que não esteja com ementa, relatório e voto elaborados na data da sessão, bem como a inclusão de processo cuja retirada de pauta foi realizada a pedido do relator.

§ 6º O conselheiro afastado provisoriamente por período superior a 2 (dois) meses deverá devolver todos os processos prioritários, definidos no art. 46, para o Cegap para novo sorteio, salvo em relação àqueles cujos julgamentos tenham sido iniciados. (Redação dada pelo(a) Portaria MF 329, de 04 de junho de 2017)

Art. 51. É facultado ao recorrente, ao seu representante legal e ao Procurador da Fazenda Nacional vista dos autos ou a obtenção de cópia de peças processuais, por meio do sistema de processo eletrônico.

CAPÍTULO II
DO JULGAMENTO

Art. 52. As turmas ordinárias, as turmas da CSRF e as turmas extraordinárias realizarão até 12 (doze) reuniões ordinárias por ano, facultada a convocação de reunião extraordinária pelo Presidente de Câmara, pelo Presidente da Seção ou pelo Presidente do CARF. (Redação dada pelo(a) Portaria MF 153, de 17 de abril de 2018)

Parágrafo único. Cada reunião compõe-se de até 10 (dez) sessões.

Art. 53. Ressalvada a hipótese do rito sumário de julgamento disciplinada no art. 61-A, a sessão de julgamento será pública, podendo ser realizada de forma presencial ou não presencial. (Redação dada pelo(a) Portaria MF 329, de 04 de junho de 2017)

§ 1º A sessão de julgamento não presencial, realizada por vídeo conferência ou tecnologia similar, deverá seguir o mesmo rito e asseguradas as mesmas garantias das sessões presenciais, com disponibilização de salas de recepção e transmissão para atuação das partes e gravação da sessão de julgamento.

§ 2º Poderão ser julgados em sessões não presenciais os recursos em processos cujo valor original seja inferior a R$ 1.000.000,00 (um milhão de reais) ou, independentemente do valor, forem objeto de súmula ou resolução do CARF, ou de decisões definitivas do Supremo Tribunal Federal ou do Superior Tribunal de Justiça proferidas na sistemática dos arts. 543-B e 543-C da Lei 5.869, de 11 de janeiro de 1973, ou dos arts. 1.036 a 1.041 da Lei 13.105, de 16 de março de 2015 – Código de Processo Civil. (Redação dada pelo(a) Portaria MF 152, de 03 de maio de 2016)

§ 3º As sessões de julgamento presenciais poderão ser transmitidas, via internet, e gravadas em meio digital.

§ 4º Fica assegurado o direito de apresentar memoriais em meio digital previamente ao julgamento.

Art. 54. As turmas só deliberarão quando presente a maioria de seus membros, e suas deliberações serão tomadas por maioria simples, cabendo ao presidente, além do voto ordinário, o de qualidade.

Art. 55. A pauta da reunião indicará:

I – dia, hora e local de cada sessão de julgamento;

II – para cada processo:

a) o nome do relator;

b) o número do processo; e

c) os nomes do interessado, do recorrente e do recorrido;

III – nota explicativa de que os julgamentos adiados serão realizados independentemente de nova publicação.

§ 1º A pauta será publicada no Diário Oficial da União e divulgada no sítio do CARF na Internet, com, no mínimo, 10 (dez) dias de antecedência.

§ 2º Na hipótese de pluralidade de sujeitos passivos, constará da pauta apenas o nome do sujeito passivo cadastrado como principal nos autos do processo. (Redação dada pelo(a) Portaria MF 152, de 03 de maio de 2016)

Art. 56. Os recursos serão julgados na ordem da pauta, salvo se deferido pelo presidente da turma pedido de alteração na ordem de julgamento da pauta, em uma mesma sessão, apresentado por uma das partes.

§ 1º O presidente da turma poderá, de ofício, a pedido do relator ou por solicitação das partes, por motivo justificado, determinar o adiamento do julgamento ou a retirada do recurso de pauta, desde que, no caso de pedido de retirada de pauta pelas partes:

I – o pedido seja protocolizado em até 5 (cinco) dias do início da reunião em que a sessão se realizará, salvo nas hipóteses de caso fortuito e força maior; e

II – não tenha sido anteriormente deferido pedido de retirada de pauta, pela mesma parte.

§ 2º Adiado o julgamento, o processo será incluído na pauta da sessão designada ou da 1ª (primeira) a que o relator comparecer na mesma reunião, independentemente de nova publicação, ou, ainda, na pauta da reunião seguinte, hipótese em que se fará nova publicação.

§ 3º Na impossibilidade de se incluir, na pauta da reunião de julgamento seguinte, processo que tenha o julgamento adiado ou tenha sido retirado de pauta, far-se-á a inclusão na pauta da reunião subsequente. (Redação dada pelo(a) Portaria MF 153, de 17 de abril de 2018)

§ 4º A sessão que não se realizar pela superveniente falta de expediente normal do órgão poderá ser efetuada no 1º (primeiro) dia útil livre, independentemente de nova publicação. (Redação dada pelo(a) Portaria MF 153, de 17 de abril de 2018)

§ 5º Nos casos em que não for possível a realização da sessão no 1º (primeiro) dia útil livre, o processo será incluído na pauta da reunião seguinte e ensejará nova publicação. (Redação dada pelo(a) Portaria MF 153, de 17 de abril de 2018)

§ 6º O pedido de retirada de pauta pelas partes deverá ser comunicado no sítio do CARF com antecedência à reunião de julgamento correspondente. (Redação dada pelo(a) Portaria MF 153, de 17 de abril de 2018)

§ 7º Os pedidos de preferência não prejudicarão a ordem da pauta em relação aos processos para os quais houver presença do patrono. (Incluído(a) pelo(a) Portaria MF 153, de 17 de abril de 2018)

Art. 57. Em cada sessão de julgamento será observada a seguinte ordem:

I – verificação do quórum regimental;

II – deliberação sobre matéria de expediente; e

III – relatório, debate e votação dos recursos constantes da pauta.

§ 1º A ementa, relatório e voto deverão ser disponibilizados exclusivamente aos conselheiros do colegiado, previamente ao início de cada sessão de julgamento correspondente, em meio eletrônico.

§ 2º Os processos para os quais o relator não apresentar, no prazo e forma estabelecidos no § 1º, a ementa, o relatório e o voto, serão retirados de pauta pelo presidente, que fará constar o fato em ata.

§ 3º A exigência do § 1º pode ser atendida com a transcrição da decisão de primeira instância, se o relator registrar que as partes não apresentaram novas razões de defesa perante a segunda instância e propuser a confirmação e adoção da decisão recorrida. (Incluído(a) pelo(a) Portaria MF 329, de 04 de junho de 2017)

Art. 58. Anunciado o julgamento de cada recurso, o presidente dará a palavra, sucessivamente:

I – ao relator, para leitura do relatório;

II – ao recorrente ou ao seu representante legal para, se desejar, fazer sustentação oral por 15 (quinze) minutos, prorrogáveis por, no máximo, 15 (quinze) minutos, a critério do presidente;

III – à parte adversa ou ao seu representante legal para, se desejar, fazer sustentação oral por 15 (quinze) minutos, prorrogáveis por, no máximo, 15 (quinze) minutos, a critério do presidente;

IV – ao relator, para proferir seu voto;

V – aos demais conselheiros para debates e esclarecimentos.

§ 1º Encerrado o debate o presidente tomará, sucessivamente, os votos dos demais conselheiros, na ordem dos que tiveram vista dos autos e dos demais, a partir do 1º (primeiro) conselheiro sentado a sua esquerda, e votará por último, proclamando, em seguida, o resultado do julgamento, independentemente de ter tido vista dos autos.

§ 2º Ressalvadas as hipóteses expressamente autorizadas pelo Presidente da Turma, não cabem novos debates após o início da votação.

§ 3º O conselheiro poderá solicitar ao presidente a alteração de seu voto, desde que o faça antes da proclamação do resultado do julgamento, relativo ao conhecimento, à preliminar ou ao mérito. (Redação dada pelo(a) Portaria MF 152, de 03 de maio de 2016)

§ 4º Os votos proferidos pelos conselheiros, inclusive quanto ao conhecimento e às preliminares, serão consignados na ata da sessão, independentemente de ter sido concluído o julgamento do recurso. (Redação dada pelo(a) Portaria MF 152, de 03 de maio de 2016)

§ 5º Na hipótese do § 4º, caso o conselheiro que já tenha proferido o voto esteja ausente na sessão subsequente, o substituto não poderá manifestar-se sobre a matéria já votada pelo conselheiro substituído. (Redação dada pelo(a) Portaria MF 152, de 03 de maio de 2016)

§ 6º O presidente poderá advertir ou determinar que se retire do recinto quem, de qualquer modo, perturbar a ordem, bem como poderá advertir o orador ou cassar-lhe a palavra, quando usada de forma inconveniente.

§ 7º O conselheiro poderá, após a leitura do relatório e do voto do relator, pedir esclarecimentos independentemente de iniciada a votação, e vistas no momento de proferir o seu voto. (Redação dada pelo(a) Portaria MF 152, de 03 de maio de 2016)

§ 8º Quando concedida vista, o processo deverá ser incluído na pauta de sessão da mesma reunião, ou da reunião seguinte, independentemente da presença daquele que pediu vista, devendo, neste último caso, haver nova publicação em pauta.

§ 9º Aplicar-se-ão as disposições previstas neste artigo, no que couber, para a conversão do julgamento em diligência.

§ 10. Na hipótese prevista no § 7º, o presidente poderá converter o pedido em vista coletiva, sendo a conversão obrigatória, a partir do 2º (segundo) pedido de vista.

§ 11. Havendo pluralidade de sujeitos passivos, o tempo máximo de sustentação oral será de 30 (trinta) minutos, a ser dividido entre eles. (Incluído(a) pelo(a) Portaria MF 152, de 03 de maio de 2016)

§ 12 Na hipótese de julgamento na forma dos §§ 1º e 2º do art. 47, as partes dos demais processos, que não o sorteado como paradigma, terão direito a realizar sustentação oral complementar quando do julgamento do recurso do processo paradigma, no prazo máximo de 30 (trinta) minutos, a ser dividido entre elas, observando-se a ordem dos incisos II e III do *caput*. (Incluído(a) pelo(a) Portaria MF 152, de 03 de maio de 2016)

§ 13. Na ocorrência de afastamento definitivo do relator, ou provisório por período superior a 2 (dois) meses, sem que tenha sido concluído o julgamento do recurso, o processo permanecerá em pauta e o Presidente da Turma de Julgamento deverá designar redator ad hoc, escolhido, preferencialmente, dentre os conselheiros que adotaram o voto exarado pelo relator afastado. (Incluído(a) pelo(a) Portaria MF 329, de 04 de junho de 2017)

Art. 59. As questões preliminares serão votadas antes do mérito, deste não se conhecendo quando incompatível com a decisão daquelas.

§ 1º Rejeitada a preliminar, será votado o mérito. (Fl. 19 do Anexo II da Portaria MF , de de de 2015.)

§ 2º Salvo na hipótese de o conselheiro não ter assistido à leitura do relatório feita na mesma sessão de julgamento, não será admitida abstenção.

§ 3º No caso de continuação de julgamento interrompido em sessão anterior, havendo mudança de composição da turma, será lido novamente o relatório, facultado às partes fazer sustentação oral, ainda que já a tenham feito, e tomados todos os votos, observando-se o disposto nos §§ 3º a 5º do art. 58. (Redação dada pelo(a) Portaria MF 152, de 03 de maio de 2016)

§ 4º Será oportunizada nova sustentação oral no caso de retorno de diligência, ainda que já tenha sido realizada antes do envio do processo à origem para realizar a diligência e mesmo que não tenha havido alteração na composição da turma julgadora. (Redação dada pelo(a) Portaria MF 152, de 03 de maio de 2016)

Art. 60. Quando mais de 2 (duas) soluções distintas para o litígio, que impeçam a formação de maioria, forem propostas ao plenário pelos conselheiros, a decisão será adotada mediante votações sucessivas, das quais serão obrigados a participar todos os conselheiros presentes.

Parágrafo único. O presidente da Turma relacionará todas as soluções propostas em 1ª (primeira) votação, e dessas identificará 2 (duas) das menos votadas para a escolha de 1 (uma) delas, e assim, sucessivamente, até a mais votada.

Art. 61. As atas das sessões, depois de aprovadas por todos os integrantes do colegiado, serão assinadas pelo presidente da turma e por quem tenha atuado como secretário da sessão, devendo nelas constar: (Redação dada pelo(a) Portaria MF 153, de 17 de abril de 2018)

I – os processos distribuídos, com a identificação do respectivo número e do nome do interessado, do recorrente e do recorrido;

II – os processos julgados, os convertidos em diligência, os com pedido de vista, os adiados e os retirados de pauta, com a identificação, além da prevista no inciso I, do nome do Procurador da Fazenda Nacional, do recorrente ou de seu representante legal, que tenha feito sustentação oral, da decisão prolatada e a inobservância de disposição regimental; e

III – outros fatos relevantes, inclusive por solicitação da parte. § 1º O conteúdo da ata ficará disponível aos conselheiros no sistema eletrônico oficial do CARF para aprovação.

§ 2º Considerar-se-á aprovada tacitamente a ata, se no prazo de 3 (três) dias úteis da sua disponibilização, não ocorrer manifestação expressa de conselheiro do colegiado em sentido contrário.

§ 3º O Presidente da Turma terá o prazo de 5 (cinco) dias úteis para formalização da ata da sessão de julgamento, sujeitando-se às penalidades previstas no inciso III do *caput* do art. 45. (Redação dada pelo(a) Portaria MF 153, de 17 de abril de 2018)

§ 4º As atas serão publicadas no sítio do CARF na Internet em até 2 (dois) dias úteis após o prazo previsto no § 3º. (Redação dada pelo(a) Portaria MF 153, de 17 de abril de 2018)

Art. 61-A. As turmas extraordinárias adotarão rito sumário e simplificado de julgamento, conforme as disposições contidas neste artigo. (Incluído(a) pelo(a) Portaria MF 329, de 04 de junho de 2017)

§ 1º Os processos serão pautados em reunião composta por sessões não presenciais virtuais. (Incluído(a) pelo(a) Portaria MF 329, de 04 de junho de 2017)

§ 2º A pauta da reunião será elaborada em conformidade com o disposto no art. 55, dispensada a indicação do local de realização da sessão, e incluída a informação de que eventual sustentação oral estará condicionada a requerimento prévio, apresentado em até 5 (cinco) dias da publicação da pauta, e ainda, de que é facultado o envio de memoriais, em meio digital, no mesmo prazo. (Incluído(a) pelo(a) Portaria MF 329, de 04 de junho de 2017)

§ 3º O conselheiro impedido ou sob suspeição em relação a processo pautado deverá comunicar a situação à Presidência da Seção de Julgamento e à Diaju em até 5 (cinco) dias da publicação da pauta. (Redação dada pelo(a) Portaria MF 153, de 17 de abril de 2018)

§ 4º O requerimento para sustentação oral implica a retirada do processo para inclusão em pauta de sessão não virtual. (Incluído(a) pelo(a) Portaria MF 329, de 04 de junho de 2017)

§ 5º O presidente poderá, de ofício, a qualquer momento, ou a pedido justificado do relator apresentado em até 5 (cinco) dias da publicação da pauta, determinar a retirada do processo de pauta, devendo a motivação, em qualquer caso, ser registrada em ata. (Redação dada pelo(a) Portaria MF 153, de 17 de abril de 2018)

§ 6º Não serão admitidos pedidos, pelas partes, de alteração da ordem de julgamento ou de retirada de processos em pauta de sessão não presencial virtual. (Incluído(a) pelo(a) Portaria MF 329, de 04 de junho de 2017)

§ 7º Ultrapassado o prazo para requerimento de sustentação oral, o presidente informará aos conselheiros os processos mantidos em pauta e fixará prazo de 2 (dois) dias úteis para a disponibilização aos demais conselheiros, em meio eletrônico, das minutas correspondentes, contendo ementa, relatório e proposta de voto. (Incluído(a) pelo(a) Portaria MF 329, de 04 de junho de 2017)

§ 8º Os processos para os quais o relator não apresentar, no prazo e forma estabelecidos no § 7º, a ementa, o relatório e o voto, serão retirados de pauta pelo presidente, que fará constar o fato em ata. (Incluído(a) pelo(a) Portaria MF 329, de 04 de junho de 2017)

§ 9º Os conselheiros deverão se manifestar sobre as minutas, em meio eletrônico, até o final da reunião de julgamento, vedada a concessão de vistas. (Incluído(a) pelo(a) Portaria MF 329, de 04 de junho de 2017)

§ 10. Salvo na hipótese de o conselheiro não integrar o colegiado na data de disponibilização das minutas, não será admitida abstenção. (Incluído(a) pelo(a) Portaria MF 329, de 04 de junho de 2017)

§ 11. O conselheiro que divergir ou acompanhar o relator pelas conclusões deverá apresentar suas razões de decidir ou acompanhar as razões já apresentadas por outro conselheiro do colegiado. (Incluído(a) pelo(a) Portaria MF 329, de 04 de junho de 2017)

§ 12. Na ocorrência de afastamento definitivo do relator, ou provisório por período superior a 2 (dois) meses, sem que tenha sido concluído o julgamento do recurso, o processo permanecerá em pauta e o Presidente da Turma de Julgamento deverá designar redator ad hoc, escolhido, preferencialmente, dentre os conselheiros que tenham acompanhado o voto exarado pelo relator afastado. (Incluído(a) pelo(a) Portaria MF 329, de 04 de junho de 2017)

§ 13. As deliberações, observado o disposto no art. 54, corresponderão à manifestação da maioria dos conselheiros, em face da proposta de voto do relator. (Incluído(a) pelo(a) Portaria MF 329, de 04 de junho de 2017)

§ 14. Encerrada a reunião de julgamento, verificada a situação descrita no *caput* do art. 60 ou omissão de conselheiro que comprometa o quórum regimental mínimo, o processo será retirado de pauta para inclusão na primeira reunião subsequente. (Incluído(a) pelo(a) Portaria MF 329, de 04 de junho de 2017)

§ 15. A sessão que não se realizar pela superveniente falta de expediente normal do órgão poderá ser efetuada no 1º (primeiro) dia útil livre, independentemente de nova publicação. (Incluído(a) pelo(a) Portaria MF 329, de 04 de junho de 2017)

§ 16. Nos casos em que não for possível a realização da sessão no 1º (primeiro) dia útil livre, o processo será incluído na pauta da reunião seguinte, mediante nova publicação. (Incluído(a) pelo(a) Portaria MF 329, de 04 de junho de 2017)

§ 17. As disposições previstas neste artigo aplicar-se-ão, no que couber, aos casos de conversão do julgamento em diligência. (Incluído(a) pelo(a) Portaria MF 329, de 04 de junho de 2017)

§ 18. A ata de sessão não presencial virtual observará o disposto no art. 61 e indicará que os processos foram julgados em rito sumário. (Incluído(a) pelo(a) Portaria MF 329, de 04 de junho de 2017)

Art. 62. Fica vedado aos membros das turmas de julgamento do CARF afastar a aplicação ou deixar de observar tratado, acordo internacional, lei ou decreto, sob fundamento de inconstitucionalidade.

§ 1º O disposto no *caput* não se aplica aos casos de tratado, acordo internacional, lei ou ato normativo:

I – que já tenha sido declarado inconstitucional por decisão definitiva plenária do Supremo Tribunal Federal; (Redação dada pelo(a) Portaria MF 39, de 12 de fevereiro de 2016)

II – que fundamente crédito tributário objeto de:

a) Súmula Vinculante do Supremo Tribunal Federal, nos termos do art. 103-A da Constituição Federal;

b) Decisão definitiva do Supremo Tribunal Federal ou do Superior Tribunal de Justiça, em sede de julgamento realizado nos termos dos arts. 543-B e 543-C da Lei 5.869, de 1973, ou dos arts. 1.036 a 1.041 da Lei 13.105, de 2015 – Código de Processo

Civil, na forma disciplinada pela Administração Tributária; (Redação dada pelo(a) Portaria MF 152, de 03 de maio de 2016)

c) Dispensa legal de constituição ou Ato Declaratório da Procuradoria-Geral da Fazenda Nacional (PGFN) aprovado pelo Ministro de Estado da Fazenda, nos termos dos arts. 18 e 19 da Lei 10.522, de 19 de julho de 2002;

d) Parecer do Advogado-Geral da União aprovado pelo Presidente da República, nos termos dos arts. 40 e 41 da Lei Complementar 73, de 10 de fevereiro de 1993; e

e) Súmula da Advocacia-Geral da União, nos termos do art. 43 da Lei Complementar 73, de 1993. (Redação dada pelo(a) Portaria MF 39, de 12 de fevereiro de 2016)

§ 2º As decisões definitivas de mérito, proferidas pelo Supremo Tribunal Federal e pelo Superior Tribunal de Justiça em matéria infraconstitucional, na sistemática dos arts. 543-B e 543-C da Lei 5.869, de 1973, ou dos arts. 1.036 a 1.041 da Lei 13.105, de 2015 - Código de Processo Civil, deverão ser reproduzidas pelos conselheiros no julgamento dos recursos no âmbito do CARF. (Redação dada pelo(a) Portaria MF 152, de 03 de maio de 2016).

CAPÍTULO III
DAS DECISÕES COLEGIADAS

Art. 63. As decisões dos colegiados, em forma de acórdão ou resolução, serão assinadas pelo presidente, pelo relator, pelo redator designado ou por conselheiro que fizer declaração de voto, devendo constar, ainda, o nome dos conselheiros presentes e dos ausentes, especificando-se, se houver, os conselheiros vencidos e a matéria em que o foram, e os impedidos.

§ 1º Vencido o relator, na preliminar ou no mérito, o presidente designará para redigir o voto da matéria vencedora e a ementa correspondente um dos conselheiros que o adotar, o qual deverá ser formalizado no prazo de 30 (trinta) dias, contado da movimentação dos autos ao redator designado.

§ 2º Quando o relator reformular em sessão seu voto, deverá formalizá-lo no prazo de 30 (trinta) dias, contado da data do julgamento.

§ 3º Dos acórdãos será dada ciência ao recorrente ou ao interessado e, se a decisão for desfavorável à Fazenda Nacional, também ao seu representante.

§ 4º A decisão será em forma de resolução quando for cabível à turma pronunciar-se sobre o mesmo recurso, em momento posterior.

§ 5º No caso de resolução ou anulação de decisão de 1ª (primeira) instância, as questões preliminares, prejudiciais ou mesmo de mérito já examinadas serão reapreciadas quando do julgamento do recurso, por ocasião do novo julgamento.

§ 6º As declarações de voto somente integrarão o acórdão ou resolução quando formalizadas no prazo de 15 (quinze) dias do julgamento.

§ 7º Descumprido o prazo previsto no § 6º, considera-se não formulada a declaração de voto.

§ 8º Na hipótese em que a decisão por maioria dos conselheiros ou por voto de qualidade acolher apenas a conclusão do relator, caberá ao relator reproduzir, no voto e na ementa do acórdão, os fundamentos adotados pela maioria dos conselheiros.

§ 9º O Presidente do CARF disciplinará a formalização das decisões, as peças integrantes e as assinaturas, bem como o programa gerador de decisões.

§ 10. A retirada de pauta proposta pelo relator por motivo que deveria ser conhecido antes da indicação do processo para a pauta deverá ser objeto de despacho, ficando prejudicado o disposto no § 4º. (Incluído(a) pelo(a) Portaria MF 153, de 17 de abril de 2018)

CAPÍTULO IV
DOS RECURSOS

Art. 64. Contra as decisões proferidas pelos colegiados do CARF são cabíveis os seguintes recursos:

I – Embargos de Declaração; (Redação dada pelo(a) Portaria MF 152, de 03 de maio de 2016)

II – Recurso Especial; e (Redação dada pelo(a) Portaria MF 152, de 03 de maio de 2016)

III – Agravo. (Incluído(a) pelo(a) Portaria MF 152, de 03 de maio de 2016)

Parágrafo único. Das decisões do CARF não cabe pedido de reconsideração.

Seção I
Dos Embargos de Declaração

Art. 65. Cabem embargos de declaração quando o acórdão contiver obscuridade, omissão ou contradição entre a decisão e os seus fundamentos, ou for omitido ponto sobre o qual deveria pronunciar-se a turma.

§ 1º Os embargos de declaração poderão ser interpostos, mediante petição fundamentada dirigida ao presidente da Turma, no prazo de 5 (cinco) dias contado da ciência do acórdão:

I – por conselheiro do colegiado, inclusive pelo próprio relator;

II – pelo contribuinte, responsável ou preposto;

III – pelo Procurador da Fazenda Nacional;

IV – pelos Delegados de Julgamento, nos casos de nulidade de decisões da delegacia da qual é titular; (Redação dada pelo(a) Portaria MF 153, de 17 de abril de 2018)

V – pelo titular da unidade da administração tributária encarregada da liquidação e execução do acórdão; ou (Redação dada pelo(a) Portaria MF 153, de 17 de abril de 2018)

VI – pelo Presidente da Turma encarregada pelo cumprimento do acórdão de recurso especial. (Incluído(a) pelo(a) Portaria MF 153, de 17 de abril de 2018)

§ 2º O presidente da Turma poderá designar o relator ou redator do voto vencedor objeto dos embargos para se pronunciar sobre a admissibilidade dos embargos de declaração.

§ 3º O Presidente não conhecerá os embargos intempestivos e rejeitará, em caráter definitivo, os embargos em que as alegações de omissão, contradição ou obscuridade sejam manifestamente improcedentes ou não estiverem objetivamente apontadas. (Redação dada pelo(a) Portaria MF 39, de 12 de fevereiro de 2016)

§ 4º Do despacho que não conhecer ou rejeitar os embargos de declaração será dada ciência ao embargante.

§ 5º Somente os embargos de declaração opostos tempestivamente interrompem o prazo para a interposição de recurso especial.

§ 6º As disposições previstas neste artigo aplicam-se, no que couber, às decisões em forma de resolução.

§ 7º Não poderão ser incluídos em pauta de julgamento embargos de declaração para os quais não haja despacho de admissibilidade.

§ 8º Admite-se sustentação oral nos termos do art. 58 aos julgamentos de embargos.

Art. 66. As alegações de inexatidões materiais devidas a lapso manifesto e os erros de escrita ou de cálculo existentes na decisão, provocados pelos legitimados para opor embargos, deverão ser recebidos como embargos inominados para correção, mediante a prolação de um novo acórdão.

§ 1º Será rejeitado de plano, por despacho irrecorrível do presidente, o requerimento que não demonstrar a inexatidão ou o erro.

§ 2º Caso o presidente entenda necessário, preliminarmente, será ouvido o conselheiro relator, ou outro designado, na impossibilidade daquele.

§ 3º Do despacho que indeferir requerimento previsto no *caput*, dar-se-á ciência ao requerente. Seção II Do Recurso Especial

Art. 67. Compete à CSRF, por suas turmas, julgar recurso especial interposto contra decisão que der à legislação tributária interpretação divergente da que lhe tenha dado outra câmara, turma de câmara, turma especial ou a própria CSRF.

§ 1º Não será conhecido o recurso que não demonstrar de forma objetiva qual a legislação que está sendo interpretada de forma divergente.

§ 2º Para efeito da aplicação do *caput*, entende-se que todas as Turmas e Câmaras dos Conselhos de Contribuintes ou do CARF são distintas das Turmas e Câmaras instituídas a partir do presente Regimento Interno.

§ 3º Não cabe recurso especial de decisão de qualquer das turmas que adote entendimento de súmula de jurisprudência dos Conselhos de Contribuintes, da CSRF ou do CARF, ainda que a súmula tenha sido aprovada posteriormente à data da interposição do recurso.

§ 4º Não cabe recurso especial de decisão de qualquer das turmas que, na apreciação de matéria preliminar, decida pela anulação da decisão de 1ª (primeira) instância por vício na própria decisão, nos termos da Lei 9.784 de 29 de janeiro de 1999.

§ 5º O recurso especial interposto pelo contribuinte somente terá seguimento quanto à matéria prequestionada, cabendo sua demonstração, com precisa indicação, nas peças processuais.

§ 6º Na hipótese de que trata o *caput*, o recurso deverá demonstrar a divergência arguida indicando até 2 (duas) decisões divergentes por matéria.

§ 7º Na hipótese de apresentação de mais de 2 (dois) paradigmas, serão considerados apenas os 2 (dois) primeiros indicados, descartando-se os demais.

§ 8º A divergência prevista no *caput* deverá ser demonstrada analiticamente com a indicação dos pontos nos paradigmas colacionados que divirjam de pontos específicos no acórdão recorrido.

§ 9º O recurso deverá ser instruído com a cópia do inteiro teor dos acórdãos indicados como paradigmas ou com cópia da publicação em que tenha sido divulgado ou, ainda, com a apresentação de cópia de publicação de até 2 (duas) ementas.

§ 10. Quando a cópia do inteiro teor do acórdão ou da ementa for extraída da Internet deve ser impressa diretamente do sítio do CARF ou do Diário Oficial da União.

§ 11. As ementas referidas no § 9º poderão, alternativamente, ser reproduzidas, na sua integralidade, no corpo do recurso, admitindo-se ainda a reprodução parcial da ementa desde que o trecho omitido não altere a interpretação ou o alcance do trecho reproduzido. (Redação dada pelo(a) Portaria MF 329, de 04 de junho de 2017)

§ 12. Não servirá como paradigma acórdão proferido pelas turmas extraordinárias de julgamento de que trata o art. 23-A, ou que, na data da análise da admissibilidade do recurso especial, contrariar: (Redação dada pelo(a) Portaria MF 329, de 04 de junho de 2017)

I – Súmula Vinculante do Supremo Tribunal Federal, nos termos do art. 103-A da Constituição Federal;

II – decisão definitiva do Supremo Tribunal Federal ou do Superior Tribunal de Justiça, em sede de julgamento realizado nos termos dos arts. 543-B e 543-C da Lei 5.869, de 1973, ou dos arts. 1.036 a 1.041 da Lei 13.105, de 2015 – Código de Processo Civil; (Redação dada pelo(a) Portaria MF 329, de 04 de junho de 2017)

III – Súmula ou Resolução do Pleno do CARF; e (Redação dada pelo(a) Portaria MF 329, de 04 de junho de 2017)

IV – decisão definitiva plenária do Supremo Tribunal Federal que declare inconstitucional tratado, acordo internacional, lei ou ato normativo. (Incluído(a) pelo(a) Portaria MF 329, de 04 de junho de 2017)

§ 13. As alegações e documentos apresentados depois do prazo fixado no *caput* do art. 68 com vistas a complementar o recurso especial de divergência não serão considerados para fins de verificação de sua admissibilidade.

§ 14. É cabível recurso especial de divergência, previsto no *caput*, contra decisão que der ou negar provimento a recurso de ofício.

§ 15. Não servirá como paradigma o acórdão que, na data da interposição do recurso, tenha sido reformado na matéria que aproveitaria ao recorrente. (Incluído(a) pelo(a) Portaria MF 39, de 12 de fevereiro de 2016)

Art. 68. O recurso especial, da Fazenda Nacional ou do contribuinte, deverá ser formalizado em petição dirigida ao presidente da câmara à qual esteja vinculada a turma que houver prolatado a decisão recorrida, no prazo de 15 (quinze) dias contado da data da ciência da decisão.

§ 1º Interposto o recurso especial, compete ao presidente da câmara recorrida, em despacho fundamentado, admiti-lo ou, caso não satisfeitos os pressupostos de sua admissibilidade, negarlhe seguimento.

§ 2º Se a decisão contiver matérias autônomas, a admissão do recurso especial poderá ser parcial.

§ 3º Será definitivo o despacho do presidente da câmara recorrida, que decidir pelo não conhecimento de recurso especial interposto intempestivamente, bem como aquele que negar-lhe seguimento por absoluta falta de indicação de acórdão paradigma proferido pelos Conselhos de Contribuintes ou pelo CARF.

§ 4º O disposto no § 3º não se aplica se a tempestividade for prequestionada.

§ 5º O recurso especial interposto em face de acórdão de turma extraordinária será analisado por qualquer Presidente de Câmara da Seção correspondente, conforme definido em ato do Presidente do CARF. (Incluído(a) pelo(a) Portaria MF 153, de 17 de abril de 2018)

Art. 69. Admitido o recurso especial interposto pelo Procurador da Fazenda Nacional, dele será dada ciência ao sujeito passivo, assegurando-lhe o prazo de 15 (quinze) dias para oferecer contrarrazões e, se for o caso, apresentar recurso especial relativa à parte do acórdão que lhe foi desfavorável.

Art. 70. Admitido o recurso especial interposto pelo contribuinte, dele será dada ciência ao Procurador da Fazenda Nacional, assegurando-lhe o prazo de 15 (quinze) dias para oferecer contrarrazões.

Seção III
Do Agravo
(Incluído(a) pelo(a) Portaria MF 152, de 03 de maio de 2016)

Art. 71. Cabe agravo do despacho que negar seguimento, total ou parcial, ao recurso especial. (Redação dada pelo(a) Portaria MF 152, de 03 de maio de 2016)

§ 1º O agravo será requerido em petição dirigida ao Presidente da Câmara Superior de Recursos Fiscais, no prazo de cinco dias contado da ciência do despacho que lhe negou seguimento. (Redação dada pelo(a) Portaria MF 152, de 03 de maio de 2016)

§ 2º O agravo não é cabível nos casos em que a negativa de seguimento tenha decorrido de: (Redação dada pelo(a) Portaria MF 152, de 03 de maio de 2016)

I – inobservância de prazo para a interposição do recurso especial; (Incluído(a) pelo(a) Portaria MF 152, de 03 de maio de 2016)

II – falta de juntada do inteiro teor do acórdão ou cópia da publicação da ementa que comprove a divergência, ou da transcrição integral da ementa no corpo do recurso, nos termos dos §§ 9º e 11 do art. 67; (Incluído(a) pelo(a) Portaria MF 152, de 03 de maio de 2016)

III – utilização de acórdão da própria Câmara do Conselho de Contribuintes, de Turma de Câmaras e de Turma Especial do CARF que apreciou o recurso; (Incluído(a) pelo(a) Portaria MF 152, de 03 de maio de 2016)

IV – utilização de acórdão que já tenha sido reformado; (Incluído(a) pelo(a) Portaria MF 152, de 03 de maio de 2016)

V – falta de pré-questionamento da matéria, no caso de recurso interposto pelo sujeito passivo; ou (Incluído(a) pelo(a) Portaria MF 152, de 03 de maio de 2016)

VI – observância, pelo acórdão recorrido, de súmula de jurisprudência dos Conselhos de Contribuintes, da Câmara Superior de Recursos Fiscais ou do CARF, bem como das decisões de que tratam os incisos I a IV do § 12 do art. 67, salvo nos casos em que o recurso especial verse sobre a não aplicação, ao caso concreto, dos enunciados ou dessas decisões; (Redação dada pelo(a) Portaria MF 329, de 04 de junho de 2017)

VII – rejeição de acórdão indicado como paradigma por enquadrar-se nas hipóteses do § 12 do art. 67; ou (Incluído(a) pelo(a) Portaria MF 329, de 04 de junho de 2017)

VIII – absoluta falta de indicação de acórdão paradigma. (Incluído(a) pelo(a) Portaria MF 329, de 04 de junho de 2017)

§ 3º O Presidente da Câmara Superior de Recursos Fiscais rejeitará liminarmente e de forma definitiva o agravo nas hipóteses previstas no § 2º. (Redação dada pelo(a) Portaria MF 152, de 03 de maio de 2016)

§ 4º No agravo não será admitida a produção de novas provas da divergência. (Incluído(a) pelo(a) Portaria MF 152, de 03 de maio de 2016)

§ 5º O Presidente da CSRF, em despacho fundamentado, acolherá ou rejeitará, total ou parcialmente, o agravo. (Incluído(a) pelo(a) Portaria MF 152, de 03 de maio de 2016)

§ 6º Será definitivo o despacho do Presidente da CSRF que negar ou der seguimento ao recurso especial, não sendo cabível pedido de reconsideração ou qualquer outro recurso. (Incluído(a) pelo(a) Portaria MF 152, de 03 de maio de 2016)

§ 7º Na hipótese de o Presidente do CSRF entender presentes os pressupostos de admissibilidade e der seguimento ao recurso especial, este terá a tramitação prevista nos arts. 69 ou 70, conforme o caso. (Incluído(a) pelo(a) Portaria MF 152, de 03 de maio de 2016)

§ 8º Na hipótese do § 6º, será dada ciência às partes do despacho que negar total ou parcialmente seguimento ao recurso especial. (Incluído(a) pelo(a) Portaria MF 152, de 03 de maio de 2016)

CAPÍTULO V
DAS SÚMULAS

Art. 72. As decisões reiteradas e uniformes do CARF serão consubstanciadas em súmula de observância obrigatória pelos membros do CARF.

§ 1º Compete ao Pleno da CSRF a edição de enunciado de súmula quando se tratar de matéria que, por sua natureza, for submetida a 2 (duas) ou mais turmas da CSRF.

§ 2º As turmas da CSRF poderão aprovar enunciado de súmula que trate de matéria concernente à sua competência.

§ 3º As súmulas serão aprovadas por, no mínimo, 3/5 (três quintos) da totalidade dos conselheiros do respectivo colegiado.

Art. 73. A proposta de súmula será de iniciativa de conselheiro do CARF, do ProcuradorGeral da Fazenda Nacional, do Secretário da Receita Federal do Brasil, ou de Presidente de confederação representativa de categoria econômica habilitada à indicação de conselheiros.

§ 1º A proposta de que trata o *caput* será dirigida ao Presidente do CARF, indicando o enunciado, devendo ser instruída com pelo menos 5 (cinco) decisões proferidas cada uma em reuniões diversas, em pelo menos 2 (dois) colegiados distintos, excluídas as decisões das turmas extraordinárias de que trata o art. 23-A. (Redação dada pelo(a) Portaria MF 329, de 04 de junho de 2017)

§ 2º A súmula entrará em vigor na data de sua publicação no Diário Oficial da União.

§ 3º Para fins do disposto neste artigo, considera-se que os colegiados anteriores à data de aprovação deste Regimento Interno são distintos dos colegiados estruturados a partir de sua aprovação.

Art. 74. O enunciado de súmula poderá ser revisto ou cancelado por proposta do Presidente do CARF, do Procurador-Geral da Fazenda Nacional, do Secretário da Receita Federal do Brasil ou de Presidente de Confederação representativa de categoria econômica habilitada à indicação de conselheiros.

§ 1º A proposta de que trata o *caput* será encaminhada por meio do Presidente do CARF.

§ 2º A revisão ou o cancelamento do enunciado observará, no que couber, o procedimento adotado para sua edição.

§ 3º A revogação de enunciado de súmula entrará em vigor na data de sua publicação no Diário Oficial da União.

§ 4º Se houver superveniência de decisão definitiva do Supremo Tribunal Federal ou do Superior Tribunal de Justiça, em sede de julgamento realizado nos termos dos arts. 543-B e 543-C da Lei 5.869, de 1973, ou dos arts. 1.036 a 1.041 da Lei 13.105, de 2015 – Código de Processo Civil, que contrarie súmula do CARF, esta súmula será revogada por ato do presidente do CARF, sem a necessidade de observância do rito de que tratam os §§ 1º a 3º. (Redação dada pelo(a) Portaria MF 152, de 03 de maio de 2016).

§ 5º O procedimento de revogação de que trata o § 4º não se aplica às súmulas aprovadas pelo Ministro de Estado da Fazenda.

Art. 75. Por proposta do Presidente do CARF, do Procurador-Geral da Fazenda Nacional, do Secretário da Receita Federal do Brasil ou de Presidente de Confederação representativa de categoria econômica ou profissional habilitada à indicação de conselheiros, o Ministro de Estado da Fazenda poderá atribuir à súmula do CARF efeito vinculante em relação à administração tributária federal.

§ 1º A proposta de que trata o *caput* será encaminhada por intermédio do Presidente do CARF.

§ 2º A vinculação da administração tributária federal na forma prevista no *caput* dar-se-á a partir da publicação do ato do Ministro de Estado da Fazenda no Diário Oficial da União.

CAPÍTULO VI
DAS RESOLUÇÕES DO PLENO DA CSRF

Art. 76. As resoluções do Pleno, previstas no art. 10, com vista à uniformização de decisões divergentes das turmas da CSRF poderão ser provocadas pelo:

I – Presidente e pelo Vice-Presidente do CARF;

II – Procurador-Geral da Fazenda Nacional;

III – Secretário da Receita Federal do Brasil; e

IV – Presidente de confederação representativa de categorias econômicas ou profissional, habilitadas à indicação de conselheiros na forma prevista no art. 28.

§ 1º A matéria a ser levada ao Pleno se resumirá à divergência, em tese, entre posições de 2 (duas) turmas da CSRF. (Fl. 25 do Anexo II da Portaria MF , de de de 2015.)

§ 2º As resoluções serão aprovadas por maioria absoluta dos conselheiros.

§ 3º As resoluções entrarão em vigor na data de sua publicação no Diário Oficial da União e vincularão as turmas julgadoras do CARF, devendo ser disponibilizadas no sítio do CARF.

§ 4º Das propostas de uniformização de tese será dada ciência às demais instituições relacionadas no *caput*, para, se desejarem, manifestar-se acerca do mérito.

Art. 77. Os processos que tratarem de matéria objeto de proposição de uniformização de decisões divergentes da CSRF, enquanto não decidida pelo Pleno, não serão incluídos em pauta.

CAPÍTULO VII
DAS DISPOSIÇÕES GERAIS

Art. 78. Em qualquer fase processual o recorrente poderá desistir do recurso em tramitação.

§ 1º A desistência será manifestada em petição ou a termo nos autos do processo.

§ 2º O pedido de parcelamento, a confissão irretratável de dívida, a extinção sem ressalva do débito, por qualquer de suas modalidades, ou a propositura pelo contribuinte, contra a Fazenda Nacional, de ação judicial com o mesmo objeto, importa a desistência do recurso.

§ 3º No caso de desistência, pedido de parcelamento, confissão irretratável de dívida e de extinção sem ressalva de débito, estará configurada renúncia ao direito sobre o qual se funda o recurso interposto pelo sujeito passivo, inclusive na hipótese de já ter ocorrido decisão favorável ao recorrente.

§ 4º Havendo desistência parcial do sujeito passivo e, ao mesmo tempo, decisão favorável a ele, total ou parcial, com recurso pendente de julgamento, os autos deverão ser encaminhados à unidade de origem para que, depois de apartados, se for o caso, retornem ao CARF para seguimento dos trâmites processuais.

§ 5º Se a desistência do sujeito passivo for total, ainda que haja decisão favorável a ele com recurso pendente de julgamento, os autos deverão ser encaminhados à unidade de origem para procedimentos de cobrança, tornando-se insubsistentes todas as decisões que lhe forem favoráveis.

Art. 79. O Procurador da Fazenda Nacional será considerado intimado pessoalmente das decisões do CARF, com o término do prazo de 30 (trinta) dias contados da data em que os respectivos autos forem entregues à PGFN, salvo se antes dessa data o Procurador se der por intimado mediante ciência nos autos. (Redação dada pelo(a) Portaria MF 39, de 12 de fevereiro de 2016)

Art. 80. Sem prejuízo de outras situações previstas na legislação e neste Regimento Interno, as decisões proferidas em desacordo com o disposto nos arts. 42 e 62 enquadram-se na hipótese de nulidade a que se refere o inciso II do *caput* do art. 59 do Decreto 70.235, de 6 de março de 1972.

§ 1º A nulidade de que trata o *caput* será declarada pelo colegiado que proferiu a decisão, mediante julgamento de representação de nulidade, nos termos dos arts. 53 e 54 da Lei 9.784, de 29 de janeiro de 1999. (Incluído(a) pelo(a) Portaria MF 169, de 10 de maio de 2016)

§ 2º Na hipótese de extinção do colegiado que proferiu a decisão, a representação de nulidade deve ser sorteada para Turma Ordinária integrante da mesma Seção de Julgamento. (Incluído(a) pelo(a) Portaria MF 169, de 10 de maio de 2016)

§ 3º A representação de nulidade será apresentada pelo Presidente do Conselho Administrativo de Recursos Fiscais, de ofício ou mediante arguição: (Incluído(a) pelo(a) Portaria MF 169, de 10 de maio de 2016)

I – pelo Secretário da Receita Federal do Brasil; (Incluído(a) pelo(a) Portaria MF 169, de 10 de maio de 2016)

II – pelo Procurador-Geral da Fazenda Nacional; (Incluído(a) pelo(a) Portaria MF 169, de 10 de maio de 2016)

III – pelo Corregedor-Geral do Ministério da Fazenda; e (Incluído(a) pelo(a) Portaria MF 169, de 10 de maio de 2016)

IV – pelo Ministério Público Federal. (Incluído(a) pelo(a) Portaria MF 169, de 10 de maio de 2016)

§ 4º A arguição de nulidade deverá ser direcionada ao Presidente do CARF, acompanhada dos elementos comprobatórios do impedimento de conselheiro ou da demonstração fundamentada da violação ao disposto no art. 62. (Incluído(a) pelo(a) Portaria MF 169, de 10 de maio de 2016)

§ 5º A representação de nulidade não configura reclamação ou recurso previsto no inciso III do art. 151 da Lei 5.172, de 25 de outubro de 1966 – Código Tributário Nacional, e sua apresentação não implica a suspensão da exigibilidade do crédito tributário. (Incluído(a) pelo(a) Portaria MF 169, de 10 de maio de 2016)

§ 6º A representação será autuada em apenso ao processo administrativo fiscal em que foi proferida a decisão. (Incluído(a) pelo(a) Portaria MF 169, de 10 de maio de 2016)

§ 7º Apresentada a representação, serão intimados para manifestação, no prazo de 10 (dez) dias: (Incluído(a) pelo(a) Portaria MF 169, de 10 de maio de 2016)

I – as partes do processo administrativo fiscal; e (Incluído(a) pelo(a) Portaria MF 169, de 10 de maio de 2016)

II – o conselheiro ou ex-conselheiro, na hipótese de imputação de impedimento. (Incluído(a) pelo(a) Portaria MF 169, de 10 de maio de 2016)

§ 8º A representação será julgada em sessão extraordinária convocada pelo Presidente do colegiado para exame e deliberação da matéria, cuja decisão deverá ser formalizada por meio de resolução. (Incluído(a) pelo(a) Portaria MF 169, de 10 de maio de 2016)

§ 9º Aberta a sessão, o Presidente do colegiado relatará a representação, facultará a palavra aos demais membros do colegiado para manifestação e, encerrado o debate, terá início a votação. (Incluído(a) pelo(a) Portaria MF 169, de 10 de maio de 2016)

§ 10 Em caso de imputação de impedimento, o conselheiro representado deverá ser substituído no julgamento da representação. (Incluído(a) pelo(a) Portaria MF 169, de 10 de maio de 2016)

§ 11 Da decisão de Turma Ordinária que declarar ou rejeitar a nulidade caberá recurso administrativo à Turma da CSRF competente para apreciar a matéria objeto do processo administrativo fiscal. (Incluído(a) pelo(a) Portaria MF 169, de 10 de maio de 2016)

§ 12 O recurso poderá ser interposto no prazo de 10 (dez) dias, contado da ciência da decisão pelas partes do processo administrativo fiscal. (Incluído(a) pelo(a) Portaria MF 169, de 10 de maio de 2016)

§ 13 O recurso será relatado pelo Presidente da Turma da CSRF, e processado nos termos dos §§ 8º e 9º. (Incluído(a) pelo(a) Portaria MF 169, de 10 de maio de 2016)

§ 14 Declarada a nulidade da decisão pela Turma da CSRF, ou transcorrido o prazo sem interposição de recurso, o processo será sorteado para relatoria entre os conselheiros integrantes do colegiado que proferiu a decisão anulada, ou entre os conselheiros do colegiado que julgou a representação de nulidade, na hipótese prevista no § 2º. (Incluído(a) pelo(a) Portaria MF 169, de 10 de maio de 2016)

§ 15 O processo deverá ser colocado em pauta até a segunda reunião de julgamento subsequente ao sorteio para o relator, salvo prorrogação justificada do Presidente da Turma. (Incluído(a) pelo(a) Portaria MF 169, de 10 de maio de 2016)

§ 16 A decisão de Turma da CSRF que declarar ou rejeitar a nulidade de que trata o *caput*, inclusive na hipótese de apreciação de suas próprias decisões, será definitiva na esfera administrativa, e dela será dada ciência aos interessados."(NR) (Incluído(a) pelo(a) Portaria MF 169, de 10 de maio de 2016)

Art. 81. Os parentes consanguíneos ou afins, até o 2º (segundo) grau, de Conselheiro representante da Fazenda Nacional ou dos Contribuintes ficam vedados de exercer a advocacia no CARF.

ANEXO III (REVOGADO PELA PORTARIA ME 314, DE 26 DE JUNHO DE 2019)

ANEXO IV

QUADRO DEMONSTRATIVO DOS CARGOS EM COMISSÃO E DAS FUNÇÕES DE CONFIANÇA DO CONSELHO ADMINISTRATIVO DE RECURSOS FISCAIS, CONFORME DECRETO 9.266, DE 15 DE JANEIRO DE 2018. (INCLUÍDO(A) PELO(A) PORTARIA MF 153, DE 17 DE ABRIL DE 2018)

UNIDADE	CARGO/ FUNÇÃO/Nº	DENOMINAÇÃO CARGO/FUNÇÃO	NE/DAS/ FCPE/FG
CONSELHO ADMINISTRATIVO DE RECURSOS FISCAIS	1	Presidente	DAS 101.5
Assessoria	1	Chefe de Assessoria	FCPE 101.2
Equipe	1	Chefe	FG-1
Divisão	1	Chefe	FCPE 101.2
Equipe	1	Chefe	FG-1
Divisão	1	Chefe	FCPE 101.2
Seção	2	Chefe	FG-1
Divisão	1	Chefe	FCPE 101.2
Equipe	1	Chefe	FG-1
Equipe	1	Chefe	FG-2
Coordenação	1	Coordenador	FCPE 101.3
Divisão	1	Chefe	FCPE 101.2
Serviço	2	Chefe	FCPE 101.1
Equipe	4	Chefe	FG-3
Coordenação	1	Coordenador	DAS 101.3
Divisão	1	Chefe	FCPE 101.2
Serviço	1	Chefe	FCPE 101.1
Equipe	3	Chefe	FG-1
Coordenação	1	Coordenador	FCPE 101.3
Serviço	4	Chefe	FCPE 101.1
Equipe	5	Chefe	FG-1
Coordenação-Geral de Gestão e Julgamento	1	Coordenador-Geral	FCPE 101.4
Divisão	3	Chefe	FCPE 101.2
Equipe	3	Chefe	FG-1
Presidente de Câmara	6	Presidente	FCPE 101.3
Presidente de Turma	15	Chefe	FCPE 101.1
Serviço	6	Chefe	FCPE 101.1

(Incluído(a) pelo(a) Portaria MF 153, de 17 de abril de 2018)